Clustering, ein Beispiel: Angeregt durch eine Napoleon-Statue des Bildhauers Canova schrieb ein Schüler der Autorin bereits nach wenigen Tagen seine erste Geschichte.

Das Cluster

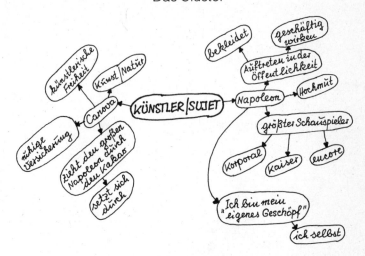

Die Geschichte

«Es war nicht verabredet, daß ich nackt sein sollte!» schrie Kaiser Napoleon. «Ich zeige mich der Öffentlichkeit nur im bekleideten Zustand! Ich bin mein eigenes Geschöpf! Ich trete nur als ich höchstpersönlich auf! Ich bin der größte Schauspieler der Welt. Gestern noch ein kleiner Korporal. Heute ein Kaiser. Morgen noch mehr. Ich kann mich nicht unbekleidet in der Öffentlichkeit zeigen. Ich muß stets einen geschäftigen Eindruck machen, auch in Stein!»
«Genau», bekräftigte Canova. «Deshalb habe ich Euren Händen etwas zu tun gegeben: der rechten einen Reichsapfel, der linken einen Stab. Voilà! Aber macht weisen Gebrauch davon, mein Kaiser. Und überlaßt alles übrige mir. Das Geschäft des Künstlers ist es, der Natur zu geben, was der Natur gebührt, und dem Kaiser, was dem Kaiser gebührt.»
«Sorgt nur dafür, daß die Natur mittels der Kunst dem Kaiser ein Feigenblatt spendet», erwiderte Napoleon.
«Ich bin genau wie er», sagte ein Bourgeois, die Statue bewundernd.
«Ich bin mein eigenes Geschöpf.»
«Nackt siehst du aus wie ein gichtkrankes Schwein», entgegnete seine Frau mit einem Grinsen, das alles andere als Bewunderung ausdrückte. «Du bist das Geschöpf von Soße, Käse und Kuchen. Gott im Himmel sei Dank, daß er die Feigenblätter schuf.»

Gabriele L. Rico

Garantiert schreiben lernen

Sprachliche Kreativität
methodisch entwickeln –
ein Intensivkurs

Deutsch von
Cornelia Holfelder-von der Tann,
Hainer Kober
und Lieselotte Mietzner

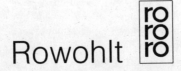

Die Originalausgabe erschien 1983 unter dem Titel «Writing the
Natural Way. Using Right-Brain Techniques to Release
Your Expressive Powers» im Verlag J. P. Tarcher, Inc., Los Angeles

Lieselotte Mietzner übersetzte das Vorwort sowie die Kapitel
1 bis 3 und 5 bis 7, Hainer Kober die Kapitel 4 und 12,
Cornelia Holfelder-von der Tann die Kapitel 8 bis 11.
An einigen Stellen wurden amerikanische durch
analoge deutsche Textbeispiele ersetzt.

Einmalige Sonderausgabe
Veröffentlicht im Rowohlt Taschenbuch Verlag GmbH,
Reinbek bei Hamburg, September 1998
Copyright © 1984 by Rowohlt Verlag GmbH,
Reinbek bei Hamburg
«Writing The Natural Way» Copyright © 1983
by Gabriele Lusser Rico
Alle deutschen Rechte vorbehalten
Umschlaggestaltung Werner Rebhuhn
Gesamtherstellung Clausen & Bosse, Leck
Printed in Germany
ISBN 3 499 60605 4

Inhalt

Vorwort   7

1. Der Autor in uns – Sie entdecken Ihr Schreibtalent   13
2. Clustering – dem bildlichen Denken auf der Spur   27
3. Kindheitsmuster – die Ursprünge des natürlichen Schreibens   50
4. Begriff und Bild – die Wörter und das Gehirn   64
5. Ein Entwurf wird erkennbar – das Versuchsnetz   91
6. Wiederkehrende Elemente – der einende rote Faden   116
7. Sprachrhythmen – die Musik in den Worten   141
8. Vorstellungsbilder – mit dem inneren Auge sehen lernen   162
9. Metaphern – die Verschmelzung von Wort und Bild   196
10. Impuls und Gegenimpuls – kreative Spannung   221
11. Weniger ist mehr – die Überarbeitung   250
12. Der Kreis schließt sich   277

Anhang   297
Photographie – Zwei Gedichte   299
Dank   300
Bibliographie   301
Bildquellenverzeichnis   305
Die Autorin   307

Für P. N., ohne den es dieses Buch nicht gäbe

Etwas bis auf den Grund kennen heißt fähig sein, schöpferisch damit umzugehen.

Elliot Eisner
Professor für Kunstpädagogik
Stanford University

Vorwort

Mit diesem Buch möchte ich alle Schreibenden – ob Anfänger oder Fortgeschrittene – dazu anregen, ihren kreativen Fähigkeiten zu vertrauen und ihr natürliches Ausdrucksvermögen zu entfalten.

Den Plan, einen eigenen Schreibkursus zu entwickeln, faßte ich während meiner Jahre als Lehrerin. Obwohl ich mich damals noch mehr oder minder genau an die traditionellen Regeln des Aufsatzunterrichts hielt, wunderte ich mich immer wieder, warum ein großer Teil der Schüler zaghaft, unlustig und oft sogar mit ausgesprochenem Widerwillen an das Schreiben heranging. Ich versuchte, sie mit vielen unterschiedlichen Arbeitstechniken zu motivieren, doch meine Bemühungen hatten kaum Erfolg: Es war nicht zu übersehen, daß die Schüler meine Kurse genauso verließen, wie sie sie angetreten hatten: mit großem, durchschnittlichem oder geringem Schreibtalent.

Als ich 1973 in Stanford mit meiner Doktorarbeit begann, stieß ich zufällig auf einen Artikel des Neurochirurgen Joseph E. Bogen, in dem dieser sich mit der Frage auseinandersetzt, welche Zusammenhänge zwischen den unterschiedlichen Funktionsweisen der beiden Gehirnhälften und der Kreativität bestehen. Dieser Aufsatz eröffnete mir den Zugang zu jenem faszinierenden wissenschaftlichen Neuland, zu dem die jüngsten Arbeiten in der Hirnforschung vordringen. Je mehr ich über die Hypothese nachlas, daß wir die Welt infolge der «hemisphärischen Spezialisierung» unseres Großhirns auf zwei verschiedene Arten erfassen, desto stärker wuchs in mir die Überzeugung, daß es mit Hilfe dieses Denkansatzes möglich sein mußte, sich der Mängel unseres Schreibunterrichtes bewußt zu werden. Ich erkannte, daß – wie ich es nenne – «natürliches Schreiben» in erster Linie mit dem Streben nach Ganzheitlichkeit zusammenhängt, genauer gesagt, mit unserem Drang, die Vielfalt des Wahrgenommenen und Erlebten zu bedeutungsvollen, in sich geschlossenen Ganzheiten zu ordnen. Offenbar hatte der herkömmliche Schreibunterricht es bisher versäumt, die besonderen Fähigkeiten der rechten Großhirnhemisphäre in den komplexen Schreibprozeß, den Umgang mit sprachlichen Symbolen einzubeziehen.

Das Buch ‹The Hidden Order of Art› des Psychiaters Anton Ehrenzweig, das ich zu jener Zeit las, enthält ein kompliziertes, an eine Straßenkarte erinnerndes Schaubild, mit dem Ehrenzweig verdeutlichen will, was bei einer schöpferischen Ideensuche in unserem Gehirn geschieht. Als ich darüber nachdachte, wie man einen solchen Suchprozeß auf dem Papier darstellen könnte, und dabei verschiedene Möglichkeiten durchspielte, stieß ich auf das Verfahren, das ich «Clustering»* genannt habe. Beim Betrachten von Ehrenzweigs Schemazeichnung schrieb ich das erste Wort, das mir in den Sinn kam, in die Mitte eines leeren Blattes, zog einen Kreis darum – (GEWIRR) – und fügte, wie elektrisiert durch die Gedankenverbindungen, die sich in meinem Kopf um diesen Mittelpunkt herum sammelten und in alle Richtungen ausstrahlten, immer neue Einfälle, Assoziationen zu diesem einen Wort, hinzu (Abb. 1). Während ich noch damit beschäftigt war, mein «Cluster»* weiter auszuspinnen, verlagerten sich auf einmal die Gewichte: Das Gefühl, ziellos umherzuschweifen, machte trotz des bunten Durcheinanders einer ersten Orientierung Platz, und ich fing an zu schreiben.

Voller Eifer ging ich am nächsten Tag in meinen Erstsemester-Schreibkursus** und berichtete den Studenten von dem neuen kreativen Ideenfindungsprozeß. Er beziehe, erzählte ich ihnen, einen Teil des Gehirns ein, dessen Fähigkeiten sie beim Schreiben bisher kaum genutzt hätten. Er könne deshalb ihre Einstellung zum Schreiben grundlegend ändern. Die Studenten sahen zwar etwas skeptisch drein, folgten aber meinen Anweisungen. Seit dem Tag machten sie rasch deutliche Fortschritte, und seither baue ich meine Schreibkurse nur noch auf diesem nichtlinearen Clustering-Verfahren auf.

Nach einiger Zeit begann ich, die kurzen «Zehn-Minuten-Texte» genau zu untersuchen, die die Teilnehmer meines Kurses täglich aus den Clustern entwickelten. In fast allen Fällen ließen diese Schreibproben ein Gefühl für inneren Zusammenhang, für Geschlossenheit, für Ganzheit erkennen. Die Wiederaufnahme von

---

* *Cluster* = Büschel, Traube, Gruppe, Haufen, Anhäufung; *to cluster* bedeutet entsprechend: anhäufen, zusammenballen, zu Büscheln anordnen.
** An den amerikanischen Hochschulen werden Kurse in «Composition» und «Creative Writing» angeboten.

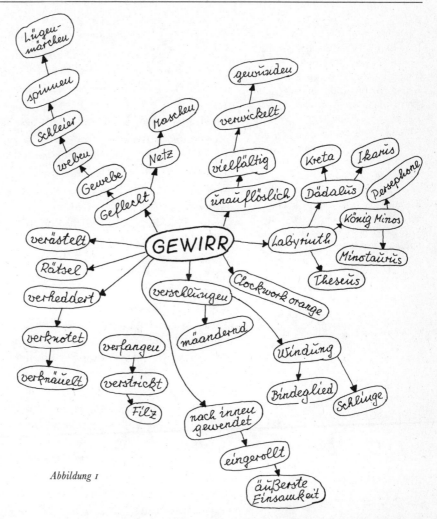

Abbildung 1

Wörtern und Wendungen, Gedanken und Bildern deutete auf ein Gespür für die Möglichkeiten innerer Strukturierung hin. Eine erstaunliche Sensibilität für die rhythmischen Schwingungen der Sprache, ein reger und ungekünstelter Gebrauch von sprachlichen Bildern und Metaphern und eine deutlich spürbare «kreative Spannung» waren weitere Eigenschaften, die mir an den meisten dieser Texte auffielen.

Ein weiteres Nebenprodukt dieser spontanen Ideenverknüpfung bestand darin, daß Fehler in der Zeichensetzung, Ungeschicklichkeiten im Ausdruck und sogar Rechtschreibfehler deutlich abnahmen. Erst nach einigem Nachdenken wurde mir klar, wie es zu diesen positiven Ergebnissen hatte kommen können: Wenn die Studenten einmal ein Thema oder zumindest eine ungefähre

Wir schreiben . . . um unser Bewußtsein vom Leben zu vertiefen . . . Wir
schreiben, um das Leben zweimal zu
kosten: im Augenblick und in der
Rückschau . . . Wir schreiben, um
unser Leben zu transzendieren, um
darüber hinauszugreifen . . . um uns
selbst zu lehren, mit anderen zu sprechen, um die Reise in das Labyrinth
aufzuzeichnen . . . um unsere Welt zu
erweitern, wenn wir uns stranguliert
fühlen, eingeengt und einsam . . .
Wenn ich nicht schreibe, fühle ich,
wie meine Welt schrumpft, ich fühle
mich in einem Gefängnis. Ich empfinde, wie ich mein Feuer und meine
Farben verliere.

Anaïs Nin
‹Die Tagebücher 1947–1955›

Orientierung gefunden hatten, trat diese Zielvorstellung so sehr in
den Vordergrund, daß sie viel weniger darauf achteten, wie die
einzelnen Sätze und Satzteile zusammenhingen oder ob sich vielleicht Fehler einschlichen. Statt dessen konzentrierten sie sich
ausschließlich darauf, ihren Gedankengang als Ganzes wiederzugeben.

Neben meinem Schreibunterricht beschäftigte ich mich ausgiebig
mit dem kreativen Prozeß. Vor allem interessierten mich die
ersten Versuche kleiner Kinder, zu schreiben und Geschichten zu
erzählen. Zu meiner Überraschung fand ich viele Eigenschaften,
die ich in den aus Clustern entwickelten Texten meiner Studenten
entdeckt hatte, in den frühen Schreibversuchen von Kindern
wieder, zum Beispiel das Empfinden für die Einheit des Geschriebenen, den Sinn für Sprachrhythmus und Wiederholungen, die
häufige Verwendung von Bildern und Metaphern, und einiges
mehr.

Angeregt durch alle diese Entdeckungen und die vielfältigen Verbindungen zwischen ihnen, schrieb ich meine Doktorarbeit. Ich
führte meine eigenen Lese- und Schreiberfahrungen und die
Ergebnisse meiner Auseinandersetzung mit dem kreativen Prozeß
und neurophysiologischen Forschungen zu einer Synthese, die es
ermöglichte, das Schreiben aus einer neuen Perspektive zu betrachten.

1976, fünf Monate nach Abschluß meiner Dissertation, erfuhr ich
gleichermaßen aufgeschreckt und ermutigt, daß der englische
Pädagoge Tony Buzan ein Verfahren zur Förderung kreativer
Fähigkeiten entwickelt hatte, das dem Clustering ähnelte. Er hat
seine «Mapping» genannte Methode in einem Buch mit dem Titel
‹Use Both Sides of the Brain› vorgestellt. Obwohl Clustering und
Mapping zu unterschiedlichen Übungen und Lernprozessen führen und auch äußerlich in vieler Hinsicht voneinander abweichen, schien es, als hätten Tony Buzan und ich unabhängig voneinander eine Entdeckung gemacht, für die die Zeit gekommen
war.

Meine Erfahrungen mit den Techniken des natürlichen Schreibens, die ich während der vergangenen sieben Jahre im Klassen-
zimmer, in Workshops und Seminaren erprobt habe, bilden die
Grundlage dieses Buches. Die These, von der ich ausgehe, lautet: Wir können sehr viel ungezwungener, natürlicher und müheloser schreiben, wenn wir lernen, das natürliche rhythmische
Zusammenspiel der beiden Gehirnhälften nicht zu blockieren,
sondern ungehindert geschehen zu lassen. Mit «natürlich» meine
ich hier «angeboren», «naturgegeben». Wir alle verfügen über

eine natürliche Ausdrucksfähigkeit, die wir entdecken und entfalten können.

Während dieses Buch nach und nach Gestalt annahm, kam mir eines Tages jäh die Einsicht, daß die natürlichen Qualitätsmerkmale, die ich in den aus Clustern abgeleiteten Texten meiner Studenten und in den Schreibversuchen kleiner Kinder entdeckt hatte, dieselben sind, die die Werke der Dichter und großen Schriftsteller auszeichnen. Und ich erkannte, daß die Entfaltung dieser Qualitäten entscheidend davon abhängt, wieweit wir in der Lage sind, die Empfänglichkeit der rechten Gehirnhälfte für Ganzheitlichkeit, Bildhaftigkeit und den ungestörten rhythmischen Fluß der Sprache zu nutzen.

In den nun folgenden Kapiteln stelle ich Ihnen meinen Schreiblehrgang vor, den ich aus erprobten Techniken zusammengestellt habe und der es Ihnen durch die Einbeziehung der rechten Hirnhemisphäre ermöglicht, Ihre natürliche Schreibbegabung zum Zuge kommen zu lassen. Wenn Sie Ihrer linken Hemisphäre den Zugang zu den besonderen Talenten der rechten eröffnen, können Sie das in Ihnen angelegte kreative Potential verwirklichen und Ihr individuelles Ausdrucksvermögen frei entfalten. Sie werden mit Hilfe dieses Kurses Ihre natürliche Schreibfähigkeit wiederentdecken und die Ihnen gemäßen Ausdrucksmittel finden und weiterentwickeln. Sie werden spontan auf Erinnerungen, Gefühle, Erfahrungen und Bilder zurückgreifen, die Ihnen jetzt noch unerreichbar scheinen. Mehr noch: Während Sie lernen, natürlich zu schreiben, werden Sie die Erfahrung machen, daß Sie das schöpferische Potential Ihrer rechten Gehirnhälfte nicht auf diesen einen Bereich zu beschränken brauchen. Sie beginnen, auf eine kreativere Weise mit Ihren Wahrnehmungen umzugehen, Sie beginnen, Ihr Leben insgesamt kreativer zu gestalten.

1
Der Autor in uns –
Sie entdecken Ihr
Schreibtalent

Wenn Sie sprechen und aus Buchstaben Wörter bilden können und die Grundregeln des Satzbaus kennen, wenn Sie verstehen können, was Ihnen jemand am Telefon sagt, und in der Lage sind, einen Dankesbrief zu schreiben, dann verfügen Sie über ausreichende sprachliche Voraussetzungen, um natürlich schreiben zu lernen. Spezielle Grammatikkenntnisse sind dazu nicht nötig. So wie die fehlerlose Beherrschung eines Instruments allein noch nicht genügt, um ein Musikstück virtuos wiederzugeben und sein Publikum mitzureißen, so reicht auch eine gründliche Schulung in den Techniken des Schreibens nicht aus, um die Kunst des sprachlichen Ausdrucks zu erlernen – und die Fähigkeit, «von innen heraus» zu schreiben, die eigenen Gedanken, Vorstellungen und Gefühle in Worte zu fassen. Zum Glück ist das natürliche sprachliche Ausdrucksvermögen im Keim in jedem von uns vorhanden – und wir alle haben die Chance, es zu entdecken und zu fördern.

Im Mittelpunkt des natürlichen Schreibens steht die Fähigkeit zu staunen. Wenn Sie sich noch daran erinnern, wie Sie als Kind die Welt bestaunten, wenn Sie hin und wieder Tagträumen nachhängen, wenn Sie Ihre Erlebnisse gern in Geschichten kleiden, um Ihren Gesprächspartner zu unterhalten, dann werden Sie mit Hilfe der Übungen in diesem Buch lernen, sich ohne Formulierungskrampf und formale Regeln schriftlich zu äußern, Ihre Gedanken unmittelbarer auszudrücken und Ihre eigene «Stimme», die Ihnen gemäße Ausdrucksweise zu finden.

Wir alle kennen die Redensart, jemand sei «zum Schreiben geboren». Auf Grund dieser falschen Vorstellung weisen wir dem «begnadeten Schriftsteller» eine Sonderstellung zu, abseits von uns gewöhnlichen Sterblichen, die wir uns beim Schreiben jedes Wort mühsam abringen müssen und dennoch nicht mit dem Ergebnis zufrieden sind. Tatsächlich ist der ursprüngliche An-

Solange wir Kinder waren, fiel es uns nicht schwer, auszudrücken, was wir fühlten. Deshalb sprechen und schreiben kleine Kinder meist mit ihrer «eigenen Stimme».

Peter Elbow
‹Writing with Power›

Das Schreiben zählt zu den großen Leistungen des menschlichen Geistes, in denen sich seine Freiheit ausdrückt. Es läßt der Individualität Raum. Es ist eine Quelle der Freude, ein Weg, auf dem es vieles zu entdecken gibt. Wer sein eigenes Leben schreibend verfolgt, vertrauensvoll und gelassen,

trieb, der allem Schreiben zugrunde liegt – der Wunsch, unseren Erfahrungen Gestalt zu verleihen –, in jedem Menschen von frühester Kindheit an wirksam. Doch nur bei wenigen führt dieser Wunsch zu einem über die Kindheit hinausreichenden kreativen Umgang mit der Sprache, da ein undurchdringliches Dickicht von Regeln und Vorschriften unseren natürlichen Drang nach Selbstausdruck hemmt. Das ist ein schwerer Verlust; die Geschichten, die Kinder erzählen, haben eine große Ausdruckskraft und Frische, sie sind, ob schriftlich oder mündlich wiedergegeben, authentische Dokumente. Diese Fähigkeit, sich selbst mit den Mitteln der Sprache zum Ausdruck zu bringen, geht uns offenbar verloren, je mehr Wissen über das Schreiben wir erwerben.

Dieser Verlust setzt mit dem Beginn der Schulzeit ein. Im Unterricht wird der ganzheitliche Vorgang des Schreibens in einzelne Teile – manuelle Schreibfertigkeit, Grammatik und Wortschatz – zerlegt. Das Schreiben wird so zu einer lästigen Pflicht, die die Schüler unsicher und widerwillig hinter sich bringen. Die meisten greifen auch nach dem Ende der Schulzeit nie wieder freiwillig zum Stift. Entsprechend ist das Formulieren und Aufschreiben der eigenen Gedanken und Erlebnisse nur für wenige von uns eine natürliche Quelle der Freude und Befriedigung.

Doch betrachten wir nun das Schreiben als ganzheitlichen Vorgang, als Ausdruck des elementaren Wunsches, das Erlebte zu formen, sich selbst auszudrücken, die verwirrende Vielfalt der Erfahrungen in unserer Innenwelt ebenso wie in der Außenwelt zu gestalten und zu strukturieren. Natürliches Schreiben ist zuallererst ein Akt der Selbstdefinition, in dem Sie sich bewußt werden, was Sie entdecken, was Sie in Erstaunen versetzt, was Sie empfinden, sehen, hören, berühren, schmecken – ein Vorgang also, bei dem Sie all die Regungen in Ihnen klarer wahrnehmen, in denen sich die mannigfachen Facetten Ihrer Persönlichkeit widerspiegeln. Wenn Sie Ihre Erfahrungen zum Ausdruck bringen, sprechen Sie mit einer «Stimme», die ganz allein die Ihre ist. Diese Stimme drückt sich darin aus, wie Sie eine Geschichte erzählen, welche Bilder Sie gebrauchen, sie wird hörbar im Klang, in den Gefühlen und vor allem in dem Schwerpunkt, den Sie jedesmal neu entdecken. Jedem dieser Charakteristika des natürlichen Schreibens ist ein Kapitel dieses Buches gewidmet. Wir werden uns auf Zusammenhalt und Zusammenhang, auf Dichte und Rhythmus, auf Unmittelbarkeit, Gefühlsintensität und viele andere Aspekte des kreativen Umgangs mit der Sprache konzentrieren.

Ich möchte Ihnen helfen, Ihr schöpferisches sprachliches Aus-

empfindet die Welt immer als einladend und rätselhaft, als unermeßliche Sphäre, die lebendige Realität und Unberechenbarkeit des Traums miteinander vereint. Durch das Hin-und-her-Wechseln zwischen Erlebnis und Gedanke gelangt der Schreibende über Raum und Zeit hinaus. Ihm gehört das ganze unerforschte Reich der menschlichen Vorstellungskraft.

William Stafford
‹A Way of Writing›

Viele Menschen schreiben «ohne eigene Stimme», weil sie in jedem Satz mehrmals abbrechen und zu immer wieder anderen Formulierungen greifen. Wenn sie schreiben, fehlt ihnen der natürliche Atem, den sie beim Sprechen haben . . . Wir sind so ungeübte Schreiber, weil wir soviel Zeit damit verschwenden, mitten im Satz anzuhalten und uns über das Geschriebene Gedanken zu machen.

Peter Elbow
‹Writing with Power›

drucksvermögen wiederzuentdecken, jene Fähigkeit, die in Ihnen lebendig war, als Sie als Kind sprechen lernten und mit ungehemmtem Entzücken jedes neue Wort vor sich hin plapperten, lange bevor formale Regeln und verletzende Kritik Ihren natürlichen Drang nach Selbstausdruck einengten. Um frei und natürlich schreiben zu lernen, bedarf es weder einer literarischen Fachsprache noch grammatischer Begriffe. Natürliches Schreiben setzt voraus, daß wir Zugang finden zu einem Bereich unseres Denkens, von dem wir gewöhnlich beim Schreiben keine Hilfe erwarten. Wenn Sie sich in diesen Bereich vorwagen und sein Potential zu nutzen lernen, werden Sie *Ihre* einzigartige «Stimme», die Hauptquelle Ihrer Ausdruckskraft, entdecken und entwickeln.

Begriffliches und bildliches Denken

So wie zwei Menschen ein Problem oft rascher lösen als einer, so ist es auch beim natürlichen Schreiben besser, wenn *beide* Gehirnhälften beteiligt sind.

Der erste Schritt in dem Lernprozeß, zu dem ich Sie anregen will, besteht darin, sich klarzumachen, daß unser Großhirn in zwei Bereiche unterteilt ist, die unterschiedliche Funktionen erfüllen: Die eine Gehirnhälfte denkt unter dem Aspekt der Verbundenheit von Dingen und Ereignissen, die andere hingegen unterteilt und stellt Sequenzen, logische Reihen, her. Sobald uns bewußt geworden ist, daß wir über zwei verschiedene Modi der Verarbeitung von Wahrnehmungen, Gedanken und Gefühlen verfügen, können wir lernen, jede von ihnen in bestimmten Phasen des Schreibprozesses zum Zuge kommen zu lassen, und dafür sorgen, daß zwischen beiden ein möglichst intensives, kreatives Wechselspiel stattfindet.

Lehrer und Dozenten, die Schreibkurse anbieten, und Wissenschaftler, die kreative Prozesse erforschen, sind sich zumeist darüber einig, daß jeder schöpferische Akt in mindestens zwei deutlich unterscheidbare Phasen zerfällt, die immer wieder miteinander in Konflikt geraten: die «unbewußte» produktive «generative Phase» und die bewußte «Prüfungsphase», in der das Geschaffene überarbeitet, verfeinert, verbessert wird. Ob wir diese Phasen nun «unbewußt» und «bewußt» oder «künstlerisch» und «kritisch» nennen (ich spreche aus Gründen, die ich erklären werde, von «begrifflichem Denken» und «bildlichem Denken») – welche Termini wir auch immer wählen, es geht beim Schreiben

Die meisten Verfahren zur Schulung der bewußten Fähigkeiten des Schriftstellers – des Handwerkers und Kritikers in ihm – erweisen sich für seine künstlerischen Fähigkeiten als abträglich. Und genauso verhält es sich umgekehrt. Aber es lassen sich durchaus beide Seiten seiner Persönlichkeit ausbilden, so daß sie harmonisch zusammenarbeiten. Dabei muß man sich so verhalten, als hätte man es mit zwei Personen zu tun und nicht nur mit einer.

Dorothea Brande
‹Becoming a Writer›

Sieben Jahre, seit ich das weite weiche warme weißschenklige Weib freite. Umwarb und freite. Weib. Ein messerscharfes Wort, das trotz seiner endgültigen Schärfe dem Werben kein Ende setzte. Zu meiner Verwunderung.

John Updike
‹Werben um die eigene Frau›

vor allem darum, jede der beiden Denkweisen nur in den ihr jeweils entsprechenden Phasen des schöpferischen Prozesses einzusetzen und so dafür zu sorgen, daß sie nicht gegeneinander, sondern harmonisch zusammenarbeiten.

In ihrem 1934 erschienenen Buch ‹Becoming a Writer› weist die Romanautorin Dorothea Brande auf diese beiden widersprüchlichen Seiten in der Persönlichkeit des Schriftstellers hin und spricht von der Notwendigkeit, das, was sie als das Unbewußte bezeichnet, zu pflegen und zu fördern.

Ich habe die eben beschriebenen Aspekte der kreativen Verarbeitung von Wahrnehmungen als begriffliches und bildliches Denken bezeichnet, weil diese Termini auf einen der fundamentalsten Unterschiede in den Arbeitsweisen der linken und der rechten Gehirnhälfte hinweisen. Entdeckungen im Bereich der Gehirnforschung haben in den vergangenen Jahren ergeben, daß die Funktionen der linken Hirnhemisphäre – das begriffliche Denken – weitgehend für die rationale, logische Darstellung der Wirklichkeit und für das Erfassen von Einzelheiten und logischen Sequenzen «zuständig» sind. Die linke Gehirnhälfte steuert die Fähigkeit, Gedanken in eine mitteilbare, syntaktische Form zu bringen, so wie Wörter zu Sätzen zusammengefügt werden. Sie fungiert als Kritiker, Zensor und Korrektor. Sie teilt die Welt in klar abgrenzbare Einheiten auf und bestimmt diese mit Hilfe genauer Definitionen, wie zum Beispiel «Frau = Erwachsener weiblichen Geschlechts». Eine solche Definition besteht aus Wörtern, die so gebraucht werden, daß sie die Bedeutung unzweideutig festlegen. Wörter, die als Begriffe verwendet werden, haben einen präzisen, eng begrenzten Bedeutungsrahmen. Der Begriff «Frau» zum Beispiel bezeichnet eine bestimmte Menschengruppe auf eine Weise, die die Verwechslung mit Männern oder Kindern unmöglich macht.

Im Gegensatz dazu denkt die rechte Hemisphäre stets in komplexen Bildern. Sie stellt Zusammenhänge her, um alles, was ihr begegnet, zu Mustern zu ordnen. Dies gilt auch für sprachliches Material. An Stelle klar umrissener Begriffe schafft sie *Sinngefüge*, deren Bedeutungen über das Wörtliche hinausgehen. Während das begriffliche Denken die Frau als weiblichen Erwachsenen definiert, vermittelt uns das bildliche Denken einen Gefühlseindruck dessen, was Frausein bedeutet, indem es zusammengehörige Elemente zu einem Muster zusammenstellt, so wie John Updike es in seiner Kurzgeschichte ‹Werben um die eigene Frau› macht.

Jeder der beiden Denkmodi drückt die Vorstellung «Frau» (beziehungsweise «Weib») auf seine eigene Weise aus; doch nur der Ausdrucksform des bildlichen Denkens sind Klangreichtum, Vielfalt, Tiefe und Originalität eigen, die Qualitäten, die uns Updikes tiefgründige Vorstellung vom Wesen des Weiblichen begreifen lassen.

Diese Qualitäten erreichen wir durch natürliches Schreiben – durch ein Schreiben, das nicht bloß vertraute Gedanken auf sachliche, konventionelle und leblose Art darstellt, sondern sämtliche Schattierungen eines sprachlichen Bedeutungszusammenhangs einbezieht und durch sinnlich erfahrbare Bilder Gefühle wachruft. Und dieses Sinne und Vorstellungskraft ansprechende, unkonventionelle Ausdrucksvermögen ist – so der heutige Stand der Forschung – offenbar in der rechten Gehirnhälfte angesiedelt. Eine wesentliche Voraussetzung für das natürliche Schreiben ist, daß *beide* Gehirnhälften beim Schreibvorgang mitwirken. Durch die linke Hemisphäre erhalten wir Zugang zu den erklärenden Bezeichnungsfunktionen nüchterner und unzweideutiger Sprache und zu der für das Schreiben unerläßlichen Fähigkeit, logisch zu gliedern. Die rechte Hemisphäre brauchen wir, um die anschaulicheren, vor allem die Vorstellungskraft anregenden bildlichen Qualitäten der Sprache – wie Wortbilder, Rhythmus, Metaphern und wiederkehrende Muster – wahrzunehmen und auszudrücken, also alle jene Eigenschaften, die einen Text «emotional aufladen».

Darüber hinaus führt uns die charakteristische Denkstruktur der rechten Gehirnhälfte zu originellen Ideen, Einsichten und Entdeckungen. Sie ließe sich beschreiben als die Denkweise, die in der frühen Kindheit vorherrscht, wenn alles noch neu ist und alles eine Bedeutung hat. Wenn Sie sich bei einem Spaziergang am Strand schon einmal nach einem angeschwemmten Stück Holz gebückt haben, weil es Sie an ein springendes Reh oder einen Kobold erinnerte, dann wissen Sie, welches Vergnügen das unerwartete Erkennen einer Form bereitet. Was geschieht in solchen Momenten? Das bildliche Denken nimmt Verbindungen wahr und stellt Bedeutungszusammenhänge her. Es nimmt die rational erfaßbaren Ereignisse und Realitäten Ihrer vertrauten Welt, die tausenderlei Erfahrungs-, Erlebnis- und Erinnerungsbruchstücke, das vielfältige Sprachmaterial in Ihrem Kopf und entdeckt darin Verbindungen, Muster und Verwandtschaften. Obwohl dies die natürliche Verfahrensweise der rechten Hemisphäre ist, wird sie häufig von den kritisch-logischen Prozessen des linken Hirns überrumpelt («Das ist doch kein springendes Reh, sondern bloß ein Stück Treibholz!»).

Ich möchte versuchen, das Verhältnis der beiden Modi mit Hilfe einer Analogie deutlicher zu machen: Unser bildliches Denken hört auf die Melodie des Lebens, während das begriffliche Denken auf die einzelnen Töne achtet, aus denen die Melodien bestehen. Und der Schlüssel zum natürlichen Schreiben lautet: Zuerst kommt die Melodie!

Leider haben die meisten von uns nicht gelernt, aus einem Gefühl innerer Freiheit anstatt nach vorgegebenen Regeln zu schreiben. Das Ergebnis ist nur zu oft ein flauer, fader, gekünstelter Text, ohne Originalität, ohne natürlichen Fluß, ohne schöpferische Freiheit im Umgang mit der Sprache. Der entscheidende Unterschied zwischen reglementiertem und zwanglosem Schreiben besteht darin, daß jenes von außen angeregt wird, während beim natürlichen Schreiben die Worte von innen kommen. Unser Unterricht in der Muttersprache, der auf die einseitige Förderung des begrifflichen Denkens ausgerichtet ist, hat unsere kreativen, nach bildhaftem Ausdruck strebenden Fähigkeiten blockiert – zumindest hat er verhindert, daß wir sie in angemessener Weise gebrauchten – und dadurch unser angeborenes kreatives Ausdrucksvermögen fühlbar eingeschränkt.

Dieser Kursus soll unsere vernachlässigten sprachlichen Gestaltungskräfte zu neuem Leben erwecken und weiterentwickeln. Die rechte Gehirnhälfte ist bisher immer Stiefkind gewesen, in der Erziehung, in der Schule, in unserem Leben insgesamt. Das Vergnügen, das wir empfinden, wenn wir unsere Schreibbegabung wieder zu nutzen beginnen, rührt zum großen Teil daher, daß sie nach so vielen Jahren schmählichster Behandlung endlich zur Entfaltung kommen kann.

Kreativität – ein Wechselspiel

Wenn jedes [der beiden Ich] seinen angestammten Platz gefunden hat, wenn jedes die ihm gemäßen Aufgaben erfüllt, dann spielen sie sich die Bälle gegenseitig endlos zu – einander fördernd, anregend und entlastend –, ein Prozeß, durch den die Gesamtpersönlichkeit an Ausgewogenheit, Reife, Energie und Tiefe gewinnt.

Dorothea Brande
‹Becoming a Writer›

Ein vollendetes Stück Literatur, ein Gemälde oder eine Skulptur – kurz: alle Ergebnisse schöpferischer Gestaltungsprozesse – können nur zustande kommen, wenn die beiden Hirnhemisphären zusammenarbeiten, und zwar in der richtigen Reihenfolge und in fruchtbarer Wechselwirkung. So müssen wir zum Beispiel in der generativen Phase des Schreibens, in der wir intuitiv neue Ideen bilden, das zu logischer Zergliederung, zu Kritik und Zensur neigende begriffliche Denken ausschalten, um nicht durch analytische Gedankengänge abgelenkt zu werden. Sobald wir aber dazu übergehen, unsere Einfälle niederzuschreiben und zu gliedern, tritt das ordnende begriffliche Denken in ein Wechselspiel mit dem ganzheitlich-bildhaft verfahrenden Modus der rechten Hemisphäre ein. Nur ein unablässiges Hinundherwechseln zwischen der Vision des Ganzen, die uns vorschwebt, und den Einzelheiten und Sequenzen, mit denen wir diese Vision zu einem klar umrissenen Ganzen ordnen, ermöglicht es uns, ihr in einem geschriebenen Text Gestalt zu geben. Wenn wir den Text am Ende noch einmal durchlesen und ihn im Hinblick auf Gliederung, Wortwahl und Stimmigkeit der Details überprüfen, stützen wir uns dabei fast ausschließlich auf die Vorliebe unseres begrifflichen Denkens für formale und inhaltliche Korrektheit. Wenn die beiden Denkweisen so zusammenarbeiten, daß sie einander ergänzen anstatt sich gegenseitig aus dem Konzept zu bringen, sind sie in der Lage, eine ganze Skala harmonisch zusammenwirkender Talente zu entfalten.

Lernen mit diesem Buch – einige Hinweise

In allen Kapiteln finden Sie Abschnitte mit der Überschrift «Übung». Sie laden Sie ein und leiten Sie an, Ihre natürlichen Schreibfertigkeiten zu entwickeln, indem Sie kurze, in sich geschlossene Texte verfassen, von denen eine starke emotionale Wirkung ausgeht. Das Buch ist so aufgebaut, daß Sie zunächst mit Hilfe des bildlichen Denkens herauszufinden lernen, worüber Sie schreiben wollen. Danach stelle ich Ihnen sieben Verfahren vor, die Ihnen helfen werden, Zugang zum kreativen Potential Ihres bildlichen Denkens zu finden und es zu nutzen. Schließlich werden Sie lernen, das Zusammenspiel von begrifflichem und bildlichem Denken bewußt herbeizuführen.
Sie beginnen mit den Clustering. Sie werden dabei die Erfahrung machen, daß Sie die Fähigkeit des Kindes zu staunen keineswegs verlernt, sondern nur vergessen hatten. Danach verfeinern Sie Ihre Empfänglichkeit für sprachliche Muster und Wiederholungen durch das «Versuchsnetz». Sie lernen, wieder spielerisch mit Sprachrhythmen und wiederkehrenden Klangfiguren umzugehen, Ihre natürliche Fähigkeit zu bildhaftem Ausdruck wieder zu nutzen und in Metaphern zu denken. Ich zeige Ihnen, wie man Gegensätze nebeneinanderstellt und dadurch kreative Spannung erzeugt und wie Sie Ihren Entwurf ausfeilen und korrigieren können. Das letzte Kapitel gibt Ihnen schließlich die Möglichkeit, einen längeren Text zu schreiben und dabei noch einmal alle in diesem Buch vorgestellten Verfahren anzuwenden.
Die Verfahren, die jeweils auf einen bestimmten Aspekt des natür-

lichen Schreibens eingehen, bauen aufeinander auf. Zusätzlich zu jedem neuen Verfahren üben Sie auf jeder Stufe jeweils noch einmal das, was Sie in den vorangegangenen Kapiteln gelernt haben. Arbeiten Sie die einzelnen Kapitel nacheinander durch, aber scheuen Sie sich nicht, noch einmal zurückzugehen, wenn ein Thema Sie besonders reizt oder wenn Sie an einem bestimmten Punkt noch mehr Erfahrungen sammeln wollen. Die Verfahren lassen sich auf jedes Thema Ihrer Wahl anwenden. Lassen Sie Ihrer Phantasie freien Lauf, und freuen Sie sich an den Ergebnissen!

Das literarische Skizzenbuch
Bewahren Sie alle Ihre Texte zusammen in einem Ringbuch oder einer Mappe auf, so daß Sie die Fortschritte, die Sie im Laufe der Beschäftigung mit diesem Buch und darüber hinaus erzielen, jederzeit nachvollziehen können. Es bleibt Ihnen überlassen, ob Sie liniertes oder unliniertes Papier verwenden und ob Sie mit der Hand oder mit der Maschine schreiben. Versehen Sie jeden Text mit einem Datum, und beginnen Sie jede Übung auf einer neuen Seite. Wenn Sie am Ende des Buches angelangt sind, wird Ihr Skizzenbuch einen ansehnlichen Umfang erreicht haben.
Lesen Sie das Geschriebene, sooft Sie dazu Lust haben. Im Laufe des Kurses werden Sie selbst zu Ihrem besten Kritiker, wenn Sie sich am Grad der Befriedigung orientieren, die Sie beim Durchlesen Ihrer Texte empfinden. Nicht selten löst das Erreichte Freude, Stolz, ja sogar Verwunderung über das eigene Können aus. Je mehr Sie lernen, sich unverkrampft und frei auszudrücken, desto tiefer dringen Sie in den kreativen Prozeß ein; und zugleich werden Ihnen viele Seiten Ihres Lebens farbiger und reicher erscheinen, denn die sich entfaltende kreative Einstellung bleibt nicht auf das Schreiben beschränkt.

Womit schreiben?
Da ich viel schreiben muß, habe ich gelernt, direkt in die Maschine zu tippen. Für meinen Zweck ist das viel günstiger, als wenn ich alles handschriftlich zu Papier bringen würde. In der Erkundungsphase oder bei dem Versuch, einen krausen Gedankengang zu entwirren, kehre ich jedoch unweigerlich zu Schreibblock und Kugelschreiber zurück. Probieren Sie verschiedene Möglichkeiten aus, bis Sie das Hilfsmittel gefunden haben, das Ihren Gedankenfluß am wenigsten hemmt. Schreiben Sie, womit Sie wollen. Das wichtigste ist, daß Sie sich dabei wohl fühlen.

Zeit und Ort: Gewohnheit fördert Kreativität

Wählen Sie eine feste Tageszeit für Ihre Schreibübungen, und bleiben Sie dabei, bis Ihnen das Schreiben zur Gewohnheit geworden ist. Gehören Sie zu den Frühaufstehern, dann stellen Sie den Wecker so, daß Sie morgens noch eine Viertelstunde Zeit zum Schreiben haben. Wenn Sie gern spät schlafen gehen, dann reservieren Sie sich jeden Abend – zumindest an Wochentagen – einige Minuten für eine Übung. Sollten Sie das Glück haben, vor oder nach dem Mittagessen eine Weile ungestört zu sein, dann nutzen Sie diese Zeit, um Ihr Skizzenbuch zu füllen.

Als nächstes suchen Sie sich einen geeigneten Platz: die warme Küche um fünf Uhr morgens, wenn noch alles ruhig ist, ein ungenutztes Zimmer, Ihr Bett, eine Ecke in der Leihbücherei oder auch Ihren Wagen, den Sie irgendwo am Waldrand oder an einem Aussichtspunkt über der Stadt parken. Wie beim Dauerlauf oder beim Zähneputzen kommt es darauf an, keinen Tag auszulassen. Sie werden sich bald auf diese Viertelstunde freuen, in der Sie Ihre schöpferischen Möglichkeiten erkunden können. Sollten Ihnen fünfzehn Minuten nicht genügen – und Sie werden schon bald mehr Zeit zum Schreiben haben wollen –, dann verlängern Sie Ihre tägliche Übungszeit. Und tragen Sie immer einen Stift und einen Block bei sich, dann können Sie jede Gelegenheit zum Schreiben nutzen, die sich Ihnen unversehens bietet.

Klang und Bild: Lautes Lesen

«Erlauschter Klang ist süß», schrieb der englische Dichter John Keats. Sprache will nicht nur gelesen, sondern auch gehört werden. Wissenschaftliche Untersuchungen haben gezeigt, daß Kleinkinder höchst empfänglich sind für den Klang der menschlichen Stimme; das Erlernen der Sprache beginnt mit dem Hören. Unsere früheste Kindheit ist erfüllt von den Klängen der Märchen und Geschichten, die uns vorgelesen werden, von Abzählreimen, Liedern und Rätselversen. Unser Gehirn registriert feinste Unterschiede im Tonfall und in den Intervallen der gesprochenen Sprache. Der Psychologe Joseph C. Pearce zeigt in seinem Buch ‹Die heilende Kraft› auf, wie Klangeindrücke – und insbesondere der Klang der menschlichen Stimme – das Gehirn zu erhöhter Aufmerksamkeit anregen.

Lesen Sie sich oder, wenn Sie wollen, einer anderen Person laut vor, was Sie geschrieben haben. Wenn Sie auf den Klang Ihrer eigenen Sprache hören, werden Sie sich der rhythmischen Eigenart Ihres Stils und der Art, wie Sie den Inhalt gestalten, bewußt. Die im herkömmlichen Schulunterricht meist vernachlässigten

---

Der Schall erweist sich als eine der wichtigsten Reizquellen für unser Gehirn, als einer der Faktoren, denen wir unsere geistige Regsamkeit verdanken. Stimmliche Laute hallen unmittelbar in Schädel, Brustkasten und Körper wider. Die von uns selbst hervorgerufenen Resonanzen wecken frische Kräfte in Gehirn und Körper.

Joseph C. Pearce
‹Die heilende Kraft›

Qualitäten des natürlichen Schreibens – vor allem Ganzheitlichkeit, Wiederholung, Sprachrhythmus, Bildhaftigkeit, metaphorische Verdichtung und kreative Spannung – treten beim lauten Lesen stark in den Vordergrund.

Übung

Bevor Sie zum zweiten Kapitel übergehen, bitte ich Sie, sich Klarheit über den heutigen Stand Ihres schriftstellerischen Könnens zu verschaffen. Sicher gibt es viele unter Ihnen, bei denen der Anblick eines leeren Blattes Gefühle auslöst, die von leichtem Unbehagen bis zu panischer Angst reichen. Stellen Sie keine zu hohen Anforderungen an sich. Sie brauchen nicht auf Anhieb ein Meisterwerk zu schaffen. Sie sollen sich einfach nur darüber klarwerden, wie weit Ihre Fähigkeit, sich schriftlich auszudrücken, zur Zeit entwickelt ist, so daß Sie am Ende des Kurses zurückblicken und abschätzen können, welche Fortschritte Sie gemacht haben.
Versuchen Sie, schnell zu schreiben und sich dabei weder selbst zu zensieren noch um korrekte Grammatik oder die richtige Form zu sorgen. Zerbrechen Sie sich nicht den Kopf darüber, wie Sie beginnen oder schließen wollen. Im zweiten Kapitel finden Sie eine Lockerungsübung, die Ihnen hilft, die Angst vor dem leeren Papier zu überwinden, einen Schwerpunkt und einen Anfang zu finden und sich klarzumachen, was Sie ausdrücken wollen. Im Augenblick ist nur wichtig, daß Sie sich einen Orientierungspunkt schaffen, an dem Sie Ihre weiteren Versuche messen können.
Beschränken Sie Ihre Schreibzeit bei jedem der unten angeführten vier Themenvorschläge auf zehn Minuten. Machen Sie sich keine Sorgen, wenn Sie schon vorher fertig sein sollten. Schreiben Sie wenigstens ein paar Sätze und höchstens eine Seite pro Thema.

Thema 1
Schreiben Sie über sich selbst. Sie können dabei jede beliebige Perspektive wählen.
Thema 2
Beschreiben Sie ein Gefühl, zum Beispiel Furcht, Liebe, Trauer oder Freude.
Thema 3
Schreiben Sie über einen Menschen, den Sie mögen.
Thema 4
Halten Sie alles fest, was Ihnen zu dem Wort «Schreiben» einfällt.

Nach dem Schreiben

Nach meiner Erfahrung nagen die meisten bei diesen ersten Übungen mehr oder weniger heftig am sprichwörtlichen Bleistift. Manches hat Ihnen sicher eine Weile Kopfzerbrechen bereitet, anderes ist Ihnen vielleicht relativ leicht von der Hand gegangen, nachdem Sie einmal einen Anfang gefunden hatten. Vermutlich ist es Ihnen schwerer gefallen, sich selbst darzustellen, als einen Menschen, der Ihnen nahesteht, und wahrscheinlich hat Sie die Aufgabe, ein Gefühl zu beschreiben, entmutigt. Hat das Thema «Schreiben» Sie zu einem Bericht über die Gefühle verleitet, die Sie bei den übrigen Aufgaben empfanden? Es ist aufschlußreich, in den nächsten Wochen, wenn Sie sich mit den folgenden Kapiteln beschäftigen, zu beobachten, wie sich Ihre Wahrnehmung des Schreibvorganges verändert.

Texte meiner Schüler – vor und nach dem Kursus

Ich möchte an dieser Stelle je zwei Beispiele einfügen, die den Stand vor Beginn und die Fortschritte im Verlauf des Kurses dokumentieren sollen. Sie stammen von zwei Anfängern mit unterschiedlicher Vorbildung. Die ersten beiden Texte sollen den Wandel von angespanntem zu natürlichem Schreiben im Laufe eines dreieinhalbmonatigen Kurses verdeutlichen, den die Teilnehmer zweimal pro Woche besuchten. Die Verfasserin ist eine junge Lehrerin, die an einem Anfängerkurs für «Kreatives Schreiben» teilnahm, weil sie – wie sie mir sagte – «bisher nie schreiben gelernt» hatte. Der erste Text entstand beim ersten Treffen der Teilnehmer vor Beginn des eigentlichen Unterrichts, der zweite während der letzten Übung, die den Abschluß des Kurses bildete. In beiden Beispielen geht es um das eigene Selbst. Achten Sie auf die Unterschiede, vor allem im Hinblick auf die Tiefe der Darstellung, auf Originalität und Ausdruckskraft.

Ich

Das Bild, das sich andere von mir machen, wandelt sich. Während ich in eine berufliche Position hineinwachse, in der ich täglich mit Hunderten von Menschen zusammenkomme, fühle ich, wie meine Sicherheit auf eine harte Probe gestellt wird; meine neue Rolle verlangt ein flexibleres Selbstvertrauen. Ich suche nach einer Möglichkeit, mein verändertes Auftreten einzuschätzen. Wie wirke ich auf die Scharen von Kindern, die ich unterrichte? Wenn ich mein neues Bild zu fassen versuche,

Jeder Schriftsteller sollte sich gleich zu Anfang seiner Laufbahn klarmachen, daß wir alle nur einen Beitrag leisten können: zum kollektiven Erfahrungsschatz der Menschheit das besondere Bild beizusteuern, das die Welt jedem von uns bietet.

Dorothea Brande
‹Becoming a Writer›

sehe ich eine Fremde vor mir. Wenn ich vor diesen vielen Gesichtern stehe, spanne ich mich an, um jedes von ihnen auf irgendeine Weise anzusprechen, so daß auch sie mich erreichen. Vielleicht könnte ich mich in jeder persönlichen Reaktion spiegeln und in den aufrichtigen Kinderaugen eine Spur meines neuen Bildes entdecken.

Jillian Milligan
28. Januar 1981

Und ich
In meinem kleinen Herzen herrscht immer Winter,
und mein Abendessen ist immer kalt.
Meine Tränen gefrieren vor Einsamkeit, während ich
Abend für Abend am Eßtisch stumm den Unfrieden ertrage.
Wie gern besäße ich die Entschlossenheit meiner Schwester!
Sie bezwingt das Leben mit Willenskraft,
und opfert ihre Gefühle.
Sie ist schon vernünftig auf die Welt gekommen.
Ich werde sie nie erreichen.
Ich sehne mich nach mütterlicher Wärme,
während Mama ihre Gefühle
ziellos verschwendet an
eine Familie namens Menschheit.
An ein Floß gebunden treibt sie
verloren in einem Meer von Gefühlen.
Ich werde sie nie finden.
Ich wünsche mir Vaters Zuspruch,
doch seine Hände zerdrücken mir die Finger.
Auf der äußersten Kante seines Segelboots schreie ich meine Angst hinaus.
Er richtet es jäh wieder auf und stürzt mich
in den nächsten hilflos wütenden Schrecken.
Mit Papa am Ruder gab es keine Ruhe.
Seine forsche Selbstgewißheit war eine stete Bedrohung,
auf alle Fragen folgten Fragen
über Fragen über Fragen.
Nie erhielt ich eine einfache, verläßliche Antwort.
Ich werde ihm nie vertrauen.
Wie Holz sich in trockener Kälte zusammenzieht,
so weichen wir voreinander zurück,
bergen die Erfahrungen unseres Lebens
in einem warmen, sicheren Gefühlsschließfach
und verschlucken den Schlüssel.

Mein Abendessen ist kalt;
ein heftiger Wintersturm wirbelt
bittere Flocken in mir auf, auch heute noch.
Jillian Milligan
15. Mai 1981

Das zweite Textpaar stammt von einer Frau, die schon vor Beginn des Kurses eine überdurchschnittliche Fähigkeit zeigte, sich schriftlich auszudrücken – allerdings nur, wenn sie Briefe schrieb. «Dabei lasse ich mich gehen», berichtete sie, «und schreibe ohne großes Nachdenken alles auf, was mir in den Sinn kommt.» Sobald ihr jedoch eine Aufgabe gestellt wurde, griff ihr kritisches begriffliches Denken so streng zensierend ein, daß der freie Fluß der Gedanken völlig versiegte. Bei der ersten Schreibprobe lautete das Thema, über einen nahestehenden Menschen zu schreiben. Beim zweiten Beispiel, das nur vierzehn Tage später entstand, regte dieselbe Aufgabenstellung die Verfasserin zu einem ganz andersartigen, von vielfältiger Modulation geprägten Text an. Er konzentriert sich auf einen Augenblick ihres Lebens, der eine große emotionale Bedeutung für sie hat. Achten Sie auch hier wieder auf die Unterschiede.

Meine Mutter
Meine Mutter war eine liebevolle Frau, aber sie hatte auch viele Probleme, und deswegen wandte sie mir nicht soviel Aufmerksamkeit zu, wie ich gern gewollt hätte. Oft starrte sie nur vor sich hin und quälte sich mit Dingen herum, die ich als Kind noch nicht verstehen konnte. Das machte mich traurig und gab mir sogar ein wenig das Gefühl, von ihr zurückgewiesen zu werden. Ich glaube, jedes Kind braucht das Gefühl, daß es für seine Mutter der Mittelpunkt der Welt ist.
Heide Kingsbury
18. Februar 1981

Ich weiß noch, daß ich meiner Mutter etwas erzählen wollte. «Mama, hör mal, Mama, hör doch, ich will dir was erzählen . . .» Ich sehe sie noch vor mir, wie sie ganz ruhig dasaß und vor sich hin starrte. Ich wünschte mir, daß sie mir ihr Gesicht zuwenden und mich ansehen würde, so daß ich sicher sein konnte, daß sie nur mir zuhörte und nicht jener anderen Stimme, jener Stimme in ihrem Innern, die lauter und beharrlicher sprach als meine. Ich griff nach ihrem Kinn, um ihren Kopf zu mir zu drehen. Ich spüre noch ihre weiche, warme

Haut und den Zug, mit dem ihr Kopf von mir wegstrebte, bis sie endlich nachgab und mir das Gesicht zuwandte. Ich fühle noch die Freude, die mich erfüllte, als sie sich mir zuwandte – und die Panik, als ihre Augen teilnahmslos über mich hinwegglitten und ins Weite sahen. «Was ist denn, Kind?» fragte sie, doch ich wußte nicht mehr, was ich ihr hatte sagen wollen.

Heide Kingsbury
2. März 1981

Zusammenfassung und Ausblick

Das Geschichtenerzählen ist eine Form, sich selbst zum Ausdruck zu bringen, der ein elementarer menschlicher Impuls zugrunde liegt. Er wurzelt in der Neigung des bildlichen Denkens, unseren Erfahrungen Gestalt zu geben und Bedeutung und Sinn zu entdecken in einer Welt, die uns nur allzuoft chaotisch und zersplittert erscheint. Wir erzählen schon Geschichten, lange bevor wir das erste Wort zu schreiben lernen; doch erst wenn wir sie auf dem Papier festhalten, gewinnen sie Dauer und werden für uns zu einem Medium unserer Auseinandersetzung mit uns selbst. Wer beginnt, seine Erlebnisse und Erfahrungen niederzuschreiben, bringt sich selbst, seine besondere Art, die Welt zu sehen, zum Ausdruck.

In den folgenden Kapiteln werden Sie diese Möglichkeiten des Schreibens wiederentdecken – das Schreiben als natürliche Ausdrucksform, nicht als anstrengende, formale, von Regeln beherrschte Tätigkeit. Die reiche Welt der Sprache steht jedem von uns offen.

Der erste Schritt besteht darin, daß Sie sich mit dem *Clustering* als Vorstufe des Schreibens vertraut machen. Dieses Verfahren ist das Thema des zweiten Kapitels. Es bringt Sie in Kontakt zu den Fähigkeiten der rechten Gehirnhälfte. Sie werden erstaunt sein über die Flut Ihrer Einfälle, die in Ihrem Cluster Gestalt annehmen.

2
Clustering –
dem bildlichen Denken
auf der Spur

Die Natur sorgt durch verschwenderischen Überfluß für ihr Fortbestehen. Denken wir nur an die unzähligen Samen, die zur Erde fallen, von denen nur ein Bruchteil Wurzeln schlägt und wieder zu Bäumen heranwächst, an die rund fünftausend Drohnen, deren Daseinszweck ausschließlich darin besteht, die Befruchtung einer einzigen Bienenkönigin zu sichern, oder an die Millionen Spermien, die miteinander um die Befruchtung eines Eies wetteifern. In ähnlicher Weise schafft ein kreativer Mensch während des schöpferischen Prozesses eine Riesenzahl verschiedener Gedankenmuster, bevor er sich auf eine bestimmte Idee festlegt. Im Vorwort des Buches ‹Becoming a Writer› von Dorothea Brande behauptet der Romanautor John Gardner, alle Schreibenden brauchten einen Zauberschlüssel, um sich diese verborgenen Schätze der Einbildungskraft zu erschließen. Was uns fehlt, sind nicht Ideen, sondern ein Verfahren, das uns hilft, direkt mit ihnen in Verbindung zu treten.

Clustering, das Knüpfen von «Ideennetzen», ist ein solcher «Zauberschlüssel». Es ist der entscheidende erste Schritt, der uns hilft, unser logisches, auf Ordnung bedachtes begriffliches Denken zu umgehen und mit der Welt der Tagträume, des ziellosen Denkens, der im Gedächtnis aufbewahrten Ereignisse, Bilder und Gefühle in Berührung zu kommen.

Das Clustering ist ein nichtlineares Brainstorming-Verfahren, das mit der freien Assoziation verwandt ist. Durch die blitzartig auftauchenden Assoziationen, in deren ungeordneter Vielfalt sich unversehens Muster zeigen, wird die Arbeitsweise des bildlichen Denkens sichtbar. Das bei diesem Vorgang entstehende Cluster erschließt uns mühelos eine Vielzahl von Gedanken und Einfällen, die aus einem Teil unseres Gehirns stammen, in dem sich die Erfahrungen unseres ganzen Lebens unstrukturiert drängen und vermischen. Das Verfahren beruht auf der Offenheit für das Un-

Jeder Alptraum ist ein Hinweis auf die in der menschlichen Seele verborgenen Schätze der Vorstellungskraft. Was jeder Schriftsteller braucht – gleichgültig ob er schon etabliert ist oder erst anfängt –, ist irgendein Zauber, ein Schlüssel, der ihn mit sich selbst in Berührung bringt.

John Gardner

bekannte, auf der Einstellung «Ich bin gespannt, wohin das alles führen wird». Es läßt scheinbares Chaos zu. Beim Clustering gehen wir davon aus, daß es in Ordnung ist, einfach mit dem Schreiben zu beginnen, auch wenn wir uns über das Was, Wo, Wer, Wann und Wie nicht völlig klar sind.

Allzuoft blockieren wir uns selbst, weil wir glauben, wir müßten von vornherein wissen, womit wir anfangen, was wir sagen und wie wir es ausdrücken wollen. Wenn wir feststellen, daß uns dies nicht gelingt, werden wir unsicher und versuchen entweder, noch angestrengter ein Konzept zu entwickeln – oder wir brechen resigniert ab. Wir haben verlernt, zu staunen und offen zu sein für das, was kommen könnte. Staunen bedeutet zu akzeptieren, daß sich vieles unserem bewußten Wissen entzieht. Es ist der natürliche Zustand zu Beginn jedes kreativen Aktes.

Die Bildung einer Idee können wir zwar nicht erzwingen, aber wir können das Nächstbeste tun – wir können ein Cluster machen. Indem wir das nach Mustern suchende bildliche Denken einbeziehen und die unnachsichtige Zensur des begrifflichen Denkens umgehen, mildern wir die vertraute Angst, ob wir wirklich etwas zu sagen haben und womit wir anfangen sollen, und gewinnen die Freiheit des Ausdrucks zurück, die wir als Kinder besaßen.

Bildmuster fließen lassen

Das Clustering – die assoziative Verknüpfung von Ideen und Vorstellungen – gehört zu den Funktionen des bildlichen Denkens. Mit diesem ersten Schritt beginnen sämtliche in diesem Buch vorgestellten Verfahren und alle Übungen, die ich Ihnen vorschlagen werde. So wie viele natürliche Formen aus zusammenhängenden Teilen bestehen – etwa Trauben, Nelken, Spinneneier, Kirschen –, so treten auch Gedanken und Vorstellungsbilder, wenn man ihnen freien Lauf läßt, offenbar immer in ganzen Bündeln oder Assoziationsgruppen auf.

In jenen Monaten, in denen ich über den schöpferischen Prozeß nachsann und mich fragte, wie man ihn beim Schreiben einfacher gestalten könnte, gingen mir immer wieder zwei Bemerkungen durch den Kopf: Der Schriftsteller Henry James sagte einmal: «Niemals kann etwas als Ganzes erzählt werden; wir können immer nur nehmen, was sich zusammenfügt.» Und der Literaturkritiker Northrop Frye schrieb, Wörter sollten nie «gefroren» sein, und erklärte, jedes Wort könne ein «Sturmzentrum von Bedeutungen, Klängen und Assoziationen» werden, «das immer weiter

Ich setze mich nicht an meinen Schreibtisch, um etwas in Verse zu fassen, was ich schon klar im Kopf habe. Wenn es schon klar wäre, gäbe es keinen Anlaß und kein Bedürfnis, darüber zu schreiben . . . Wir schreiben nicht, um verstanden zu werden, wir schreiben, um zu verstehen.

C. Day Lewis
‹The Poetic Image›

ausstrahlt wie Wellenkreise auf einem Teich». So entschied ich mich in einer Eingebung für das Wort «Cluster» als Bezeichnung für die nichtlinearen Verknüpfungen um ein «Sturmzentrum von Bedeutungen», das ich «Kern» nannte. Und bei diesen Bezeichnungen für das grundlegende Verfahren des natürlichen Schreibens bin ich bis heute geblieben. Ein Kern – ein Wort oder ein kurzer Ausdruck – wirkt als auslösender Reiz für das Aufzeichnen aller Assoziationen, die sich innerhalb kürzester Zeit einstellen. Abbildung 2 zeigt ein von einer Studentin angefertigtes Cluster, das sich um das Kernwort (LOSLASSEN) gebildet hat. Sie hat nicht mehr als ein oder zwei Minuten dazu gebraucht. Der auf diesen Assoziationen aufbauende Text entstand in etwa acht Minuten.

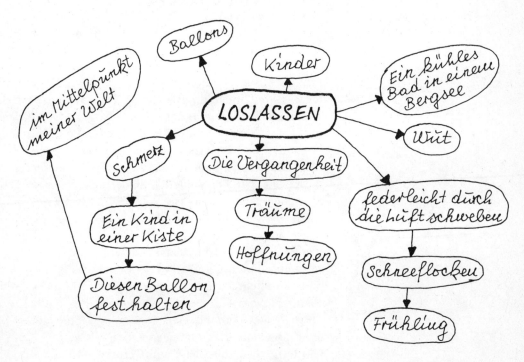

Abbildung 2

Das Loslassen der eigenen Kinder geschieht im Laufe von Jahren, Zentimeter für Zentimeter, so daß die letzten Millimeter, wenn es dann endgültig soweit ist, nicht mehr schwerfallen. Das Loslassen von Wut ist ein gewaltiges Zurückprallen vor der Heftigkeit meiner Gefühle; es hebt mich, schwerelos, in die Luft, wiegt mich sanft wie eine einzelne Feder, wirbelt mich herum wie Blütenblätter im Frühling, läßt mich behutsam wie eine Schneeflocke niedersinken. Das Loslassen vergangener Träume und Hoffnungen kostet mehr Kraft, aber ich bringe es fertig, und sobald ich einmal den Sprung ins eiskalte Wasser gewagt habe, gibt es nichts Belebenderes, nichts, was dem Erlebnis gleicht, vom Ufer weg in tieferes Wasser vorzudringen, sich langsam auf den Rücken zu drehen und Berge und gewölbten Himmel im schrägen Sonnenlicht vor sich zu sehen. Doch das Loslassen von Schmerz zeigt mir mein eigenes Spiegelbild. Ich sehe Schmerz und erblicke mich selbst als Dreijährige, zusammengekauert, die Knie hochgezogen, in einem Kämmerchen sitzen, mit finsterem Gesicht, die Brauen wie eine tiefe Zornesfurche das Gesicht zerschneidend. Wenn ich Schmerz fühle, wende ich mich diesem Kind zu, um es zu halten und zu trösten. Doch es ist unersättlich, untröstlich, und all mein Festhalten nützt nichts. Das Kind ist die Bitterkeit im Mittelpunkt meiner Welt.

Shelia Sapir

Das Cluster um den Kern «Loslassen» gibt Emotionen und Erfahrungen Ausdruck, die eine große Bedeutung für die Schreiberin haben: ihre Kinder, ihre Wut, die Vergangenheit, der Schmerz. Es gibt auch ihre Bilder für das «Loslassen» wieder: federleicht durch die Luft zu schweben und die Kälte eines Bads in einem Bergsee. Der kurze Text stellt die verschiedenen Grade des «Loslassens» in den Mittelpunkt. Er geht vom Einfachen zu immer schwierigeren Beispielen über: Bei Kindern fällt das Loslassen am leichtesten, bei seelischem Schmerz ist es am schwersten. Wenn sie Schmerz fühlt, wird sie zu einem «untröstlichen Kind», das «die Bitterkeit im Mittelpunkt meiner Welt» verkörpert.

Beachten Sie, daß nicht alle Elemente des Clusters verwendet werden: «Ballons» und das «Festhalten des Ballons» fehlen. Anderes ist leicht verändert. Es kommt darauf an, sich klarzumachen, daß das Cluster die Kurzschrift des bildlichen Denkens darstellt und Wahlmöglichkeiten anbietet, die keineswegs alle in die Endfassung übernommen werden müssen.

Clustering bedeutet nicht, aufs Geratewohl Wörter und Sätze auf ein Blatt Papier zu verteilen. Es ist wesentlich komplexer: Beim bildlichen Denken zieht jede Assoziation mit ihrer eigenen Logik unaufhaltsam neue Assoziationen nach sich, auch wenn das begriffliche Denken häufig unfähig ist, die Verbindung zwischen ihnen zu erkennen. Das Herstellen von Verknüpfungen hängt vor allem mit der Vielschichtigkeit der Bilder und mit Gefühlsqualitäten zusammen, die mit ihnen verbunden sind und auf dem Papier festgehalten werden, bis wir plötzlich – oder nach und nach – ein Muster oder eine Bedeutung in ihnen entdecken.

Das Kernwort – die eigene «Stimme» finden
Ein Cluster entfaltet sich stets um einen Mittelpunkt herum, wie die auseinanderstrebenden Wellenringe, die die Oberfläche eines Teiches überziehen, wenn man einen Stein hineingeworfen hat. Wir werden später noch sehen, daß dieser Mittelpunkt aus einem Kernwort (oder mehreren Wörtern) oder aus einem dominanten Eindruck bestehen kann.

«Kern» nennen wir den inneren, mittleren Teil einer Zelle oder einer Frucht. Er ist der Same, der das gesamte spätere Wachstum in sich birgt. Ein Kernwort, das durch das Sieb Ihrer Erfahrungen dringen kann, regt zu einer Form des Schreibens an, bei der Lebensgeschichte, Erinnerungen, Gefühle, kurz: Persönlichkeit Gestalt annehmen. Das ist das Wesentliche am natürlichen Schreiben: Es ist ein individuelles, authentisches Sichausdrücken, Ihre «Stimme», die in den niedergeschriebenen Worten hörbar wird. Jedes Wort, jede Wendung hat die Macht, die Aufmerksamkeit Ihres bildlichen Denkens zu erregen. Ob Sie die vom begrifflichen Denken bestimmte genaue Wörterbuch-Definition eines Wortes kennen oder nicht – von dem Moment an, da dieses Wort in Ihr bildliches Denken eindringt, zieht es wie ein Magnet Bilder, Gefühle und Gefühlsschattierungen, Lied- und Gedichtzeilen und rhythmisch Verwandtes an, alles das, was ihm Ihre nach Mustern Ausschau haltende rechte Gehirnhälfte zuordnet.

Abbildung 3 beispielsweise zeigt das erste Cluster eines Englischprofessors, der selbst Gedichte veröffentlicht und unverkennbar ein Literaturliebhaber ist. Als er mit dem Kernwort (ZEIT) kon-

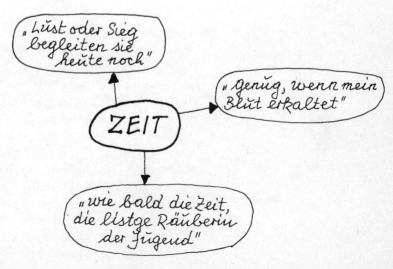

Abbildung 3

frontiert wurde, klagte er zuerst, ihm fielen dazu bloß Bruchstücke von Gedichten ein, in denen es um die Zeit geht. In diesen Rudimenten spiegeln sich jedoch seine reichhaltigen Lektüre-erfahrungen wider, und darüber hinaus hat man das Gefühl, daß diese Zeilen im Fluß seines bildlichen Denkens mitschwangen und nur abgerufen zu werden brauchten. Sie halfen ihm, beim Schreiben einen Schwerpunkt zu finden. Hier nun der Text, den er aus seinem Cluster entwickelte.

Wie tief die Dichter sich der Zeit bewußt sind, ihres raschen Vorbeifließens, der Hinfälligkeit des Augenblicks, des Grauens vor ihrem Verrinnen! Dylan Thomas singt: «Zeit genug, wenn mein Blut erkaltet, und ich mich, nicht zum Schlafen, bette» – und macht sich in die Hosen vor Angst. Yeats, nun ein kranker Mann, hat dreißig Jahre lang um Maude Gonne geworben und ist immer wieder von ihr abgewiesen worden, und wie er die Schwäne über dem dunklen Wasser von Coole kreisen sieht, glaubt er, für ihn sei alles vorüber und mit den Vögeln ziehe auch die Liebe davon, und er klagt aus der tiefen Leere seines Herzens: «Lust oder Sieg begleiten sie heute noch.» Für den Dichter aber ist alles vorüber. Und Milton, ein Junge noch aus der Sicht meiner vorgerückten Jahre, schreibt: «Wie bald die Zeit, die listige Räuberin der Jugend, trägt mit sich fort mein dreiundzwanzig Jahr.» Ich habe mich vielleicht in der Zahl geirrt, aber ich weiß, wovon er spricht – denn ich bin achtund-vierzig, ich bin achtundvierzig, achtundvierzig.

Nils Peterson

Ein Kernwort regt zu Bündeln von Assoziationen an, die bei jedem Menschen anders aussehen. Für Nils Peterson war «Zeit» viel mehr als die nüchterne Definition des begrifflichen Denkens – «ein nichträumlicher, ununterbrochener Zusammenhang, in dem Ereignisse in nichtumkehrbarer Folge von der Vergangenheit über die Gegenwart in die Zukunft verlaufen» –, wie sie im Wörterbuch verzeichnet ist. Durch die Assoziation von Gefühls-nuancen, die andere Dichter vor ihm zum Ausdruck gebracht haben, lud sich das Wort für ihn emotional auf.
Wie im ersten Kapitel erwähnt, hat die Sprache im begrifflichen Denken vor allem die Funktion, zu bezeichnen und zu definieren. Im bildlichen Denken dagegen dient sie vor allem dazu, Gedan-kenverbindungen, Sinneseindrücke, Erinnerungen und Vorstel-lungen auszulösen. Das begriffliche Denken klassifiziert, bildet Begriffe, trifft Unterscheidungen, analysiert, erklärt, engt ein und

zählt Einzelheiten auf, während das bildliche Denken, komplementär dazu, Verbindungen schafft, Assoziationen zusammenträgt, Vorstellungen erweckt. Lassen Sie mich nun zeigen, wie ein Kernwort innerhalb des bildlichen Denkens Assoziationen wachrufen kann, von deren Vorhandensein das begriffliche Denken zunächst nichts ahnt. Abbildung 4 ist das Werk eines Studenten, der zum erstenmal ein Cluster bildete. Das Kernwort ENG löste eine Reihe von Assoziationen aus, die sich hauptsächlich von Bildern ableiteten: «Röhren», «Kanäle», «Öffnungen», «Brücken». Doch das Interessante ist: Als der Student bereits zu schreiben begonnen hatte, beharrte sein begriffliches Denken immer noch darauf, daß das Wort «eng» ihm nichts sage. Sehen Sie nun, was geschah, als er mit den Bildern weiterarbeitete, die ihm das Cluster erschlossen hatte.

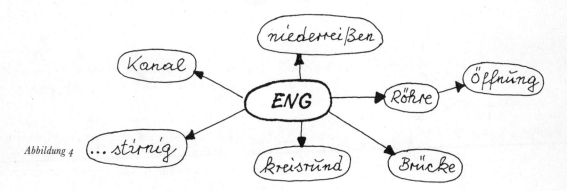

Abbildung 4

«Eng» ist ein Wort, das für mich keine besondere Bedeutung hat. Das heißt nicht, daß ich jetzt nichts aufschreiben will, aber wenn ich an das Wort «eng» denke, fallen mir dabei eben nur schmale Brücken, enge Kanäle, allgemein gesagt: enge Öffnungen ein. Zum Beispiel ist ein engstirniger Mensch wahrscheinlich keine abgerundete Persönlichkeit. Etwas einengen heißt Vielfalt beschneiden, Grenzen setzen, Chancen verringern, heißt Widerstand brechen – also genau das, was diese Übung gerade mit mir gemacht hat. Ich merke jetzt, daß ich mit meinem ersten Satz unrecht hatte. Das Wort «eng» sagt mir also doch etwas.

Obwohl sicher keine literarische Glanzleistung, zeigt dieser Versuch dennoch, wieweit das bildliche Denken seine Assoziationsfähigkeit ausspielen kann, ohne daß das begriffliche Denken etwas davon weiß. Während des Schreibens gelangt der Student von der

Es ist wie Angeln. Aber ich brauche nicht lange zu warten, denn es ruckt immer – und dann heißt es aufnahmebereit sein. Am Anfang ist mir jeder Einfall recht. Es fällt uns zwangsläufig immer etwas ein, denn wir können nicht aufhören zu denken.

William Stafford
‹A Way of Writing›

Im Leben der meisten Menschen hat sich Erkenntnis nur zufällig eingestellt. Wir warten auf sie, so wie der Mensch früher auf den Blitz wartete, um ein Feuer zu entfachen. Geistige Zusammenhänge herzustellen ist jedoch unser entschiedenstes Lernmittel, die Essenz der menschlichen Intelligenz: Verbindungen zu knüpfen; hinter das Gegebene zu schauen; Muster, Beziehungen und den Kontext zu begreifen.

Marilyn Ferguson
‹Die sanfte Verschwörung›

Beteuerung, das Wort «eng» habe für ihn keine Bedeutung, zu dem Eingeständnis: «Ich hatte unrecht mit meinem ersten Satz. Das Wort ‹eng› sagt mir also doch etwas.» Mit dieser Bemerkung führt er uns außerdem zum Anfang seines Textes zurück und ruft uns den Ausgangspunkt seines Gedankengangs noch einmal ins Bewußtsein. Interessanterweise scheint sich dieses Vorgehen, auf den Anfang zurückzuverweisen und damit den gedanklichen Kreis zu schließen, ganz selbstverständlich aus der assoziativen Ideenverknüpfung und der Aktivierung des bildlichen Denkens zu ergeben.

Das Clustering kommt nicht nur der Art und Weise entgegen, wie das bildliche Denken Informationen verarbeitet, sondern blockiert auch die hemmende Zensur des begrifflichen Denkens und verringert dadurch Anspannung, Ängste und Widerstand. Das empfängliche bildliche Denken hat eine große Begabung, mit Neuem, Mehrdeutigem und Unbekanntem umzugehen. Wenn wir aufnahmebereit sind, kommen die Ideen von selbst.

Dieses assoziative Verfahren löst die Blockierung, die uns daran hindert, die Fähigkeiten des bildlichen Denkens frei zu nutzen, und verhilft uns darüber hinaus auch zu neuen Einsichten und schöpferischer Inspiration. Jahrhundertelang hat man geglaubt, Inspiration sei eine Gabe, die uns urplötzlich von irgendwoher zufliegt, so daß wir nichts tun können als abzuwarten, bis sie uns überkommt. Diese Auffassung hat sich als falsch erwiesen. Marilyn Ferguson schreibt in ihrem Buch ‹Die sanfte Verschwörung›, wir alle können an der schöpferischen Inspiration, die man lange Zeit für das Privileg einiger weniger Auserwählter gehalten hat, teilhaben, wenn wir lernen, unsere angeborenen Fähigkeiten zu entwickeln.

Schließlich ist das Clustering ein sich selbst strukturierender Prozeß. Während Sie scheinbar wahllos Wörter und Wendungen um einen Mittelpunkt herum gruppieren, werden Sie – ein überraschendes Erlebnis – im Strom Ihrer Einfälle Muster entdecken, bis ein Augenblick kommt, in dem Sie auf einmal wissen, wo der Schwerpunkt Ihres Textes liegen wird. Wohl jeder von uns kann sich an ähnliche Erfahrungen erinnern. Sie betrachten einen bewölkten Himmel. Zuerst sehen Sie nur Wolken. Dann, in einem blitzartigen Moment des Erkennens, entdecken Sie ein Pferd, eine Ente oder das Profil von de Gaulle. Das ist der Moment, in dem wir ein Muster erkennen. Das freudige Gefühl, das diesen Augenblick begleitet, ist für Sie das Signal, mit dem Schreiben zu beginnen. Dieses gefühlsgeladene Aha-Erlebnis werde ich im fünften Kapitel ausführlich beschreiben.

Grundregeln des Clustering

Sie beginnen immer mit einem Kern, den Sie auf eine leere Seite schreiben und mit einem Kreis umgeben. Dann lassen Sie sich einfach treiben. Versuchen Sie nicht, sich zu konzentrieren. Folgen Sie dem Strom der Gedankenverbindungen, die in Ihnen auftauchen. Schreiben Sie Ihre Einfälle rasch auf, jeden in einen eigenen Kreis, und lassen Sie die Kreise vom Mittelpunkt aus ungehindert in alle Richtungen ausstrahlen, wie es sich gerade ergibt. Verbinden Sie jedes neue Wort oder jede neue Wendung durch einen Strich oder Pfeil mit dem vorigen Kreis. Wenn Ihnen etwas Neues oder Andersartiges einfällt, verbinden Sie es direkt mit dem Kern und gehen von dort nach außen, bis diese aufeinanderfolgenden Assoziationen erschöpft sind. Dann beginnen Sie mit der nächsten Ideenkette wieder beim Kern.

Möglicherweise erfüllt Sie diese Tätigkeit mit einem Gefühl der Ziellosigkeit oder, wenn Sie zur Skepsis neigen, mit dem Verdacht, das alles führe nirgendwohin. Das ist die Stimme Ihres begrifflichen Denkens, das sich einmischen und Ihnen klarmachen will, wie töricht Sie sich verhalten, wenn Sie Ihre Gedanken nicht in logischer Reihenfolge niederschreiben. Lassen Sie sich nicht beirren. Haben Sie Vertrauen zu diesem natürlichen Vorgang. Wir alle bilden unser Leben lang im Geist Cluster, ohne es zu wissen – wir haben sie bisher nur noch nie auf dem Papier sichtbar gemacht.

Da Sie nicht auf eine bestimmte Reihenfolge Ihrer Gedanken oder auf die Erwähnung besonderer Einzelheiten zu achten brauchen, wird sich Ihre anfängliche Befangenheit bald legen und einer spielerischen Haltung Platz machen. Bauen Sie Ihr Cluster weiter aus, indem Sie Einfälle, die zusammengehören, durch Striche oder Pfeile verbinden, und überlegen Sie nicht lange, welcher Strang wohin strebt. Lassen Sie jede Assoziation Ihren eigenen Platz finden. Wenn Ihnen vorübergehend nichts mehr einfällt, dann «duseln» Sie ein wenig – setzen Sie Pfeile ein oder ziehen Sie die Kreise dicker. Diese entspannte Empfänglichkeit ruft meistens eine Welle neuer Assoziationen hervor. Schließlich wird Ihnen an irgendeinem Punkt schlagartig klar, worüber Sie schreiben wollen. Hören Sie dann einfach mit dem Clustering auf, und fangen Sie an zu schreiben. So einfach ist das.

Es gibt keine richtige und keine falsche Art, ein Cluster zu bilden. Es ist alles erlaubt. Das Cluster ist die Kurzschrift Ihres bildlichen Denkens, und das weiß, wohin es steuert, auch wenn es Ihnen selbst noch nicht klar ist. Haben Sie Zutrauen zu ihm. Es verfügt über eine eigene Weisheit und entwickelt Ziele, die Sie jetzt noch nicht richtig beurteilen können. Dieses Wissen hat jedoch beileibe nichts mit Logik zu tun: Sollten Sie versuchen, Ihre gerade festgehaltenen Einfälle logisch zu überprüfen, dann wird diese instinktive Sicherheit zerstört. Fangen Sie also einfach an zu schreiben. Die Worte werden sich schon einstellen. Der Schreibvorgang übernimmt die Führung und «schreibt sich selbst».

Übung
Wählen Sie eine Zeit, in der Sie ungestört sind, und einen ruhigen Platz zum Schreiben. Planen Sie in Ihren Tagesablauf ungefähr zehn Minuten ein, um ein Cluster anzufertigen und anschließend einen Text zu schreiben (es wird der fünfte in Ihrem Skizzenbuch sein – vier haben Sie ja bereits im ersten Kapitel verfaßt). Schreiben Sie in die linke obere Ecke Ihres Blattes: Text Nr. 1.

1. Schreiben Sie das Kernwort (ÄNGSTLICH) in das obere Drittel der Seite, so daß die unteren zwei Drittel für Ihren Text frei bleiben, und versehen Sie es mit einem Kreis. Wir beginnen mit diesem Wort, weil nach meiner Erfahrung selbst den Befangensten viele Assoziationen dazu einfallen.

2. Machen Sie sich nun mit dem Clustering-Verfahren vertraut, und lassen Sie Ihr spielerisches und kreatives bildliches Denken Verbindungen herstellen. Versuchen Sie, die Einstellung des Kindes einzunehmen, für das alles neu ist, das über alles staunt. Bleiben Sie in dieser Haltung, und schreiben Sie Assoziation um Assoziation aufs Papier. Was kommt Ihnen in den Sinn, wenn Sie an das Wort «ängstlich» denken? Vermeiden Sie es, Ihre Ideen zu bewerten oder unter ihnen auszuwählen. Lassen Sie sich gehen und schreiben Sie. Lassen Sie die Wörter und Wendungen vom Kernwort nach außen ausstrahlen, und ziehen Sie um jeden Einfall einen Kreis. Verbinden Sie Assoziationen, die Ihnen zusammengehörig erscheinen, durch Striche. Setzen Sie, wenn Sie wollen, Pfeile ein, um die Richtung anzuzeigen, aber überlegen Sie nicht zu lange und analysieren Sie nicht. Ein Cluster zu machen hat etwas «Achtloses», das die Zeit außer Kraft zu setzen scheint.
   Dieser Teil des Schreibvorgangs ist nur für Sie allein bestimmt; er erschließt Ihnen die Stenogramme Ihres bildlichen Denkens, die Sie dann beim Schreiben Ihres Textes weiter entfalten können. Niemand wird Ihre Cluster beurteilen. Am Anfang wird sich wahrscheinlich Ihr begriffliches Denken vordrängen und Ihnen weiszumachen versuchen, das, was Sie da treiben,

Chaos und Unordnung sind vielleicht die falschen Bezeichnungen für den vagen Überfluß und den Tatendrang des inneren Lebens – denn es ist organisch, dynamisch, voller Spannung, geprägt von zielgerichtetem Streben . . . Es ist, als ob die Seele, nicht mehr von den Einzelheiten in Anspruch genommen, ihrer ganzen Fülle und Tatkraft inne würde.

Brewster Ghiselin
‹ The Creative Process ›

sei einfältig, unlogisch und wirr. Lassen Sie sich nicht irritieren. Dieses scheinbare Chaos ist die wichtige erste Phase in dem kreativen Prozeß, in den Sie gerade eingetreten sind.

3. Notieren Sie noch ein oder zwei Minuten lang alle Assoziationen und Gedanken, die das Wort «ängstlich» in Ihnen wachruft, und versenken Sie sich ganz in diesen Vorgang. Da es nicht nur *einen* Weg gibt, Ideenmuster zu Papier zu bringen, überlassen Sie getrost Ihrem bildlichen Denken mit seiner Vorliebe für ganzheitliche Strukturen die Führung. Knüpfen Sie also Ihre Assoziationen aneinander, wie es Ihnen passend erscheint, ohne sich darüber Gedanken zu machen. Lassen Sie das Ideengeflecht auf eine spontane, natürliche Weise entstehen. Das wird Ihnen gelingen, wenn Sie sich bei diesem Prozeß nicht durch die Einwände des kritischen begrifflichen Denkens stören lassen. Wenn Ihr Ideenfluß einmal vorübergehend stockt, dann «duseln» Sie ein wenig, indem Sie Ihr bisher geknüpftes Netz aus Assoziationen mit Pfeilen versehen.

4. Wenn Sie – meist nach ein bis zwei Minuten – ein starker Impuls zu schreiben überkommt und Sie innerlich eine Veränderung spüren, die Ihnen sagt: «Aha! Ich glaube, jetzt weiß ich, was ich schreiben will!», dann ist es Zeit, mit dem Clustering aufzuhören. Falls das nicht schlagartig geschieht, wird dieses Bewußtsein, eine Richtung vor sich zu sehen, ganz allmählich in Ihnen wachwerden – als enthüllte jemand langsam eine Statue. (Im fünften Kapitel werden wir uns ausführlicher mit diesem Übergang beschäftigen.) Im Augenblick genügt es zu wissen, daß Sie in solchen Momenten ein «geistiges Umschalten» erleben, dessen Kennzeichen das sichere und befriedigende Gefühl ist, Stoff zum Schreiben zu haben.

5. Jetzt ist es soweit: Sie können mit dem Schreiben beginnen. Lassen Sie das Cluster kurz auf sich wirken. Irgendein Element daraus wird Sie zu Ihrem ersten Satz anregen. Schreiben Sie ihn auf – der Anfang ist geschafft! Es kommt selten vor, daß in meinen Kursen Schüler über Schwierigkeiten klagen, den ersten Satz zu finden. Bei fast allen stellt er sich ohne Mühe von selbst ein. Wenn Sie jedoch glauben, sich festgefahren zu haben, dann schreiben Sie einfach über irgend etwas aus Ihrem Cluster, um einen Anfang zu machen. Das nächste und das übernächste kommt dann von selbst, weil Ihr bildliches Denken schon ein Bedeutungsmuster entdeckt hat. Vertrauen Sie ihm.
Schreiben Sie etwa acht Minuten lang und nicht mehr als eine halbe bis dreiviertel Seite, denn Ihr Ziel ist, einen in sich

geschlossenen kurzen Text zu verfassen, der sich um das Wort «ängstlich» herum kristallisiert. Beim Schreiben wechseln Sie ständig zwischen Vorstellungsbild oder Muster des bildlichen Denkens und der logisch ordnenden Aktivität des begrifflichen Denkens hin und her: Die Vorstellung leitet das logische Gliedern, und durch dieses wiederum bekommt die Vorstellung Gestalt. Es ist ein Hinundherpendeln zwischen Bild, Begriff, Bild ...

Suchen Sie aus Ihrem Cluster nur die Einzelheiten aus, die sich in das Ganze einfügen. Sie brauchen nicht alle seine Elemente in Ihren Text aufzunehmen. Verwenden Sie das, was in den Zusammenhang paßt und Sinn ergibt – den Rest lassen Sie unberücksichtigt.

6. Sobald Sie Ihre Gedanken zum Wort «ängstlich» auf diese Weise «ausgeführt» haben, schließen Sie den Kreis, indem Sie noch einmal zu den Worten zurückgehen, mit denen Sie Ihren Gedankengang eingeleitet haben. So erhalten Sie einen ausgeformten, in sich geschlossenen Text. (Im sechsten Kapitel wird davon noch ausführlicher die Rede sein.) Diese Geschlossenheit können Sie dadurch erreichen, daß Sie Beginn und Ende ineinander verschlingen: Sie greifen ein wichtiges Wort, eine Wendung, einen wesentlichen Gedanken oder ein Gefühl, das auch schon in den ersten ein oder zwei Zeilen Ihres Textes enthalten ist, am Schluß wieder auf.

7. Lesen Sie sich das Geschriebene laut vor. Lassen Sie sich ein oder zwei Minuten Zeit für Änderungen, durch die das Ganze Ihrem Eindruck nach noch verbessert werden kann. Überarbeiten Sie dann Ihren Text nach Belieben noch einige Minuten lang, bis Sie das klare Gefühl haben, daß alles, was darin steht, auch wirklich hineingehört.

Nach dem Schreiben

Sie haben, geleitet vom bildlichen Denken, Ihr erstes Cluster gebildet, und Sie haben, darauf aufbauend, einen Text geschrieben und dabei das Zusammenspiel zwischen begrifflichem und bildlichem Denken erlebt. Sie haben sich auf das Chaos eingelassen, ohne das es kein natürliches Schreiben geben kann. Vielleicht sind Sie sich zu Anfang etwas albern vorgekommen, als Sie Kreise malten und scheinbar wahllos Wörter auf dem Papier verstreuten, aber wahrscheinlich sind Ihnen trotzdem Assoziationen gekommen.

Lassen Sie uns nun gemeinsam ein paar kurze Texte anschauen, deren Verfasser zum erstenmal mit dem Cluster experimentierten

Abbildung 5

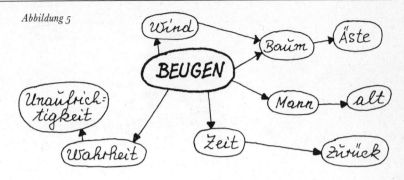

Alter Mann, deine Jahre haben dich
   gekrümmt wie
Äste im Wind.
Du trägst deine Wahrheit tief in dir,
unberührt von deinen alternden
   Gliedern
und deinem gekrümmten Rücken.

                Dee Dickinson

Abbildung 6

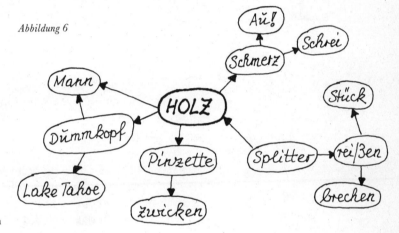

«Splitter» ist ein schreckliches Wort. Es klingt, wie ein Splitter sich anfühlt: gezackt, spitz, durchdringend, wie die nörgelnde Stimme einer unzufriedenen Ehefrau. Ich erinnere mich an Ferien in Tahoe: Die Mole war alt, abgenutzt und aus Holz, die Bretter so rauh wie ein verschorftes Gesicht. Ich spürte sie beim Laufen. Da erregte mein Fuß den Unwillen eines Holzspans. Er bohrte sich säuberlich tief in den Ballen. Ich schrie auf, nicht wegen des ersten Schmerzes, sondern weil ich voraussah, welche Empfindungen folgten. Nicht der Einstich schmerzt, sondern die Länge des winzigen Schwertes.

                Laurie Welte

und meist selbst erstaunt waren über das, was sie zustande gebracht hatten. Abbildung 5 zeigt Cluster und Text einer Lehrerin, Abbildung 6 die Ergebnisse eines Studenten aus dem ersten Semester.
Abbildung 7 zeigt das Cluster einer älteren Frau, die noch einmal ans College zurückgekehrt war. Sie war davon überzeugt, nicht schreiben zu können, als sie in meinen Kurs kam.
Während der Clustering-Phase machen Sie im wesentlichen zwei für das Schreiben sehr wichtige Erfahrungen: Es ergibt sich eine ungeahnte Vielfalt von Möglichkeiten, Ihre Gedanken zu formulieren und zu entwickeln – Möglichkeiten, über die Sie frei verfügen können –, und Sie gelangen während des Prozesses zu einem Schwerpunkt, der so bedeutsam für Sie ist, daß er Sie zum Schreiben drängt. Diese beiden Aspekte – *Wahlmöglichkeiten* und *Schwerpunkt* – sind charakteristisch für das natürliche Schreiben. Isolierte

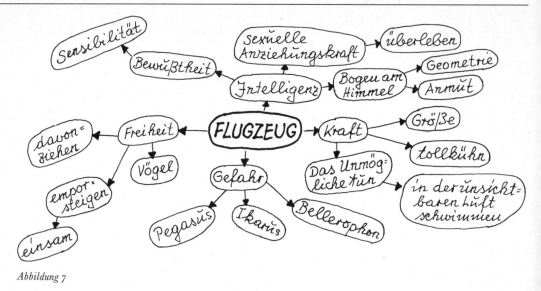

Abbildung 7

Ein riesenhaftes silbernes Düsenflugzeug zeichnet eine sanfte Bogenlinie in den blaßblauen Morgenhimmel. Für mich ist das ein Sinnbild des menschlichen Geistes, für Intelligenz und Mut, die über die gewohnte Welt hinausdrängen, vertraut mit dem Unmöglichen. Es ist ein imposanter Beweis für die Anziehungskraft der Intelligenz im Prozeß der natürlichen Auslese – sinnlich wie ein Striptease.

Lavelle Leahey

Fakten und Wörter bleiben bedeutungslos, solange sie nicht von einem zur Knüpfung von Beziehungen fähigen Bewußtsein miteinander verbunden werden. Ein Wort, das durch den Filter Ihres Bewußtseins sickert, ermöglicht es Ihnen, etwas aus dem Nichts zu erschaffen.

Hier ein paar typische Kommentare von Anfängern nach ihrem ersten Versuch mit diesem Verfahren: «Es ging ganz einfach!» – «Ich habe normalerweise große Schwierigkeiten mit dem Anfang, aber nachdem ich das Cluster fertig hatte, schrieb ich alles ohne Unterbrechung runter.» – «Ich war ganz versunken – als ob man mich in eine andere Welt versetzt hätte.» – «Es ist eigenartig – als ich um das letzte Wort einen Kringel gemacht hatte, wußte ich auf einmal ganz genau, worüber ich schreiben wollte.» Vielleicht ähnelt eine dieser Reaktionen Ihrer eigenen während der Übung. Die meisten sind erfreut und verblüfft, wenn sie die schöpferischen Impulse in sich entdecken.

Das Cluster entfaltet seine Wirkung, weil sich in ihm die natürliche Vorgehensweise unseres bildlichen Denkens widerspiegelt. Wenn Sie Schwierigkeiten gehabt haben, ein solches Netz von Assoziationen zu knüpfen, dann ist wahrscheinlich nicht Ihr bildliches, sondern Ihr begriffliches Denken daran schuld. Zu Anfang wird es sich oft in den Vordergrund zu drängen versuchen, weil es bei allem, was mit Sprache zu tun hat, gern die Führung übernimmt (im dritten Kapitel werden wir sehen, warum das so ist). Da das Clustering jedoch ziellos und nichtlinear verläuft, wird der Impuls des begrifflichen Denkens, sich einzumischen, bald schwächer werden. Sein Widerstreben nehmen Sie in Form von Einwänden wahr: «Das kann ich nicht.» – «Aber das ist doch albern.» – «So etwas Kindisches.» Bei einem meiner Schüler, einem Lehrer, der schon jahrelang Deutsch nach der üblichen, mit der Grammatik beginnenden Methode unterrichtet hatte, ist dieses Widerstreben bisher so stark gewesen, daß er unfähig war, ein Cluster anzufertigen.

Solche starken Blockierungen sind jedoch äußerst selten. Wenn Sie ähnliche Schwierigkeiten gehabt haben, dann versuchen Sie es mit einer Lockerungsübung: Wählen Sie ein Wort, von dem Sie glauben, daß es Sie zu Assoziationen anregt, ziehen einen Kreis um das Wort, und verbinden Sie ihn mit weiteren Kreisen (vgl. Abb. 8).

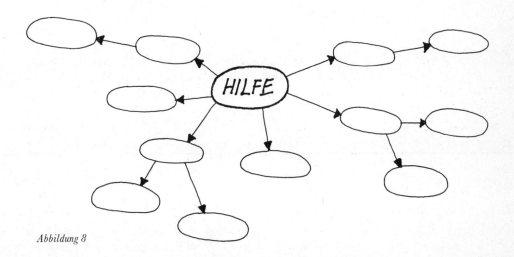

Abbildung 8

Entspannen Sie sich und «duseln» Sie ein wenig, indem Sie die Kreise und Striche zu einem hübschen Muster anordnen. Durch dieses betont nichtlineare Vorgehen können Sie Ihren Widerstand überwinden; über kurz oder lang beginnen Sie von selbst, diese einladenden leeren Kreise mit den Assoziationen zu füllen, die das Kernwort unweigerlich in Ihnen wachruft.

Als ich zum erstenmal mit dem Cluster experimentierte, zog ich impulsiv Kreise um die Einfälle, die ich notierte, denn ich hatte das Gefühl, daß jedes Wort und jede Wendung als komplexe, in sich geschlossene kleine Einheit in meinem Hirn gespeichert war, als sprachliches Bild. Als ich dann diesen Impuls genauer analysierte, erinnerte ich mich daran, früher einmal gelernt zu haben, daß Kreise in allen Kulturen auf Kinderzeichnungen als erste

Ich sehe das Cluster als ein expandierendes Universum. Jedes Wort kann jeden Augenblick zu einer eigenen Milchstraße werden, die wiederum ganze Welten aus sich herausschleudert.

Ein Lehrer nach der Teilnahme an einem Workshop

Das Clustering bringt mir Einsichten wieder zu Bewußtsein, die ich aus dem Blick verloren hatte.

Eine Schülerin

Form klar zu erkennen sind. Auch fiel mir ein, daß der Kreis in den Riten vieler Völker eine besondere Rolle spielt – ursprünglich als Kreis, den Zuhörer und Zuschauer um Geschichtenerzähler, Tänzer und Priester bildeten. Anders als die von Menschen geschaffenen Quadrat- und Rechteckformen, die uns von der Wiege bis zur Bahre «einschachteln», ist der Kreis eine natürliche, fließende, organische Form.

Der Kreis ist seinem Wesen nach auf einen Mittelpunkt bezogen, er konzentriert, bündelt. Es war deshalb ein ganz natürlicher Schritt, meine Gedankensplitter mit Kreisen zu umgeben und zu einem Geflecht zu verbinden. Während mein Cluster vor meinen Augen anwuchs, wurde jede eingekreiste Mini-Einheit nach und nach Teil eines größeren Ganzen, eines Bedeutungsmusters, das in dem Augenblick, als ich zu schreiben begann, sichtbare Gestalt annahm.

Kreisformen, die durch einen physischen Akt – die Bewegung Ihres Arms, Ihrer Hand, Ihres Stifts – auf dem Papier sichtbar werden, verstärken den nichtlinearen Charakter des bildlichen Denkens. Durch seine Form regt der Kreis unbemerkt die musterbildenden Kräfte des schöpferischen Prozesses an. Der Kreis ist Anfang und Geburt, Schoß und Ei. Er ist eine Ganzheit. Sie werden erfahren, daß die eingekreisten Wörter des Clusters Keime ganzer Gedankenketten in sich tragen.

Vom Cluster zum Text

Das Cluster führt so gut wie immer zu Texten, die einheitlich und geschlossen sind, bei denen wie bei einer vollendeten Plastik oder einem Gemälde weder etwas weggenommen noch hinzugefügt zu werden braucht. Ganzheitlichkeit und ein Gefühl der Befriedigung sind die beiden Hauptcharakteristika der ästhetischen Erfahrung.

Um – im Großen wie im Kleinen – zu Ganzheitlichkeit zu gelangen, werden wir uns beim Schreiben auf «Miniaturen» konzentrieren. Im Unterschied zu einem Abschnitt eines größeren Textes ist eine «Miniatur» in unserem Sinne ein Ganzes, eine in sich geschlossene Betrachtung oder Darstellung eines Themas, ein vollständig entfalteter Gedanke, ja sogar eine sehr kurze Geschichte mit einer ausgeführten Handlung. Beim Schreiben eines «Abschnitts» setzen wir stillschweigend voraus, daß er unabgeschlossen bleibt, wenn nicht noch etwas davor- oder dahintergesetzt wird. Ein Abschnitt, so haben wir in der Schule gelernt, ist eine Einheit innerhalb eines Aufsatzes, der in einen Anfang, einen Mittel- und einen Schlußteil gegliedert ist. Erst seitdem wir lernen mußten, in Abschnitte zu unterteilen und Kernsätze zu bilden, haben die meisten von uns Schwierigkeiten, sich natürlich und fließend auszudrücken.

Das Clustering und die daraus abgeleiteten Texte führen uns jedoch wieder an die Fähigkeit unserer Kinderzeit heran, vollständige Gedanken unverkrampft zu formulieren. An einer «Miniatur» muß nichts mehr ergänzt werden. Sie ist ein ästhetisches Ganzes, das sich zwanglos aus dem Cluster entwickelt. Es ist nicht nötig, weiter an ihr zu arbeiten. Eine «Miniatur» kann einen oder mehrere Abschnitte umfassen, sie kann aus einem in freien Versen abgefaßten Gedicht oder aus einem Dialog bestehen. Das Schreiben längerer Texte ist ein ganz natürlicher Prozeß, bei dem erst eine Reihe von eigenständigen kleinen Einheiten, von «Miniaturen» geschaffen wird, die danach zu einem größeren und umfassenderen Ganzen verwoben werden. Im Schlußkapitel werde ich dieses Phänomen genauer untersuchen. Im Augenblick kommt es allein auf die Feststellung an, daß eine «Miniatur» ein eigenständiges Ganzes darstellt, das in sich geschlossen ist.

Diese Ganzheitlichkeit des Ausdrucks läßt sich am besten durch kurze Schreibübungen erlernen, die, wie Sie eben gesehen haben, absichtlich auf zehn Minuten beschränkt sind. Die Betonung der Miniatur-Form beflügelt nicht nur Ihr bildliches Denken, sondern entzieht auch dem zur Zensur neigenden begrifflichen Denken jede Gelegenheit, sich mit seinem ständigen «Ja, aber» vorzudrängen. Durch diese kurzen Spurts werden Sie beim Schreiben sehr bald Erfolgserlebnisse haben und deutliche Fortschritte machen, sobald Sie beginnen, sich mit weiteren Verfahren des natürlichen Schreibens vertraut zu machen.

Den Kreis schließen: der Abschluß

So wie das Clustering zumeist zu einer ganzheitlichen Form führt, ohne daß wir uns besonders darum zu bemühen brauchen, so bewirkt sie auch, daß Sie beim Schreiben am Ende automatisch zum Ausgangspunkt zurückkommen. Die Gründe für diese kreisförmige Struktur werde ich im vierten Kapitel ausführlich erläutern. An dieser Stelle möchte ich nur andeuten, daß diese Abrundung, dieses «Abschließen», durch die aktive Beteiligung des bildlichen Denkens ermöglicht wird. Es läßt in uns während des Schreibens ein Bewußtsein davon entstehen, wie wir aus der unendlichen Zahl der unserem Gehirn offenstehenden Möglichkeiten wesentliche Elemente einer Gedankenreihe zu Gruppen zusammenstellen, verbinden und in Beziehung setzen. Wenn wir ein Cluster machen, bilden wir ein Muster um ein bestimmtes Kernwort, und dieses Muster entfaltet, während wir schreiben, eine so starke Eigengesetzlichkeit, daß wir es kaum fertigbringen, einen Text unabgeschlossen zu lassen.

In meinen ersten Jahren als Lehrerin, bevor ich die in diesem Buch vorgestellten Verfahren entwickelt hatte, fand ich diese Stimmigkeit nur sehr selten in den Arbeiten meiner Schüler. Wie viele Lehrer regte auch ich die Teilnehmer meiner Schreibkurse an, regelmäßig ihre Erlebnisse aufzuschreiben. Die Ergebnisse waren jedoch in der Regel enttäuschend; meist entstanden banale, an Tagebucheintragungen erinnernde Aufzeichnungen ohne Anfang und Ende, wie: «Ich wollte, ich wäre heute am Strand und nicht in der Schule. Ich habe Hunger. Nach der Schule muß ich arbeiten gehen, oje...» und so fort. Da das Cluster Gedankenverbindungen erschließt, denen ganze Bedeutungsmuster zugrunde liegen, wirkt es dem sequentiellen Denken und dem flachen, uninteressanten Aufzählen von Alltagsereignissen entgegen. Vielmehr regt es automatisch dazu an, «den Kreis zu schließen» und dabei eine Vielzahl von Assoziationen zu einer inneren Einheit zu verschmelzen; denn schließlich ist ja das Cluster selbst ein Muster des bildlichen Denkens, ein organisches Ganzes.

Von Schriftstellern lernen

Auch das Arbeiten nach einer literarischen Vorlage ist nach meiner Erfahrung ein gutes Training, das uns zu einem sicheren Gefühl für den ganzheitlichen Charakter eines Textes verhilft. Deshalb werde ich jedes Kapitel mit einer Übung abschließen, die Ihnen die Möglichkeit gibt, nach einer solchen Vorlage einen eigenen Text zu verfassen. Lassen Sie sich von ihr inspirieren! Sie gibt Ihnen eine Struktur vor, ein ästhetisches Muster, dem Sie folgen können. Das Schreiben nach einer Vorlage erspart Ihnen die Mühe, an alles auf einmal denken zu müssen. Künstler erwerben ihre Fertigkeiten, indem sie Kunstwerke nachbilden. Kinder erwerben ihre Sprachkompetenz, indem sie die Sprechgewohnheiten ihrer Eltern nachahmen. Nichts hindert Sie daran, bei den Meistern in der Kunst des Schreibens in die Lehre zu gehen. Seien Sie Freibeuter auf den weiten Meeren der Literatur!

Ohne Titel

dies ist ein gedicht für meinen sohn
    Peter
den ich tausendmal gekränkt habe
dessen große wehrlose augen
starr vor schmerz zusehen, wie ich
    rase
dünne handgelenke hängen
knochenlos vor verzweiflung, blasser
    sommersprossiger rücken
krümmt sich besiegt, das kissen naß
weil ich nicht verstehe.
ich habe aus schwäche und ungeduld
dein zerbrechliches vertrauen für
    immer enttäuscht
weil du da warst, verwundbar
wenn ich ein opfer suchte, und weil
ich dachte, du wüßtest
daß du schön bist, daß du strahlst
mit deinen hellen augen, deinem
    haar
doch jetzt begreife ich, daß keiner
das von sich weiß, sondern es wieder
und wieder hören muß, bis es
    Halt findet
weil man alles zertreten kann
mit der zeit, besonders das schöne
so schreibe ich dies für das leben,
    für die liebe, für
dich, meinen ältesten sohn Peter,
    10 jahre,
bald 11.

               Peter Meinke

Das Arbeiten nach einer Vorlage spricht Ihr bildliches Denken an, weil es Ihre Aufmerksamkeit auf den Sprachrhythmus und die räumliche Anordnung der Worte lenkt und Ihnen dadurch Anhaltspunkte gibt, an die Sie sich beim Schreiben halten können. Sie werden dabei zu einem tieferen Verständnis dessen gelangen, was die «Stimme» – den einzigartigen Stil und Ausdrucksgehalt – eines Schriftstellers ausmacht, und so schließlich auch Ihre eigene, sich herausbildende Stimme klarer erkennen.

Ich ziehe zu diesen Nachgestaltungsübungen häufig kurze Gedichte heran, denn Gedichte sind literarische Miniaturen, die zuallererst und vor allem durch ihre Geschlossenheit, ihre Ganzheitlichkeit auf uns wirken. Wir scheuen davor zurück, selbst Gedichte zu schreiben, weil wir gelernt haben, daß das Dichten eine äußerst schwierige Angelegenheit und begnadeten Poeten vorbehalten sei. Meine Schüler machen jedoch immer wieder die Entdeckung, daß das Gedicht sich seiner Gedrängtheit und Kürze wegen als natürliches Medium hervorragend eignet.

Erfahren Sie nun selbst, wie es ist, Ihre eigenen Gedanken im Rahmen einer vorgegebenen Form auszudrücken.

Übung

Als Vorlage dient ein Gedicht des amerikanischen Lyrikers Peter Meinke. Richten Sie Ihr Gedicht wie Meinke an einen Menschen, den Sie mögen, der Ihnen nahesteht, der Ihnen etwas bedeutet – ein Lehrer, Verwandter, Freund oder Geliebter; Sie können sogar jemanden wählen, den Sie nicht persönlich kennen, etwa einen Schriftsteller, dessen Werk Ihre Einstellung zum Leben beeinflußt hat.

1. Lesen Sie sich Peter Meinkes Gedicht laut vor, am besten mehrmals, so daß Ihr bildliches Denken seine Rhythmen und Bilder in sich aufnehmen kann.
2. Schreiben Sie den Namen des Menschen, an den Sie Ihr Gedicht richten wollen, in die Mitte einer neuen Seite Ihres Skizzenbuches und versehen Sie ihn mit einem Kreis. Dies ist Ihr Kernwort. Ordnen Sie nun alles, was Ihnen zu dieser Person in den Sinn kommt, um diesen Mittelpunkt an: Gefühle, persönliche Eigenschaften, besondere Eigenheiten, Schwächen, Stärken, Einstellungen, Verbindungen zu Dingen oder Orten, körperliche Merkmale, Ihre Einstellung zu ihr, Zeilen aus Gedichten oder Liedern – alles, was Ihnen einfällt.
3. Bauen Sie Ihr Cluster noch zwei oder drei Minuten lang weiter aus, bis das spontane Auftauchen der Einfälle plötzlich dem

Gefühl Platz macht, Stoff zum Schreiben zu haben, bis Sie ein vorläufiges Ganzes vor sich sehen, das Sie in Worte fassen wollen.

4. Beginnen Sie nun Ihren Text mit der Zeile «Dies ist ein Gedicht für . . .». Werfen Sie von Zeit zu Zeit einen Blick auf das Gedicht von Peter Meinke, um sich zu vergegenwärtigen, wie es sprachlich und rhythmisch gestaltet ist, und greifen Sie beim Schreiben auf Elemente Ihres Clusters zurück.

5. Meinkes Gedicht geht stellenweise über das rein Persönliche hinaus und gelangt zu einer allgemeinen Aussage, wenn es heißt, wir müßten den Menschen, die wir lieben, versichern, daß sie schön sind und strahlen, weil «keiner / das von sich weiß, sondern es wieder / und wieder hören muß, bis es einsinkt». Nehmen Sie auch in Ihr Gedicht eine Aussage auf, die zugleich persönlich und allgemeingültig ist.

6. Peter Meinke schließt den Kreis mit den Zeilen «so schreibe ich dies für das leben, für die liebe, für / dich, meinen ältesten sohn Peter» und stellt damit eine Verbindung zum Anfang her («dies ist ein gedicht für meinen sohn Peter»). Schließen Sie auch bei Ihrem Gedicht den Kreis.

7. Sie werden vielleicht eine Stunde oder mehr für diese Übung aufwenden wollen. (Viele meiner Schüler brauchen soviel Zeit, andere wiederum sind – zu ihrer eigenen Verwunderung – schon nach fünfzehn bis dreißig Minuten fertig.) Wieviel Zeit auch immer Sie sich nehmen, bleiben Sie offen für das Fließen der Worte, und genießen Sie es, Ihren persönlichen Wahrnehmungen, die sich in Ihrem Cluster spiegeln, sprachliche Gestalt zu geben.

8. Wenn Sie fertig sind, lesen Sie sich zunächst Ihr eigenes und danach noch einmal Peter Meinkes Gedicht laut vor. Sie werden feststellen, daß sich beide in rhythmischer Hinsicht ähnlich sind, obwohl Sie über einen anderen Menschen in einer anderen Situation geschrieben haben. Diese Übereinstimmung entsteht durch die Empfänglichkeit Ihres bildlichen Denkens für gestaltete Muster. Sie befähigt Sie, das Sprachmuster der Vorlage auf Ihren Text zu übertragen.

Nach dem Schreiben

Erinnern Sie sich noch an den vor Kursbeginn entstandenen dritten Text in Ihrem Skizzenbuch, in dem Sie einen geliebten Menschen geschildert haben? Lesen Sie diesen Text und danach das eben fertiggestellte Gedicht. Wahrscheinlich ist Ihre zweite Version reicher an Einzelheiten, prägnanter, eindringlicher, aus-

Clustering – dem bildlichen Denken auf der Spur

gefeilter und lebendiger im Rhythmus. Ihre Worte haben sich zu einem erkennbaren Muster verwoben. Und wahrscheinlich haben Sie, als Sie fertig waren, eine Befriedigung gespürt – ein Gefühl, das sich sonst nach dem Schreiben nicht bei Ihnen einstellt.
Wie stark oder schwach auch immer Ihr Gefühl für sprachliche Muster und die Befriedigung nach dem Schreiben gewesen sein mögen – es beginnt sich nun allmählich Ihr Schreibtalent zu regen. Nach und nach werden Sie sich der charakteristischen Empfindungen bewußt werden, die eine schöpferische Aktivität begleiten: ein Gefühl der Leichtigkeit, gesteigerten Selbstvertrauens, der Freude, des Angeregtseins, manchmal auch der Verwunderung darüber, daß Ihnen das Schreiben so mühelos von der Hand geht.
Da jeder von uns auf seine eigene Weise an das Nachgestalten herangeht, habe ich in Abbildung 9 ein Cluster und das daraus entstandene, der Vorlage Peter Meinkes nachgebildete Gedicht eingefügt. Es stammt von einer Studentin im ersten Semester. Sie hat es am fünften Kurstag geschrieben.
Es ist das erste Gedicht einer Anfängerin, aber es klingt authentisch und aufrichtig. Sie nimmt bemerkenswert viele Details auf, um das Bild einer Frau zu zeichnen, die die altersbedingte geistige Schwächung und das Herannahen des Todes mit Würde hinnimmt. Indem sie die Großmutter «tapfer» nennt, deutet sie an,

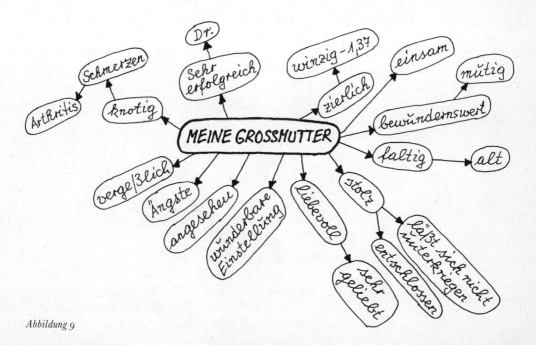

Abbildung 9

daß es vielen Menschen nicht gelingt, mit Haltung alt zu werden. Andererseits läßt das Cluster erkennen, daß die Würdigung noch pointierter hätte ausfallen können, wenn die Autorin erwähnt hätte, daß sich diese Frau zu einer Zeit, als die meisten Frauen Hausfrauen waren, als erfolgreiche Ärztin bewährt hat. Auch hätten an einigen Stellen der Rhythmus geglättet und übermäßiger Wortreichtum ein wenig gestutzt werden können. Auf jeden Fall aber hat dieses Gedicht viele Eigenschaften, die bereits deutlich eine Annäherung an das natürliche Schreiben signalisieren.

Für dich
Dies ist ein Gedicht für dich, Großmutter,
die du auf neunzig Jahre Leben zurückblickst,
dies ist für deine knotigen Hände und deinen schmerz-
    gekrümmten Rücken,
für dein ermüdetes Gedächtnis und die Verwirrung in deinem
    Kopf,
die dich wieder und wieder traurig macht.
Und dies ist für all die Male, da du deinen Schmerz verborgen
und über dich selbst gelacht hast,
wenn wir ungeduldig mit dir waren.
Und dies ist für deine Kraft und für deinen Mut,
mit dem Wissen zu leben,
daß die Welt dir nicht mehr zu Füßen liegt,
und dennoch Tag für Tag weiterzumachen,
dich nicht lähmen zu lassen
von der Demütigung wachsender Abhängigkeit.
Dies ist für deine beharrliche Entschlossenheit,
nicht verbittert zu sein und anderen Schuld zu geben.
Dies ist ein Gedicht für dich,
schöne, tapfere Großmutter,
denn du bist alles, was ich je zu werden hoffen kann.
Marina Michaelian

Zusammenfassung und Ausblick

Das Cluster liefert uns Ideen für Texte unterschiedlichster Art: Aufsätze, Gedichte, Kurzgeschichten, Geschäftsberichte, Songtexte, ja sogar Romane. Ich habe dieses Verfahren zum Beispiel erfolgreich in Kursen über geschäftlichen Schriftverkehr eingesetzt, die das Ziel haben, Hemmungen beim Briefschreiben und die Angst vor dem Verfassen von Berichten zu überwinden. Meine Schüler haben Cluster dazu benutzt, Lieder zu schreiben, Aufsätze vorzustrukturieren oder sich auf eine verbale Auseinandersetzung vorzubereiten; einmal zeigte mir ein Student Cluster, mit deren Hilfe er in einem Journalistik-Kurs Einfälle für einen Anzeigentext gesammelt hatte. Das Cluster inspiriert uns zu Gedanken und organisiert sie zugleich. Wir brauchen uns nicht den Kopf über Reihenfolge und syntaktische Anordnung der Einfälle zu zerbrechen, denn während sich das Cluster wie von selbst entfaltet, schaffen wir gleichzeitig auf unkomplizierte Weise Verbindungen und Beziehungen zwischen seinen Elementen.

Geben Sie dem Clustering eine Chance! Brechen Sie nicht vorschnell den Stab über ein Verfahren, das Ihre Schreibbemühungen, Ihre Einstellung zum Schreiben und Ihre eigene Einschätzung der kreativen Fähigkeiten in Ihnen mit Sicherheit grundlegend verändern wird. Wenn Sie den Prozeß des bildlichen Denkens in Form eines Clusters sichtbar machen, erschließen Sie sich den reichen Fundus an Wahlmöglichkeiten, von dem das natürliche Schreiben lebt.

Erstaunlicherweise finden kleine Kinder viel leichter Zugang zu diesem «Ideenspeicher» als Erwachsene. Auf die Gründe für dieses Phänomen möchte ich im folgenden Kapitel eingehen. Das Verständnis für die natürlichen kreativen Kräfte des Kindes, ergänzt und vertieft durch Informationen über die Entwicklung der beiden Gehirnhälften im vierten Kapitel, wird Ihnen helfen, sich eine umfassendere Vorstellung von den in uns allen angelegten schöpferischen Möglichkeiten zu bilden.

3
Kindheitsmuster – Ursprünge des natürlichen Schreibens

Die spielerische Leichtigkeit, die Bereitschaft, Risiken einzugehen, und die Spontaneität, die kreative Prozesse und damit auch das natürliche Schreiben auszeichnen, gründen sich auf zwei elementare Impulse, die unser aller Kindheit von dem Augenblick an, da wir zu sprechen begannen, geprägt haben: Staunen und Geschichtenerfinden. Wir brachten unsere Eltern durch unser unermüdliches Fragen zur Verzweiflung. Wir staunten über alles, weil alles neu für uns war. Viele Wissenschaftler und Schriftsteller haben auf die Bedeutung hingewiesen, die die Fähigkeit zu staunen für die Entwicklung des einzelnen hat. David H. Lawrence etwa erhebt sie in den Rang eines sechsten Sinnes.

Staunen und Geschichtenerfinden

In seinem Buch ‹Apology for Wonder› schreibt der Theologe und Philosoph Sam Keen über die Bedeutung, die das Staunen in unserem Leben hat: «Staunen heißt leben in einer Welt, die nicht in Gesetz und Brauch erstarrt ist, sondern uns ständig neue Erfahrungen beschert, in der nicht Pflicht, sondern Freude unser Dasein bestimmt. Staunen heißt in der Gegenwart leben, anstatt in der Zukunft.» Das Staunen, so schreibt Keen weiter, verlange Empfänglichkeit, die Fähigkeit, etwas ruhig auf sich wirken zu lassen, intuitives Empfinden, Vergnügen daran, Einzelheiten gegeneinanderzuhalten und in ihrer Besonderheit zu würdigen, Sinnlichkeit, Offenheit und Anteilnahme. Dies sind zugleich, wie wir inzwischen erfahren haben, die charakteristischen Merkmale des bildlichen Denkens und die unerläßlichen Voraussetzungen des natürlichen Schreibens. Als Kinder verfügen wir noch über diese Fähigkeiten – als Erwachsene müssen wir erst lernen, wieder Zugang zu ihnen zu finden.

Kindheitsmuster – Ursprünge des natürlichen Schreibens 51

Kinder begreifen ihre Umwelt, indem sie staunen und fragen. Der russische Schriftsteller und Linguist Kornej Tschukowskij schreibt, daß Kinder im Alter von zwei bis fünf Jahren die neugierigsten Geschöpfe auf Erden seien. Die Neugier und das Staunen helfen ihnen, ihre Welt zu verstehen. Tschukowskij erläutert diesen Vorgang am Beispiel des fünfjährigen Volik:

> Nach jedem Bissen, den Volik hinuntergeschluckt hatte, hielt er inne und horchte auf das, was in ihm geschah. Dann lachte er fröhlich und sagte: «Jetzt ist es die kleine Leiter zu meinem Bauch runtergeklettert.»
> «Was meinst du – was für eine kleine Leiter?»
> «Ich habe da drin so eine kleine Leiter» (und er zeigte mit dem Finger eine Linie von der Kehle bis zum Bauch). «Alles, was ich esse, läuft da runter . . . Und in meinen Armen und Beinen habe ich noch mehr kleine Leitern . . . Immer, wenn ich etwas esse, klettert es diese kleine Leiter runter in meinen Bauch . . .»
> «Hat dir das jemand erzählt?»
> «Nein, ich habe es selber gesehen.»
> «Wo denn?»
> «Och, als ich noch in deinem Bauch war, habe ich gesehen, was für Leitern du da hast . . . und das heißt, daß auch ich solche Leitern habe . . .»

Wie Voliks virtuose Darbietung zeigt, führt das Staunen von selbst zum «Geschichtenerfinden» («storying»).

Den Begriff «storying» hat die Psychologin Renée Fuller geprägt. Sie behauptet, «storying» sei ein fundamentaler Akt der Intelligenzentwicklung, der bisher grob unterschätzt und vernachlässigt worden sei. Die Fähigkeit des Kindes, sein vielfältiges Erleben in Form von Geschichten zu Ganzheiten zu ordnen, tritt Fuller zufolge in allen Kulturen in einem Stadium der Intelligenzentwicklung auf, in dem das Individuum am stärksten geformt wird. Wenn das Kind sprechen lernt, sprudelt es unablässig Wörter und Gedanken hervor, deren ungehemmter Fluß allein durch die Begrenztheit seines Wortschatzes eingeschränkt wird. Das Geschichtenerfinden ist ein Ausdruck des angeborenen menschlichen Bestrebens, geistige Verbindungen herzustellen, Muster wahrzunehmen, Menschen, Dinge, Gefühle und Ereignisse aufeinander zu beziehen – und die wahrgenommenen Verbindungen anderen mitzuteilen.

Das Geschichtenerfinden entwickelt sich ebenso natürlich wie der eigentliche Spracherwerb, lange bevor das Kind zum Erlernen formaler Regeln angehalten wird. Dem amerikanischen Linguisten Noam Chomsky zufolge ist unsere sprachliche Anlage naturgegeben – also von Geburt an in unser Gehirn «eingebaut». Niemand weiß bis heute genau, wie die Sprache erlernt wird. Wir gehen davon aus, daß die Kinder sie einfach dadurch erlernen, daß sie sie gebrauchen. Und niemand weiß, wie man ein Kind die Sprache *lehren* könnte. Das den Kindern angeborene Vermögen führt dazu, daß sie sich von selbst für Sprache zu interessieren beginnen und ihre Erlebnisse und Wahrnehmungen mit einer geradezu atemberaubenden Lerngeschwindigkeit in immer komplexerer und differenzierterer Form sprachlich zum Ausdruck bringen.

Kornej Tschukowskij bezeichnet die Zweijährigen als «Sprachgenies»: «Vom zweiten Lebensjahr an wird jedes Kind eine Zeitlang zum Sprachgenie . . . Beim Achtjährigen ist von dieser sprachlichen Kreativität nichts mehr vorhanden, da sie nun nicht mehr gebraucht wird. In diesem Alter beherrscht das Kind bereits die Grundprinzipien seiner Muttersprache. Wäre ihm sein früheres Talent, Wörter zu erfinden und zu bilden, nicht abhanden gekommen, dann würde es schon im Alter von zehn Jahren mit seinem Einfallsreichtum und seiner Ausdruckskraft jeden von uns in den Schatten stellen.»

Als Kinder formten wir jedesmal, wenn wir ein Erlebnis erzählten oder unsere Empfindungen auszudrücken versuchten, eine Geschichte, und durch dieses Geschichtenerfinden wuchs allmählich unser Gefühl dafür, wer wir waren und was für unsere sich ständig erweiternde Weltsicht von Bedeutung war. Unsere Eltern verstärkten geduldig unsere Äußerungen und verbesserten uns nur, wenn wir ein Pony beim ersten Sehen «Wauwau» nannten – schließlich sind beide Vierbeiner, haben beide Ohren, Augen, ein Fell, einen Schwanz und so fort. Wir lernten rasch, darum zu bitten, auf dem kleinen Pferd reiten zu dürfen, und wenn wir glücklich die Erlaubnis bekommen hatten, erzählten wir hinterher aufgeregt und voller Eifer dem Vater oder der Schwester, was wir erlebt hatten, was für ein Gefühl es gewesen war, auf dem Rücken des Ponys zu sitzen, und wie es ausgesehen hatte. Auf diese Weise wurde unser sprachlicher Horizont durch das spontane Geschichtenerfinden ständig erweitert, und die Geschichten, die unsere Eltern uns aus Büchern vorlasen, gaben unserem Staunen und Entzücken über die Möglichkeiten der Sprache zusätzlich Nahrung.

Die Faszination, die in unserer Kindheit von diesen Geschichten ausging, mündete später in den immer stärker werdenden Wunsch, selbst Geschichten zu schreiben: die Verzauberung, die flüchtigen Bilder des Geistes auf dem Papier festzuhalten, und das befriedigende Gefühl, etwas Zusammenhängendes, Abgeschlossenes in diese unüberschaubare, ständig sich wandelnde Welt gebracht zu haben.

Die Magie des geschriebenen Wortes

Als uns im Laufe unserer Entwicklung – vielleicht schon mit zwei, spätestens aber mit vier Jahren – bewußt wurde, daß jene Reihen schwarzer Schnörkel auf den Buchseiten die Geschichten «enthielten», die wir so gern hörten, erschien uns das so wunderbar, daß sich viele von uns sogleich an die Nachahmung dieses Kunststücks machten, ihre eigenen Schnörkelreihen malten und die so entstandene «Geschichte» ihren Eltern «vorlasen». Später lernten wir, die Buchstaben zu unterscheiden, sie mit Lauten in Verbindung zu bringen und zu Wörtern zusammenzusetzen. Eine neue Welt tat sich vor uns auf. Irgendwann war es dann soweit: Wir griffen zum Bleistift und versuchten zum erstenmal, die Geschichten, die wir seit Jahren um reale oder erdachte Begebenheiten spannen, schriftlich wiederzugeben. Schließlich gelang es uns – wir hatten eine Geschichte geschrieben. Stumm legte sie Zeugnis ab von unseren geistigen Bildern.

In seiner Autobiographie ‹Die Wörter› erinnert sich Jean-Paul Sartre, wodurch sich sein kindliches Selbst zum Schreiben hingezogen fühlte: Er hatte das unwiderstehliche Bedürfnis, den Bildern in seinem Kopf auf irgendeine Weise Realität zu verleihen. «Wenn meine Mutter mich fragte . . .: ‹Poulou, was machst du?›, kam es manchmal vor, daß ich mein Schweigegelöbnis brach, um ihr zu antworten: ‹Ich mache Kino.› Tatsächlich versuchte ich, die Bilder aus meinem Kopf zu reißen und außerhalb meiner selbst zu *verwirklichen* . . .» Das Schreiben stand so sehr im Mittelpunkt von Sartres Leben, daß er fortfährt: «Durch Schreiben wurde ich geboren.»

Zuerst war dieser Wunsch, die Bilder in unserem Kopf in Form von Geschichten auszudrücken, genauso selbstverständlich, wie es uns Freude bereitete, zu malen oder beim Spielen Reime aufzusagen. Es war keine Angst damit verbunden. Wir gaben einfach dem Drang in uns nach, unsere Gedanken mitzuteilen. Kinder werden durch die Erfahrung, daß sie vieles noch nicht wissen, nur selten in Verlegenheit gebracht oder gehemmt; es tut ihnen sogar ausgesprochen gut, mit Neuem umzugehen. Sie eignen es sich an, um daraus ihre eigenen Bedeutungen zu schaffen. So verwandeln sich

Makkaroni in ein Halsband, werden einfache Bauklötze zu einer prachtvollen Stadt, verbinden sich Schnörkel, die keine erkennbare Bedeutung haben, zu einer Geschichte. Aus den in Abbildung 10 wiedergegebenen Zeichen entwickelte ein Sechsjähriger die folgende Geschichte.

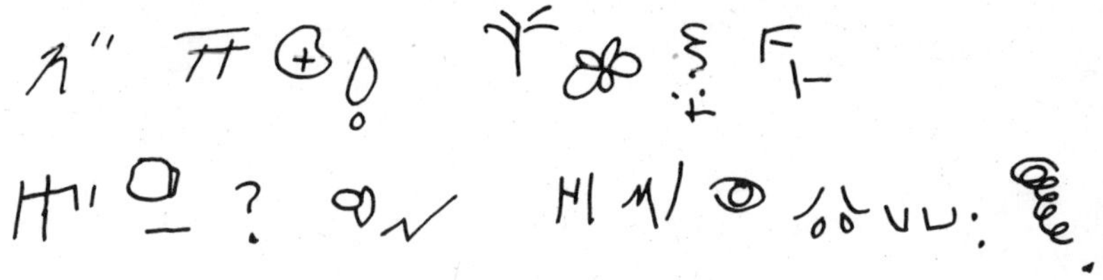

Abbildung 10

Der Verkehrsunfall
Ein Punkt kommt die Straße runter. Zwei Autos sind aufeinandergekracht. Mußten ins Krankenhaus. Da war Wasser. Sahen einen Schmetterling. Sie sahen die furchtbaren Lichter, wo sie reingekracht sind. Dann sahen sie einen ganzen Unfall auf der Straße. Und die ganze Welt war in die Straße mit den Autos reingequetscht. Dann mußten sie dableiben in der einen kleinen Kiste. Da überlegten sie ein bißchen. Da flog ein Glühwürmchen vorbei. Es hieß Helfer. Es hat sie gerettet. Dann sind sie wieder frei auf der Straße und konnten überallhin. Dann kam ein Auge. Es kam immer näher, bis alle weggelaufen sind. Ende!

Tracy Owen

So unbeholfen die Produkte der kleinen Geschichtenerzähler ihren mitunter kritischen Eltern auch erscheinen mögen, geben sie doch ihren Verfassern ein Gefühl tiefer Befriedigung, genauso wie ihre kunstvollen Kritzeleien.

Das instinktive Gefühl für Ganzheitlichkeit und die Freude am Hervorbringen von Geschichten sind zwei wesentliche Qualitäten, die Sie beim natürlichen Schreiben allmählich zurückgewinnen werden. Sie sind das Fundament des ästhetischen Empfindens – das bewußte Erleben eines zusammengesetzten Ganzen und das bewußte Erleben intensiver Freude. Sie entstehen aus der Erfahrung, im Gewirr der zahllosen Eindrücke eine Form entdeckt oder selbst geschaffen zu haben. Ästhetisches Empfinden ist nicht nur ein wesentlicher Faktor der kindlichen Entwicklung – kleine Kinder scheinen ihr Verhalten häufig mehr nach ästhetischen als nach logischen Gesichtspunkten auszurichten –, sondern auch ein notwendiges Element jedes kreativen Prozesses.

Entwicklungsstufen der Kreativität

In einem 1976 erschienenen Aufsatz unterscheidet der Kunst-
pädagoge Harry Broudy drei Stadien der ästhetisch-kreativen
Entwicklung. Seine Einteilung ist nicht nur von großem Wert für
das Verständnis des natürlichen Schreibens, sondern stimmt auch
bemerkenswert genau mit den Phasen der Gehirnentwicklung
überein, wie ich sie im vierten Kapitel darstellen werde. Broudy
spricht von den «Stadien des naiven, des konventionellen und des
kultivierten Sehens, Hörens und Gestaltens».

Das naive Sehen, Hören und Gestalten
Die Phase des naiven, unbefangenen kreativen Ausdrucks er-
streckt sich etwa vom zweiten bis zum siebten Lebensjahr. Sie ist
gekennzeichnet durch die Naivität der Wahrnehmung. Mit anderen Worten: Kinder dieses Alters haben noch keine festgefügte
Vorstellung davon, wie es auf der Welt zugehen *muß*, welches
Empfinden in einer bestimmten Situation jeweils *erwartet* wird und
wie sie sich nach bestimmten feststehenden Regeln verhalten
sollen. Sie leben in einer Welt, in der alles möglich ist, und begeg-
nen ihr mit Staunen. Jeder Tag ist erfüllt von der Faszination
neuer Entdeckungen, jede Minute, jede Aktivität wird im Jetzt
erlebt ohne den sorgenvollen Blick in die Zukunft. Staunen heißt
offen sein für das Unbekannte. Genauer: Das Staunen erleichtert
es uns zu akzeptieren, daß wir vieles nicht wissen, denn es läßt uns
immer wieder spontane Entdeckungen machen.
Die charakteristischen Merkmale des Schreibens auf dieser Stufe
sind: das Überwiegen von Ganzheitlichkeit gegenüber der Logik,
anschauliche Bilder (wie Voliks Leitern), unwillkürlicher Gebrauch von Metaphern («Siehst du denn nicht, daß ich überall
barfuß bin?»), Empfänglichkeit für Sprachrhythmen, die häufige
Wiederkehr von Schlüsselwörtern und das Nebeneinander logisch
unvereinbarer Elemente. In diesem ersten Stadium treten zweifel-
los die hervorstechendsten Züge des natürlichen Schreibens zutage. Ein eindrucksvolles Beispiel dafür bietet das um die Jahr-
hundertwende entstandene, vor kurzem unter dem Titel ‹Opal›
neu erschienene Tagebuch der sechsjährigen Opal Whiteley. Opal
war verwaist und lebte mit ihren Stiefeltern in einem Bergarbei-
tercamp. Ihre leiblichen Eltern waren gebildet gewesen und hatten ihr Lesen und Schreiben beigebracht. Um ihr Dasein zu
begreifen und es erträglicher zu machen, dachte sich Opal mit
einem geradezu verzweifelten Schaffensdrang Geschichten aus
und schrieb sie, oft unter ihrem Bett, in das ihre Stiefeltern sie zur

Bestrafung schickten, auf jeden Fetzen Papier, den sie sich beschaffen konnte. Aus ihren Aufzeichnungen spricht die Macht der Phantasie und die staunende Empfänglichkeit eines Kindes für alles, was in der Welt um es herum geschieht.

Heute hat der Großvater auf dem Acker Kartoffeln
    ausgebuddelt,
ich kam hinter ihm her.
Ich hab sie aufgehoben und zu Haufen gehäuft.
Manche waren richtig dick.
Und die ganze Zeit beim Aufsammeln
hab ich mit ihnen gesprochen.

Paar Kartoffeln hab ich von meinem Krankenhaus
nicht weit im Wald erzählt
und von den ganzen kleinen Leuten da
und daß viel Gebete und Lieder
und Menthol ihnen helfen, wieder gutzugehen.
Den andern Kartoffeln habe ich von meinen Freunden
    erzählt –
daß die Krähe Lars Porsena
alles sammelt, was sie kriegen kann,
daß Aphrodite, das Mutterschwein, so gern
Schokoladenpudding mag
und daß mein Lieblingsschwein Peter Paul Rubens mit
einer kleinen Glocke zu meinem Domgottesdienst kommt.

Kartoffeln sind sehr interessante Gesellen.
Ich glaube, sie sehen viel von dem,
was in der Erde passiert.
Sie haben so viele Augen.
Auch hab ich drüber nachgedacht
über die vielen Tage, wo sie
im Boden gewachsen sind,
und über alles, was sie gehört haben.

Und dann hab ich die Augen gezählt
von jeder Kartoffel,
und es war eine gesegnete Zahl.

Ich denk manchmal, diese Kartoffeln hier
kennen die Sternenlieder.
Ich hab nachts auf dem Acker Wache gehalten

und hab gesehen, daß die Sterne
freundlich zu ihnen herunterschauen.
Und da bin ich durch die Kartoffelreihen gegangen
und hab mir
das Sternenglänzen auf den Blättern angeschaut.

Hier sind alle genannten Eigenschaften vereint: die rückhaltlose Offenheit für das eigene Erleben, eine ungetrübte Beobachtungsfähigkeit, lebendige Bilder, eine unbefangene kindliche Ausdrucksweise. Doch was in diesem Abschnitt am stärksten hervortritt, ist das Gefühl für die Ganzheitlichkeit, ist die Abgeschlossenheit einer «Miniatur». Sie ist die Folge der nicht nachlassenden Konzentration auf die Kartoffeln; fast scheint es, als ob Opal zuerst ein Cluster gemacht hätte. In der Anfangszeile berichtet sie, daß «der Großvater auf dem Acker Kartoffeln ausbuddelt», dann folgen Opals «Gespräche mit ihnen», dann ihre sehr weitgehende Identifikation mit den Gefühlen der Kartoffeln, als sie erkennt, wieviel sie sehen und hören, und die für eine Sechsjährige außergewöhnlich tiefgründige Betrachtung über die Einheit des Universums: «Kartoffeln kennen die Sternenlieder», «die Sterne schauen freundlich zu ihnen herunter», «ich hab mir das Sternenglänzen auf den Blättern angeschaut». Mich hat dieser Text einer Sechsjährigen fasziniert – ein erstaunliches Beispiel für das natürliche Schreiben.

Leider wird das Staunen im Verlauf der weiteren Entwicklung des kindlichen Schreibens von einer selbstzufriedenen Einstellung verdrängt, der es genügt, sich am Konventionellen, am weithin Akzeptierten, am Leblos-Korrekten auszurichten und es zu beschreiben: Das Kind tritt in das Stadium des konventionellen Sehen, Hörens und Gestaltens ein.

Das konventionelle Sehen, Hören und Gestalten
Etwa vom achten bis zum sechzehnten Lebensjahr nimmt unsere manuelle Geschicklichkeit dank der immer feiner werdenden Koordination zwischen Auge und Hand erheblich zu. Entsprechend verbessert sich unsere manuelle Schreibfertigkeit, und durch die starke Betonung der linkshemisphärischen Fähigkeiten im Schulunterricht beherrschen wir bald auch die mechanisch erlernbaren Grundzüge der Sprache. Außerdem tilgen wir nach und nach die logischen Sprünge und «Ungereimtheiten» aus unseren Geschichten, da wir unsere Aufmerksamkeit nun nicht mehr ungeteilt auf die ganzheitliche Vorstellung, sondern immer mehr auf die Details richten. Dadurch werden unser Schreiben

Alltagssachen

Meine Birkenstocks
Sind die schönsten Schuh
Ohne Socken
Geh ich immerzu
Mit den Socken
bleiben die Füße warm
Meine Birkenstocks –
Schuhe mit Charme!

Stephanie Rico

und unsere Art, Geschichten zu erzählen, zunehmend konventioneller und wörtlicher im Gebrauch der Sprache, während zugleich Spontaneität und Originalität unserer früheren Versuche verlorengehen.

Der Text meiner vierzehnjährigen Tochter Stephanie läßt einige Merkmale des Schreibens der konventionellen Stufe erkennen. Der Reim trägt nichts zur Wirkung bei, sondern schmälert sie eher, und der Inhalt ist phantasielos.

In den Jahren, in denen konventionelle Wahrnehmung und Ausdrucksweise vorherrschen, werden wir in der Schule einem starren Lehrplan unterworfen, der das Hauptgewicht auf logisch-linear gegliederte, in feste Regeln gepreßte, häppchenweise verabreichte Lernstoffe legt. Die Lehrer vermitteln sie, ohne einen Zusammenhang herzustellen, der uns helfen könnte, die einzelnen Wissensbrocken zu einem umfassenderen Bild zusammenzufügen. Das Lernen findet in getrennten Abteilungen statt: Unvermittelt wechseln wir vom Deutschunterricht zum Biologie- und danach zum Mathematikunterricht über, und was wir dort jeweils lernen, verstauen wir in verschiedenen Schubladen.

In diesem Stadium ist unser Wortschatz bereits so umfassend, daß wir es nicht mehr nötig haben, Metaphern zu erfinden, um eine bestimmte Bedeutung auszudrücken. Wenn wir früher zum sternenübersäten Nachthimmel aufschauten, zeigten wir auf den größten Stern und riefen, fasziniert von dem Anblick: «Der Stern da ist eine Blume ohne Stengel!» In der Phase des konventionellen Wahrnehmens und Gestaltens kann uns das nicht mehr passieren. Wir wissen jetzt, daß ein Stern eine «heiße, gasförmige Masse im Weltraum» ist.

Doch in diesem Stadium ist es beruhigend, das gleiche zu «wissen» wie unsere Mitschüler. Es tut gut, über bekannte Etiketten zu verfügen, mit denen wir Ordnung in der Welt um uns schaffen können, es tut gut, sich in einer Realität, die wir mit anderen teilen, geborgen zu fühlen. (Ich verstehe das, denn als elfjährige Deutsche und Fremde in einem Land, von dessen Sprache ich kein Wort verstand, schmerzte es mich sehr, nicht an der gemeinsamen Realität teilzuhaben, die meinen Altersgenossen so selbstverständlich war wie das Atmen.) Auf dieser Stufe streben die Kinder, oft sogar in übersteigerter Form, nach Konformität.

Verständlicherweise bewirkte die große Zahl von Regeln und Ermahnungen, was beim Lernen «richtig» und was «falsch» sei, daß unsere Schreibversuche zaghafter wurden. Die Spontaneität, die Experimentierfreude und die Großzügigkeit im Entwurf nahmen deutlich ab. Stellen Sie sich einen Moment lang vor, wie es

Kindheitsmuster – Ursprünge des natürlichen Schreibens

kleinen Kindern ergangen wäre, wenn sie auf dieselbe Weise sprechen gelernt hätten, wie man ihnen in der Schule das Schreiben beibringt. Sprechen lernen wir überwiegend in einer bejahenden Atmosphäre; dagegen vermittelt uns der Schreibunterricht, in dem es von Regeln, Korrekturen und häufig künstlichen – und damit schwer zu befolgenden – Vorschriften nur so wimmelt, eher die frustrierende Erfahrung, daß unser natürliches Ausdrucksvermögen selten (wenn überhaupt) bestätigt wird.

Andererseits gibt uns unser ständig wachsender Vorrat an neuen Wörtern die Sicherheit, uns klar und eindeutig ausdrücken zu können. Wir übernehmen freudig bestimmte uniforme Wahrnehmungsweisen: Wieviel Mühe geben wir uns auf dieser Stufe, um beispielsweise die verschiedenen Hunderassen oder Automarken auseinanderzuhalten und richtig zu benennen! Außerdem passen wir uns in unserer Ausdrucksweise in einem Maße an, daß Erwachsene oft gequält zusammenzucken. In sklavischer Manier bedienen wir uns der Modewörter und -wendungen («Ich hab Bock auf Kino», «Echt ätzend, der Typ») der Gruppe, der wir uns zugehörig fühlen.

Unsere Schreibversuche weisen in dieser Phase zwei herausragende Merkmale auf. Das erste ist das hartnäckige Kleben am engen Wortsinn, wie es das folgende Beispiel, ein Brief eines Jugendlichen, zeigt:

Donnerstag

Steff!
He, du! Ich bin grad gut drauf! Ich bin froh, daß ich zur dritten gekommen bin, sonst hätte der Pohl wieder rumgemotzt. Ich kann es kaum erwarten bis Freitag. Das wird stark!
Steffie, jetzt werd ich müde. Diese Stunde ist zu langweilig (jedenfalls für mich). Wir machen beknacktes Grammatikzeugs. Du, noch siebzehn Tage bis zu meinem Geburtstag – IIIII!!! Also dann –

Muß aufhören,
alles Liebe,
Chris

Zweitens neigen wir beim Schreiben auf dieser Stufe zum häufigen Gebrauch von Klischees. Die Texte sind durchsetzt von geläufigen, banalen Ausdrücken und Beobachtungen. Das folgende Gedicht, das meine Tochter Simone mit elf Jahren schrieb, soll dieses Merkmal veranschaulichen:

Was ich mir wünsche
Ich wünsche mir, daß ich mit den Vögeln durch die Luft fliegen
   kann,
Ich wünsche mir, daß ich mit den Pferden galoppieren kann,
Ich wünsche mir, daß ich mit den Fischen im Meer schwimmen
   kann,
Ich wünsche mir, daß ich mich mit dem Maulwurf in die Erde
   wühlen kann,
Ich wünsche mir, daß alle Menschen vergessen und vergeben
   können,
Ich wünsche mir, daß alle Menschen sich liebhaben,
Ich wünsche mir, daß alle Menschen in Frieden leben
Unter dem Zeichen der Taube.

Bei den meisten von uns entwickelt sich auf dieser Stufe nach und nach eine Antipathie gegen das Schreiben. Es wird in unserer Vorstellung mit Regeln, Pflicht, Anstrengung, oft sogar mit Strafe gleichgesetzt. Dadurch wird es uns zur Last, erzeugt Ängste und macht keinen Spaß mehr – es verlagert sich ganz in den Bereich des begrifflichen Denkens. Die in früheren Jahren entfalteten Fähigkeiten, sich frei und kreativ auszudrücken, werden nun auf das ausgefahrene Gleis der Konvention geleitet.

Und dort sind die meisten von uns steckengeblieben. Das Staunen wurde immer mehr verdrängt durch die selbstzufriedene Sicherheit, zu wissen, was jedermann weiß, zu sehen, was jedermann sieht, zu schreiben, was jedermann schreibt. Unsere Welt begann sich zu verengen, unser kreatives Potential wurde eingeschnürt, und unser ehemaliges Vertrauen in unsere Fähigkeiten versank nach und nach im großen Strom der Gemeinplätze.

Zum Glück ist der Mensch in der Lage, sich geistig weiterzuentwickeln, sich neu zu orientieren und zu lernen, wenn er mit anderen Seh- und Vorgehensweisen in Berührung kommt. Wir werden uns in solchen Momenten plötzlich der vielfältigen Möglichkeiten in uns bewußt. Wir beginnen erneut, unsere kreativen Kräfte zu entfalten – die kindliche «Unschuld des Auges», die, so Dorothea Brande, eine wesentliche Voraussetzung schöpferischen Schreibens ist. Diese Entwicklungsphase – sie läßt sich nicht, wie die beiden anderen, einem bestimmten Lebensalter zuordnen – ist das Stadium des kultivierten Sehens, Hörens und Gestaltens.

Das kultivierte Sehen, Hören und Gestalten
Auf dieser Stufe entdecken wir das naive Sehen, Hören und Gestalten wieder: Wir fangen beim Staunen an und kultivieren es,

---

Bis zum letzten Atemzug erhält sich der begabte Autor die Spontaneität, das stets bereite, staunende Empfindungsvermögen des Kindes, jene «Unschuld des Auges», die dem Maler so viel bedeutet, die Fähigkeit, rasch und unbefangen auf neue Anblicke zu reagieren, alte wahrzunehmen, als wären sie neu, die Fähigkeit, die Besonderheiten der Dinge zu sehen, als hätte Gottes Hand sie eben erst erschaffen, statt sie ohne Staunen und Überraschung sogleich in irgendwelchen verstaubten Schubfächern zu verstauen, die Fähigkeit, Situationen so unmittelbar und lebhaft zu empfinden, daß das Wort «alltäglich» jede Bedeutung verliert, und stets die «Empfindungen zwischen den Dingen» zu sehen, über die Aristoteles vor zweitausend Jahren schrieb.

Dorothea Brande
‹Becoming a Writer›

um unsere natürlichen «Storying»-Impulse in ausgereifter Form auszudrücken.

Wir stoßen auf ein grundlegendes Paradox der Kreativität: Nicht durch Anstrengungen, voranzukommen, gelangen wir über das konventionelle Stadium hinaus, sondern indem wir scheinbar einen Schritt zurückgehen und alte Wahrnehmungs- und Ausdrucksweisen aus unserer Kinderzeit neu beleben und verfeinern. Der Arzt und Schriftsteller Richard Moss bezeichnet diesen Schritt in seinem Buch ‹The I That Is We› als «eine entschiedene Rückkehr zur geistigen Haltung des Unerfahrenen, zum kindlichen Wahrnehmen, Fühlen und Denken, zum Leben im Hier und Jetzt, zu jenem Zustand, der dem Anpassungsdrill, dem Lernen erwünschter Vorstellungen über das Leben vorangeht».

Ein Lernziel wird es sein, diese Unbefangenheit der Wahrnehmung bewußt hervorzurufen. Sie werden dabei die Blockierungen erkennen und schließlich zu überwinden lernen, die sich im Stadium des konventionellen Wahrnehmens und Gestaltens bei Ihnen eingestellt haben. Die Kunst der unbefangenen Wahrnehmung ist ein wichtiger Bestandteil des natürlichen Schreibens.

Übung
Kehren Sie nun zum naiven Sehen, Hören und Gestalten zurück, das Ihr Erleben in der Kindheit geprägt hat.

1. Schließen Sie die Augen, und versetzen Sie sich in Ihre Kindheit. Lassen Sie alle Erinnerungen zu, die in Ihnen auftauchen. Lassen Sie die Bilder und Szenen und die Gefühle, die sie begleiten, vor Ihrem geistigen Auge Revue passieren, bis Sie auf eine Erinnerung stoßen, die Sie ganz besonders fesselt.
2. Bilden Sie nun ein Cluster um diese Erinnerung, indem Sie das vorherrschende, mit ihr verbundene Gefühl benennen und als Kernwort benutzen. Einige Beispiele:

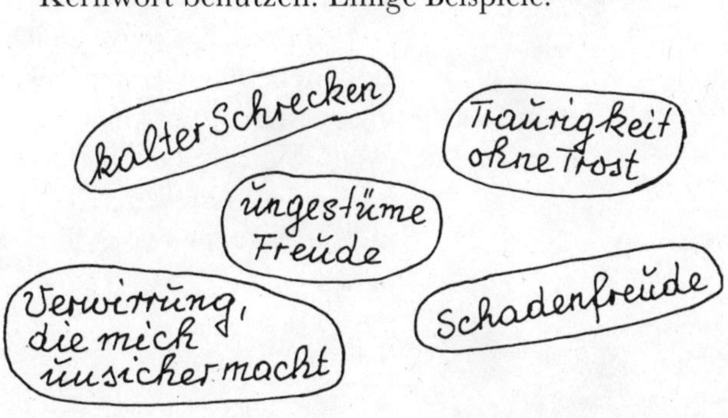

Abbildung 11

Verknüpfen Sie zwei bis vier Minuten lang alle Einzelheiten dieses Erlebnisses, an die Sie sich erinnern können, zu einem Cluster. Lassen Sie den Assoziationen freien Lauf, und vertrauen Sie darauf, daß eine Assoziation die nächste nach sich zieht. Rufen Sie sich Gefühle, Geräusche und Gerüche ins Gedächtnis zurück; denken Sie daran, wie die Dinge aussahen, wie sie sich anfühlten und wie sie schmeckten. Bauen Sie Ihr Cluster weiter aus, bis sich das Gefühl einstellt, daß Sie einen Schwerpunkt gefunden haben und wissen, womit und wie Sie beginnen.

3. Schreiben Sie nun – aus der Perspektive des Erwachsenen, der auf dieses Erlebnis zurückschaut – Ihren Text. Sie sollten nicht mehr als zehn Minuten darauf verwenden. Beginnen Sie mit «Ich erinnere mich . . .», und erzählen Sie durchgehend im Imperfekt. Schauen Sie beim Schreiben ab und zu auf Ihr Cluster, um sich zu orientieren und um weitere Einzelheiten aufzunehmen.

4. Wenn Sie fertig sind, lesen Sie sich das Geschriebene noch einmal laut vor, und ändern Sie es überall dort, wo das Ganze noch verbessert werden kann.

5. Erzählen Sie nun Ihre Geschichte in einem zweiten Text von einem ganz anderen Standpunkt aus – von dem des Kindes, das dieses besondere Erlebnis hatte. Schreiben Sie in der Gegenwartsform, als ob sich das Ereignis, an das Sie sich erinnern, gerade in diesem Augenblick abspielen würde. Lassen Sie die Einleitungsformel «Ich erinnere mich . . .» weg. Verwandeln Sie sich statt dessen in Ihrer Vorstellung wieder in dieses Kind, und schreiben Sie Ihre Geschichte, Ihre Gefühle, Ihre Erfahrung so nieder, als ob sie gerade jetzt geschähe, als ob Sie in diesem Augenblick so erlebten, fühlten, handelten und sprächen. Zitieren Sie Gespräche, wenn Sie wollen. Orientieren Sie sich auch beim Schreiben dieses zweiten Textes immer wieder an Ihrem Cluster, um die «Richtung» und die Details im Auge zu behalten. Sie werden vielleicht feststellen, daß manche Einzelheiten, die im ersten Text nicht enthalten waren, auf einmal im zweiten auftauchen.

6. Wenn Sie Ihre Geschichte beendet und den Kreis geschlossen haben, lesen Sie Ihren Text noch einmal laut, und nehmen Sie alle Änderungen vor, die den Klang des Ganzen verbessern.

Das Kind in uns ist unsere Sproß-
spitze, die das ganze Leben lang lebendig bleibt . . . Eine der Anstrengungen des Erwachsenseins besteht
darin, die unentwickelten und zu-
rückgebliebenen Seiten unseres
Wesens, die wir verdrängt hatten, wieder anzunehmen.

M. C. Richards
‹The Crossing Point›

Nach dem Schreiben

Lesen Sie sich Ihre beiden Versionen laut vor, und achten Sie nur
auf die Unterschiede zwischen ihnen. Wahrscheinlich sind die
Texte von sehr unterschiedlicher Intensität. Die «Ich erinnere
mich»-Version ähnelt häufig mehr einem mechanischen Aufzählen der einzelnen Elemente Ihres Erlebnisses und gerät manchmal
zu einer Analyse. Vermutlich fehlt ihr der ganzheitliche Charakter. Doch was das Wichtigste ist: Wahrscheinlich vermittelt sie
nicht den Eindruck unmittelbarer Gefühlsbeteiligung.

Dagegen gefällt Ihnen die zweite Fassung mit ihrer Direktheit,
ihrer Intensität und Unmittelbarkeit vermutlich besser. Wahrscheinlich besitzt Ihr Text die innere Einheit, die durch das
«Schließen des Kreises» entsteht. Das Erlebnis, mit Hilfe der
Phantasie wieder in die Kindheit einzutreten, führt meine Schüler
gewöhnlich näher an das Empfinden der Empfänglichkeit und des
naiven Erlebens jener ersten Entwicklungsstufe heran als das
Bemühen, sich aus der Sicht des Erwachsenen zu erinnern. Genau
diese Versenkung in das Thema führt zum natürlichen Schreiben.

Zusammenfassung und Ausblick

Dieses Kapitel hat gezeigt, daß wir alle auf natürliche Weise –
durch Staunen, durch den Impuls, Geschichten zu erfinden, und
durch Sprache – Sinnhaftes schaffen können, wenn wir lernen,
vom Stadium des konventionellen zu dem des kultivierten Sehens,
Hörens und Gestaltens überzuwechseln. Viele sind auf der konventionellen Stufe stehengeblieben, ohne sich ihrer kreativen
sprachlichen Ausdrucksfähigkeiten bewußt zu werden.

Das vierte Kapitel erzählt eine eigene Geschichte: In ihr geht es
um die Arbeitsweise und die wunderbaren Leistungen unseres
bildlichen Denkens und um sein Zusammenspiel mit dem begrifflichen Denken beim natürlichen Schreiben.

4
Begriff und Bild –
die Wörter und
das Gehirn

Bisher wurden die unterschiedlichen Funktionen der beiden Hirn-hemisphären und ihre Bedeutung für den kreativen Prozeß nur flüchtig angesprochen. Fragen wir also ein bißchen genauer, warum wir beim natürlichen Schreiben auch auf die rechte Ge-hirnhälfte angewiesen sind und wann jede der beiden Hälften aktiviert werden sollte, um bestmögliche Ergebnisse zu erzielen.

Betrachten wir zunächst zwei sehr anschauliche Beispiele für die Spezialisierung der Gehirnhälften. Das erste schildert der Psycho-loge Richard M. Jones in seinem Buch ‹Fantasy and Feeling in Education›. (Die Studie entstand, bevor die jüngsten Fortschritte auf dem Gebiet der Gehirnforschung erzielt wurden.)

Billy ging in die sechste Klasse. Seine Lehrerin wiederholte den Stoff der letzten Mathematikstunde und forderte ihn auf, das Unendliche zu definieren. Billy rutschte auf seinem Stuhl hin und her, rückte aber nicht mit der Sprache heraus.

Die Lehrerin wurde ungeduldig. «Also komm schon, Billy, was ist Unendlichkeit?» Er blickte zu Boden.

Verärgert wiederholte sie ihre Aufforderung, woraufhin er mur-melte: «Die Unendlichkeit ist so was wie 'ne Schachtel *Cream of Wheat*.»

«Red keinen Unsinn!» fuhr sie ihn an und rief Johnny auf, der darauf brannte, sein Wissen loszuwerden.

«Das Unendliche ist unermeßlich und grenzenlos in Raum, Zeit oder Menge», erklärte er. Die Lehrerin war zufrieden. War es doch die einzig richtige Antwort, die sie sich vorstellen konnte.

Und genau das ist der Haken: Billy hatte mit einem komplexen Bild der rechten Gehirnhälfte geantwortet. Eigentlich hat das Unendliche natürlich nichts mit einer Schachtel *Cream of Wheat* zu schaffen. Deshalb konnte die Lehrerin, die eine aus der linken Hemisphäre stammende logische Definition erwartete, auch nichts mit Billys Antwort anfangen. Aber er hatte durchaus eine

Vorstellung vom Unendlichen. Als man ihm später etwas verständnisvoller zuhörte, konnte er sein Bild erläutern: «Auf einer Schachtel *Cream of Wheat* ist ein Mann drauf, der hat eine Schachtel *Cream of Wheat* in der Hand mit einem Mann drauf, der eine Schachtel *Cream of Wheat* in der Hand hat – und das geht immer und immer so weiter, auch wenn man es nicht mehr sieht. Ist das nicht Unendlichkeit?» Billys rechte Gehirnhälfte hatte eine klare Vorstellung vom Unendlichen. Nur sagte ihm die linkshemisphärische wörtliche Definition, die sein Klassenkamerad geliefert hatte, so wenig, daß er sie selbst dann nicht hätte nennen können, wenn er sie sich am Tag zuvor aufgeschrieben hätte. Dies ist ein Beispiel für Hemisphärendominanz und für zwei ganz verschiedene Arten, identische Informationen zu verarbeiten.

Das zweite Beispiel stammt aus dem Buch ‹The Shattered Mind›, in dem der Harvard-Psychologe Howard Gardner die sprachlichen Fähigkeiten eines Mannes mit schwerem rechtsseitigem Gehirnschaden beschreibt. Dieser Mann – er wird in dem Buch Peter genannt – war vorher völlig normal gewesen, und auch als nur noch die linke Hemisphäre intakt war, konnte er fast unbeeinträchtigt sprechen – mit zwei Einschränkungen: Er konnte nur Fragen beantworten, die einen Sprachgebrauch im wörtlichen Sinne verlangten, und er brachte seine Antworten mit monotoner Computerstimme vor.

Sobald Peter aber Antworten in nichtwörtlichem, übertragenem Sinne geben mußte, geriet er in Schwierigkeiten. Ein Beispiel: Wenn Gardner ihn aufforderte, das Sprichwort «Viele Köche verderben den Brei» zu deuten, so war alles, was er dazu zu sagen hatte: «Das heißt, daß die Suppe verdirbt, wenn viele Köche sie kochen.» Jeder Mensch mit normaler Intelligenz und intakter rechter Gehirnhälfte hätte das Sprichwort wahrscheinlich mit Kindererziehung, Architektur, Hundedressur, Malerei oder auch der Schriftstellerei in Zusammenhang bringen können. Sprichwörter haben von Natur aus einen nichtwörtlichen Bedeutungsgehalt. Sie bedürfen der Auslegung. Doch dazu war Peter nicht mehr in der Lage, weil das Verstehen übertragener Bedeutungen eine Fähigkeit der rechten Hemisphäre ist. Ohne sie sind wir auf den wörtlichen, definitionsgemäßen Sinn festgelegt.

Die Erforschung der beiden Gehirnhälften

Die stürmische, wenn auch häufig widersprüchliche Entwicklung der Gehirnforschung in den letzten zwanzig Jahren hat zu zwei unstrittigen Erkenntnissen geführt: 1. Das Großhirn besteht aus zwei Hälften (Abb. 12), und jede dieser beiden Hemisphären kann unabhängig von der anderen arbeiten. 2. Jede Hemisphäre verarbeitet identische Informationen auf unterschiedliche Weise. Wer schöpferisch arbeitet – vor allem, wenn er schreibt –, muß sich die speziellen Funktionen *beider* Gehirnhälften in geeigneter Weise nutzbar machen.

Die Dualität des Gehirns wurde 1844 von dem englischen Arzt

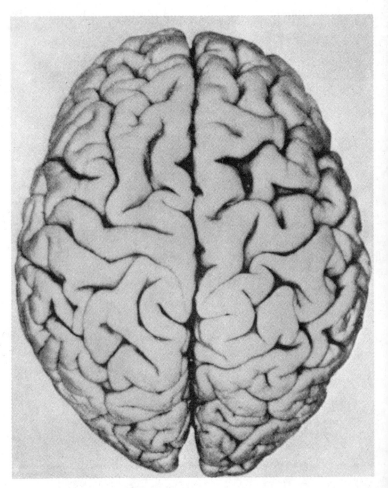

Abbildung 12

A. L. Wigan entdeckt. Bei der Autopsie am Leichnam eines langjährigen Freundes und Patienten stellte Wigan fest, daß der
Mann, dessen Verhalten bis zu seinem Tod in jeder Hinsicht
normal gewesen war, nur eine Gehirnhälfte gehabt hatte. Wenn
eine der beiden Hemisphären für einen klaren Verstand sorgen
könne, dann – so Wigan – lasse die Doppelstruktur unseres Gehirns darauf schließen, daß wir über zwei verschiedene Formen
des Verstandes verfügen.

Mehr als ein Jahrhundert lang geriet Wigans Vermutung auf
Grund einer anderen medizinischen Entdeckung in Vergessen-
heit: Die Schädigung der linken Hemisphäre führt gewöhnlich zur
Aphasie, der Unfähigkeit, zusammenhängend zu sprechen und
Gesprochenes zu verstehen. Gegenstücke der linksseitigen Aphasie sind die rechtsseitige visuelle Agnosie (die Unfähigkeit, Gesichter und Gegenstände zu erkennen) und die ebenfalls rechtsseitige
Aprodosie (die Unfähigkeit, Gefühle auszudrücken und zu erkennen). Wir werden auf diese Störungen noch genauer eingehen,
weil sie zeigen, welche Rolle das Gehirn für das natürliche Schreiben spielt.

Da eine Störung der sprachlichen Funktionen eine auffällige,
schwere Beeinträchtigung der Handlungsfähigkeit bedeutet,
machte man sich ohne weitere Prüfung die Überzeugung zu eigen,
die linke Hemisphäre sei die «kluge» Hälfte, während man die
rechte für eine Art Ersatzreifen hielt – brauchbar nur, wenn Not
am Mann und die «richtige» Hälfte nicht einsatzbereit sei.

In Frage gestellt wurde diese Annahme durch den ersten «Split-
Brain-Patienten». Er wurde von den Neurochirurgen Phillip
Vogel und Joseph E. Bogen im Laboratorium des späteren Nobel-
preisträgers Roger W. Sperry am California Institute of Techno-
logy operiert. Vogel und Bogen vermuteten, epileptische Anfälle
entstünden in einer der beiden Hemisphären und griffen über den
Balken (Corpus callosum), das aus einer Vielzahl von Nervenfasern bestehende Verbindungsstück zwischen den beiden Gehirnhälften, auf die andere Hemisphäre über. Die beiden Wissenschaftler durchtrennten diesen Verbindungsstrang, weil sie hoff-
ten, damit den «elektrischen Sturm» der Epilepsie mit seinen
unkontrollierbaren Krämpfen eindämmen zu können. Diese Operation, bei der die etwa zweihundert Millionen Nervenfasern des
Corpus callosum (Abb. 13) durchschnitten werden, heißt Kom-
missurotomie. Die Hypothese von Vogel und Bogen erwies sich als
zutreffend: Der «elektrische Sturm» wurde eingedämmt, und die
jetzt nur noch einseitig auftretenden Anfälle ließen sich relativ
mühelos behandeln und unter Kontrolle bringen.

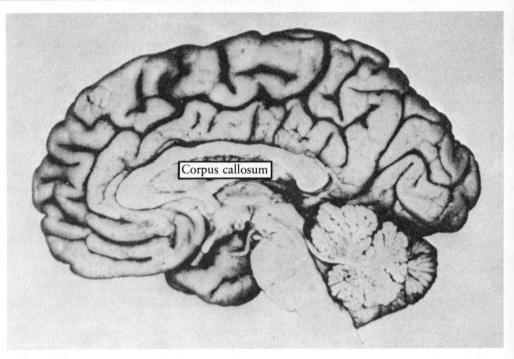

Abbildung 13

Die interessantesten Ergebnisse wurden jedoch erst erkennbar, als der Patient sich langsam von der Operation erholte. Obwohl der Verbindungsstrang durchtrennt war, erschien das Verhalten des «Split-Brain-Patienten» auf den ersten Blick relativ normal.
Unglaube und Neugier veranlaßten die behandelnden Neurochirurgen, eine Reihe umfassender – und immer noch andauernder – Tests und Experimente durchzuführen. Und siehe da – Wigans fast 140 Jahre alte Vermutung bestätigte sich: Wir verfügen über zwei Hirne, die beide mit einem eigenen Bewußtsein ausgestattet sind und bis zu einem gewissen Grade unabhängig voneinander funktionieren.
Als die Untersuchung dieser Patienten ein wichtiges Ergebnis nach dem anderen erbrachte, begannen sich andere Forscher verstärkt mit Patienten zu beschäftigen, bei denen eine Hemisphäre geschädigt war. Wieder andere Wissenschaftler maßen die Hirnwellen normaler Versuchspersonen bei speziell entwickelten Aufgaben, um an Hand der Potentialschwankungen festzustellen, welche der beiden Gehirnhälften aktiv wurde und welche untätig blieb. Die Vielzahl inzwischen veröffentlichter Forschungsergebnisse läßt weitgehende Rückschlüsse auf die Arbeitsweisen der beiden Hemisphären zu.

Begriffliches und bildliches Denken: Arbeitsteilung im Gehirn

Uns interessiert, wie die beiden Hemisphären denken, denn wir wissen, daß sie die Informationen, die sie aufnehmen, in der Regel höchst unterschiedlich verarbeiten. Wie aus Abbildung 14 hervorgeht, besteht der fundamentale Unterschied darin, daß die linke Hälfte nur einen Stimulus zur Zeit verarbeitet – das allerdings mit atemberaubender Geschwindigkeit. Sie ist deshalb auf geordnete Gedankenfolgen und die Zerlegung in Teilinformationen angewiesen. Dagegen kann die rechte Hälfte ganze Reizbündel gleichzeitig verarbeiten und komplexe Ganzheiten erfassen. Diese ganz und gar unterschiedlichen Arbeitsweisen erklären weitgehend die anderen in Abbildung 14 genannten Unterschiede. Die systematische Informationsverarbeitung der linken Hälfte ist für das logische, lineare Denken verantwortlich und damit auch für die Zerlegung der Sprache in verständliche syntaktische Einheiten. Wie die elektronischen Prozesse im Computer ist das Denken der linken Hemisphäre regelgeleitet, das heißt an vorgegebenen, erlernten und ein für allemal festgelegten Strukturen ausgerichtet, die in früher Kindheit angelegt und gespeichert werden. Wie ein Computer kann die linke Hälfte komplexe Sequenzen abrufen, kurz, sie speichert Vorgänge, die sich in unserem Leben ständig wiederholen, und schafft so eine gewisse Vorhersagbarkeit – und das ist gut so, müssen wir hinzufügen, denn sonst bliebe uns die Welt für immer fremd und chaotisch. Selbst bei einfachsten Bewegungsfolgen könnten wir uns auf keine Gewohnheit berufen. Wir müßten zum Beispiel jedesmal neu in Erfahrung bringen, wie man ein Auto startet. Beim Schreiben könnten wir nicht auf die Kenntnis des Alphabets zurückgreifen oder auf ein Wissen, wie aus Buchstaben Wörter gebildet werden, aus Wörtern Sätze, wie Wörter richtig geschrieben werden, wie Wörter als Zeichen mit unwandelbarer Bedeutung verwendet werden und so fort.

Doch so wichtig der Beitrag der linken Hälfte auch ist, wir brauchen uns nicht ausschließlich auf die vorgegebenen, erlernten Sequenzen zu verlassen, wir brauchen nicht zu warten, bis die linke Hälfte neue Informationen auf ihre etwas umständliche Art verarbeitet hat, weil die rechte mit ihrer simultanen Arbeitsweise dazu weit besser in der Lage ist. Sie kann ein ganzes Gesicht erfassen, sie kann Teile unserer Welt durch die Wahrnehmung von Entsprechungen und Ähnlichkeiten zu neuen Bedeutungsmustern verknüpfen; sie kann die zerfließende Formlosigkeit verworrener Gefühle und Gedanken in komplexen Bildern aus-

Begriff und Bild – die Wörter und das Gehirn

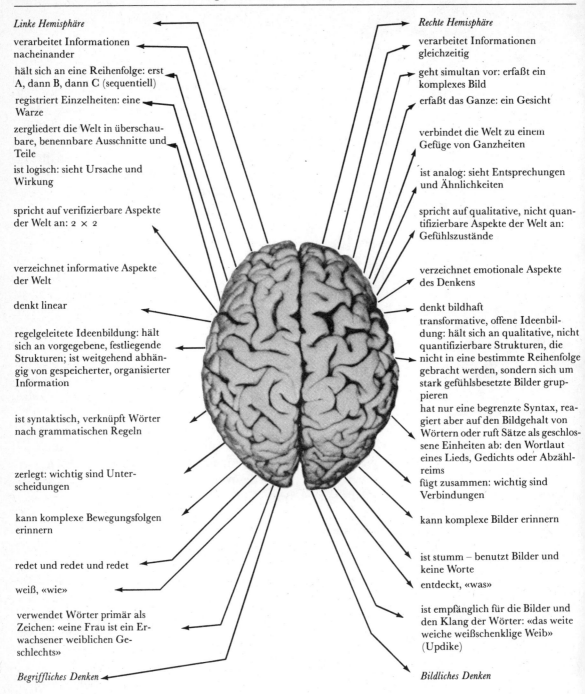

Linke Hemisphäre

verarbeitet Informationen nacheinander

hält sich an eine Reihenfolge: erst A, dann B, dann C (sequentiell)

registriert Einzelheiten: eine Warze

zergliedert die Welt in überschaubare, benennbare Ausschnitte und Teile

ist logisch: sieht Ursache und Wirkung

spricht auf verifizierbare Aspekte der Welt an: 2 × 2

verzeichnet informative Aspekte der Welt

denkt linear

regelgeleitete Ideenbildung: hält sich an vorgegebene, festliegende Strukturen; ist weitgehend abhängig von gespeicherter, organisierter Information

ist syntaktisch, verknüpft Wörter nach grammatischen Regeln

zerlegt: wichtig sind Unterscheidungen

kann komplexe Bewegungsfolgen erinnern

redet und redet und redet

weiß, «wie»

verwendet Wörter primär als Zeichen: «eine Frau ist ein Erwachsener weiblichen Geschlechts»

Begriffliches Denken

Rechte Hemisphäre

verarbeitet Informationen gleichzeitig

geht simultan vor: erfaßt ein komplexes Bild

erfaßt das Ganze: ein Gesicht

verbindet die Welt zu einem Gefüge von Ganzheiten

ist analog: sieht Entsprechungen und Ähnlichkeiten

spricht auf qualitative, nicht quantifizierbare Aspekte der Welt an: Gefühlszustände

verzeichnet emotionale Aspekte des Denkens

denkt bildhaft

transformative, offene Ideenbildung: hält sich an qualitative, nicht quantifizierbare Strukturen, die nicht in eine bestimmte Reihenfolge gebracht werden, sondern sich um stark gefühlsbesetzte Bilder gruppieren

hat nur eine begrenzte Syntax, reagiert aber auf den Bildgehalt von Wörtern oder ruft Sätze als geschlossene Einheiten ab: den Wortlaut eines Lieds, Gedichts oder Abzählreims

fügt zusammen: wichtig sind Verbindungen

kann komplexe Bilder erinnern

ist stumm – benutzt Bilder und keine Worte

entdeckt, «was»

ist empfänglich für die Bilder und den Klang der Wörter: «das weite weiche weißschenklige Weib» (Updike)

Bildliches Denken

Abbildung 14

Wenn die beiden Hälften unseres Gehirns ihre unterschiedlichen Erfahrungen austauschen, ihre Standpunkte und Ansätze ineinanderfließen lassen, kommt eine Synthese zustande, die uns eine unendliche Vielfalt neuer Problemlösungsmöglichkeiten erschließt.

Albert Rothenburg
‹ The Emerging Goddess ›

drücken (Träume sind in gewissem Sinne Cluster von Bildern). Nicht Wiederholung und Vorhersagbarkeit sind die Stärke der rechten Hemisphäre, sondern die Auseinandersetzung mit dem Unbekannten, dem Neuen, dem Mehrdeutigen, dem Paradoxen, dem Unkonventionellen. Alle diese Dinge versucht sie sich dadurch verständlich zu machen, daß sie bedeutungsvolle Muster in sie hineinliest. Und das ist gut so, müssen wir auch hier hinzufügen, denn wären wir ausschließlich auf die Arbeitsweise der linken Hemisphäre angewiesen, wäre unsere Welt fein säuberlich in Schubkästchen verpackt, hätten unsere Handlungen immer die gleichen Sequenzen und Konsequenzen – hätten die Menschen große Schwierigkeiten, Ideen zu entwickeln, die die Grenzen des Gewohnten durchbrechen.

Das Schreiben wäre kein organischer, sondern ein höchst mechanischer Akt. «Wenn uns alles vorher bekannt wäre, gäbe es keine schöpferische Leistung mehr, sondern nur noch Diktat», schreibt Gertrude Stein. Die Wörter könnten die Grenzen ihrer wörtlichen Bedeutung kaum überwinden, und wir wären nicht fähig, Sprachbilder und Metaphern zu schaffen. Die feinen Bedeutungsschattierungen, die die Sprache zu einem lebendigen, dynamischen, veränderlichen Gebilde machen, blieben uns verschlossen.

Zwei Wissenschaftler – Elkhonon Goldberg von der State University of New York und Louis D. Costa von der University of Victoria in British Columbia – gelangten nach Sichtung einer Fülle von Forschungsdaten zu der Überzeugung, diese Unterschiede im Umgang mit Informationen seien auf eine unterschiedliche «Verdrahtung» der Hirnhälften zurückzuführen. Die Neuronen der rechten Hemisphäre seien «interregional» besser miteinander verbunden und könnten deshalb effektiver mit neuem Material umgehen, während die linke Hemisphäre infolge ihrer sequentiellen Neuronenanordnung etablierte, eingeschliffene Codes besser speichern könne. Sie vermuten, daß die rechte Hemisphäre dank ihrer Neuronenstruktur besser mit komplexen Informationen umgehen könne, für die kein erlerntes Programm zur Verfügung stehe. Die linke Hemisphäre hingegen orientiere sich stark an früher gespeicherter, sequentiell organisierter Information. Die rechte Hemisphäre sei zuständig für die Auseinandersetzung mit einer Aufgabe, für die noch kein Bewältigungsschema angelegt sei. Sobald ein passendes System entdeckt sei, mache es sich die linke Hälfte zu eigen. Wenn die beiden Wissenschaftler recht haben, so geben uns ihre Thesen wichtige Aufschlüsse über die Rolle der beiden Hemisphären in verschiedenen Phasen des schöpferischen Prozesses und überhaupt jeder komplexen, Symbole einbeziehenden Aktivität, die sich, wie das natürliche Schreiben, vom Neuen zum Bekannten bewegt.

So kommt dem Balken (Corpus callosum) also eine entscheidende Funktion zu: Er ist die einzige Verbindung, der Kommunikationskanal zwischen zwei radikal verschiedenen Denksystemen. Wenn es uns gelingt, uns die besonderen Fähigkeiten *beider* Hemisphären bei der Lösung einer Aufgabe nutzbar zu machen, können wir in der Tat Großes leisten.

Die Steuerung der Hemisphärenkooperation

Als Verbindungsstück zwischen den beiden Gehirnhälften erfüllt der Balken vor allem zwei Aufgaben: Er ermöglicht den Hemisphären einerseits, Tausende von Impulsen pro Sekunde auszutauschen, er kann aber andererseits auch den Informationsfluß eindämmen, wenn es vorteilhafter erscheint, eine bestimmte Aufgabe nur mit den Fähigkeiten *einer* Hälfte zu lösen. Ein Beispiel für den zweiten Fall – die Eindämmung des Informationsflusses – sind die «Gedankenexperimente», die Albert Einstein sich anstellte, wenn er auf Fragen stieß, die mit Hilfe der herkömmlichen wissenschaftlichen Lösungsstrategien nicht zu beantworten waren.

In einem berühmt gewordenen Gedankenexperiment stellte Einstein sich vor, wie er wohl eine Lichtwelle sehen würde, wenn er auf ihr ritte. In einem anderen dieser Experimente vergegenwärtigte er sich einen Mann in einem abstürzenden Fahrstuhl – was dieser «empfinden» würde, was mit einem Taschentuch geschähe, das er fallen ließe, und so fort. Erst wenn diese Vorstellungsbilder so deutlich geworden seien, daß man sie nach Belieben reproduzieren könne, berichtete Einstein, würden sie sich – immer noch mühsam genug – in eine mitteilbare sprachliche Form bringen lassen. Dieses Beispiel läßt deutlich erkennen, wie die logische, begriffliche Information der linken Hälfte abgeblockt wird, so daß die rechte ihre Vorstellungsbilder suchen und stabilisieren kann. (Wie wir im zweiten Kapitel gesehen haben, bewirkt das Clustering eine ähnliche Hemmung des logischen, linksseitigen Denkens, während die nichtlinearen Assoziationen der rechten Hälfte ihre vielfältigen Muster entfalten.)

Sobald sich jedoch die Vorstellungsbilder nach Belieben reproduzieren lassen (oder die Assoziationen, wie in unserem Falle, im Cluster festgehalten sind), gibt das Corpus callosum wieder grünes Licht und macht die aus der rechten Hemisphäre stammenden Bilder und Muster der linken Hälfte zugänglich, die sie jetzt in

Die psychischen Einheiten, die als Gedankenelemente zu dienen scheinen, sind bestimmte Signale und mehr oder minder klare Vorstellungsbilder, die «willkürlich» reproduziert und zusammengestellt werden können ... Dieses kombinatorische Spiel scheint ein Wesenszug produktiven Denkens zu sein – vor jedem Versuch, aus Wörtern oder anderen Zeichen Zusammenhänge zu konstruieren, die sich anderen mitteilen lassen ... In meinem Falle sind die oben erwähnten Elemente von visueller und gelegentlich muskulärer Art. Konventionelle Wörter ... müssen in einer zweiten Phase mühsam zusammengesucht werden, wenn das geschilderte assoziative Spiel hinreichende Stabilität gewonnen hat und nach Belieben reproduziert werden kann.

Albert Einstein
Brief an Jacques Hadamard

eine folgerichtige, mitteilbare Form bringen kann. In dieser Phase kommt uns die systematische Arbeitsweise der linken Hälfte zustatten, ihre Fähigkeit, «Begriffe» und entsprechende sprachliche Symbole zu schaffen, mit deren Hilfe wir uns anderen gegenüber verständlich machen können.

Bei einer vertrauten Aufgabe, einer kodierten und gespeicherten Fertigkeit, kann das Corpus callosum andererseits unerwünschte Interventionen von der rechten Seite abblocken, die den eingeschliffenen Ablauf nur stören würden. Denken wir beispielsweise an die Abschrift eines Gedichts, bei der fast ausschließlich linkshemisphärische Fähigkeiten erforderlich sind. Mozart ließ sich von seiner Frau zur Unterhaltung Geschichten vorlesen, während er sich der mühsamen, zeitraubenden und mechanischen Aufgabe unterzog, die Musikstücke, die er vorher «in seinem Kopf komponiert» hatte, auf Notenblättern festzuhalten.

Und genau das ist der entscheidende Punkt. In der Anfangsphase eines Vorhabens, von dem wir noch keine klare Vorstellung haben, spielt die rechte Hemisphäre eine überaus wichtige Rolle. Die Forschung zeigt, daß neue Aufgaben zunächst besser von der rechten Hälfte gelöst werden. Sobald die für die Aufgabe erforderlichen Fertigkeiten erworben und eingeschliffen sind, erweist sich die linke Seite als überlegen. In unserem Zusammenhang heißt das, daß wir uns in den kreativen, ideenschöpfenden Anfangsstadien des natürlichen Schreibens an die fragende, forschende, sensitive rechte Hälfte zu halten haben, in den späteren Phasen der literarischen Produktion dagegen an die folgerichtigen, syntaktischen, systematischen Fähigkeiten der linken Seite.

Eben weil die Stärke der rechten Gehirnhälfte in der Lösung von Aufgaben liegt, für die es keine vorgegebenen Lösungswege gibt, muß sie zu Anfang des Schreibprozesses durch die Methode des Clustering ins Spiel gebracht werden. Das Clustering kann nicht zur Routine werden. Es ist eine immer wieder neue Aufgabe, offen für Überraschungen, Entdeckungen und unerwartete Konfigurationen. Nach Abschluß der Entdeckungsphase kann sich die linke Hälfte mit ihrer folgerichtigen, systematischen, auf Wiederholung angelegten Arbeitsweise einschalten. Sie hält sich an festgelegte Sprachcodes, an erworbene geordnete Information wie Wortschatz und Syntax. Zum Schluß unterwirft die linke Hälfte also das weite Feld der Möglichkeiten, das die rechte Hemisphäre eröffnet hat, den Grenzen ihres Wissens. Das natürliche Schreiben ist angewiesen auf die Kooperation beider Gehirnhälften und auf eine bestimmte Abfolge dieser Zusammenarbeit, aber stets muß die rechte Hemisphäre den *Anfang* machen.

Die Entwicklung des «Doppelhirns»

Wir haben gesehen, daß die Hemisphären im ausgewachsenen Gehirn unterschiedlich arbeiten – manchmal unabhängig voneinander, manchmal in Kooperation. Wie entwickelt sich diese Lateralisierung, und welche Bedeutung hat sie für unseren Sprachgebrauch?

Bei der Geburt ist das Corpus callosum schon mit allen seinen zweihundert Millionen Nervenfasern angelegt, aber noch nicht fertig ausgebildet. So darf man vermuten, daß unsere erstaunliche Lernfähigkeit in der frühen Kindheit darauf zurückzuführen ist, daß beide Hemisphären auf die ihnen gemäße Art lernen können, ohne von der anderen gestört zu werden. Die Nervenfasern des Corpus callosum brauchen fast elf Jahre, um die fetthaltigen, leitfähigen Myelinscheiden auszubilden, die den Austausch elektrischer Impulse und damit die für das ausgewachsene Gehirn charakteristische Kommunikation zwischen den Hemisphären ermöglichen.

Der Neurologe Jason W. Brown und der Psychologe Joseph Jaffe haben die Hypothese aufgestellt, in der frühen Kindheit und während des Spracherwerbs sei die rechte Hemisphäre dominant. Deshalb seien wir in der Lage, die unvertraute, noch nicht katalogisierte Welt in bedeutungsvolle Vorstellungsmuster zu verwandeln. Mit der Verlagerung der Sprache in die linke Gehirnhälfte würden wir uns die konventionellen Zeichen und Symbole unserer Kultur aneignen. Insgesamt scheinen unsere Wahrnehmungen aber noch stark von ästhetischen Kriterien bestimmt zu sein. Wir sehen Ganzheiten an Stelle von Teilen und Folgen; wir erfinden abgeschlossene Geschichten, ohne uns an logischen Sprüngen zu stören, wir stellen uns «die wildesten Sachen» vor und erschaffen imaginäre Spielkameraden, die für uns so wirklich wie der Hund von nebenan sind.

In dieser Phase des naiven Sehens, Hörens und Gestaltens hat die linke Hälfte nicht viel zu sagen – hat sie ihre Vorherrschaft noch nicht angetreten. Sprechen und Schreiben folgen den Gesetzen einer durch und durch natürlichen Ästhetik. Zuerst mündlich, dann schriftlich erzählen wir einfache Geschichten, die unsere unmittelbaren und vordergründigsten Interessen widerspiegeln. Zum eigenen Vergnügen erfinden wir subjektiv bedeutsame Wortfolgen. Wir haben eine natürliche Freude an der Sprache – an ihrem Klang, ihrem Rhythmus, ihren Besonderheiten. Das gilt nur für die ersten Lebensjahre.

Kinder sind so lange natürliche Poeten, bis mit dem Einsetzen der

---

Noch gelingt es unserem Erziehungssystem nicht, exaktes Denken ohne Preisgabe der Phantasie zu lehren.

R. W. Gerard
‹The Biological Basis of the Imagination›

Begriff und Bild – die Wörter und das Gehirn

Pubertät – zwischen dem neunten und zwölften Lebensjahr – die linke Hemisphäre die Oberhand gewinnt. Zu diesem Zeitpunkt hat das Corpus callosum seine volle Funktionsfähigkeit als Informationsbrücke zwischen den Gehirnhälften erlangt und ist auch in der Lage, den Informationsfluß zu unterbrechen, wenn die besonderen Fähigkeiten eine Gehirnhälfte für eine bestimmte Aufgabe besser geeignet sind. Die Sprache dient jetzt weitgehend informativen Zwecken und wird deshalb zu einer Spezialität der linken Hemisphäre. Je stärker wir dem formellen Bildungsprozeß eingegliedert werden, desto dominanter wird die logische linke Seite, während unser Wortspeicher permanent erweitert wird.

In der Schule wird diese «Linkslastigkeit» des Gehirns stark gefördert, denn dort werden – wie Billys Beispiel zu Anfang des Kapitels zeigt – die Fertigkeiten der linken Hemisphäre belohnt und die der rechten weitgehend vernachlässigt. Der Lehrplan mit seinem traditionellen Fächerkanon macht die Zergliederung des Stoffes zur Vorbedingung, so daß wir ganz unter den Einfluß des regelgeleiteten linkshemisphärischen Denkens geraten. Dieses «konventionelle» Wahrnehmungsstadium ist so angemessen wie notwendig. Erweiterter Wortschatz und bessere Sprachbeherrschung erschließen uns die Welt klarer und unzweideutiger Bedeutungen, die uns ein zuverlässiges Bezugssystem für unsere Kommunikation liefert.

Wie weckt man in einem Kind die ganze Kraft analytischen Denkens, ohne ihm dadurch sein gesundes Empfinden für den intellektuellen und praktischen Nutzen intuitiven Denkens zu rauben?

Jerome Bruner
‹ The Relevance of Education ›

Doch infolge der Förderung linksseitiger und der Unterdrückung rechtsseitiger Fähigkeiten gelangt manch einer zu der Überzeugung, er habe keine kreative Ader: er «kann nicht» zeichnen, «haßt es», zu schreiben, ist gehemmt, wenn er sich bewegt, singt oder sich auf andere Weise kreativ auszudrücken sucht. Wir verlieren alle Spontaneität, unser ästhetisches Empfinden, das Vertrauen in unsere Fähigkeiten, alle spielerischen Züge. Schreiben wird uns eingebleut als unnatürliche, künstliche Prozedur, vollgestopft mit widersprüchlichen Regeln und zur formalen Zergliederung jener Sprache zwingend, die wir so mühelos im naiven Stadium gelernt haben.

Einigen wenigen gelingt es, die Fähigkeit, zu schreiben, zu zeichnen und sich natürlich auszudrücken, unbeschadet über diese Phase hinwegzuretten. Dafür mag es zwei Gründe geben: Entweder sind solche Menschen so stark rechtsseitig geprägt, daß die Schule sich mit ihrer «Linkslastigkeit» nicht durchzusetzen vermag, oder Eltern und Lehrer erkennen die kreative Begabung frühzeitig und fördern sie. Wir anderen jedoch bleiben in diesem «konventionellen» Entwicklungsstadium stecken und lassen unsere kreativen Fähigkeiten verkümmern.

Für mich erhebt sich die Frage, wann andere Menschen den Gedanken aufgeben, sie seien Dichter. Als Kinder denken wir uns doch alle Geschichten aus und schreiben sie auf. Das Rätsel besteht für mich nicht darin, daß einige auch später noch schreiben, sondern daß die anderen damit aufhören.

William Stafford
‹A Way of Writing›

Gegen Ende der Adoleszenz ist die Lateralisierung des Gehirns abgeschlossen, mit dem Ergebnis, daß in den meisten Fällen die linke Hemisphäre absolut dominant ist. Die jetzt stark vernachlässigte rechte Seite unseres Gehirns mit ihrer ästhetischen Vorliebe für Ganzheit, Bilder, Metaphern, ihrer Fähigkeit, logische Gegensätze zu überbrücken, und ihrer Empfänglichkeit für schöpferisches Spiel und Staunen, hat ihre Vorrangstellung endgültig eingebüßt. Nur wenn es uns gelingt, wieder Zugang zu den natürlichen Funktionen der rechten Hemisphäre zu finden und uns die wichtigsten Fähigkeiten beider Hälften zunutze zu machen, kann unser schöpferisches Potential den ganzen Reichtum seiner Möglichkeiten entfalten. Die Funktionen der beiden Hemisphären sind komplementär, und jede schöpferische Tätigkeit erwächst aus der produktiven Spannung zwischen dem regelgeleiteten Denken der linken und der staunenden, experimentierfreudigen Haltung der rechten Hälfte, zwischen wortwörtlichem Gebrauch der Sprache und metaphorischem, bildhaftem Ausdruck, zwischen fixierter Form und dynamischem Prozeß.

Wenden wir uns jetzt dem engeren Zusammenhang zwischen der Sprache und den Hemisphären zu.

Die Sprache und die Hirnhemisphären

Wie gezeigt, scheint das natürliche Schreiben entscheidend von der Zusammenarbeit beider Gehirnhälften abzuhängen, wobei jede Hemisphäre ihre besonderen Fähigkeiten zum richtigen Zeitpunkt in den literarischen Produktionsprozeß einbringen muß. Zwar haben Untersuchungen ergeben, daß wir unter ausschließlicher Aktivierung der linken Hemisphäre schreiben können – die rechte zeigt dann das dem Ruhezustand entsprechende Hirnwellenmuster –, aber die Ergebnisse lassen jene poetische Dimension vermissen, die Produkte des natürlichen Schreibens auszeichnet. Das allein von der linken Hemisphäre gesteuerte Schreiben – uns allen wohlbekannt – ist gewöhnlich langweilig, häufig geschwollen, klischeehaft blaß, leblos und steif. Die Mängel sind die Strafe für die Vertreibung der Sprache aus der rechten Gehirnhälfte, die Bilderreichtum, Rhythmus, Ganzheitlichkeit, Klangfülle und all die anderen Schattierungen und Nuancen liefern könnte, derer die Sprache mächtig ist.

Interessanterweise sind die Wissenschaftler noch vor kurzem davon ausgegangen, daß die rechte Hälfte kaum etwas mit der Sprache zu tun habe, weil sie nicht in Worten, sondern in Bildern denke. Sie sei praktisch «stumm», so daß die Verbalisierung weitgehend der linken Hälfte obliege. Neuerdings sind jedoch Forscher wie Eran Zaidel von der University of California, die sich speziell mit den sprachlichen Fähigkeiten der rechten Hemisphäre beschäftigen, zu dem Ergebnis gekommen, daß diese, auch wenn sie stumm sein mag, sprachliche Informationen durchaus verarbeiten und verstehen kann.

Im Unterschied zur linken kann die rechte Gehirnhälfte Wörter nur sehr unzulänglich verknüpfen, da ihre syntaktische Fähigkeit äußerst begrenzt ist. Deshalb ist die Sprache auch normalerweise nicht das Ausdrucksmittel der rechten Hemisphäre, abgesehen von einigen Ausnahmen, die im 19. Jahrhundert erstmals von dem Neurochirurgen Hughlings Jackson an Aphasikern beobachtet und später von Bogen, einem Pionier auf dem Gebiet der Split-Brain-Forschung, nachgewiesen wurden. Diese Ausnahmen betrafen vor allem emotional besetzte Spracheinheiten: Gedichtzeilen, Lieder oder Sprichwörter, also rhythmische, imaginäre, semantische oder emotionale Ganzheiten, deren Bedeutungstotalität über die grammatischen Teilelemente hinausreichte.

Zaidel nannte seine Befunde über die Sprachkompetenz der rechten Hemisphäre «eine unerwartete und ungewöhnliche Form natürlicher Sprache» – unerwartet, weil die Hirnforschung der rechten Hälfte bislang allenfalls eine minimale Beteiligung am Sprechen zugebilligt hatte; ungewöhnlich, weil sie im Unterschied zu dem von der linken Hemisphäre gesteuerten Sprachgebrauch nicht von syntaktischen Regeln geleitet ist; natürlich, weil sie eine angeborene und in früher Kindheit entwickelte Fähigkeit der rechten Hemisphäre ist, die nicht auf die linke übertragen, nicht von ihr «gelernt» wird. Das zeigt, wie wesentlich die rechte Gehirnhälfte am Prozeß des natürlichen Schreibens beteiligt ist, und zwar vor allem in der Anfangsphase.

Wie aus Abbildung 14 ersichtlich, verarbeitet die rechte Hemisphäre – das bildliche Denken – ein Gesicht als in sich geschlossene Einheit und nicht nur einen kleinen Ausschnitt, etwa ein Haar auf dem Kinn, wie es die linke Hälfte tun würde. Genauso reagiert Zaidel zufolge die rechte Gehirnhälfte auf sprachliche Einheiten: Sie erfaßt sie als ganzheitliche Strukturen, ohne sie in ihre Teilelemente zerlegen zu können. Eine solche Einheit kann ein ganzes Gedicht sein oder eine Strophe, ein Satz, eine Wendung, ein Wort, je nachdem, was die rechte Hemisphäre als Ganzheit wahrnimmt. Zergliederung und Analyse dagegen sind die Domäne der linken Hemisphäre, des begrifflichen Denkens, das ein Wort in einzelne Buchstaben zerlegen oder einen Satz in die richtige grammatische

Form bringen kann. Der französische Neurologe Lhermitte schildert die Fallgeschichte einer Frau, die einen linksseitigen Hirnschaden erlitten hatte. Das Beispiel illustriert eine Besonderheit der rechten Gehirnhälfte: Sie ist unfähig, Teilelemente auszugliedern, aber gleichzeitig in der Lage, eine ganzheitliche Wahrnehmung auszudrücken. Lhermitte zeigte der Frau zwei Gemälde und forderte sie auf, sie zu beschreiben. Da ihre analytische, auf die Erfassung von Einzelheiten spezialisierte Gehirnhälfte geschädigt war, vermochte sie keine Details wahrzunehmen – weder die Kirche noch das Feld noch den Clown. Doch rief sie nach dem ersten Blick auf die Gemälde aus: «Sehen Sie – zwei van Goghs!» Die vereinheitlichende Wahrnehmung ihrer rechten Gehirnhälfte verschmolz die verschiedenen Eigenschaften der Bilder zu der richtigen Erkenntnis, daß es sich bei beiden um Arbeiten von Goghs handelte.

Kurz, die linke Hemisphäre (das begriffliche Denken) scheint uns die logischen Elemente der Sprache zu liefern – Syntax, Semantik und Orthographie. Sie macht aus der Sprache ein zuverlässiges Zeichensystem, mit dessen Hilfe wir uns wortgetreu, unmißverständlich und verifizierbar auszudrücken vermögen. Die rechte Hemisphäre (das bildliche Denken) kann, auf dieser soliden Grundlage fußend, die sprachlichen Konstanzen eigenen Zwecken dienstbar machen: Sie kann Bilder erschaffen, Lautmuster bilden, Metaphern suchen, mit Wiederholungen, Gegenüberstellungen und Mehrdeutigkeiten spielen, bis jene vielfältigen, poetischen Strukturen entstehen, die den Reiz des natürlichen Schreibens ausmachen. Also auch auf dem Gebiet der Sprache erwächst aus der Zusammenarbeit der Gehirnhälften das Unerwartete und die Nuance, die Vielfalt und die Ausdruckskraft. In dieser Zusammenarbeit liegt unsere Kreativität.

Natürlich ist diese Doppelseitigkeit des schöpferischen Prozesses für die großen Schriftsteller, Philosophen und Psychologen nichts Neues. Seit Jahrhunderten kennen sie Gegensatzpaare wie künstlerisch/kritisch, unbewußt/bewußt, Phantasie/Analyse, Eingebung/Ausführung, um nur ein paar zu nennen. Direkt oder indirekt stehen sie alle mit den Befunden der Hemisphärenforschung in Zusammenhang: Plötzlich untermauern die wissenschaftlichen Erkenntnisse, was schöpferischen Menschen kraft ihrer Intuition seit jeher bekannt war.

Dorothea Brande wäre sicherlich erstaunt gewesen, wenn sie erfahren hätte, wie genau ihre 1934 postulierten metaphorischen «Ichs» – der «Künstler» und der «Kritiker» – modernsten Erkenntnissen der Hirnforschung entsprechen.

Die beneidenswertesten Schriftsteller sind jene, die, häufig unbeabsichtigt und unbewußt, der Tatsache Rechnung tragen, daß ihr Wesen verschiedene Seiten hat, und die in ihrer Arbeit und in ihrem Leben mal der einen, mal der anderen Seite den Vorzug geben.

Dorothea Brande
‹Becoming a Writer›

Die Kreativität, die vielen als höchste Form des Denkens gilt, beruht vermutlich auf einem äußerst komplexen Wechselspiel von Vorstellungs- und Sprachprozessen. Dank seiner ausgezeichneten Merkfähigkeit und seiner Unabhängigkeit gegenüber dem Anspruch auf Folgerichtigkeit sorgt unser Vorstellungsvermögen bei der Verarbeitung von Inhalten für Vielfalt und Flexibilität ... Diese Bildhaftigkeit mag den intuitiven Sprüngen der Vorstellungskraft zugrunde liegen, die kreatives Denken so häufig kennzeichnen.

Alan Paivio
Imagery and Verbal Processes

Ein Verstand, der sehr empfänglich für die Form als solche ist und sich ihrer über das normale Bedürfnis nach ... Klassifizierung der Dinge hinaus bewußt ist, vermag seine Vorstellungsbilder metaphorisch zu verwenden und dank ihrer schillernden Bedeutungsvielfalt entlegene oder ungreifbare Ideen zu erfassen.

Susanne Langer
Problems of Art

Es ist ein Ansatz, dessen Medium die von der linken Hand [der rechten Gehirnhälfte] gelieferte Metapher ist, ein Ansatz, der freudige Ahnungen und «glückliche» Vermutungen zutage fördert, der aus den Verknüpfungen erwächst, die Dichter und Nekromanten herstellen, wenn sie sich ihrem Gegenstand auf Umwegen statt auf direktem Wege nähern. Ihre Ahnungen und intuitiven Einsichten erzeugen eine eigene Grammatik – stellen Verbindungen her, nehmen Ähnlichkeiten wahr, verknüpfen Ideen locker und versuchsweise zu Netzen.

Jerome Bruner
On Knowing: Essays for the Left Hand

In seinem Buch *Imagery and Verbal Processes* beschreibt der Kreativitätsforscher Alan Paivio ausführlich das «Wechselspiel» zwischen Vorstellungs- und Sprachprozessen (in unserer Terminologie: bildlichem und begrifflichem Denken).

Auch die Philosophin Susanne Langer nahm die Entdeckung der Hemisphärenspezialisierung vorweg, als sie ein Denken beschrieb, das jenseits bloßer (begrifflicher) «Klassifizierung der Dinge» empfänglich sei für Formen, Strukturen, Bilder, Ganzheiten – eine treffende Beschreibung der von der rechten Gehirnhälfte ausgehenden Prozesse.

Jerome Bruner, ein Vertreter der kognitiven Psychologie, entwickelt einen alternativen Erkenntnisansatz, der unserer Auffassung von der Modalität rechtshemisphärischen Denkens sehr nahe kommt. Bezeichnenderweise nennt er sein Buch *On Knowing: Essays for the Left Hand* (Über das Wissen: Aufsätze für die linke Hand), ein Titel, der auf die rechte Hemisphäre hinweist (denn wir wissen mit Sicherheit, daß die rechte Gehirnhälfte die motorischen Funktionen der linken Körperseite steuert).

Und Peter Elbow, Dozent für literarisches Schreiben, erläutert in seinem Buch *Writing with Power* unterschiedliche Charakterzüge, in denen sich einerseits das Verlangen nach Gewißheit und andererseits das Anerkennen von Ungewißheit und Mehrdeutigkeit spiegeln. Aus unserer Kenntnis der Hemisphärenspezialisierung wissen wir, daß solche Wesenszüge durchaus in einem Menschen koexistieren können, zum Beispiel die folgenden Persönlichkeitsmerkmale:

Sehnsucht nach Gewißheit	*Anerkennen von Ungewißheit*
Distanz, Unbeteiligtsein	Engagement
Ablehnung oder Abwehr alles Neuen	Bereitschaft, sich auf Neues einzulassen
verschlossen, angespannt	offen, locker
wörtlich	metaphorisch
rigide	flexibel
hartnäckig, ausdauernd	nachgiebig
Hang zur Sicherheit	Hang zum Risiko
feste Ich-Grenzen	fließende Ich-Grenzen
Streben nach Klarheit, Genauigkeit, Durchdringung, Härte, Durchsetzung	Streben nach Weite, Einsicht, Weichheit, Aufnahmefähigkeit

Die Gefühle und die Hirnhemisphären

Die in jüngster Zeit veröffentlichten Ergebnisse von drei verwandten Forschungsarbeiten über die rechte Hemisphäre zeigen: Gefühle zu empfinden und sie zu *deuten* oder *auszudrücken*, sind zwei ganz verschiedene Fähigkeiten. Sie machen auch deutlich, welch entscheidenden Anteil Gefühle am kreativen Prozeß haben. Der Neurologe Elliot Ross von der University of Texas entdeckte, daß die Schädigung eines bestimmten Abschnitts der rechten Gehirnhälfte die Fähigkeit, Gefühle auszudrücken oder auch nur zu deuten, ganz ähnlich beeinträchtigt, wie die Schädigung eines bestimmten Abschnitts der linken Hemisphäre unser Sprachvermögen einschränkt und zur Aphasie führt. Diesen Effekt einer linksseitigen Beeinträchtigung nannte Ross Aprodosie. Das im limbischen System des Mittelhirns lokalisierte Empfindungsvermögen ist etwas anderes als die Fähigkeit, das, was wir empfinden, auszudrücken und zu deuten. Diese Fähigkeit steht in engem Zusammenhang mit dem kreativen Prozeß und dem natürlichen Schreiben.

Ross berichtet von einer neununddreißigjährigen Lehrerin, die ein normales Gefühlsprofil aufwies, bevor ihre rechte Hemisphäre von einem Schlaganfall beeinträchtigt wurde. Danach zeigte sie drei auffällige Merkmale: Sie konnte nicht mehr lachen, sie konnte nicht mehr weinen (auch beim Begräbnis ihres Vaters nicht, bei dem sie, wie sie sagte, tief bewegt gewesen sei), und ihre Stimme war so monoton, daß sie keinen Ärger mehr zum Ausdruck zu bringen und die Disziplin im Unterricht nicht mehr aufrechtzuerhalten vermochte. Ross erwähnt, daß andere rechtsseitig geschädigte Patienten, die die körperlichen Symptome starker Depression erkennen ließen – etwa Appetitlosigkeit und Schlafstörungen – trotzdem behaupteten, sie seien nicht unglücklich.

Die Befunde lassen darauf schließen, daß diese Patienten im limbischen System des Mittelhirns wie eh und je «Gefühle» empfinden, daß sie aber infolge ihrer rechtsseitigen Hirnschädigung nichts mehr mit diesen Gefühlen anzufangen wissen. Bei Aprodosie verliert die Sprache des Patienten Melodie, Rhythmus, Intonation und nonverbale Gestik – alles Ausdrucksformen der das Sprechen begleitenden Gefühle. Das erinnert an Peter, den zu Anfang des Kapitels vorgestellten rechtsseitig geschädigten Patienten, der nur noch monoton sprechen und die Grenzen der eigentlichen – und vermutlich auch emotional neutralen – Bedeutung nicht überschreiten konnte. Für unseren Zusammenhang ist

In der Regel werden die emotionalen Zwischentöne in hochverbalisierten Kulturen in unterschwellige Bereiche abgedrängt oder ganz vernachlässigt. Eine Ausnahme machen da nur Dichter, Filmregisseure und einige andere, die in ähnlichen Berufen arbeiten. Die Menschen sind sich gewöhnlich nur der Informationsgehalte ihres Denkens bewußt, nicht seiner Gefühlswerte.

William Gray

entscheidend, daß die Fähigkeit, Gefühle zu deuten und auszudrücken, in der rechten Gehirnhälfte lokalisiert ist – in jener Hemisphäre also, die wir für das natürliche Schreiben zu nutzen lernen müssen.

In der zweiten Studie, die ich hier erwähnen möchte, hat William Gray, Leiter einer psychiatrischen Klinik in Massachusetts, nach jahrelanger praktischer Tätigkeit kürzlich eine Theorie vorgestellt, der zufolge wir fühlende Wesen sind, bevor wir denkende Wesen werden. Deshalb hätten – so Gray – emotionale Zwischentöne primäre und organisierende Erkenntnisfunktion. (Denken wir nur an die emotional gefärbten Assoziationen, die beim Clustering abgerufen werden und die anschließende literarische Produktion zu einem solch lustvollen und häufig auch intensiven Erlebnis werden lassen.)

Gray meint, daß unser Gefühlsleben in früher Kindheit in eine Reihe elementarer, ungebrochener Emotionen wie Zufriedenheit, Ärger, Furcht und Ablehnung zerfällt. Diese ganzheitlichen Gefühle lassen auf die Beteiligung der rechten Hemisphäre schließen. Im Laufe unserer Entwicklung werden sie abgestuft, gedeutet und in reich schattierten Nuancen zum Ausdruck gebracht.

In hochverbalisierten Kulturen wie der unseren fallen Gray zufolge «emotionale Zwischentöne» weitgehend unter den Tisch – mit verheerenden Folgen für unsere kreative Ausdrucksfähigkeit.

In der dritten Untersuchung zum Thema Hemisphärenfunktionen und Gefühle hat Shula Sommers von der University of Massachusetts nachgewiesen, daß die intellektuelle Ausdrucksfähigkeit um so reichhaltiger wird, je mehr sich die Bandbreite des emotionalen Ausdrucks vergrößert. Wenn wir uns – so Gray – nicht bewußt machen können, was wir fühlen, und wenn wir nicht zu deuten vermögen, was wir fühlen – wie Ross aus dem Fall der Lehrerin schließt –, dann haben wir im Endeffekt keine Gefühle und sind infolgedessen in unseren Ausdrucksmöglichkeiten stark eingeschränkt. Durch Clustering können wir die emotional gefärbten Assoziationen der rechten Gehirnhälfte freisetzen und somit mehr intellektuelle und emotionale Tiefe gewinnen.

Betrachten wir zum Beispiel die intensiven Gefühle, die das Kernwort ANKLAMMERN (Abb. 15) bei einer meiner Schülerinnen auslöste. Viele schrieben gereizt über die Umklammerung durch allzu anhängliche Partner oder Eltern, doch diese Autorin, eine reifere «Altstudentin», die das Studium mit großen Bedenken wieder aufgenommen und wenig Zutrauen zu ihren schriftstellerischen Fähigkeiten hatte, entwickelte in ihrem Cluster äußerst sensible Gefühlsassoziationen. In ihnen kommt eine weitaus «natürlichere» Schreibbegabung zum Ausdruck als in den Arbeiten vieler anderer Kursteilnehmer mit erheblich mehr Selbstvertrauen.

Bei dieser Autorin löste das Cluster sehr persönliche Vorstellungen von einem Säugling aus, seiner Schönheit, Zerbrechlichkeit, Stärke, seinem Duft und den Empfindungen mütterlicher Zuwendung. Paradoxerweise ist es schließlich nicht der Säugling, der sich anklammert, wie zu erwarten wäre, sondern die Mutter, die sich dabei «reich und ganz» *fühlt*.

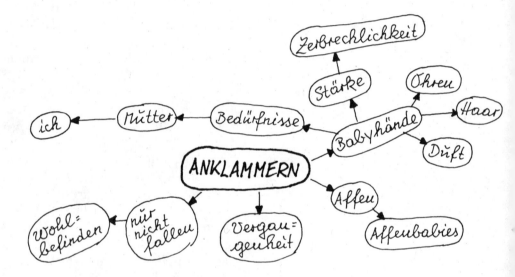

Abbildung 15

Fast durchsichtig sind Babyhände. So unglaublich zart – und ein Mund wie eine gefaltete Rose. Wie überraschend kräftig sein Saugen. Wie ungeduldig. Der winzige, flaumige Kopf in deine Hand geschmiegt, wie zerbrechlich und doch hartnäckig und unbezähmbar in seinem Bestreben, sich aufzurichten und die Welt um sich her in Augenschein zu nehmen. Wie er dir gegen Brust und Wange drängt und stubst. Das winzige Ohr rosa gefältelt gegen weiches braunes Haar. Und der Duft des Neugeborenen, so nahrhaft wie eine Mahlzeit und ebensoviel Zufriedenheit schenkend. Blaue Augen dicht unter zarten Wimpern. Und im Schlaf das Lächeln eines Engels. Du klammerst dich eng an den winzigen Körper in deinen Armen und fühlst dich reich und ganz.

Lavelle Leahey

Die Unmittelbarkeit, die Vielfalt der Details und der intensive Gefühlsausdruck dieses Textes bezeugen, daß das Kernwort «anklammern» eine heftige Reaktion im Gedächtnisspeicher der rechten Hemisphäre hervorgerufen und eine Fülle von Gefühlen und Vorstellungsbildern freigesetzt hat.

All das läßt darauf schließen, daß die auf Muster, Emotionen und Offenheit spezialisierte rechte Gehirnhälfte wesentlich an der ästhetischen Wiedergabe unserer Welt beteiligt ist. Wie bereits angedeutet, heißt ästhetische Erkenntnis: 1. sich einer in sich geschlossenen Ganzheit bewußt sein, in der unsere übliche Fixierung auf Einzelheiten aufgehoben ist; 2. Befriedigung, die sich einstellt, wenn wir dem chaotischen Zustand der Welt eine Form abgelauscht oder abgerungen haben.

Geistige Aktivität ästhetischer Art, primär eine Funktion der rechten Hemisphäre, steht am Anfang des kreativen Prozesses. Doch der schöpferische Akt selbst ist auch auf die besonderen Talente der linken Hemisphäre angewiesen. Ja, sein besonderes Merkmal dürfte gerade das dynamische Wechselspiel zwischen der globalen Sehweise und der Wahrnehmung der Details sein. Die schöpferische Arbeit beginnt mit den globalen Möglichkeiten, die neue Einzelheiten in den Blick rücken; die Einzelheiten wiederum verändern, profilieren und klären den ursprünglichen globalen Entwurf. Die rechte Hemisphäre erfaßt die Gesamtstruktur, den Zusammenhang, während die linke Hälfte Einzelheiten und Folgerichtigkeit beisteuert. Der schöpferische Akt ist ein ständiges Hin und Her zwischen ganzheitlichem Entwurf auf der einen und Teilansichten und Ordnungsprozessen auf der anderen Seite – ein Wechselspiel, aus dem sich das Ganze in immer klareren Konturen herausschält. Daraus folgt, daß kreativer Sprachgebrauch die aktive Mitwirkung der rechten Hemisphäre voraussetzt. Beim natürlichen Schreiben müssen beide Hemisphären eng zusammenarbeiten.

Das natürliche Schreiben wird mühsam bleiben, solange es nicht gelingt, die besonderen Fähigkeiten beider Gehirnhälften in den Prozeß einzubeziehen. Ein durch das Clustering geschärfter Sinn für die wirklich bedeutungsvollen Elemente, ein empfindliches Ohr für sprachliche Nuancen, der Blick für das Ganze, die Offenheit für Gefühle – alle diese Merkmale rechtshemisphärischen Denkens schaffen ein Höchstmaß an schöpferischer Freiheit. Wenn diese Voraussetzung gegeben ist, wird sich die linke Hemisphäre automatisch einschalten und einen ganz natürlichen und scheinbar unerschöpflichen Fluß von Wörtern hervorbringen.

In den letzten Jahren ist es den Gehirnforschern gelungen, die

---

Von entscheidender Bedeutung in der Frage der Gehirnhemisphären ist nicht ihre Trennung, sondern ihre Einheit – ihr Zusammenwirken. Das Corpus callosum ist ein vielbenutzter Zweiwegkanal, keine Berliner Mauer. Es sorgt für Austausch und Ganzheit. Die Informationen jeder Seite sind für das Ganze von gleichem Interesse – wie die Töne in den Lautsprechern einer Stereoanlage. *Balance* ist das Schlüsselwort. Das Schlagzeug muß so weit gedrosselt werden, daß es die Streicher nicht übertönt.

Denise McCluggage
‹The Centered Skier›

«Black box» zu öffnen und festzustellen, was sie tatsächlich enthält. Zwar stehen wir mit unseren Erkenntnissen erst am Anfang, doch haben bereits diese ersten Ergebnisse unsere Vorstellungen vom schöpferischen Prozeß bestätigt und vertieft und zugleich neue Möglichkeiten eröffnet, uns über ihn zu verständigen. Für alle die, die eigentlich schon immer schreiben wollten und nur meinten, sie könnten es nicht, ergeben sich daraus ganz neue Lern- und Lehrverfahren.

Das Clustering und die Hirnhemisphären

Da ich das Clustering vor allem entwickelt habe, um die Fähigkeiten der rechten Gehirnhälfte einzubeziehen, ist es der erste und wichtigste Schritt beim Erlernen des natürlichen Schreibens und die Grundlage dieses Buches. Es ist die Voraussetzung (und ein Bestandteil) der anderen Verfahren, die gleichfalls dazu dienen, die Wahrnehmungsvielfalt der rechten Hemisphäre zu erschließen. Deshalb möchte ich das Clustering noch einmal im Lichte dessen beschreiben, was wir über die Arbeitsweise unseres Gehirns erfahren haben.

1. Das Clustering bricht die Vorherrschaft, die wir gewöhnlich der systematischen Arbeitsweise der linken Gehirnhälfte zubilligen, zugunsten der scheinbar zufälligen rechtshemisphärischen Assoziationen, die in nichtlinearer Form zu Papier gebracht werden.
2. Beim Clustering spielen linkshemisphärische Sprachmerkmale wie Syntax, Folgerichtigkeit und Kausalverknüpfungen kaum eine Rolle. Infolgedessen haben Wörter die Tendenz, ihre herkömmliche begriffliche *Bezeichnungsfunktion* aufzugeben und *Bildcharakter* anzunehmen, von wörtlicher Bedeutung zu komplexen und poetischen Vorstellungsbildern überzugehen.
3. Das Clustering eröffnet der rechten Gehirnhälfte die Möglichkeit, die für ihre Form der Informationsverarbeitung charakteristischen unverbrauchten Wahrnehmungen und bedeutungsvollen Muster zu entwickeln.
4. Das Clustering bezieht die rechte Hemisphäre dadurch ein, daß es dem Fluß der – emotional gefärbten – Bilder, Ideen und Erinnerungen freien Lauf läßt, bis sich der erste, vorläufige Entwurf einer Ganzheit abzeichnet und der Schreibprozeß mühelos in Gang kommt.

5. Das Clustering macht sich das kindliche, staunende, unschuldige, neugierige, spielerische, offene, flexible, nach Mustern suchende Denken zunutze, das ich als bildlich bezeichnet habe und dank dessen wir ein kreatives Spiel mit Sprache, Ideen, Rhythmen, Bildern, Lauten und Mustern entfalten können, bevor wir uns auf eine bestimmte Richtung festlegen. Kurz, wir erweitern das Spektrum unserer Möglichkeiten.

Der Schlüssel zu dem komplexen Umgang mit sprachlichen Symbolen, den das Schreiben gewiß darstellt, ist das Zusammenwirken beider Denkweisen. Kreative Leistungen bringen Befriedigung, bereichern und stabilisieren unser Leben. Sie geben uns die Möglichkeit, unsere Individualität zum Ausdruck zu bringen und plötzlichen Einsichten in unsere vielschichtige Existenz Gestalt zu verleihen.

Von rechts nach links, von links nach rechts – Schreiben mit den Potentialen *beider* Hemisphären

Um meinen Schülern eine ungefähre Vorstellung davon zu vermitteln, wie man unter dem vorwiegenden Einfluß des begrifflichen beziehungsweise bildlichen Denkens schreibt, habe ich ihnen die Aufgabe gestellt, sich zu dem englischen Sprichwort «Ein rollender Stein setzt kein Moos an» zunächst aus der Sicht des begrifflichen Denkens zu äußern, dann (mit Hilfe des Clustering) aus der Perspektive des bildlichen Denkens, und schließlich in Form eines Textes eine Synthese beider Aspekte herzustellen. Um sie auf die Aufgabe vorzubereiten und um ihnen die wichtigsten Unterschiede ins Gedächtnis zu rufen, hatte ich ihnen folgende Beispiele für die beiden Denkweisen zusammengestellt:

Reaktion der linken Hemisphäre	*Reaktion der rechten Hemisphäre*
Das Unendliche ist unbegrenzt in Raum, Zeit oder Menge (reine Abstraktion)	Das Unendliche ist wie eine Schachtel *Cream of Wheat* (reines Bild)
Frau: Erwachsener weiblichen Geschlechts (wörtliche Definition)	Frau: «Sieben Jahre, seit ich das weite weiche warme weißschenklige Weib freite. Umwarb und freite.» (qualitativ, Sprachmuster, bildlich, rhythmisch)
««Viele Köche verderben den	««Viele Köche verderben den

Brei› heißt, daß die Suppe ver- Brei› – also ... [der Befragte
dirbt, wenn viele Köche sie ko- prüft die Möglichkeiten] das
chen» (wörtlich, logisch) könnte bedeuten, daß ein Kind,
das zu vielen widersprüchlichen
Erziehungsmaßnahmen von zu
vielen wohlmeinenden Erwachsenen ausgesetzt ist, sein Leben
lang nicht wissen wird, wie es
sich verhalten soll. Wie würden
Sie es auffassen?» (metaphorisch, interpretierend)

Reaktionen des begrifflichen Denkens sind durch ein hohes Maß
an wortwörtlichem Verständnis gekennzeichnet. Sie lassen sich im
Wörterbuch nachschlagen, sie gehen nicht über das Gegebene
hinaus, sie sind genau. Reaktionen des bildlichen Denkens tendie-
ren zu einem metaphorischen Verständnis (der Brei wird zum
Kind); sie entwerfen ein komplexes Bild oder eine Reihe mitein-
ander verknüpfter Bilder, sie sind individuell, sie streben nach
Geschlossenheit, sie gehen über das Gegebene und die wortwört-
liche Bedeutung hinaus.
Der fertige Text ist das Ergebnis des Zusammenwirkens beider
Denkweisen, was uns wieder einmal zeigt, daß Schreiben im
Idealfall ein komplexer schöpferischer Akt ist, der ein zeitlich
geordnetes Zusammenspiel beider Gehirnhälften verlangt.
Ich möchte diese Übung am Beispiel einer meiner Schüler, Art
Carey, demonstrieren. Die Reaktion seines begrifflichen Denkens
auf das Sprichwort lautete:

Ein rollender Stein ist immer frei von Moos, weil er nicht so
lange an einem Ort bleibt, daß sich Lebewesen an seiner Oberfläche festsetzen können.

Das in Abbildung 16 dargestellte Cluster spiegelt die Suche seines
bildlichen Denkens nach Elementen wider, die für ihn im Zusammenhang mit dem Sprichwort irgendeine Bedeutung haben.
Dann schrieb Art Carey folgenden Text:

Von der Wurzellosigkeit
Manchmal beneide ich die Grannenkiefer. An die trockenen,
windigen Osthänge des Sierra Nevada-Gebirges geschmiegt,
gilt sie als das älteste Lebewesen der Erde. Bevor Lincoln in
Gettysburg sprach, bevor Washington den Delaware über-
querte, bevor Columbus' Schiffe Spaniens Küste verließen,

keimten die Samen der Grannenkiefer, breitete sie ihre Äste aus, schlug sie Wurzeln.

Um die Wurzeln beneide ich sie – nicht um die Wurzeln eines kulturellen Erbes, sondern um die des Überdauerns und Beharrens. Meine ersten Wurzeln schlug ich in Schenectady, einer bierernsten Provinzstadt, kalt wie die Sünde im Winter, einer Stadt, die sich schon eines Indianermassakers rühmen konnte, noch bevor die ersten Weißen Kalifornien besiedelten. Doch die Wurzeln reichten nicht sehr tief und hielten mich nicht. Sie prüften den Boden verschiedener Orte: Kentucky, Missouri und Michigan. Auf der Suche nach immer neuer Erde gruben sie sich im Torfstaub Kaliforniens ein und bald darauf in das ziegelharte Becken von Los Angeles und das schrumpfende Farmland von San José.

All das bedeutet Verlust – Verlust an Sicherheit, an Identität, an Bindung körperlicher wie seelischer Art. Wo ich lebe, da ist Nirgendwo-Stadt. Die Freundschaften sind ohne Dauer, die Bindungen oberflächlich, die Verpflichtungen unverbindlich. Wie ein Beduine, der einem Wüstenstern folgt, breche ich alle fünf Jahre meine Zelte ab und ziehe weiter. Die Wurzeln sind verkümmert, und irgendwo ist überall.

Übung

Jetzt sind Sie an der Reihe. Konzentrieren Sie sich zunächst auf jede der beiden Denkweisen und dann auf ihr Zusammenwirken. Schreiben Sie das Sprichwort «Der Krug geht so lange zu Brunnen, bis er bricht» auf ein Blatt Papier.

1. Legen Sie das Sprichwort zunächst so wörtlich aus, wie Sie können. Benutzen Sie das Wörterbuch, wenn Sie meinen, daß es Ihnen helfen kann. Achten Sie darauf, wieviel Zeit Sie dazu brauchen.

2. Halten Sie jetzt alle Assoziationen Ihres bildlichen Denkens zu diesem Sprichwort in einem Cluster fest. Lassen Sie es einfach geschehen. Spielen Sie. Nur Mut! Lassen Sie auch lustige oder verrückte Einfälle zu, wenn Sie mögen. Gehen Sie von dem ganzen Satz oder von einzelnen Wörtern aus, oder tun Sie beides. Fahren Sie damit ein paar Minuten lang fort, bis Sie spüren, daß an die Stelle des scheinbar absichtslosen Assoziierens langsam das Gefühl von Zweck oder Richtung tritt und Sie nun wissen, was Sie sagen wollen.

3. Beginnen Sie sofort, zu schreiben, und halten Sie sich dabei an Ihr Cluster. Sie können auch Teile Ihrer begrifflichen Interpre-

Begriff und Bild – die Wörter und das Gehirn

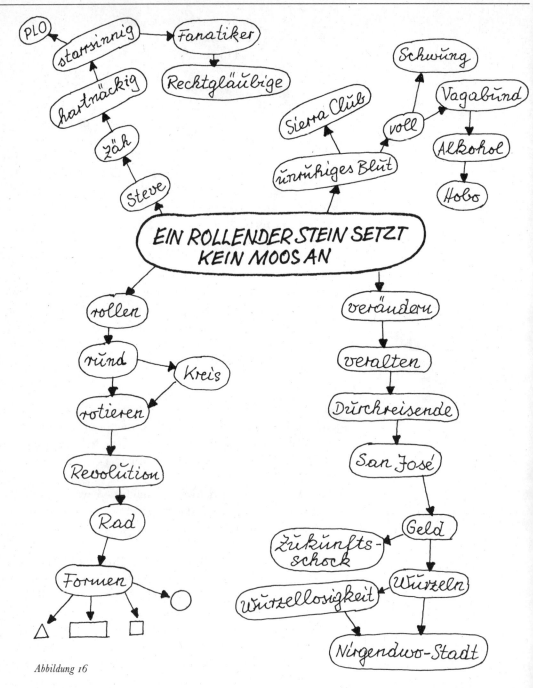

Abbildung 16

tation des Sprichworts zum Vergleich heranziehen, wenn sie zum Gesamteindruck des Ganzen beitragen. Wenn nicht, lassen Sie sie unberücksichtigt. Schreiben Sie etwa zehn Minuten lang, bis Sie das Gefühl haben, daß sich der Kreis geschlossen hat, daß Sie alles, was Sie ausdrücken wollten, zu Papier gebracht haben.

4. Lesen Sie sich Ihren Text laut vor, und verändern Sie alles, was Sie noch stört.

Nach dem Schreiben

Bei Ihrer wörtlichen Auslegung ist Ihnen wahrscheinlich aufgefallen, daß Sie sorgfältig nach den richtigen Wörtern gesucht haben, um das Sprichwort zu erklären. Vielleicht hat es Ihnen Mühe bereitet, eine bloße Paraphrase zu vermeiden, um nicht in derselben Sackgasse zu landen wie Peter mit seinen Köchen und der Suppe.

Das Umschalten von der wörtlichen Erklärung des begrifflichen Denkens auf das von der rechten Hemisphäre gesteuerte Clustering hat Sie wahrscheinlich in einen gelösten, experimentierfreudigen Zustand versetzt. Sie waren fähig, zu staunen, sich für Möglichkeiten zu begeistern, ausgefallene Begriffe auszuprobieren, fernliegende Assoziationen miteinander zu verknüpfen.

Betrachten Sie jetzt Ihre «Miniatur». Wahrscheinlich sind Dinge ins Zentrum Ihrer Aufmerksamkeit gerückt, an die Sie noch gar nicht gedacht hatten, als Sie mit dem Clustering begannen. Möglicherweise haben Sie das Gefühl, daß das, was Sie da schrieben, anders sei als die Dinge, die Sie normalerweise zu Papier bringen. Vielleicht ergaben sie sich müheloser, waren sinnfälliger, lebendiger, konkreter im Detail. Beim Vergleich zwischen Cluster und «Miniatur» haben Sie festgestellt, daß das Cluster eine Art selbstorganisierender Prozeß war – das heißt, Sie haben wahrscheinlich nur auf einen oder zwei «Zweige» des Clusters zurückgegriffen, nicht auf alle seine Elemente. Schließlich ist Ihnen wohl auch der Unterschied zwischen Ihrer ersten wörtlichen Erklärung und dem unter Mitwirkung des bildlichen Denkens entstandenen Text deutlich geworden.

Mit jeder neuen Schreibübung wird Ihr Vertrauen in die Kräfte Ihres bildlichen Denkens wachsen. Lernen Sie immer wieder, auf den kreativen Prozeß, die Kooperation zwischen den beiden Hemisphären, zu vertrauen. Überlassen Sie sich Ihren spielerischen Einfällen. Der eine fruchtbare Einfall ergibt sich nur, wenn man die Auswahl unter vielen hat.

Zusammenfassung und Ausblick

Die Befunde der Hirnforschung belegen überzeugend, wie recht die vielen erfolgreichen und produktiven Schriftsteller mit ihrer intuitiven Einsicht haben, daß zwei «Ichs» am natürlichen Schreiben beteiligt sind, die beide ihren besonderen Beitrag leisten. In der gebräuchlichen wissenschaftlichen Terminologie dieser Disziplin heißt das: Der ursprüngliche Entwurf des bildlichen Denkens wird – sobald er zugänglich geworden ist – mittels der sprachlich-syntaktischen Fähigkeiten des begrifflichen Denkens in eine objektiv mitteilbare Form übersetzt. Roger W. Sperry zufolge läßt sich das Zusammenwirken der beiden Hemisphären auch konkret an der Harmonie der physiologischen Hirnprozesse ablesen. Der Lohn solcher Zusammenarbeit ist das subjektive Empfinden von Ganzheit. Daher unser Bedürfnis und unsere Sehnsucht nach schöpferischer Tätigkeit.

Das Clustering war der erste Schritt zur Erschließung Ihres schöpferischen Potentials und damit Ihrer Ausdrucksfähigkeit. Nachdem wir uns mit den Ursprüngen des natürlichen Schreibens in der frühen Kindheit und der Rolle des Gehirns im kreativen Prozeß beschäftigt haben, können wir uns der zweiten wichtigen Phase des natürlichen Schreibens zuwenden: der plötzlichen Richtungsänderung unseres Bewußtseins beim Clustering von der Zufälligkeit zu dem Eindruck von Ganzheit. Ich nenne dies den Übergang zum Versuchsnetz. Er ist das Thema des folgenden Kapitels.

5
Ein Entwurf wird erkennbar – das Versuchsnetz

So wie das Clustering den ersten entscheidenden Schritt auf dem Weg zum natürlichen Schreiben darstellt, so markiert der Übergang zum Versuchsnetz, zu einem ersten Sinnzusammenhang, den zweiten. Das Versuchsnetz ist das erste Gewahrwerden einer – wenn auch noch vorläufigen – übergreifenden Vorstellung, eine Ahnung dessen, was Sie sagen wollen. Dieses Gewahrwerden setzt ein, wenn in den scheinbar ziellosen Assoziationen des Clusters auf einmal ein Zusammenhang auftaucht. In seinem Aufsatz ‹*The Making of a Poem*› vergleicht der Literaturwissenschaftler und Lyriker Stephen Spender diese Vorstellung mit einem Gesicht, ein sehr treffender Vergleich angesichts der Vorliebe des bildlichen Denkens für Gesichter: «Ein Gedicht ist wie ein Gesicht, von dem man offenbar eine deutliche Vorstellung im Gedächtnis trägt . . . Die Aufgabe des Dichters besteht darin, seine Vorstellung neu zu erschaffen.»

Versuchsnetz – der Ausdruck selbst sagt Ihnen schon einiges. Das Wort «Netz» – etwas Zusammengeknüpftes, Verbundenes – läßt an Komplexität, Einheit, Zusammenhang, Folgerichtigkeit denken. Das Wort «Versuch» (Ver*suchen*) weist auf den vorläufigen, experimentellen Charakter dieses Vorgangs hin. Ein Versuchsnetz ist also noch lange nichts Endgültiges, sondern läßt weiteres Suchen und Ausprobieren zu. In ihm bringt das bildliche Denken seine Vision eines provisorischen Musters, einer groben Ganzheit zum Ausdruck.

Eben diese lockere, schwebende Vorstellung von einem Ganzen ist es, die Ihnen beim Schreiben einen Schwerpunkt aufzeigt, die Ihrem Text Schwung, Sinn und Richtung gibt. Sie ist das Produkt Ihres bildlichen Denkens mit seiner besonderen Gabe, nicht isolierte Bruchstücke, sondern Muster und Ganzheiten zu sehen. Folgerichtigkeit und innere Struktur lassen Bedeutung, einen Sinnzusammenhang erkennbar werden. Wir nennen dieses grö-

Von der ersten Gefühlsreaktion beim Betrachten eines Gesichts hängt der bestimmende Eindruck ab, der mich während der gesamten Ausführung eines Porträts leitet.

Henri Matisse

ßere Muster *Kontext* – wörtlich: «das, was miteinander verflochten ist». Es gibt Ihnen ein Gefühl für die Richtung.

Das Versuchsnetz ist nur insofern provisorisch, als es eine globale Vorstellung des bildlichen Denkens zum Ausdruck bringt, die Festigkeit, Form und Genauigkeit in den Details erhält, sobald wir zu schreiben beginnen und dabei auf die logische Gliederungs- und Ordnungsfähigkeit unseres begrifflichen Denkens zurückgreifen. Feinere Einzelheiten spart dieses große Gerüst noch aus. Doch mit dem Schreiben füllen sich die groben Umrisse des Versuchsnetzes mit Inhalt, während Sie zuerst immer tiefer in die Verästelungen der Details vordringen und das Geschriebene dann in einer Gegenbewegung zu einem reich entfalteten Ganzen runden. In dem Augenblick, in dem Sie sich dieses rohen ganzheitlichen Sinnzusammenhangs bewußt werden, gewinnt er die Kraft, eine komplexere Struktur hervorzubringen.

So setzte ich mich, als ich den Entwurf für dieses Buch schrieb, eines Tages hin, nahm einen riesengroßen Bogen Packpapier und knüpfte ein Cluster um den Kern NATÜRLICHES SCHREIBEN. Es wurde ein gewaltiges Netz von Assoziationen, denn alles, worüber ich in den vergangenen vier Jahren in Lehre und Forschung nachgedacht hatte, ergoß sich nun auf das Papier. Ich war so versunken in dieses sich immer weiter ausdehnende Cluster, daß ich jedes Zeitgefühl verlor. Als der Ideenfluß schließlich nachließ, erlebte ich zum erstenmal den Übergang zum Versuchsnetz: Inmitten dieses Durcheinanders sah ich deutlich die Umrisse von mindestens vier Kapiteln vor mir! Mit der Zeit entstanden aus diesem ersten Versuchsnetz zwölf Cluster, aus denen sich wiederum Versuchsnetze für jedes einzelne Kapitel dieses Buches entwickelten. Nun, da ich das Buch beendet habe, sehe ich voller Freude, daß mich die ursprüngliche Vorstellung – trotz einiger Veränderungen im Detail – von Anfang bis Ende geleitet hat. Der erste «Schock des Erkennens» – der Übergang zu einem Versuchsnetz, das mir zu Bewußtsein brachte, worüber ich schreiben wollte – hat die gesamte Ausführung bestimmt.

Die aus dem Cluster hervorgegangene vorläufige Gesamtvorstellung ist ein Komplex von Erinnerungen, Bildern und Gefühlstönen, die sich aneinandergeheftet haben und dadurch zu einem Gefühlsschwerpunkt geworden sind, der viel mehr Aufmerksamkeit weckt als die einzelnen Elemente.

Das Ziel dieses Kapitels ist es, Ihr Verständnis für das Clustering durch das Gespür für den Übergang zum Versuchsnetz, dem zweiten Schritt auf dem Weg zum natürlichen Schreiben, zu erweitern und zu vertiefen. Vermutlich haben Sie diesen Über-

Wir alle kennen den Anblick eines heftigen Blitzschlags in der Nacht: In einer einzigen Sekunde sehen wir eine weite Landschaft vor uns – nicht nur in ihren allgemeinen Umrissen, sondern in allen Einzelheiten. Obwohl wir nie imstande wären, alle Details dieses Bildes zu beschreiben [eine Aufgabe des begrifflichen Denkens], haben wir doch das Empfinden, daß auch nicht der kleinste Grashalm unserer Aufmerksamkeit entgeht. Wir genießen einen Anblick, *der ungeheuer umfassend und zugleich ungeheuer detailliert ist* und den wir bei normalem Tageslicht nie erleben könnten . . . wenn unsere Sinne und Nerven nicht durch die außerordentliche Plötzlichkeit des Ereignisses überfordert wären. Auf die gleiche Art müssen Kompositionen entstehen.

Paul Hindemith

Nur ein Augenblick ist nötig, damit eine Einsicht durchbricht, denn sie kommt immer als eine Einheit und nie in einzelnen Teilen. Eine Einsicht ist schon bei ihrem plötzlichen Auftreten immer vollständig und vollendet, denn sie ist eine Ganzheit, eine unteilbare Kraft. Sie erscheint nach dem Prinzip des Alles oder Nichts.

Joseph C. Pearce
‹Die heilende Kraft›

Manchmal beginne ich eine Zeichnung ohne die Absicht, ein bestimmtes Problem lösen zu wollen, allein aus dem Wunsch heraus, mit dem Bleistift zu hantieren und Linien, Schattierungen und Formen zu Papier zu bringen, ohne bewußtes Ziel. Doch wenn mein Geist das so Geschaffene in sich aufnimmt, kommt ein Augenblick, in dem sich irgendeine Vorstellung herauskristallisiert, und dann setzt ein Überprüfen und Ordnen ein.

Der Bildhauer Henry Moore

gang schon erlebt, als Sie im zweiten Kapitel mit dem Clustering aufhörten und mit dem Schreiben Ihres Textes begannen. Nun wollen wir ausführlicher untersuchen, was in diesem Augenblick des Übergangs geschieht.

Erleuchtete Landschaft – der Übergang zum Versuchsnetz

Der Übergang zum Versuchsnetz bewirkt, daß eine zunächst unbestimmte Form klare Konturen annimmt. Während Sie scheinbar ziellos ein Cluster machen, überkommt Sie auf einmal cin Gefühl für die Richtung. Der Augenblick zwischen dem Empfinden der Ziellosigkeit und dem Gefühl für die Richtung ist der Moment des Übergangs. Er tritt bei jedem schöpferischen Akt ein. Der Komponist Paul Hindemith beschreibt ihn als einen Blitz, der eine Landschaft erleuchtet, der Psychologe Joseph C. Pearce als einen Moment ganzheitlicher Einsicht, der Bildhauer Henry Moore als einen Kristallisationsvorgang, in dem die Form festgelegt wird, und der Pädagoge Peter Elbow kennzeichnet ihn als den Moment, in dem wir erkennen, daß das vermeintliche Chaos ein Gravitationszentrum hat.

Der Psychotherapeut Eugene Gendlin bezeichnet das Gefühl für die Richtung als «Gefühlswechsel» («felt-shift»). Er setzt das körperliche Empfinden dieser plötzlichen Veränderung als therapeutisches Mittel ein, um mit den Ursprüngen emotionaler Probleme in Kontakt zu kommen. Seine «Focusing» genannte Technik beruht darauf, sich ganz ruhig und entspannt und frei von Erwartungen hinzusetzen und abzuwarten, bis das zu einem Problem gehörende Gefühl ins Bewußtsein tritt, sei es Wut oder Enttäuschung oder Scham oder irgendein anderes Empfinden. Zusammen mit dem Gefühl, das an ein Problem gebunden ist, schießt meist ein Wort oder ein Satz ins Bewußtsein, etwa «Ich fühle mich gekränkt». Wenn dieser Satz zutrifft, so Gendlin, antworte der Körper mit einer unverkennbaren, deutlich empfundenen Veränderung, die als ein Gefühl der Erleichterung wahrgenommen wird. In seinem Buch ‹*Focusing*› vergleicht er diese erlebte Verlagerung mit dem Moment, in dem man sich an etwas erinnert, das man lange Zeit vergessen hatte.

Wie Gendlins «Gefühlswechsel» ist auch der Übergang zum Versuchsnetz unverkennbar. Auf einmal überfällt Sie die Gewißheit: *Dies* ist es, was ich sagen will. Sie nehmen plötzlich eine Richtung wahr, in die Sie gehen können. Etwas Bestimmtes tritt vor Ihrem inneren Auge als bedeutsam hervor. Ein komplexes Bild fügt sich

Der Wendepunkt innerhalb des gesamten Wachstumszyklus ist das Auftauchen eines Brennpunkts oder eines Themas. Dies stellt zugleich einen der geheimnisvollsten und am schwierigsten zu analysierenden kognitiven Vorgänge dar. Es ist der Augenblick, da wir in dem, was bisher nur Chaos zu sein schien, ein Gravitationszentrum erkennen. Von einem Augenblick zum anderen ist urplötzlich eine Form da.

Peter Elbow
‹Writing without Teachers›

Man begibt sich auf eine Reise mit dem bekannten, unbehaglichen Gefühl, etwas vergessen zu haben. Während man im Flugzeug sitzt, überdenkt man die verschiedenen Möglichkeiten. Vielleicht erinnert man sich eines Gegenstandes, den man tatsächlich vergessen hat, aber man verspürt kein Gefühl der Erleichterung; man weiß, *dies* war es nicht. Wenn der «wahre» Gegenstand aus dem Gedächtnis auftaucht, findet ein deutliches Wiedererkennen statt, ein greifbarer Wechsel, die Sicherheit, daß dies genau das war, was einen bedrückt hat.

Eugene Gendlin
‹Focusing›

zusammen und verbindet scheinbar wahllos angehäufte Elemente Ihres Clusters. Sie kennen dieses Gefühl schon von der ersten Clustering-Übung; wir wollen es hier nur noch einmal genauer bestimmen und ins Bewußtsein rücken, damit Sie es fortan gleich erkennen und kultivieren können.

Ich sage meinen Schülern immer, es ist, als sähe man durch den Sucher einer Kamera ein total verschwommenes Bild und entdeckte beim Drehen der Scharfeinstellung ganz plötzlich einen weiten klaren Ausblick, ein erwartungsvolles Gesicht, klar umrissene Formen. Und dieses Bild ist nicht nur deutlich erkennbar, sondern auch *gerahmt,* so daß es Ihnen den Eindruck vermittelt, daß die Gegenstände, die Sie anvisieren, auf irgendeine Weise zusammengehören. Das Erscheinen des Versuchsnetzes wird von Gefühlen wie Vergnügen/Überraschung/Freude begleitet. Es ist, als ob Sie in einer fremden Menschenmenge auf einmal unerwartet und voller Erleichterung ein vertrautes Gesicht entdecken.

Der Übergang zum Versuchsnetz geschieht ebenfalls zwangsläufig, denn unser bildliches Denken ist stets darauf aus, aus allem, was ihm begegnet, ein sinnhaltiges Muster zu machen. Sie werden deshalb in den Assoziationen, die Sie scheinbar aufs Geratewohl um einen Kern herum gruppiert haben, früher oder später ein Muster wahrnehmen. Dieser Moment des Erkennens leitet über zu dem vorläufigen Versuchsnetz, und das Bewußtwerden eines Sinnzusammenhangs löst wiederum den Impuls zu schreiben aus. Und schon schreiben Sie, meist sogar erstaunlich mühelos, verglichen mit Ihren früheren Versuchen, als das Schreiben oft in quälendem Stop-and-go-Tempo vonstatten ging. Machen Sie selbst diese Erfahrung – das wird Sie am schnellsten überzeugen.

Übung
Suchen Sie sich einen ruhigen Platz, an dem Sie nicht gestört werden. Legen Sie Papier und Stift bereit. Machen Sie es sich gemütlich – natürliches Schreiben ist Lust, nicht Last.

1. Bilden Sie ein bis zwei Minuten lang ein Cluster um das Wort NETZ. Seien Sie empfänglich für alles, was kommt, nicht nur für Wörter, sondern auch für ganze Sätze, Liedzeilen, für Bruchstücke von Gedichten, Sprichwörter, Buch- und Filmtitel, Gesprächsfetzen – für alles, was in Ihrer Erfahrung liegt. Achten Sie darauf, daß Ihr begriffliches Denken nicht zensierend eingreift.

2. Lassen Sie sich beim Clustering in einen Zustand entspannter Wachheit hineingleiten, indem Sie ohne Wertung alles zulas-

sen, was kommt. Halten Sie sich offen für den Moment des Übergangs zum Versuchsnetz, aber versuchen Sie nicht, ihn zu erzwingen. Seien Sie einfach empfänglich dafür, rechnen Sie damit, daß er eintreten wird – und er *wird* eintreten.

3. Der Übergang kann auf zwei verschiedene Weisen geschehen. Wie schon angedeutet, wird er in den allermeisten Fällen als jähes Aufleuchten eines zusammenhängenden Gedanken- und Gefühlskomplexes auftreten, doch manchmal ist es auch ein allmähliches Erkennen und Bewußtwerden einer Ganzheit, verbunden mit dem Drang zu schreiben. Der Übergang zum Versuchsnetz ist keine Methode, sondern ein Phänomen, das sich nicht in einheitliche Regeln pressen läßt. Eine Methode kann immer nur von außen auferlegt werden; der Übergang zum Versuchsnetz dagegen kommt stets von innen heraus. Er ist die Antwort des wiedererwachenden Schreibtalents auf das Erkennen eines Sinnzusammenhangs.

4. Folgen Sie nun einfach dem Wunsch, Ihre «Miniatur» aufzuschreiben. Das ist ein Prozeß, in dem Sie entdecken und niederschreiben, was Sie beim Übergang zum Versuchsnetz erkannt haben. Ihr begriffliches Denken hat nun ungehinderten Zugang zu der vorläufigen Vision Ihres bildlichen Denkens. Nun ist es Zeit, dieses Vorstellungsbild zu kristallisieren. Versuchen Sie, beim Clustering und beim Schreiben innerhalb der Zehn-Minuten-Begrenzung zu bleiben, doch lassen Sie Ihren Text nicht unabgeschlossen in der Luft hängen. Geben Sie dem Bedürfnis Ihres bildlichen Denkens nach, den gedanklichen Kreis zu schließen.

5. Lesen Sie sich nun das Geschriebene laut vor. Verwenden Sie ein oder zwei Minuten darauf, alle Änderungen vorzunehmen, die Ihren Text in Ihren Augen noch verbessern können.

Nach dem Schreiben

Konzentrieren wir uns auf die Gefühle, die Sie soeben während des Schreibens empfunden haben. Nun, da Sie schon einige Erfahrungen mit dem Clustering gesammelt haben, ist es Ihnen wahrscheinlich leichter gefallen, sich auf diesen Vorgang einzulassen, darauf zu vertrauen, daß Ihr bildliches Denken etwas für Sie Bedeutungsvolles hervorbringen wird, und Sie haben dieses Gefühl bewußter wahrgenommen. Den Übergang zum Versuchsnetz haben Sie vermutlich als einen leichten «Schock des Erkennens» erlebt, als plötzliches Gewahrwerden eines vorläufigen Entwurfs und eines Schwerpunktes. Aus diesem wohltuenden Gefühl für die Richtung entstand der Impuls zu schreiben, und Sie stellten vielleicht zu Ihrer eigenen Überraschung fest, daß die Worte nur so «aus der Feder flossen».

Wenn Sie ein unbestimmtes Gefühl hatten oder gar enttäuscht waren, dann ziehen Sie daraus nicht den Schluß, daß Ihnen das Clustering nichts bringt. Es hilft *uns allen* weiter, weil wir alle über eine rechte Gehirnhälfte verfügen, die danach strebt, Muster zu entdecken. Zwar leistet das begriffliche Denken dem Neuen bei manchen von uns größeren Widerstand als bei anderen. Dieser Widerstand wird jedoch verschwinden, wenn Sie weiter üben, und bald werden auch Sie erleben, daß Ihr Schreiben in Fluß kommt. Sollte Ihr Widerstand jedoch anhalten, dann malen Sie Kreise um ein Kernwort und verbinden Sie es mit Strichen und Pfeilen, wie ich es im zweiten Kapitel beschrieben habe. Dieses «Drudeln» versetzt Sie in einen Zustand entspannter Wachheit. Wenn Ihr Widerstand verebbt und Sie sich allmählich entspannen, werden Sie anfangen, die Kreise mit Wörtern zu füllen.

Je stärker Ihnen die Grundsätze des traditionellen Aufsatzunterrichts eingebleut worden sind, desto länger werden Sie brauchen, um Ihre Ängste zu überwinden. Denken Sie daran, daß niemand außer Ihnen selbst Ihre Bemühungen bewerten oder beurteilen wird. Erinnern Sie sich daran, daß das Clustering eine spielerische Tätigkeit ist; lockern Sie sich so weit, daß Sie sie genießen können. Nach einiger Zeit bilden alle meine Schüler mühelos Cluster, voller Neugier, was für Entdeckungen auf sie warten.

Obwohl das Clustering ein individueller Vorgang ist, geprägt durch das je einzigartige bildliche Denken eines jeden Menschen, zeigt es bestimmte Merkmale, die bei allen Schreibenden gleich sind. Die Schüler in meinen Kursen öffnen sich für den Ideenfluß, indem sie ihre Aufmerksamkeit lockern. Es ist, als ob man an einem Sommerabend alle Türen und Fenster öffnete und sich dann in seinen Lieblingssessel setzte, bereit, die Geräusche der Nacht ungehindert in sich eindringen zu lassen. Entspannte Aufmerksamkeit führt zu einer aufnahmebereiten Haltung, die es den Schülern ermöglicht, alles anzunehmen, was ihnen in den Sinn kommt – Wörter und Sätze, Liedzeilen, Gedichtbruchstücke, Sprichwörter, Buch- und Filmtitel, Gesprächsfetzen, Gefühle – kurz, ihr gesamter Erfahrungsschatz. Während sie ihr Cluster anfertigen, können sie sich ganz auf das Gefühl zielosen Schweifens einlassen, denn sie wissen, daß sich der Übergang von selbst einstellen wird.

Und genau das geschieht dann auch. Meine Schüler sprechen von einem körperlichen Gefühl, von einer Blockierung, die sich löst, oftmals gefolgt von einem tiefen Einatmen, einem Sichöffnen, einem Loslassen von Spannung, einem «Einbruch von Einsichten», einem Hochgefühl, dem plötzlichen Gewahrwerden einer Richtung, wo vorher nur wirre Gedanken waren, einem unwiderstehlichen Impuls, mit dem Schreiben anzufangen, von dem Gefühl, daß «das Schreiben so mühelos geht, daß es einfach aus mir herausfließt». Ab und zu haben sie auch von einem Gefühl körperlicher Leichtigkeit berichtet, von einem Verlust des Zeitgefühls, von «einem gefrorenen Moment», in dem ihnen etwas Bedeutungsvolles vorschwebte oder in ihnen rumorte. Am häufigsten jedoch erzählen sie von ihrer Verwunderung darüber, daß das entspannte Sichgehenlassen tatsächlich zu einer Vision, einem *Entwurf* führt! Der Lyriker Alastair Reid nennt dies «den Augenblick, da tiefstes Erstaunen die Sinne durchzuckt wie eine Flamme», den Augenblick des Übergangs, in dem der Drang zu schreiben übermächtig wird. «In diesem Moment des Innewerdens», schreibt Reid, «fängt ein Wort Feuer, entzündet ein weiteres, und bald lodert beim Schreiben ein Steppenbrand über die Seiten.»

Ein fließender Vorgang unter der Lupe

Das natürliche Schreiben zerfällt also in folgende Phasen: Das Kernwort führt zu einem Cluster, das Cluster zum Erkennen eines Musters, das Erkennen eines Musters zum Erscheinen des Versuchsnetzes, und dieser Übergang zum Versuchsnetz schließlich weckt den Impuls zu schreiben. Obwohl das Cluster Teil der Außenwelt, den Sinnen zugänglich und auf dem Papier sichtbar ist, spielt sich das Bewußtwerden eines Musters in unserer rechten Hemisphäre ab, außer Reichweite des nach Gesetzen der Logik verfahrenden begrifflichen Denkens. «Versuchsnetz» ist nichts anderes als eine Bezeichnung für das jähe, emotional gefärbte Erkennen von Muster und Bedeutung durch das bildliche Denken.

Der Schritt vom Versuchsnetz zum Schreiben gleicht dem Zoom einer Kamera, das ein Bild näher heranholt. Während Sie schreiben und dabei wichtige Wörter und Sätze aus Ihrem Cluster wiederaufnehmen, kristallisiert sich die unbestimmte Form des Versuchsnetzes zu Tiefenschärfe, Detailreichtum und zu einer komplexeren Struktur, als vorher zu erkennen war. Mit anderen Worten: Durch das Schreiben entfaltet sich das Versuchsnetz noch weiter. Es entfaltet sich, weil nun das begriffliche Denken in den Prozeß eingreift und ein dynamisches Wechselspiel zwischen Global- und Detaileinstellung hervorruft: Das begrenzte Detail wirft ein neues Licht auf die im Versuchsnetz gegebenen Möglichkeiten, und die globale Vorstellung ihrerseits bringt neue Details hervor. Dieses Zusammenspiel der verschiedenen Fähigkeiten kennzeichnet den kreativen Akt.

Sobald Sie einmal den Übergang zum Versuchsnetz erlebt haben, kennen Sie auch die Lösung eines Paradoxons, das Anfänger in der Kunst des Schreibens in Verwirrung stürzt: Wie ist es möglich, die Teile eines Ganzen zu strukturieren, solange das Ganze noch gar nicht existiert? Die Antwort liegt in der Doppelnatur unseres Gehirns begründet. Das Ganze existiert weder im begrifflichen Denken, das nur mit Teilen operieren kann, noch im Stenogramm des bildlichen Denkens, dem auf dem Papier sichtbaren Cluster. Aus dessen bedeutungsvollen Kürzeln liest das bildliche Denken jedoch die ungenauen Umrisse einer globalen Vorstellung heraus.

Einer meiner Schüler schrieb über diesen Vorgang: «Mich erinnert das Clustering an Blüten an einem Zweig. Jede Knospe geht von einem bestimmten Zweig aus, sprießt und entwickelt sich und ist dabei immer mit ihrem Ursprung verbunden. Der Zweig bringt ständig neue Blüten hervor, sammelt sie, verbindet sie und schickt zugleich neue Triebe in alle Richtungen aus. Für sich genommen kann jede Knospe nur unvollständige Bildmuster in unserem Geist hervorrufen, und erst, wenn wir die Knospen in Büscheln zusammenstehen sehen, sind wir zufrieden, so als ob uns das ganze Bild vor Augen gestanden hätte.

Genau das bringt das Cluster fertig: Es fügt viele Gedanken zusammen, die aus einem Hauptgedanken herauswachsen, und wenn ich mir überlege, was sich aus dem Clustering entwickelt, dann sehe ich das ganze Bild auftauchen. Das Cluster erlaubt es mir, klarer zu verstehen, was mir am Anfang Schwierigkeiten machte: Ich lasse mich von seinen Mustern und Verbindungen zu einem vollständigeren Erfassen des Sinns anspornen.»

In dem Augenblick, in dem Sie mit dem Schreiben beginnen, setzen Sie die natürliche Zusammenarbeit zwischen Ihren beiden Gehirnhälften in Gang. Ihr bildliches Denken hat ein vorläufiges Ganzes geschaffen und es in Form des Clusters dem begrifflichen Denken zugänglich gemacht. Indem Sie nun die zum Vorschein kommenden Teile nacheinander zu Papier bringen, regen Sie das begriffliche und das bildliche Denken zu fortdauernder Wechselwirkung an.

Sie sehen nun, daß das natürliche, ohne Anstrengung vollzogene Schreiben mit einem vorläufigen Vorstellungsbild, der Vision des Versuchsnetzes, beginnt. Dieses Bewußtsein, ein Ziel zu haben, zu

Ein Entwurf wird erkennbar – das Versuchsnetz

Angst

Angst vor sich selbst,
Angst vor dem Wissen,
weglaufen, sich verstecken,
nirgends mehr hingehen, schnell
   verschwinden.
Dann: bleib stehen.
Dreh dich um und schau,
mache kehrt und sieh es dir an.
Es? Mich.
Mich selbst, meine Geheimnisse,
   meine Seele.
Wachsen, träumen, tanzen,
gehen, weggehen,
irgendwohin, auf der Suche nach
   Sinn
& Ziel & Grund zu leben,
fliegen lernen, sich emporschwingen
   wie
vorher, bevor die Angst mich
   weglaufen ließ.

   Donna Ducarme

wissen, was Sie sagen wollen, verringert nicht nur die Angst, die so oft mit dem Schreiben verbunden ist, sondern führt zu der unumgänglichen dynamischen Zusammenarbeit zwischen Ihren beiden Denkmodi.

Obwohl es nicht einfach ist, die «Kurzschrift der rechten Hemisphäre» eines anderen Menschen zu erläutern, wollen wir uns nun das Gerippe eines Clusters genauer ansehen und versuchen, das assoziative Reagieren einer Schreiberin auf das Kernwort KREISE nachzuempfinden. Diese Betrachtung kann Ihnen zeigen, daß das Clustering in Wirklichkeit eine rezeptive Tätigkeit ist und daß jedes Sammeln von Einfällen früher oder später zu einem Versuchsnetz führt, denn dieser Übergang ist eine natürliche Funktion des bildlichen Denkens.

Schon ein flüchtiger Blick auf das Cluster dieser Schreiberin zeigt uns, daß sich ihre Assoziationen von selbst in drei Hauptäste gliederten: Einer beginnt mit «Rechtecke», ein anderer mit «suchen» und der dritte mit «laufen». Als sie von «Rechtecke» aus weiter Einfälle sammelte, stellte sich keine Verlagerung ein. Sie blieb deshalb weiter aufnahmebereit und knüpfte, nun von «suchen» ausgehend, weitere Assoziationen. Doch auch dieser «Zweig» führte noch nicht zu einem Versuchsnetz. Sie blieb offen für neue Einfälle, machte bei «laufen» weiter und kam von dort aus zu «springen» und «tanzen». Ein Blick zurück zu «laufen» löste dann «Angst» aus, «vor sich selbst» folgte.

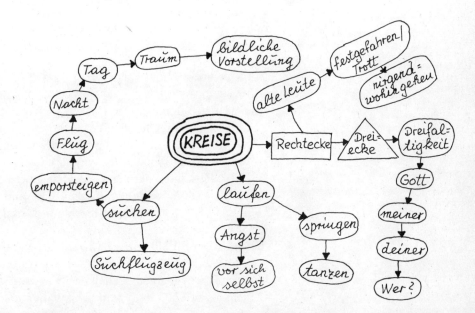

Abbildung 17

Plötzlich warf der Übergang Licht auf ein Vorstellungsbild, eine Richtung, und sie begann sofort, zu schreiben. Obwohl sie die Teile des Clusters, die für diese vorläufige Vision des Versuchsnetzes keine Bedeutung hatten, ausließ, übernahm sie interessanterweise doch Einfälle aus allen drei «Zweigen» des Clusters: «nirgendwo hingehen» aus dem einen, den Gedanken des Fliegens und Emporsteigens aus einem anderen und natürlich aus dem dritten die Vorstellung, vor sich selbst wegzulaufen. In dem fließenden Schreibprozeß, der sich anschloß, kristallisierte ihre Vision zu einem Gedicht – und das alles innerhalb eines Zeitraums von zehn Minuten

Ich habe dieses Beispiel so ausführlich beschrieben, um Sie darauf aufmerksam zu machen, daß Sie vielleicht zu ungeduldig sind, um die Phase des Übergangs zum Versuchsnetz zu erreichen. Sich anzustrengen, einen kreativen Einfall erzwingen zu wollen, behindert den schöpferischen Prozeß erheblich. Tun Sie das Gegenteil: *Lassen Sie es geschehen.* Dieser natürliche Vorgang braucht seine Zeit, und das einzige, was Sie tun müssen, ist, aufnahmebereit und entspannt und zugleich aufmerksam zu bleiben, während Sie unbeirrt die Einfälle Ihres bildlichen Denkens auf das Papier regnen lassen. Der Übergang wird sich einstellen, er wird kommen. Ihre rechte Gehirnhälfte ist darauf eingerichtet, Muster und Bedeutung zu sehen.

Lernen wir nun eine weitere Dimension des Übergangs zum Versuchsnetz kennen: die Aufnahmebereitschaft für einen dominanten Eindruck beim Betrachten eines Gemäldes, einer Skulptur oder eines anderen Kunstwerks.

Von Bildern zu Versuchsnetzen: der dominante Eindruck

Alle visuellen Kunstformen, seien es Gemälde, Plastiken oder Zeichnungen, sprechen die Vorliebe des bildlichen Denkens für Ganzheiten an. Ich habe bereits darauf hingewiesen, daß die rechte Gehirnhälfte im Erfassen von Gesichtern der linken überlegen ist. Patienten, deren rechtes Hirn geschädigt ist, bekommen häufig eine Gesichtsagnosie, das heißt, sie sind unfähig, vertraute Gesichter zu erkennen oder überhaupt Gesichter zu unterscheiden. Wichtig ist andererseits in diesem Zusammenhang auch, daß die linke Gehirnhälfte besser Einzelheiten verarbeiten kann als die rechte. Wenn Sie zum Beispiel das Gesicht einer Freundin ansehen, ist Ihr begriffliches Denken nicht in der Lage, das ganze Gesicht als eine Gesamtheit in sich aufzunehmen, die zum Beispiel

Ein Entwurf wird erkennbar – das Versuchsnetz

«Marianne» signalisiert. Statt dessen achtet es auf ihren Ohrring, ihre rechte Augenbraue oder einen Leberfleck auf ihrer Wange. Genauso konzentriert sich Ihr begriffliches Denken beim Betrachten eines Gemäldes auf bestimmte Details, während das bildliche Denken einen dominanten Eindruck aus dem Ganzen bildet.

Entsprechend erreichen Sie durch einen visuellen Stimulus für Cluster und Versuchsnetz direkt die geistigen Prozesse der rechten Gehirnhälfte. Ein visueller Reiz ermöglicht Ihnen auch, selbst einen Kern zu finden, indem Sie Ihren dominanten Eindruck beim Betrachten eines Gemäldes in Worte kleiden. Darin liegt der Wert dieser Übung. Sie wird Ihnen auch später, wenn Sie nach Abschluß dieses Kurses selbständig mit den von mir vorgeschlagenen Verfahren weiterarbeiten, eine große Hilfe bei Ihrer Suche nach passenden Kernwörtern und -sätzen für Ihr Cluster sein. Ihre Empfänglichkeit für den dominanten Eindruck wird dazu führen, daß Sie bei jedem beliebigen Thema ohne Schwierigkeiten zu einem Kern kommen können. Sie sind dann jederzeit in der Lage, ihn selbständig von innen heraus zu entwickeln.

Dieser Kern oder dominante Eindruck ist oftmals ein Gefühl, das durch das Betrachten eines Bildes hervorgerufen wird, etwa Trauer oder Freude. Er kann aber genausogut auch nur eine Reaktion auf eine Farbe sein, die das Bild prägt, etwa «Grau in Grau», oder auf eine Form, etwa «Eckigkeit», überhaupt auf alles, was Ihnen auffällt, während Sie das Gemälde auf sich wirken lassen. Worin auch immer Ihr dominanter Eindruck bestehen mag, er wird der Kern, um den herum Sie in einem Cluster Ihre Beobachtungen gruppieren. Der daraus entstehende Text wird wesentlich inhaltsreicher sein als oberflächliche Urteile wie «Das gefällt mir» oder «Das gefällt mir nicht». Genausowenig wird Ihre Darstellung auf eine vom begrifflichen Denken diktierte Analyse von Stil und Technik, historischer Bedeutung oder künstlerischem Verdienst hinauslaufen, wie ein Kunstkritiker sie schreiben würde. Vielmehr ermöglicht sie Ihnen, Ihr ästhetisches Empfinden zu kultivieren und all die Gefühle auszudrücken, die in Ihnen aufsteigen als Folge der Assoziationen, die der dominante Eindruck hervorgerufen hat. Auf diese Weise helfen Ihnen das Versuchsnetz und der daraus entstehende Text, zu entziffern, was Ihr bildliches Denken jeweils wahrnimmt und fühlt, wenn Sie ein Kunstwerk betrachten.

Das Verfahren ist sehr einfach: Sie lassen ein Gemälde, eine Plastik oder eine Fotografie eine Zeitlang auf sich wirken, bis ein bestimmtes Gefühl in Ihnen in den Vordergrund tritt: Rastlosigkeit, Chaos, Bewegung oder Bitterkeit beispielsweise. Sie kleiden diesen dominanten Eindruck in ein Wort oder einen Satz. Dies ist der Kern, aus dem sich Ihr Cluster entwickelt, während Sie weiter das Bild betrachten.

Nehmen wir ein bekanntes Gemälde: *Amerikanische Gotik* von Grant Wood. Wenn Sie etwas über Bild und Maler wissen, wird Ihr begriffliches Denken wahrscheinlich versuchen, sich mit den erlernten Fakten in den Vordergrund zu drängen: Grant Wood ist ein amerikanischer Maler, *Amerikanische Gotik* ist sein berühmtestes Bild, seine Schwester stand ihm Modell, es entstand in dem und dem Jahr, und so fort. Ihr bildliches Denken dagegen interessiert sich für solche Einzelheiten nicht im geringsten. Es nimmt das Gemälde als Ganzes wahr und bildet Eindrücke, wie Sie bei der folgenden Übung selbst erleben werden.

Übung

Machen Sie sich auf eine Entdeckung gefaßt. Es ist faszinierend und einfach, einen dominanten Eindruck in sich entstehen zu lassen. Grant Woods Gemälde *Amerikanische Gotik* (Abb. 18) wird Sie dazu inspirieren. Legen Sie zunächst einen Stift und ein Blatt Papier bereit.

1. Versenken Sie sich eine Zeitlang in das Bild, und lassen Sie das stärkste Gefühl, das es in Ihnen auslöst, in Ihr Bewußtsein dringen. Wenn Sie sich noch nicht richtig entspannt haben, hören Sie einen Moment lang auf, das Bild zu fixieren, und schauen Sie dann wieder aufmerksam hin; das hilft Ihnen wahrscheinlich, in einen Zustand entspannter Wachheit hineinzugleiten. Betrachten Sie das Bild genau. Lassen Sie dabei Ihre Augen umherschweifen, ohne sie zu dirigieren.

2. Wenn Sie merken, daß ein starkes Gefühl, ein dominanter Eindruck in Ihnen aufsteigt (ein «Gefühlswechsel»), dann kleiden Sie diese Empfindung in Worte. Sollte Ihnen nicht sofort ein solcher klar vorherrschender Eindruck zu Bewußtsein kommen, dann fragen Sie sich: «Was empfinde ich dabei?», «Was fällt mir als das Wichtigste an diesem Bild auf?» Bemühen Sie sich nicht um einen besonders tiefsinnigen oder elegant formulierten Einfall. Lassen Sie das, was kommen will, zu. Es wird etwas auftauchen; es taucht immer etwas auf, weil unser Gehirn nur selten in einem Zustand der Ruhe verharrt. Haben Sie Geduld, und bleiben Sie noch eine oder zwei Minuten dabei.

3. Der dominante Eindruck, der sich Ihnen beim Betrachten des Gemäldes aufdrängt und dem Sie einen Namen geben, kenn-

Ein Entwurf wird erkennbar – das Versuchsnetz 103

Abbildung 18: Grant Wood, *Amerikanische Gotik*

zeichnet Ihre persönliche Reaktion, die auf allen Ihren bisherigen Erfahrungen beruht; er wird der Kern, um den herum Ihr Cluster wächst. Schreiben Sie diesen Kern auf das Papier, und ziehen Sie einen Kreis um ihn. Fahren Sie nun noch ein oder zwei Minuten fort, das Gemälde zu betrachten, und nehmen Sie alles, was Sie sehen und fühlen, in Ihr Cluster auf.

4. Zur rechten Zeit werden Sie die Verlagerung vom scheinbar ziellosen Assoziieren zum Bewußtsein eines Musters erleben: Das ist der Übergang zum Versuchsnetz. Er bewirkt, daß Sie ein Ziel vor sich sehen und gewahr werden, was Sie ausdrücken möchten, so daß Sie mit dem Schreiben beginnen können.

5. Schreiben Sie Ihren Text in ungefähr acht Minuten. Übernehmen Sie dabei aus Ihrem Cluster alles, was Ihnen passend erscheint, und übergehen Sie das, was sich nicht in Ihre Vorstellung des Ganzen einfügt. Wenn Sie die Seite vollgeschrieben haben, vergessen Sie nicht, den Kreis zu schließen, indem Sie noch einmal auf den Eindruck zurückkommen, der Ausgangspunkt des Textes war.

6. Lesen Sie sich das Geschriebene laut vor, und führen Sie dann zügig alle Änderungen durch, die das Ganze verbessern können.

Nach dem Schreiben

Sie haben eine neue Erfahrung gemacht. Sie wissen jetzt, wie es ist, ein Gemälde als auslösendes Moment für den Übergang zum Versuchsnetz zu benutzen. Ich möchte diesen Vorgang nun noch etwas genauer beschreiben.

Was geschieht, wenn Sie ein Gemälde, das Ihren Schreibprozeß stimulieren soll, betrachten? Das Wichtigste ist, daß Ihr bildliches Denken wahrscheinlich sofort und intensiv reagiert, denn wir haben es mit einem komplexen Ganzen zu tun. So kann es gut sein, daß Ihr dominanter Eindruck beim Betrachten des Bildes *Amerikanische Gotik* durch irgend etwas in den Gesichtern der beiden Figuren ausgelöst wurde. Beim Clustering kam der Übergang zum Versuchsnetz dann wahrscheinlich in Form einer Einsicht, einer plötzlich aufleuchtenden Erkenntnis oder einer Beobachtung, die auf den Ausdruck dieser Gesichter bezogen waren. Das Ganze spielte sich folgendermaßen ab: Ihr dominanter Eindruck löste Assoziationen aus, die Sie im Cluster festhielten, und dann wurde Ihnen durch den Übergang zum Versuchsnetz klar, was Sie über den Ausdruck der beiden Gesichter schreiben wollten.

An Hand der folgenden vier Texte, mit denen Schüler von mir in der eben beschriebenen Weise auf das Gemälde *Amerikanische Gotik* reagiert haben, möchte ich diesen Vorgang noch deutlicher machen. Sie stammen von Jugendlichen aus dem ersten High-School-Jahr, die ernste Schreibschwierigkeiten hatten. Ihre Erfahrungen mit dem Schreiben waren so negativ, daß sie es als lästige Pflicht empfanden, und wenn sie es doch einmal versuchten, kamen Texte zustande, die praktisch nicht zu entziffern waren. Ihre Lehrer warnten mich: Ich solle nicht enttäuscht sein, wenn sie überhaupt nichts zu Papier brächten. Bei diesem Experiment forderte ich sie auf, sich auf die *Amerikanische Gotik* zu konzentrieren. Ich projizierte das Bild auf eine Leinwand. «Welche Empfindung spürt ihr am stärksten, wenn ihr euch dieses Bild anguckt?» fragte ich sie, nachdem ich ihnen zuvor kurz das Clustering-Verfahren und den Übergang zum Versuchsnetz geschildert hatte. «Gebt diesem Gefühl einen Namen!»

Alle reagierten mit einem dominanten Eindruck; alle fingen an, um den Kern, den sie selbst gefunden hatten, ein Cluster zu bilden, und anscheinend erlebten sie auch einer nach dem anderen den Übergang zum Versuchsnetz, denn sie begannen bald zu schreiben – zur Verwunderung ihrer Lehrer, die anwesend waren. Die Cluster und Texte finden Sie auf den folgenden Seiten (Abb. 19–22). Der Lesbarkeit wegen habe ich die Rechtschreibung korrigiert und ein paar Satzzeichen eingesetzt; darüber hinaus wurde nichts geändert.

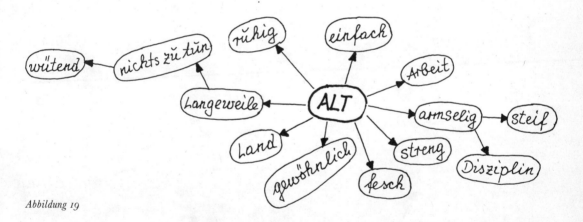

Abbildung 19

Sie sind alt. Sie haben nichts außer ihrer Arbeit. Sie sehen leblos und steif aus. Sie wollen etwas darstellen, aber sie sind ziemlich armselig. Sie sehen aus, als ob sie Langeweile hätten. Sie sind gewöhnliche Landleute. Sie sehen wie Eltern aus, streng und diszipliniert. Und sie sehen wütend aus.

Peter Koleckar

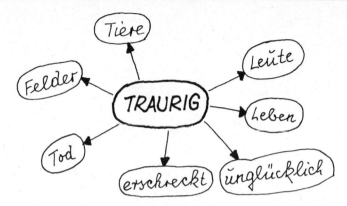

Abbildung 20

Sie sehen traurig aus, und doch weinen sie nicht. Beide Figuren stehen nebeneinander, die eine denkt an das, was passiert ist, und die andere an den, der es getan hat. Vielleicht ist jemand gestorben; vielleicht hat sie etwas erschreckt. Ich weiß nicht. Vielleicht ist auf ihren Feldern dieses Jahr nichts gewachsen – oder haben ihnen diese kleinen Viecher alles abgefressen? Vielleicht ist das der Grund. Ob andere Leute sie geärgert haben oder ob sie einfach nur traurig sind, weiß ich nicht, und ich bin ganz froh.

Manuel Peña

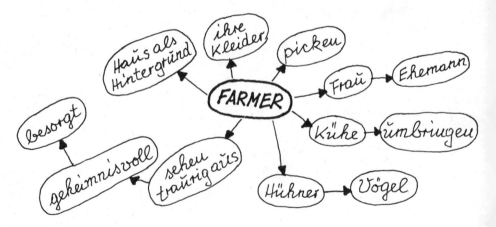

Abbildung 21

Die Farmer sehen besorgt aus, als ob ihr Korn nicht wachsen würde. Ihre Kleider sehen aus, als ob sie kein Geld hätten. Die Kuh hat Hunger, gibt keine Milch; die Hühner legen faule Eier. Die Farmersfrau sieht so aus, als ob sie an allem schuld ist. Der Mann hat so was Geheimnisvolles, als ob er für Geld jemand umbringen könnte.

Ricardo Rodriguez

Ein Entwurf wird erkennbar – das Versuchsnetz

Wir sind wie Ballons: In unserer Jugend steigen wir auf, kraftvoll und hoch. Wir tanzen auf und nieder, wir denken, entscheiden und entwickeln uns. Wir werden schwächer, sinken, fallen, wissen alles und landen am Ende wieder auf der Erde, um in Kummer, im Staub, zu sterben.

Andrew Naas

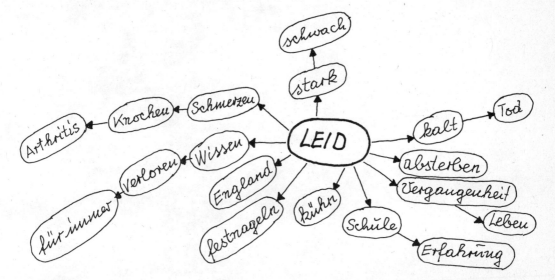

Abbildung 22

Der letzte Text, der durch seine Mehrdeutigkeit auffällt, bezieht sich an keiner Stelle direkt auf das Gemälde, das den Anstoß zum Schreiben lieferte, und doch gibt er mit großer Überzeugungskraft die Stimmung der Resignation wieder, die sich dem vierzehnjährigen Autor in jenen freudlosen Gesichtern offenbarte.

Wie wir gesehen haben, erfordert diese besondere Art, auf ein Kunstwerk zu reagieren, in gewissem Sinne zwei Übergänge: zunächst das jähe Erkennen eines dominanten Eindrucks, das Sie zu Ihrem Kernwort führt, von dem ausgehend Sie dann ein Cluster bilden, und danach den Übergang zum Versuchsnetz, die Verlagerung von der Wahllosigkeit zum Bewußtwerden von Ziel und Bedeutung. Erleben Sie nun diese beiden Übergänge noch einmal. Diesmal soll Sie eine Skulptur zum Schreiben anregen.

Übung
Die Fotografie einer Skulptur ist in dieser Übung Auslöser für Ihren dominanten Eindruck und den Übergang zum Versuchsnetz. Es handelt sich um ein Werk des holländischen Bildhauers Ole Langerhorst.

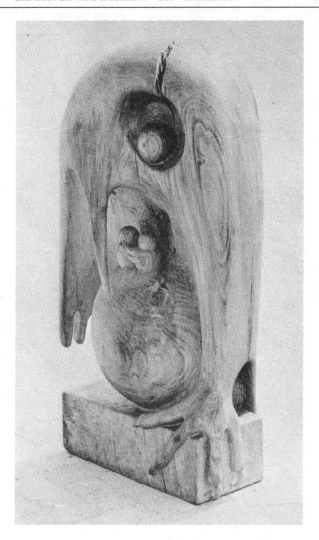

Abbildung 23:
Ole Langerhorst, *Ohne Titel*

1. Versenken Sie sich eine Zeitlang still in die Plastik. Lassen Sie zu, daß sich ein dominanter Eindruck in Ihnen bildet. Geben Sie ihm einen Namen. Dieser Eindruck ist Ihr selbst entdeckter Kern, von dem ausgehend Sie ein Cluster bilden werden. Schreiben Sie ihn auf ein Blatt Papier, und malen Sie einen Kreis um ihn.
2. Nehmen Sie sämtliche Assoziationen, die sich einstellen, in Ihr Cluster auf. Bleiben Sie offen und empfänglich. Bauen Sie Ihr Cluster weiter aus, bis Sie den Übergang zum Versuchsnetz spüren, der Ihnen eine Richtung vorgibt.

3. Verdichten Sie Ihr Vorstellungsbild nun, indem Sie es niederschreiben. Das bedeutet, daß Sie die logischen Gliederungs- und Anordnungsfähigkeiten Ihres begrifflichen Denkens in Anspruch nehmen – aber vergessen Sie nicht, auf die in Ihrem Cluster festgehaltenen Gedankenverbindungen Ihres bildlichen Denkens zurückzugreifen. Ihr Text soll das Ergebnis eines gemeinschaftlichen Unternehmens von begrifflichem und bildlichem Denken sein.
4. Nehmen Sie sich wie immer zehn Minuten Zeit, und achten Sie darauf, den gedanklichen Kreis zu schließen.
5. Lesen Sie sich nun das Geschriebene vor, am besten laut. Führen Sie alle Änderungen durch, die Ihren Text Ihrem Gefühl nach verbessern. Wenn jemand aus Ihrem Freundeskreis Lust hat, sich diese Skulptur mit Ihnen zusammen anzusehen, dann nehmen Sie die Gelegenheit wahr. Sie werden feststellen, daß dasselbe Kunstwerk sehr unterschiedliche Reaktionen hervorrufen kann.

In dem Maße, in dem Sie immer mehr Übung im Umgang mit dem Clustering-Verfahren bekommen, wird es Ihnen auch leichter fallen, Ihr begriffliches Denken durch jeden beliebigen Gegenstand zur Bildung von Versuchsnetzen anregen zu lassen. Im folgenden Abschnitt möchte ich Ihnen zeigen, zu welchen Ergebnissen Übungen führen, in denen Gedichte als Anreiz zum natürlichen Schreiben fungieren.

Vom Gedicht zum Versuchsnetz: Zentrale Aussagen

Wie ein Gemälde oder eine Plastik ist auch ein Gedicht eine Ganzheit, der ein Mensch Form und Inhalt gegeben hat. Ebenso wie ein Gemälde vermag auch ein Gedicht einen dominanten Eindruck in uns hervorzurufen: Er wird durch die Gefühle ausgelöst, die beim Lesen in uns wachwerden. Ich hatte mir jedoch vorgenommen, das bildliche Denken durch ein etwas anderes Vorgehen herauszufordern, durch einen Ansatz, der mir besonders bei Gedichten, deren Medium ja die Sprache ist, erfolgversprechend schien. Dabei stießen wir auf eine zusätzliche Möglichkeit, das Clustering für die Bildung von Versuchsnetzen zu verwenden. Dieses Experiment führte zu Ergebnissen, die uns alle in Erstaunen versetzten.
Ich forderte die Schüler auf, ein Gedicht des amerikanischen Lyrikers Jon Stallworthy wenigstens zwei- oder dreimal zu lesen.

Klage

Weil mir die Zeit fehlt,
Meine Leiter aufzustellen
Und herauszusteigen aus dem Mist,
Verwelken meine grünen Gedichte
Im Dunkeln und verschrumpeln
Wie vergeßne Äpfel auf dem
   Speicher.

                Jon Stallworthy

Als nächstes bat ich sie, die drei Wörter oder Wendungen auszuwählen, die sie besonders berührten. Um diese sollten sie dann «Vorbereitungscluster» bilden, nicht mit dem Ziel, ein Versuchsnetz hervorzubringen, sondern um einen dominanten Eindruck zu gewinnen. Im Unterschied zu einem Gemälde, das leicht nach einem dominanten Eindruck abgesucht werden kann, muß man ein Gedicht erst von Anfang bis Ende lesen, bevor man es als nichtlineare ästhetische Ganzheit aufzunehmen vermag.

Die Durchsicht der drei Vorbereitungscluster führt zu einem dominanten Eindruck. Benannt, auf ein Blatt Papier geschrieben und mit einem Kringel versehen, bildete er den Kern, um den herum das endgültige Cluster geknüpft wurde. Dieser Kern löste – zusätzlich zu den in den Vorbereitungsclustern festgehaltenen Einfällen, die die Schüler weiter verwenden wollten – seine eigenen, neuen Assoziationen aus. Die Schüler spannen ihre Cluster weiter, bis sie den Übergang zum Versuchsnetz erlebten.

Vor dem Schreiben sollten die Schüler dann das im Versuchsnetz aufscheinende Vorstellungsbild in zwei oder drei «zentralen Aussagen» zusammenfassen. Dieser Vorgang hat zwei Funktionen: Er führt den Übergang vom bildlichen zum begrifflichen Denken herbei und macht zugleich dem Schreibenden bewußt, welche Richtung er einschlagen will. Meistens zeigt eine der zentralen Aussagen die Richtung genauer an als die übrigen. Sie gibt dann den Anstoß zum Schreiben.

Ich möchte Ihnen diesen Prozeß nun am Beispiel einer Anfängerin vorführen, deren erste drei Cluster, gebildet um die Kernwörter (ZEIT), (DUNKEL) und (SCHRUMPFEN), in den Abbildungen 24 bis 26 zu sehen sind.

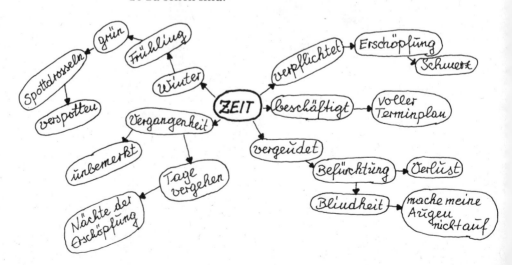

Abbildung 24

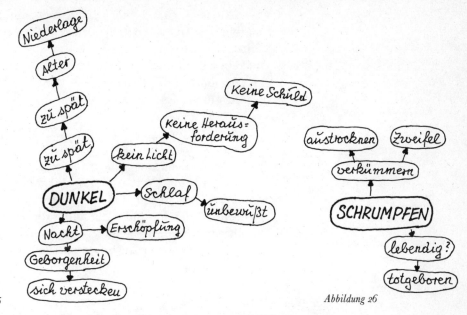

Abbildung 25   *Abbildung 26*

Die Vorbereitungscluster um «Zeit», «dunkel» und «schrumpfen» lassen bereits eine erhebliche emotionale Beteiligung erkennen. Die Frau schaute sie sich eine Weile an und leitete dann den dominanten Eindruck VERLUST DES KREATIVEN STROMS aus ihnen ab. Danach bildete sie ein weiteres Cluster, mit dem sie ihren thematischen Schwerpunkt noch genauer bestimmte (Abb. 27).

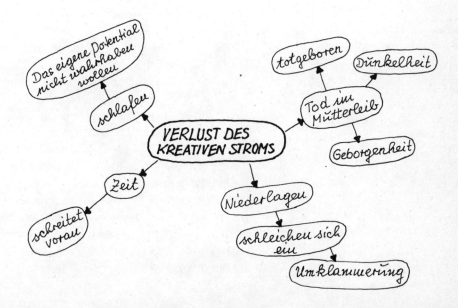

Abbildung 27

Als nächstes hielt sie das im Versuchsnetz aufscheinende Vorstellungsbild in den beiden folgenden zentralen Aussagen fest: «Der Verlust des kreativen Stroms ist Tod im Mutterleib» und «Im Dunkeln kann nichts wachsen». Sie wählte die erste Aussage als Ausgangspunkt ihres Textes, den sie mühelos niederschrieb und in zehn Minuten zum Abschluß brachte.

Tod im Mutterleib
Ich habe viele Gedichte vergessen,
weil ich schlief, als sie geboren werden sollten,
denn das Dunkel verbarg mich und gab mir Schutz.
Die Zeit – die Minuten, die zu Jahreszeiten wurden –
glitt unter der Tür hindurch hinter die Vorhänge,
während ich mir das Scheitern warm um die Schultern zog.
Im Frühjahr lachen die Spottdrosseln über mich,
die ich meine totgeborenen Gedichte im Mutterleib trage.
Lavelle Leahey

Obwohl dieses Gedicht auf der zentralen Aussage «Der Verlust des kreativen Stroms ist Tod im Mutterschoß» basiert, enthält es doch Elemente von beiden zentralen Aussagen. Diese erscheinen in der Tat als unterschiedliche Formulierungen des Gedankens, der im Gedicht zum Ausdruck kommt. Daran ist nichts auszusetzen, denn jeder Versuch, ein thematisches Zentrum zu finden, ist eine Bemühung des begrifflichen Denkens, die Vision des bildlichen Denkens zu klären. Er liefert einen klaren Beweis für das Zusammenwirken beider Hirnhemisphären bei der komplexen Tätigkeit des Schreibens, des kreativen Umgangs mit sprachlichen Symbolen. Wir werden Zeugen des Fortschreitens vom Cluster des bildlichen Denkens über eine ganzheitliche Vision hin zu der vom begrifflichen Denken gesteuerten, bis ins einzelne genauen Ausführung dieser Vision.

Wenn Sie ein Gedicht als auslösendes Moment für den Clustering-Prozeß wählen, haben Sie es mit einem durchgeformten Ganzen zu tun, das Ihr bildliches Denken auf seine besondere Weise ästhetisch beeinflußt. Deshalb enthalten die Wörter, die Sie in Ihr Cluster aufnehmen, immer Anklänge an den ursprünglichen Zusammenhang, aus dem Sie sie genommen haben. Wenn Sie an Hand eines Gedichtes ein Cluster bilden, werden Sie vielleicht das Gefühl haben, daß die aus dem Gedicht entlehnten Wörter besonders reichhaltige und kraftvolle Bilder und Gefühle hervorrufen. Die beiden zentralen Aussagen, die aus dem endgültigen Cluster und aus den drei Vorbereitungsclustern hervorge-

Ein Entwurf wird erkennbar – das Versuchsnetz 113

Leidenschaftlicher Schwur

Andere sind, da du brachst
Jenen leidenschaftlichen Schwur,
  meine Freunde gewesen;
Und doch steht, wenn dem Tod ich
  ins Antlitz seh,
Wenn die Höhen des Schlafs ich
  erklimme
Oder wenn mich der Wein erhitzt,
Vor mir plötzlich dein Gesicht.

  William Butler Yeats

gangen sind, klären und artikulieren alle ersten Visionen sinnhafter Zusammenhänge, die Sie bei diesem Zusammentragen von Assoziationen bereits entdeckt haben. Doch nun ist es Zeit, daß Sie selbst in der geschilderten Weise Ihre Reaktion auf ein Gedicht kennenlernen.

Übung

Lesen Sie das Gedicht von William Butler Yeats mehrere Male.

1. Wählen Sie, ohne lange darüber nachzudenken, drei Wörter oder Wendungen aus dem Gedicht, schreiben Sie sie auf ein Blatt Papier, und versehen Sie sie mit Kreisen. Lassen Sie genügend Platz, damit sich jedes Cluster ungehindert ausbreiten kann.

2. Nehmen Sie sämtliche Assoziationen, die sich einstellen, in Ihr Cluster auf. Schließen Sie immer erst ein Cluster ab, bevor Sie mit dem nächsten anfangen. Lassen Sie alle Gedankenverbindungen zu. Erzwingen Sie nichts. Üben Sie keine Zensur aus.

3. Gehen Sie nun alle drei Vorbereitungscluster aufmerksam durch, so daß sich ein dominanter Eindruck bilden kann. Benennen Sie ihn, schreiben Sie ihn auf eine neue Seite Ihres Skizzenbuches, versehen Sie auch ihn mit einem Kreis, und ordnen Sie in einem Cluster alle Einfälle um diesen neuen Kern an, bis der Übergang zum Versuchsnetz eintritt. Sollte sich im Augenblick noch nichts verdichten, dann lesen Sie das Gedicht von Yeats noch einmal, gehen auch Ihre Vorbereitungscluster noch einmal durch und verwenden alle ihre Elemente, die Ihnen passend erscheinen. Früher oder später wird sich ein Schwerpunkt zeigen.

4. Schalten Sie, wenn es soweit ist, auf das begriffliche Denken um, indem Sie aus dem vorläufigen Vorstellungsbild Ihres Versuchsnetzes eine zentrale Aussage herauskristallisieren und in Ihrem Skizzenbuch festhalten. Versetzen Sie sich wieder in den diffuseren, vom bildlichen Denken bestimmten Zustand, sehen Sie Ihre Cluster noch einmal durch, und kristallisieren Sie eine zweite verdichtete Aussage heraus, die Sie ebenfalls niederschreiben. Für diese Schritte werden Sie ungefähr fünf Minuten brauchen.

5. Wählen Sie nun die Aussage, die Ihnen am bedeutsamsten erscheint, oder verbinden Sie beide, falls sie sich überschneiden.

6. Fangen Sie nun an zu schreiben. Schreiben Sie etwa zehn Minuten lang. Wenn Sie Ihren Text beendet haben, lesen Sie

sich ihn laut vor. Führen Sie sämtliche Änderungen durch, die die Ganzheitlichkeit des Geschriebenen noch verstärken. Achten Sie darauf, den gedanklichen Kreis zu schließen.

Nach dem Schreiben
Diese Übung hilft Ihnen, sich des Hin- und Herwechselns zwischen bildlichem und begrifflichem Denken bewußt zu werden. Dieses Überwechseln unterstreicht ein Grundprinzip des natürlichen Schreibens: die Pendelbewegung vom Ganzen zu Teilen und Sequenzen und wieder zurück zu einem klarer umrissenen Ganzen, von der Versenkung in bildliche Prozesse zu einer vom begrifflichen Denken beherrschten Perspektive und von dort wieder zurück zur Erfassung des Ganzen. Auf diese Weise lernen Ihre beiden Denkmodi, beim Schreiben zusammenzuarbeiten. Sie verbinden sich im kreativen Akt, um etwas Originelles und Authentisches hervorzubringen, etwas, dessen Sie sich noch nicht einmal als Möglichkeit bewußt waren, bevor Sie mit dem Schreiben begannen.

Zusammenfassung und Ausblick

Inzwischen haben Sie erfahren, daß Ihnen das Clustering-Verfahren die Möglichkeit bietet, Zugang zu den vielfältigen kreativen Prozessen des bildlichen Denkens zu finden, die für das natürliche Schreiben so wesentlich sind. In diesem Kapitel haben Sie den Übergang zum vorläufigen Sinnzusammenhang des Versuchsnetzes kennengelernt, jenen Schritt, der innerhalb der Vielfalt der Assoziationen zum Erkennen, zu Einheit und Bedeutung verhilft. Nach dem Clustering vermittelt Ihnen das Versuchsnetz ein thematisches Zentrum, das Sie als Ausgangspunkt benutzen können.
Wenn Sie nicht im fließenden bildlichen Denken beginnen, das allein imstande ist, die Fülle scheinbar zufällig auftretender Bilder und Gefühle anzunehmen und zu verarbeiten, bis es Bedeutungsmuster findet, verstricken Sie sich leicht in den unzähligen Einzelheiten, auf die das begriffliche Denken achtet. Sie machen sich Gedanken darüber, was Sie sagen und womit Sie beginnen sollen, schreiben verkrampft und sprunghaft, prüfen nach jedem Satz kritisch, ob er sich auch «richtig anhört», anstatt sich auf das Ganze zu konzentrieren, und verfangen sich in Fragen der Rechtschreibung, Zeichensetzung und Gliederung, in irgendeinem von Dutzenden völlig legitimer Belange des begrifflichen Denkens, die

Sie – jedenfalls im Anfangsstadium des Schreibens – daran hindern, ein umfassenderes Bild zu entdecken. Nur eine solche Vorstellung vom Ganzen, und sei sie noch so vage, liefert Ihnen einen Schwerpunkt und dann auch eine lose verwobene Struktur, an der Sie sich beim Schreiben orientieren können. Wenn Sie sich vor allem um Einzelheiten kümmern, können Sie kein umfassendes Bild entdecken; und ohne dieses umfassende Bild wird das Schreiben zu einem anstrengenden Vorgang, bei dem Sie Satz für Satz mühevoll herauspressen und dabei schließlich doch nur etwas zustande bringen, das keinen Zusammenhalt hat, sondern bröckelt. Das Versuchsnetz vermittelt Ihnen eine Leitidee, etwas, das Sie logisch gliedern können. Und zentrale, verdichtete Aussagen geben Ihnen noch klarer die Richtung vor, bevor Sie zu schreiben beginnen. Außerdem sorgen sie dafür, daß Ihnen das Hin- und Herwechseln zwischen bildlichem und begrifflichem Denken deutlich bewußt wird.

Im sechsten Kapitel erforschen wir ein weiteres wichtiges Prinzip des natürlichen Schreibens: das Wiederaufnehmen von Motiven. Die Wiederkehr von Elementen bildet einen natürlichen roten Faden, der sich durch den Text zieht. Sie können lernen, ihn beim Schreiben bewußt zu entwickeln. Er wird Ihnen helfen, Ihren literarischen Arbeiten mehr Zusammenhang und Struktur zu geben.

6
Wiederkehrende Elemente – der einende rote Faden

Wiederkehr ist ein natürliches Phänomen. Jeder von uns kann sich an Situationen erinnern, die der folgenden Szene ähneln: Sie liegen am Strand, angenehm erschöpft von der Hitze. Sie dösen vor sich hin – es ist ein schöner Tag: ein Flugzeug zieht einen weißen Strich über den blauen Himmel, Möwen stoßen schrille Schreie aus, Kinder kreischen vergnügt im Wasser. Plötzlich verlagert sich Ihre Wahrnehmung auf das Geräusch der Wellen – auf das Heranrollen, den Moment der Stille, das saugende Geräusch beim Zurücklaufen, und das wieder und wieder, nicht als isoliertes Phänomen, wie wir es vorher gehört haben, sondern als ein Klangmuster. Es macht uns Freude, dieses Klangmuster wahrzunehmen. Es ist nicht vollkommene Gleichförmigkeit, die uns Freude bereitet, sondern die Empfindung, daß es eine Gesetzmäßigkeit, ein Muster gibt, innerhalb dessen Variationen, Unregelmäßigkeiten auftreten.

Das Erkennen von Mustern ist die Domäne des bildlichen Denkens. Beim natürlichen Schreiben üben wiederkehrende Wörter, Klänge, Bilder und Gefühle die gleiche nachhaltige Wirkung aus wie eine wiederkehrende Melodie in der Musik, wiederkehrende Laubtönungen in einer Landschaft oder wiederkehrende Farben in einem Gemälde: Sie lösen eine starke Gefühlsreaktion in uns aus und verstärken die Einheitlichkeit des Ganzen. Auch im Bereich der Sprache erinnern wir uns eher an wiederkehrende Muster, weil sie sich der rechten Gehirnhälfte tief einprägen. Deshalb ist das Wiederaufnehmen von Motiven ein wesentliches Stilmittel von Texten, die darauf abzielen, Menschen zu überzeugen und zu beeinflussen – in der Werbung etwa oder in der politischen Auseinandersetzung. Und es ist literarischen Formen eigen – etwa dem Gedicht –, die eine starke emotionale Komponente haben. Zu lernen, mit diesem Stilmittel umzugehen – Wörter, Bilder, Vorstellungen, Wendungen, Klänge, Gegenstände und Handlun-

Um ein Kunstwerk erschaffen zu können, braucht man irgendein Wiederholungs- oder Wiederaufnahmeprinzip; erst dieses führt in der Musik zu einem Rhythmus und in der Malerei zu einer Struktur.

Northrop Frye
‹The Educated Imagination›

In jedem von uns antwortet
Das einstige Kind auf den
    Rhythmus der Wellen
Wie auf ein Wiegenlied.

Lavelle Leahey,
Teilnehmerin an einem Schreibkurs

gen *sinnvoll* zu wiederholen, um einen Text zu vereinheitlichen und wirkungsvoller zu machen –, ist der dritte grundlegende Schritt auf dem Weg zum natürlichen Schreiben. Das Wiederaufnehmen bestimmter Elemente spiegelt neben Cluster und Versuchsnetz auf höchst einfache und natürliche Weise die Neigung des bildlichen Denkens, Muster zu bilden und Ganzheiten statt isolierter Bruchstücke wahrzunehmen.

Ursprünge in der Kindheit

Wiederkehrende Elemente sind ein natürliches Merkmal der Kindersprache. Lange bevor Kinder sprechen können, plappern sie bereits mit größter Wonne immer wieder die gleichen Silben rhythmisch vor sich hin: «gu-gu», «ma-ma», «da-da». Wenn sie älter werden, ergötzen sie sich an den Sprachrhythmen und Wiederholungen von Reimen, Liedern und Spielen wie «Backe, backe Kuchen» oder «Das ist der Daumen». Der Linguist und Schriftsteller Kornej Tschukowskij weist darauf hin, daß die rhythmische Wiederkehr von Elementen in Kinderreimen ihren Ursprung darin hat, daß Kinder sich an Wiederholung, Rhythmus und melodischen Zeilen geradezu berauschen können. Die Kinder klatschen, sagen in rhythmischem Sprechgesang Reime und Sprüche auf, reimen und wiederholen Worte, weil sie dadurch Muster hervorbringen, die ihnen Vergnügen bereiten.

Auch später, wenn die Kinder zu schreiben beginnen, zeigen sie in ihren Schreibversuchen einen starken Hang, Worte, Bilder, Motive wiederaufzunehmen. Ein Beispiel dafür stammt von meiner Tochter Simone. Als sie in die zweite Klasse ging, wurde ich gebeten, dort mein Clustering-Verfahren auszuprobieren. Wir knüpften an der Tafel ein Cluster um das Wort ⟨RUND⟩. Alle Kinder nahmen eifrig daran teil, ausgehend von diesem Kernwort die Tafel mit unterschiedlichen Arten von «Rundem» zu füllen. Dann forderte ich die Kinder auf, über «Rundes» zu schreiben – eine Geschichte zu erzählen, etwas Rundes zu beschreiben, eine «runde» Erfahrung zu schildern, oder was auch immer sie wollten. Simones Gedicht, das in zwanzig Minuten entstand, zeigt, in welchem Ausmaß Kinder intuitiv auf die natürlichen Rhythmen der Sprache zurückgreifen. Die Wiederholung von «rund» legt nicht den Schwerpunkt nur auf «Rundes», sondern verknüpft das Gedicht zugleich zu einem zusammenhängenden, in sich geschlossenen Ganzen.

Was ist rund?
Rund ist ein Ball, der hoch in die Luft fliegt.
Rund ist die Fliege, die dir ins Haar kriecht.
Rund ist die Erde, auf der stehn wir drauf.
Rund ist die Sonne, geht sie morgens auf.
Rund ist ein Apfel, der im Frühling blüht.
Rund ist ein Smaragdring, der glitzert und glüht.
Rund ist ein Planet im Weltraum.
Rund ist die Pfeife aus Meerschaum.
Rund ist der klitzekleine Mond.
Rund ist der Kopf vom Affen, der im Urwald wohnt.
Rund ist ein Stamm, der den Strom runtertreibt.
Rund ist der Bleistift, mit dem man schreibt.
Rund ist ein kleines o.
Rund ist der Stich vom Floh.
Rund ist ein Fünfziger, ein Pfennig, ein Groschen.
Rund ist die Schnalle an meinen Galoschen.
Rund ist der Knauf an der Tür.
Rund ist die Beule, die ich spür.
Rund ist ein Jungensbauch.
Rund ist der Gartenschlauch.
So, das war meine runde Geschichte.
Tschüß, wir sehn uns bald unter der Fichte!

Wenn Sie wieder Zugang zum «naiven Sehen, Hören und Gestalten» Ihrer Kindheit finden, dem die Wiederkehr sprachlicher Elemente großes Vergnügen bereitet, werden Sie sensibler für dieses Stilmittel, und Sie werden feststellen, daß es in vielen Zusammenhängen immer wieder auftaucht – bei der Betrachtung von Kunstwerken, Architektur oder Filmen etwa, oder in der Sprechweise Ihrer Freunde. Diese Sensibilisierung ist ein Lernschritt zum «kultivierten Sehen, Hören und Gestalten» des Schriftstellers. Deshalb möchte ich in diesem Kapitel 1. die natürliche Neigung Ihres bildlichen Denkens trainieren, bereits verwendete Elemente wiederaufzunehmen, und Sie 2. in die Lage versetzen, dieses Stilmittel in unterschiedlicher Weise zu handhaben, so daß Ihr bildliches Denken dazu angeregt wird, sich immer bewußter am Schreibprozeß zu beteiligen. Wenn Sie die Verwendung wiederkehrender Elemente beherrschen, brauchen Sie sich beim Schreiben nicht mehr um das konventionelle Verbot zu kümmern, nur ja nie dasselbe Wort zweimal hintereinander zu gebrauchen.

Aber wie wir gesehen haben, ist das Verhältnis kleiner Kinder zu Worten eher wie das des Poeten, da auch sie mehr als gewöhnlich der physischen Eigenschaften gewahr werden und dies in der Weise zeigen, wie sie mit Lauten spielen, Wortgeklingel und Reime und Wortspiele machen und Nonsense-Laute mischen.

James Britton
‹Die sprachliche Entwicklung in Kindheit und Jugend›

Lesen Sie nun den folgenden Auszug aus dem Tagebuch der Anaïs Nin laut:

> Ich lege meine Hände auf den Bauch und trommle ganz behutsam mit den Fingerspitzen, trommle, trommle, trommle, trommle, trommle, in Kreisen auf meinem Bauch, ganz behutsam, mit offenen Augen, erfüllt von gelassener Ruhe. Der Arzt nähert sich, auf seinem Gesicht zeigt sich Erstaunen. Die Schwestern schweigen. Trommeln, trommeln, trommeln, trommeln, trommeln, trommeln, in behutsamen Kreisen, in behutsamen, ruhigen Kreisen.

Die am unmittelbarsten ins Auge springende Wiederkehr besteht hier in der einfachen Wiederholung eines einzelnen Wortes: «trommeln». Das zwölfmalige Auftreten dieses Wortes ruft den Eindruck starker Gefühlsanspannung und Unruhe hervor. Diesem Eindruck wirkt jedoch die mehrmals variierte Schlüsselvorstellung der Sanftheit entgegen, die in den Wörtern «behutsam», «erfüllt von gelassener Ruhe» zum Ausdruck kommt. Das Trommeln hat nichts Erregtes, sondern bewegt sich «in behutsamen, ruhigen Kreisen». Die Vorstellung nervösen Trommelns wird also durch die Sanftheit der Bewegung, die «gelassene Ruhe» ausstrahlt, verändert. Beachten Sie, daß die zitierte Passage mit einer Kreisbewegung der Finger beginnt und endet, so daß der Ausgangspunkt am Schluß wieder erreicht und damit der Kreis geschlossen wird.

Obwohl wir nicht genau erfahren, was geschieht (es handelt sich um Anaïs Nins Schilderung ihres Gemütszustands unmittelbar vor der Geburt ihres einzigen Kindes, das tot zur Welt kommt), haben wir das Gefühl, einen Augenblick von großer gefühlsmäßiger Intensität mitzuerleben, den die trommelnde Frau mit äußerster Ruhe durchlebt. Der Sprachklang und die meisterhafte Beherrschung des bewußten Wiederaufnehmens von Elementen machen diese Passage bewegend und eindringlich.

Wiederaufnahme versus Wiederholung

Meine Schüler fragen mich oft nach dem Unterschied zwischen dem Wiederaufnehmen und dem einfachen Wiederholen. Der Unterschied ist subtil. Die Wiederholung ist rigide und ordentlich. Wiederholung, das ist der Lattenzaun, der «klack-klack» machte, wenn Sie als Kind mit einem Stock daran entlangfuhren, jenes gleichförmige Geräusch, das nur unterbrochen wurde, wenn irgendwo eine Latte fehlte. Im Gegensatz dazu ist das Wiederaufnehmen von Elementen wesentlich flexibler, da es häufig auf der Variation des ursprünglichen Wortes oder Gedankens aufbaut. Mit anderen Worten: Die Wiederholung wirkt schwerfällig. Die Wiederaufnahme dagegen ist ein viel eleganteres Stilmittel, das überraschende Wirkungen hervorruft.

James Joyce, einer der größten Schriftsteller dieses Jahrhunderts, experimentierte ausgiebig mit dem Wiederaufnehmen sprachlicher Elemente und entwickelte es zu einer Schreibtechnik, die es ihm ermöglichte, seinen Texten auch dann eine innere Struktur zu geben, wenn er weder Satzzeichen noch Abschnitte verwandte, um seine Gedanken miteinander zu verbinden oder voneinander abzusetzen. Er entwickelte diese Technik mit dem Anspruch, den von Natur aus sprunghaften und assoziativen Fluß unseres Denkens – dem «Bewußtseinsstrom» – möglichst authentisch wiederzugeben.

In der Schlußpassage des ‹Ulysses› erinnert sich Molly Bloom, eine Frau in mittleren Jahren, an ein Ereignis ihrer Jugend. Beim Lesen ihrer sich überschlagenden Gedanken in diesen letzten Zeilen des großen Romans fällt vor allem eines auf: das methodische Wiederaufnehmen des Wortes «ja». Lassen Sie sich von den Gedankenkaskaden tragen, dann werden Sie spüren, was das beharrlich durchgehaltene Sprachmuster Ihnen vermittelt.

die Sonne die scheint für dich allein hat er damals gesagt an dem Tag wo wir unter den Rhododendren lagen oben auf dem Howth in dem grauen Tweedanzug und mit dem Strohhut an dem Tag wo ich ihn so weit kriegte daß er mir den Antrag gemacht hat ja zuerst hab ich ihm ein bißchen von dem Mohnkuchen aus meinem Mund gegeben und es war Schaltjahr wie jetzt ja vor 16 Jahren mein Gott nach dem langen Kuß ist mir fast die Luft ausgegangen ja er sagte ich wäre eine Blume des Berges ja das sind wir alle Blumen ein Frauenkörper ja da hat er wirklich mal was Wahres gesagt in seinem Leben und die Sonne die scheint für dich allein heute ja deswegen hab ich ihn auch gemocht weil ich gesehn hab er versteht oder kann nachfühlen was eine Frau ist und ich hab auch gewußt ich kann ihn immer um den Finger wickeln und da hab ich ihm die ganze Lust gegeben die ich konnte und hab ihn so weit gebracht daß er mich gebeten hat ja zu sagen und zuerst hab ich gar keine

Antwort gegeben hab bloß so rausgeschaut aufs Meer und über den Himmel . . . als kleines Mädchen wo ich eine Blume des Berges war ja wie ich mir die Rose ins Haar gesteckt hab wie die andalusischen Mädchen immer machten oder soll ich eine rote tragen ja und wie er mich geküßt hat unter der maurischen Mauer und ich hab gedacht na schön er so gut wie jeder andere und hab ihn mit den Augen gebeten er soll doch nochmal fragen ja und dann hat er mich gefragt ob ich will ja sag ja meine Bergblume und ich hab ihm zuerst die Arme um den Hals gelegt und ihn zu mir niedergezogen daß er meine Brüste fühlen konnte wie sie dufteten ja und das Herz ging ihm wie verrückt und ich hab ja gesagt ja ich will Ja.

Das stetig wiederkehrende «ja», das neben einer ganzen Reihe sinnlicher Bilder steht und in «ich hab ja gesagt ja ich will Ja» gipfelt, ruft im Leser eine Fülle von Impressionen wach: Mollys wissende Sinnlichkeit; ihr uneingeschränktes «Ja» zum Leben, das einem fast den Atem nimmt; Molly als vorwärtsdrängende Elementargewalt; Molly als das Sinnbild des nährenden Weiblichen; Molly, die das eindringlichste Wort der Zustimmung flüstert, das es gibt: Ja! Durch diese ständige Wiederkehr treiben die Worte immer schneller dahin und erreichen schließlich einen dramatischen Höhepunkt.

Erleben Sie nun selbst, welche Kraft von stetig wiederkehrenden Elementen ausgeht. Beginnen Sie, wie bei jeder Übung, mit einem Cluster.

Übung

1. Bilden Sie auf einer neuen Seite Ihres Skizzenbuches ein Cluster um das Kernwort (VIELLEICHT). Lassen Sie Ihre Assoziationen ungehindert aufs Papier fließen, bis sich der Übergang zu einem Versuchsnetz einstellt, in dem Sie einen vorläufigen Sinnzusammenhang aufblitzen sehen.

2. Halten Sie dieses vorläufige Vorstellungsbild in ein oder zwei zentralen Aussagen fest. Sie geben damit Ihrem bildlichen Denken den Anstoß mitzuarbeiten.

3. Wählen Sie die Aussage, die Ihnen am besten gefällt, um mit dem Schreiben zu beginnen. Entwickeln Sie Ihren Text mit einem wachen Auge und Ohr für das wiederholte Auftreten des Wortes «vielleicht». Sie brauchen nicht um jeden Preis Joyces «Bewußtseinsstrom»-Stil nachzueifern, aber wenn es Ihnen Spaß macht, nehmen Sie die ‹*Ulysses*›-Passage ruhig zum Vorbild.

4. Behalten Sie auch im Gedächtnis, wie Anaïs Nin in den zitierten Sätzen stetig wiederkehrende Elemente verwendet; sie wiederholt eine Reihe von Wörtern, Klängen und Gedanken. Sie können beim Schreiben mit verschiedenen wiederkehrenden Elementen arbeiten oder auch zwei wiederkehrende Wörter, Klänge oder Vorstellungen gegeneinandersetzen. Das Schreiben kann ebensogut spielerisch wie ernsthaft oder auch beides sein. Spielen Sie mit der Möglichkeit, Elemente Ihres Textes immer wieder aufzunehmen. Schließen Sie am Ende den Kreis.

5. Lesen Sie sich nun Ihren Text laut vor. Verwenden Sie ein oder zwei Minuten darauf, alle Änderungen vorzunehmen, die das Ganze Ihrem Gefühl nach noch verbessern.

Nach dem Schreiben

Überlegen Sie, welche Rolle die Wiederkehr des Wortes «vielleicht» im Kontext Ihres Textes spielt. Haben Sie auch zu verwandten Wörtern wie «mag sein», «irgendwann», «wohl» oder «es ist möglich» und zu Konjunktivformen gegriffen? Ich kann mir auch vorstellen, daß Sie sich an das ewige «Vielleicht» Ihrer Eltern erinnerten, das so manche Stunden oder Tage der Kindheit überschattete. Haben Sie den Eindruck, daß das «Vielleicht» positive oder negative Gefühle in Ihnen wachruft? Wenn «ja» Zustimmung und «nein» Ablehnung ausdrückt, was sagt dann das «vielleicht» in Ihrem Text aus? Möglicherweise haben Sie beim Schreiben auch den nervenzermürbenden «Ja und Nein»-Aspekt des «Vielleicht» in den Vordergrund gerückt.

Die Anfängerin, die das Cluster um den Kern (JA) bildete (Abb. 28), erzeugte durch die Wiederholung von «wenn» und «ich» und «werde» und «wünsche» einen ungewöhnlichen wiederkehrenden Rhythmus:

Ja! Ich werde überleben. Ich kann es, das weiß ich. Ich werde Menschen nah sein – wenn ich will. Ich werde lieben – wenn ich mag. Ich werde kämpfen – wenn ich muß. Ich werde siegen – wenn ich es mir wünsche unter einem Stern. Ja! Ich werde überleben – wenn sich morgen erfüllt, was ich mir heute wünsche.

Susan Quinn

Wiederkehrende Elemente – der einende rote Faden 123

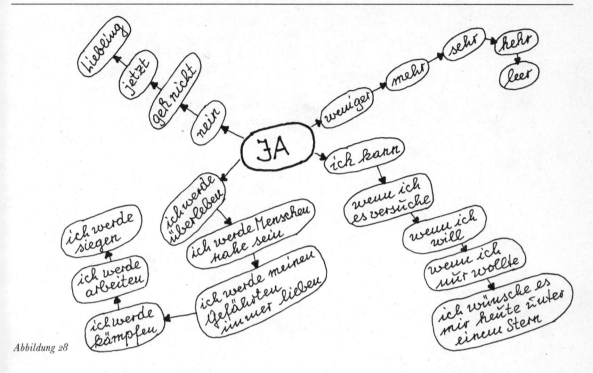

Abbildung 28

Das Kernwort «Ja» löste hier eine sehr intensive Reaktion aus, die von starker Entschlossenheit zeugt. Die Schreiberin sagt nicht «Ich werde Erfolg haben» oder «Ich werde siegen», sondern «Ich werde *überleben*», so als ob das zu irgendeinem Zeitpunkt fraglich gewesen wäre. Gleichzeitig hat der Text auch etwas Übermütiges, das durch das Einflechten von Bruchstücken aus einem amerikanischen Kinderreim zustande kommt. Darin sehen wir den Einfluß des kindlichen Spiels mit der Sprache, das durch das Clustering-Verfahren angeregt wird.

Das Wiederaufnehmen von Elementen jenseits der simplen Wiederholung eines Wortes kann viele verschiedene Formen annehmen: Denken wir etwa an die Wiederkehr eines geschlossenen Gedankenkreises, an die Wiederkehr von Klängen, Grundmotiven und Bildern. Untersuchen wir nun die Bedeutung des Wiederaufnehmens für das natürliche Schreiben.

Die Wiederkehr in geschlossenen Gedankenkreisen

Wenn Sie den in Ihrem Versuchsnetz aufscheinenden Sinnzusammenhang zu einem einheitlichen Text erweitern, dann ist dieser «aus einem Guß», wie eine Plastik, ein Gemälde oder ein architektonisches Kunstwerk. Wenn das Geschriebene in sich stimmig ist, dann sind alle seine Teile so aufeinander bezogen, daß sie ein bruchloses Ganzes bilden, und das gilt auch für den Anfang und den Schluß.

Das Wiederaufnehmen von Worten, Bildern oder Motiven ist die einfachste Art, den Kreis zu schließen. Es ist im Grunde ein einfaches Prinzip: Sie brauchen nur einen wesentlichen Aspekt, der zu Beginn Ihres Textes angeklungen ist, am Schluß noch einmal zu wiederholen. In den Kursen führe ich meinen Schülern diesen Vorgang am archetypischen Bild der Schlange vor Augen, die sich selbst in den Schwanz beißt (Abb. 29). Das ist ein eindrucksvolles Bild, das Ihnen helfen kann, sich immer wieder zu vergegenwärtigen, was mit geschlossenen Gedankenkreisen gemeint ist.

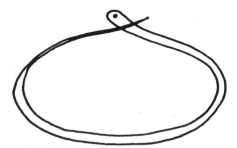

Abbildung 29

Der Literaturwissenschaftler Ken Macrorie bezeichnet diese Art der Wiederaufnahme in seinem Buch ‹Telling Writing› als «Angelhaken» – eine Metapher für das Zurückverweisen auf den Schlüsselgedanken, ein wesentliches Gefühl oder Bild, das bereits am Anfang aufgetaucht ist.

Der Angelhaken ist eine Form der Wiederaufnahme, die den Leser noch einmal zum Anfang zurückführt und einem Text die ästhetische Qualität der Ganzheitlichkeit verleiht. Den Kreis schließen heißt ja nicht, lediglich am Ende zu wiederholen, was bereits im ersten Satz gesagt wurde, sondern deutet auf ein Bindeglied, auf etwas, das das Ganze zusammenhält, ein Signal, das dem Leser – und Ihnen selbst – zeigt, daß diese Wörter, Sätze und Abschnitte einem einheitlichen Entwurf entspringen, in dem sich ein Sinnzusammenhang offenbart. Wie man mit Hilfe des Wiederaufnehmens geschlossene Gedankenkreise hervorbringen kann, möchte ich nun an einem Gedicht eines Schülers (Abb. 30) demonstrieren. Er war ausgegangen von dem Kernwort (INNEHALTEN).

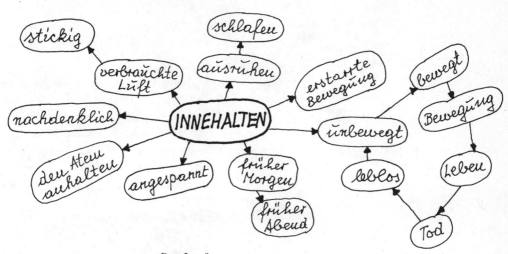

Abbildung 30

Der Läufer
Er hält inne,
Erstarrt vor der Linse des Fotografen,
Als er gerade das Zielband zerreißen will.
Sieh genauer hin:
Sieh seinen Ausdruck,
Sein Gesicht
Verzerrt vor Schmerz.
Sieh seinen Körper:
Seine Muskeln, hart
Wie Stahlstäbe,
Seine Haut,
Schweißüberströmt.
Die Arme baumeln teilnahmslos.
Sieh seinen Schritt,
Den kurzen Schritt des müden Läufers.
Er ist beinahe am Ende
Seiner Kraft,
Beinahe,
Doch noch nicht ganz.
Er hält inne,
Erstarrt vor der Linse des Fotografen
        Steve Sano

Beim Vergleich des Clusters mit dem daraus entstandenen Text wird deutlich, daß «erstarrte Bewegung» zu einer Leitidee wurde, mit deren Hilfe der Verfasser den Kreis schließt: Sein Gedicht beginnt mit «Er hält inne, / Erstarrt vor der Linse des Fotografen», und sie endet mit derselben Aussage, doch erst, nachdem der Schreiber uns einen lebendigen Eindruck davon vermittelt hat, was diese Reglosigkeit bedeutet.

Es gibt drei Wege, einen ganzheitlichen Gedankenkreis zu schließen:

1. Sie entdecken ihn beim Übergang zum Versuchsnetz als Teil des vorläufigen Sinnzusammenhangs und setzen ihn intuitiv an den Anfang und an den Schluß Ihres Textes.
2. Ihr Cluster liefert Ihnen einen Anhaltspunkt dafür, welches Wort, welches Bild oder welcher Gedanke Ihren Text zu einer Einheit bindet. Schauen Sie sich Ihr Cluster noch einmal an, und prüfen Sie, ob darin Wörter oder Gedanken mehr als einmal auftauchen.
3. Wenn Sie weder das Versuchsnetz noch das Cluster zu einem geschlossenen Gedankenkreis führt, dann beginnen Sie trotzdem mit dem Schreiben, ohne sich Sorgen zu machen. Schauen Sie sich, wenn Sie beim Schreiben zum Ende kommen, noch einmal den Anfang an, und wählen Sie etwas aus, zu dem Sie – direkt oder auf Umwegen – am Ende zurückkehren können.

Versuchen Sie es nun selbst.

Übung

1. Betrachten Sie in Ruhe die in Abbildung 31 gezeigte Skulptur von Ole Langerhorst. Lassen Sie das Bild auf sich wirken, und seien Sie für alles offen, dann wird sich ein dominanter Eindruck von selbst einstellen – ein Gefühl, eine Erinnerung, ein Gefüge aus Bildern, eine Zeile aus einem Lied oder Gedicht, eine Redensart, die Ihnen plötzlich in den Sinn kommt –, genauso, wie Sie es im vorigen Kapitel kennengelernt haben. Fassen Sie diesen Eindruck auf einer neuen Seite Ihres Skizzenbuches in Worte, und bilden Sie ein Cluster um diesen Kern, bis sich der Übergang zum Versuchsnetz einstellt. Zwei, drei Minuten sollten für diesen Vorgang genügen.
2. Stabilisieren Sie Ihr vorläufiges Vorstellungsbild, indem Sie vor dem Schreiben zwei oder drei zentrale Aussagen formulieren und damit Ihr begriffliches Denken zur Mitarbeit anregen. Wählen Sie die Aussage, die Sie am stärksten anspricht, als

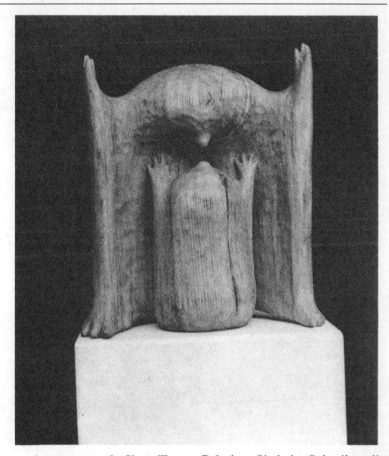

Abbildung 31
Ole Langerhorst, *Ohne Titel*

Ausgangspunkt Ihres Textes. Behalten Sie beim Schreiben die Ganzheitlichkeit im Auge, die durch das Schließen des Kreises entsteht. Aber Sie können sie nicht erzwingen. Wenn Sie nicht schon in dem Sinnzusammenhang, der Ihnen beim Übergang zum Versuchsnetz vor Augen getreten ist, einen Gedankenkreis entdeckt haben, werden Sie ihn vielleicht mit Hilfe des Clusters während des Schreibens finden.

3. Wenn Sie mit dem Schreiben fertig sind, ohne den Kreis geschlossen zu haben, dann sehen Sie Ihre ersten beiden Sätze gezielt nach einem Element – einem Bild, einem Wort oder Ausdruck – durch, das Sie am Ende sinnvoll wiederholen können, um auf den Anfang zurückzuverweisen.

4. Lesen Sie sich das Geschriebene laut vor. Wenn Ihnen der Text nicht vollständig erscheint, dann verändern Sie die Stellen, die Ihnen unpassend oder wirkungslos vorkommen. Lesen Sie Ihren Text dann noch einmal. Das Gefühl, etwas Ganzes geschaffen zu haben, sollte Ihnen Befriedigung geben.

Die Wiederkehr von Klängen

Beim Schreiben ein Gespür für die Wiederkehr von Klängen zu entwickeln ist ein weiterer Schritt auf dem Weg zu unserem Ziel, die natürliche Fähigkeit zur Bildung von Mustern zu entfalten. Die Wiederkehr gleicher Laute läßt Sie und Ihre Leser die Musik in den Worten entdecken. Lauthäufungen wirken innerhalb eines Textes oder über mehrere Gedichtzeilen hinweg als einendes Element, zum Beispiel, wenn die mehrfache Wiederholung des S-Lautes den Eindruck von Schärfe hervorruft. Sie verstärken die Aussagekraft des Geschriebenen, indem sie eine Stimmung schaffen, die dem Inhalt entspricht, etwa wenn M-Laute eine ruhige, friedliche Atmosphäre heraufbeschwören. Hören Sie auf die Wiederkehr der F-, der R-, der L- und anderer Laute in dem Gedicht des englischen Dichters Gerald Manley Hopkins.

Lesen Sie das Gedicht laut. Es ist erfüllt von lebhafter Tätigkeit: Libellen, Steine, Saiten ziehen, klingen und tönen. Der Klang intensiviert die Vorstellung, daß Dinge und Lebewesen tätig und von sprühender Lebendigkeit sind, denn die nächste Zeile lautet: «So tut jegliches sterbliche Ding ein Ding nur und das gleiche.» Die sich überstürzende Fülle wiederkehrender Klänge bekräftigt den Eindruck, daß jedes «Ding» aktiv am Leben teilnimmt.

> Wie Eisvögel Feuer fangen, Libellen
>   Lichtspur ziehn;
> Wie überrand gerollt in runde
>   Brunnen
> Steine klingen; wie jede angeschla-
>   gene Saite tönt, jeder
>   hängenden Glocke
> Bug geschwungen Zunge findet, weit
>   hinzuhallen ihren Namen . . .
>
>   Gerald Manley Hopkins

Übung

1. Versetzen Sie sich ohne weiteres Nachdenken, so rasch Sie können, in den geistigen Zustand Ihres kindlichen Selbst, indem Sie ein bis zwei Minuten lang, nach Wunsch auch länger, ein Cluster um den Laut Ⓜ bilden. Lassen Sie Wörter mit «M» zügig auf das Papier fließen.
2. Geben Sie acht auf den Übergang zum Versuchsnetz. Er wird sich bei einem Wort mit «M» einstellen, das besonders intensive Gefühlsassoziationen in Ihnen weckt.
3. Schreiben Sie nun einen Text, der so viele M-Wörter wie möglich enthält. Es soll aber kein Nonsense-Text sein.
4. Schließen Sie den Kreis, lesen Sie sich dann das Geschriebene laut vor, und ändern Sie, was nach Ihrem Gefühl noch nicht gut klingt.

Nach dem Schreiben

Vielleicht ist Ihnen die Übung im ersten Moment ein wenig albern vorgekommen. Aber dann hat das Gefühl, gehemmt zu sein, wahrscheinlich doch bald einer angenehmen Lockerheit

Platz gemacht. Das Schreibtalent in Ihnen geht immer mit spielerischer Aufmerksamkeit mit der Sprache um, wenn Sie ihm nur die Gelegenheit dazu geben. Es ist eben nur allzulange durch die hindernden Regeln der sprachlichen Konvention lahmgelegt worden.

Unserem bildlichen Denken entgehen Klangmuster nicht. So stellte beispielsweise ein Lehrer in einem meiner Workshops erstaunt fest, daß sein begriffliches Denken in einem Cluster um das Kernwort (AFRAID) (ängstlich) eine Fülle von Wörtern angehäuft hatte, die mit «d» anfangen, ohne daß sich sein begriffliches Denken dessen auch nur im mindesten bewußt gewesen wäre! Es war sein erster Versuch, ein Cluster zu bilden, und von Klangmustern in dem Kurs, an dem er teilnahm, war noch nicht die Rede gewesen.

Interessanterweise enthält der Text, den er dann schrieb, nur ein einziges Wort, das mit «d» beginnt (*destroy* im englischen Text), da die Aufgabe nur gelautet hatte, ein Cluster zu bilden, auf den Übergang zum Versuchsnetz und den vorläufigen Sinnzusammenhang, der sich dabei ergibt, zu achten und zu schreiben. Doch das bildliche Denken dieses Schreibers richtete seine Aufmerksamkeit während des gesamten Schreibprozesses auf die wiederkehrenden D- und T-Laute. Das Wort *destroy* (zerstören) steht im Mittelpunkt seiner Beschreibung der Angst.

Angst – das ist die Versteinerung des Wollens, die Erstarrung unserer Absichten und das Abfallen des Energiespiegels auf Null. Zerstöre das Gefühl der Sicherheit, und der Organismus kommt zum Stillstand wie ein Kaninchen, das gebannt auf das heranfahrende Auto starrt.

Schließlich führt auch der Reim zur Wiederkehr von Lauten. Beim Anfänger wird jedoch die Fähigkeit, sich auf natürliche Weise auszudrücken, durch den Reim oft behindert, da er sich allzu leicht ganz in den Vordergrund drängt. Anfänger neigen oft geradezu zwanghaft zum Reimen und kommen dann zu Versen wie «Tiefer Schmerz erfüllt mein Herz». Aus diesem Grund möchte ich Ihnen raten, während dieses Kurses nicht bewußt zu versuchen, in Reimen zu schreiben. Wenn Sie alle hier vorgestellten Verfahren erprobt haben, werden Sie in der Lage sein, sich im Reimen zu versuchen, wenn Sie es wollen, und dabei holprige oder gewollt klingende Verse zu vermeiden.

Unter allen Formen des Wiederaufnehmens von Klängen ist die Alliteration, der Stabreim, bei weitem die natürlichste, einfachste und vielleicht auch wirksamste, wie die auf Seite 119 zitierte Passage aus einer Erzählung von Anaïs Nin mit ihren wiederkehrenden T-Lauten zeigt.

Die Wiederkehr eines Leitgedankens

Die Wiederholung eines Leitgedankens mit dem Ziel, die Eindringlichkeit und Klarheit zu steigern, ist ein Kunstgriff, der in allen Formen des Schreibens angewandt wird, sei es im Roman, in der Kurzgeschichte, im Essay, im Brief oder vor allem im Gedicht. Wenn eine Gedichtzeile wiederholt wird, können Sie davon ausgehen, daß sie innerhalb des Gedichts eine beherrschende Rolle spielt. So wiederholt etwa der amerikanische Lyriker Alastair Reid in einem Gedicht mit dem Titel ‹*Musikstunde*› die Zeile «Spiel das Stück noch mal» sechsmal. Wozu? Um den Gedanken zu unterstreichen, daß allein ständig wiederholtes *Tun* über das Stadium formalen Lernens hinaus zu einem *Gefühl* für die Musik und zu *Vergnügen* am Spielen führt, worin ihr einziger Zweck liegt. Diese wiederkehrende Zeile teilt dem Leser einprägsam mit, was der Autor unter wirklichem Lernen versteht. Das Gedicht besteht aus fünf aneinandergereihten «Miniaturen», von denen jede wiederum eine in sich geschlossene «Lektion» darstellt. Das wiederkehrende «Spiel das Stück noch mal» verknüpft sie alle zu einer Einheit.

Musikstunde

Spiel das Stück noch mal! Doch achte jetzt
stärker auf die Bewegung, aus der es sich entwickelt,
als auf das Tempo. Das Tempo tritt
darin seltsam zurück.

Spiel das Stück noch mal! Sieh nicht auf
deine Finger, vergiß sie, laß den Klang
fließen, bis er dich umgibt. Zähle nicht,
denke nicht. Laß los.

Spiel das Stück noch mal! Versuche, ganz
darin einzutauchen, als spieltest du den Takt,
in dem dein Herz schlägt, als spieltest du
die Melodie deines Gesichts.

Spiel das Stück noch mal! Allmählich denkst du
immer weniger an die Noten, an den Rhythmus.
Es wird ein Spielen mit der Stille. Sei still, und dann
spiel zu deinem eigenen Genuß.

Spiel das Stück noch mal! Doch wenn du fertig bist,
frag nicht nach meinem Urteil. Fühle selbst, was
fremd dich anweht, wenn sich der Klang schwermütig über
dich mich alles legt.

Nun
spiel das Stück noch mal!

Wenn wir es – wie bei literarischen Miniaturen und besonders bei
Gedichten – mit einer sehr komprimierten Sprache zu tun haben,
tritt mehr und mehr das bildliche Denken mit seiner Fähigkeit in
den Vordergrund, sprachliche Muster hervorzubringen oder zu
erkennen, ganz gleich, ob es sich dabei um rhythmische, emotionale, bildhafte oder Vorstellungsmuster handelt. So beruht etwa
die Wirkung eines wiederkehrenden Gedankens manchmal weniger auf ausgefeilten Formulierungen als auf dem Bedeutungsmuster, das er innerhalb eines Textes entfaltet. Dem bildlichen Denken mit seinem feinen Gespür für Muster und Strukturen entgehen Wiederholungen nicht, und dadurch hat es wesentlichen
Anteil am Erfassen komprimierter Bedeutungsgehalte. So ver-
klammern die Worte «Spiel das Stück noch mal», verbunden mit
behutsamen Hinweisen, worauf es beim Spielen eines Instruments
wirklich ankommt, das Gedicht von Alastair Reid zu einer Einheit
und zeigen, wie wichtig feine Nuancen beim Musizieren sind.
Bevor Sie sich nun selbst der Aufgabe stellen, einen Text zu
schreiben, in dem ein Leitgedanke mehrmals wiederkehrt, möchte
ich Ihnen noch ein Beispiel für die Wirkung dieses Stilmittels
vorführen. Es ist das Gedicht einer Anfängerin, die unter all den
«Lektionen», die in ihren Vorbereitungsclustern auftauchten,
EINE SCHREIBLEKTION als Kern auswählte, um den sie ihr Cluster
bildete (Abb. 32).

Beim Betrachten ihres Clusters kam die Schreiberin zu drei zentralen Aussagen: «Schreib zu deinem Vergnügen», «versuche, die
Welt durchschaubar zu machen» und «bring deine Worte zu
Papier». Aus dem letzten Satz wurde der wiederkehrende Leitgedanke ihres Gedichtes.

Eine Schreiblektion
Bring deine Worte zu Papier. Schreib, weil
du Fragen hast, oder Antworten, oder um dich zu erinnern.
Schreib, weil du fühlst und denkst
und weinst und liebst.

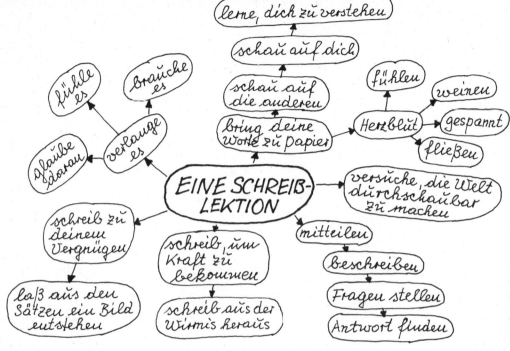

Abbildung 32

Bring deine Worte zu Papier! Versuche, die Welt
durchschaubar zu machen. Definiere dich, definiere das
   Menschsein.
Was denkst du? Was empfindest du?
Warum ist es wichtig?

Bring deine Worte zu Papier! Sieh sie dir an,
glaube ihnen, brauche sie.
Reiß sie dir aus dem Herzen und
breite sie vor dir aus.

Bring deine Worte zu Papier. Laß die Sätze
Bilder formen, nimm farbige Wörter.
Ordne deine Gedanken und die Welt.
Schreib, weil du verstehst, oder weil du
ratlos bist.

Nun
bring deine Worte zu Papier.

Lori Eickman

Versuchen Sie nun selbst, einen Gedanken wiederholt aufzunehmen, ihn in einem Gedicht als Leitmotiv immer wieder anklingen zu lassen.

Übung

1. Bilden Sie zunächst auf einer neuen Seite Ihres Skizzenbuches ein Vorbereitungscluster um den Kern (LEKTIONEN), damit Ihr bildliches Denken die Möglichkeit hat, für Sie bedeutsame Lektion auszuwählen. Diese vorbereitende Ideensuche sollte nicht mehr als etwa eine Minute in Anspruch nehmen.
2. Bilden Sie nun ein Cluster um die Lektion, die Sie am liebsten «erteilen» würden, vielleicht eine *Lektion in Liebe*. Häufen Sie so lange Einfälle an, bis sich der Übergang zum Versuchsnetz einstellt.
3. Gehen Sie Ihr Cluster durch, und formulieren Sie zwei oder drei verdichtete, zentrale Aussagen. Behalten Sie dabei die Frage im Auge, welche von ihnen sich wohl als Leitgedanke eignet.
4. Wählen Sie den überzeugendsten Einfall als wiederkehrende Leitidee, und nehmen Sie sich vor, sie in vier in sich geschlossenen Abschnitten mindestens viermal zu wiederholen. Verlieren Sie beim Schreiben die didaktische Intention Ihres Themas nicht aus den Augen: Gehen Sie davon aus, einem anderen – oder auch sich selbst – wirklich zu helfen, etwas, das erlernt werden soll, besser zu verstehen.
5. Vollenden Sie Ihr aus vier Abschnitten zusammengesetztes Gedicht. Lesen Sie es sich laut vor, und überarbeiten Sie es dann, bis Sie das Gefühl haben, daß der wiederkehrende Leitgedanke und das, was ihm folgt, von Mal zu Mal zu einem klareren Verständnis dessen fortschreitet, was auf diese oder jene Weise gelernt werden soll.

Nach dem Schreiben

Auch Menschen, die es sich vorher nicht zugetraut haben, ein Gedicht zu schreiben, sind gewöhnlich über das Ergebnis dieser Übung überrascht. Wahrscheinlich geht es Ihnen ebenso. Viermal haben Sie Ihren Leitgedanken wiederaufgenommen, vier in sich geschlossene «Miniaturen» sind auf diese Weise entstanden, die in Wirklichkeit vier Strophen eines Gedichtes sind – und es ist gerade die Wiederkehr des Leitgedankens, die sie zusammenhält. Damit haben Sie eine Entdeckung gemacht, die auch für die längeren Textformen gilt: Natürlich schreiben heißt auf der Mi-

«– ein Muschelhorn! Und so wertvoll sind die. Wenn du so eins kaufen willst, das kostet bestimmt einen Haufen Geld, wetten? . . .»

Ralph nahm Piggy die Muschel ab, und ein Wasserrinnsal lief ihm den Arm entlang. Die Muschel war cremefarben, hier und da war ein blasser, hellroter Fleck aufgetupft. Von der Spitze, die abgebrochen war und in eine kleine Öffnung auslief, bis zu den rötlichen Lippen des Mundes maß sie fast einen halben Meter. Sie war leicht spiralförmig gewunden und von einer zarten erhabenen Maserung überzogen . . .

Ralph . . . ließ die Luft vom Zwerchfell aus durch die Öffnung der Röhre strömen. Sogleich erklang die Stimme des Muschelhorns. Ein tiefer, rauher Ton dröhnte durch den Palmenhain, drang bis in die letzten Winkel der Wälder und wurde von den roten Granitfelsen des Berges zurückgeworfen . . .

«Donnerwetter!»

Seine Stimme klang wie ein Flüstern im Vergleich zu dem rauhen Ton des Muschelhorns. Er hob das Horn an die Lippen, holte tief Luft und blies noch einmal. Wieder kam der dröhnende Ton und sprang dann plötzlich, als Ralph noch kräftiger blies, eine Oktave höher. Jetzt war es ein schrilles Schmettern, noch durchdringender als zuvor . . . Ralph ging der Atem aus, der Ton fiel wieder eine Oktave tiefer, wurde zu einem dumpfen Geblubber, zu einem bloßen Rauschen.

Die Muschel schwieg; sie schimmerte wie ein Stoßzahn. Ralphs Gesicht war dunkelrot vor Anstrengung, und die Luft über der Insel erfüllten Vogellärm und vielfacher Widerhall.

«Das hört man bestimmt meilenweit.»

William Golding
‹Herr der Fliegen›

niaturform aufbauen – ein kleines Ganzes heftet sich an das andere, und miteinander bringen sie eine Gesamtvorstellung zum Ausdruck.

Wiederkehrende Sprachbilder

Eine vierte Form des Wiederaufnehmens ist der wiederholte Gebrauch sprachlicher Bilder. Im siebten Kapitel werde ich ausführlich auf die Wirkung bildhafter Sprache eingehen, denn Bilder sind ein Grundelement des bildlichen Denkens.

Sprachbilder helfen uns, mitzuteilen, was wir sehen, hören, fühlen, riechen und schmecken, sie helfen uns, unsere Sinneseindrücke in Worte zu kleiden. Bilder, die mehrfach wiederkehren, stärken die Geschlossenheit des Textes, indem sie einen dominanten Eindruck vermitteln. So deuten dunkle Farben auf Untergang und Gefahr, sagen Tiermetaphern etwas über menschliche Charakterzüge aus – etwa wenn wiederholt von Raubvögeln die Rede ist –, gewinnt ein immer wieder auftauchender Gegenstand Symbolkraft. In William Goldings Roman ‹Herr der Fliegen› weist die Muschel auf etwas sehr Bedeutsames hin. Das stetig wiederkehrende Bild des Muschelhorns vermittelt dem Leser eine klare Botschaft: «Paß auf!»

Darin liegt die Bedeutung des Bildes: Das schimmernde rote Muschelhorn verheißt die Möglichkeit, die nach einem Flugzeugunglück über eine unbewohnte Insel verstreuten Jungen zusammenzurufen, so daß sie gemeinsam darangehen können, ihr Überleben zu organisieren.

Die häufige Wiederholung des Sprachbildes und zahlreicher mit ihm in Zusammenhang stehender Wörter und Vorstellungen helfen dem Leser, sich über die Bedeutung des Muschelhorns klarzuwerden, wenn er liest: «ein Muschelhorn», «Muschel», «Die Muschel war cremefarben, hier und da war ein blasser, hellroter Fleck aufgetupft», «rötliche Lippen des Mundes», «leicht spiralförmig gewunden», «von einer zarten erhabenen Maserung überzogen», «erklang die Stimme des Muschelhorns», «ein tiefer, rauher Ton dröhnte», «der rauhe Ton des Muschelhorns», «er hob das Horn an die Lippen», «wieder kam der dröhnende Ton», «sprang dann plötzlich eine Oktave höher, jetzt war es ein schrilles Schmettern», «der Ton fiel wieder eine Oktave tiefer, wurde zu einem dumpfen Geblubber, zu einem bloßen Rauschen», «die Muschel schwieg; sie schimmerte wie ein Stoßzahn».

Mit jedem neuen Bild vertieft sich für den Leser die Bedeutung des

Großvater

Als kleiner Junge ging ich oft meinen Großvater besuchen. Er gab mir immer das Gefühl, erwachsen zu sein, indem er mir kräftig die Hand schüttelte; nur verlor sich meine zarte kleine Hand in seiner mächtigen Pranke. Und so sah ich den ganzen Mann mit meinen kindlichen Augen: einfach riesenhaft.

Als ich größer wurde, nahm er allmählich normalere Proportionen an – nur seine Hände behielten für mich immer Über-Lebensgröße. Ich weiß noch, wie sich diese riesigen Hände tief, tief in seine Taschen gruben und jedesmal einen Vierteldollar zutage förderten, für den ich mir ein Eis kaufen durfte. Als meine kleinen Brüder geboren wurden, wiegte Großvater sie in seinen Händen, in denen sie praktisch verschwanden. Diese Hände waren auch immer da, um mich aufzuheben, als ich radfahren lernte, und um mich an sich zu drücken, wenn ich Kummer hatte.

Immer wieder wünsche ich mir, diese großen Hände wären noch da, um mich aufzuheben, wenn ich falle.

Mike Hughes

unschätzbaren Hilfsmittels, das die beiden Jungen gefunden haben.

Ein viel anspruchsloseres Beispiel für die Kraft des wiederkehrenden Bildes bietet das nebenstehende «Sprachporträt» eines meiner Schüler, der sich seinen Großvater zum Gegenstand seiner Betrachtung wählte. Vor dem Clustering sollte er sich die gewählte Person so bildlich und lebendig wie möglich vorstellen. Erstaunt stellte er fest, daß sich ein großer Teil seiner Assoziationen auf die Hände des Großvaters bezog (Abb. 33). Anstatt sich dem Sog dieses immer wiederkehrenden Bildes zu entziehen, ließ er zu, daß es sein Sprachporträt beherrschte. Seine Worte haben Kraft, weil das immer wieder aufgenommene Bild der Hände mehr über die Freundlichkeit und Fürsorge des Großvaters aussagt, als eine ausführliche abstrakte Beschreibung es je könnte.

Ein Bild, das so stark in den Vordergrund tritt, wird zu einem *Symbol*, das heißt, es verweist über sich hinaus auf etwas anderes. In Mike Hughes' Sprachporträt werden die Hände des Großvaters zu einem Symbol für Liebe und beschützende Güte. Normalerweise ist uns nicht bewußt, wie sehr wir andere Menschen mit bestimmten Gegenständen oder mit Körperteilen in Verbindung bringen. Das ist das Werk unseres bildlichen Denkens, das solche bildhaften Gedankenverbindungen schafft. So kommen Ihnen vielleicht jedesmal, wenn Sie an Ihre Großmutter denken, Stricknadeln in den Sinn. Ich selbst sehe in Verbindung mit meiner Großmutter stets ein Paar pechschwarzer lebhafter Zigeuneraugen vor mir, die schelmisch blitzten, wenn sie ihren Enkelkindern mit nie erlahmendem Eifer gruselige Gespenstergeschichten erzählte. Sollte ich je ein Porträt meiner Großmutter schrei-

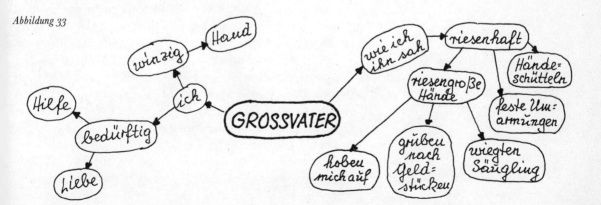

Abbildung 33

ben, dann würde ich als wiederkehrende und einende bildliche Vorstellung diese Augen wählen. Andere Menschen lassen uns vielleicht unwillkürlich an ein Auto, an gefärbtes rotes Haar, an ein bestimmtes Kleidungsstück oder an auffallend zierliche Füße denken.

Worin auch immer die mit einer Person verbundene bildliche Vorstellung bestehen mag, rufen Sie sie sich ins Bewußtsein, indem Sie Ihr bildliches Denken zu Wort kommen lassen und aus seinen Einfällen ein Cluster bilden. Entfalten Sie das gefundene Bild, und lassen Sie es in Ihrem Text mehrmals wiederkehren. Sie erreichen dadurch beim Schreiben Eindringlichkeit und Geschlossenheit, denn das wiederkehrende Element wirkt als einender roter Faden in Ihrem Text.

Übung

Zeichnen Sie auf einer neuen Seite Ihres Skizzenbuches das Sprachporträt eines Menschen, dem Sie starke – positive oder negative – Gefühle entgegenbringen.

1. Legen Sie zunächst um den Kern (PORTRÄT) ein Vorbereitungscluster an, um mehrere Möglichkeiten zur Auswahl zu haben. Vielleicht werden Sie erstaunt feststellen, daß Sie am Ende auf einen Namen stoßen, der Ihnen keineswegs als der naheliegendste erscheint.

2. Bilden Sie nun ein Cluster um den Namen der gewählten Person. Machen Sie so lange weiter, bis ein Bild auftaucht, das Ihnen geeignet erscheint, diesen Menschen zu repräsentieren. (Es können auch mehrere Bilder sein.) Sammeln Sie nun um dieses Bild Assoziationen an, bis der Übergang zum Versuchsnetz und dem in ihm aufscheinenden vorläufigen Sinnzusammenhang eintritt. Sollte das Versuchsnetz mehr als ein Bild enthalten, dann suchen Sie sich eines davon aus. Sollte Ihnen die Entscheidung schwerfallen, bilden Sie rasch ein Cluster um jedes in Frage kommende Bild. Die Ergiebigkeit Ihrer Assoziationen wird Ihnen zeigen, welches der Bilder am besten als Leitmotiv Ihres Porträts geeignet ist.

3. Formulieren Sie nach dem Übergang zum Versuchsnetz eine verdichtete zentrale Aussage, um das Überwechseln vom bildlichen zum begrifflichen Denken einzuleiten. Die zentrale Aussage stützt sich auf die Bedeutungsmuster, die das bildliche Denken zutage gefördert und damit zugänglich gemacht hat. Komprimieren Sie nun das erste grobe Sinngerüst des Ver-

suchsnetzes zu einer zentralen Aussage, die meistens zum Schwerpunkt (oder Leitgedanken) Ihres Textes wird.

4. Fangen Sie nun an, ein Porträt in Worten zu zeichnen. Lassen Sie die gewählte bildliche Vorstellung mehrmals wiederkehren, bis sie zum Symbol für einen bestimmten Zug der geschilderten Person wird – wie die Hände des Großvaters, die in dem zitierten Text seine Liebe und Fürsorge symbolisieren. Dieses Bild ist Ihnen eingefallen, weil es für Ihr bildliches Denken eine Bedeutung hat; da es inzwischen auch Ihrem begrifflichen Denken zugänglich geworden ist, könnten Sie es nun zielstrebig entwickeln.

5. Schließen Sie den Kreis, machen Sie Ihr Porträt zu einem geschlossenen Ganzen. Lesen Sie es sich laut vor, und wenn Sie noch irgend etwas daran stört, dann experimentieren Sie ein wenig. Runden Sie den einheitlichen Klang- und Gefühlseindruck durch entsprechende Änderungen ab.

Nach dem Schreiben

Als Sie sich beim Schreiben auf ein sprachliches Bild konzentrierten und versuchten, es in Worte zu fassen, wurde Ihnen seine Tiefe und Vielschichtigkeit wahrscheinlich erst richtig bewußt. Ein sprachliches Bild ist nie streng eindimensional, sondern eine komplexe Ganzheit, in der Gefühle und verwandte Bilder mitschwingen. Vielleicht haben Sie auch nach weiteren Wörtern gesucht, um dieses Bild auszudrücken, nach Wörtern, die alle irgendeinen Teilaspekt des Bildes erfaßten, das Sie zum Ausdruck bringen wollten. Vielleicht haben Sie in spielerischer Weise mit dem Schließen des Kreises experimentiert, indem Sie das beherrschende Bild an den Anfang und an den Schluß Ihres Textes setzten. Am Ende haben Sie vermutlich erfreut festgestellt, daß tatsächlich ein «Porträt in Worten» entstanden ist.

Wie machen es andere Autoren?
Die Wiederkehr als Gestaltungsprinzip

Diese abschließende Übung gibt Ihnen Gelegenheit, sich beim Schreiben an einem Werk einer Schriftstellerin zu orientieren. Achten Sie dabei vor allem auf die Art und Weise, wie diese Lyrikerin das Stilmittel der Wiederaufnahme handhabt – nicht, um sie nachzuahmen, sondern um selbst schöpferisch damit umgehen zu lernen. Die Eindringlichkeit des Gedichts von Anne Sexton beruht in erster Linie auf der mehrfachen Wiederkehr

Glockengeläut

Und so läuten sie die Glocken
im Irrenhaus,
und das ist die Glockendame,
die jeden Dienstagmorgen kommt,
um uns eine Musikstunde zu geben,
und weil das Personal uns hinschickt
und weil wir ihnen so blind folgen
wie Bienen in einem fremden Stock,
sind wir das Kränzchen der
    verrückten Damen,
die im Tagesraum der Nervenklinik
    sitzen
und diese lächelnde Dame
    anlächeln,
die jeder von uns eine Glocke reicht,
die auf meine Finger deutet,
die meine Glocke halten, *Es,*
und das ist die graue Bluse neben
    mir,
die grummelt, als ob es etwas Beson-
    deres wäre,
alt zu sein, alt zu sein,
und das ist das kleine bucklige
    Eichhörnchenmädchen
an meiner anderen Seite,
das an den Härchen über seiner
    Lippe zupft,
das unentwegt an den Härchen über
    seiner Lippe zupft,
und das ist der wahre Klang der
    Glocken,
so ungebrochen und klar
wie eine geschäftige Küche,
und das hier ist jedesmal meine
    Glocke, die
meinen Fingern antwortet, die der
    Dame antworten,
die auf mich zeigt, *Es,*
und obwohl es uns nicht hilft,
schicken sie uns hin. Und wir gehen.

Anne Sexton

verschiedener Elemente. Lesen Sie es laut, und Sie werden erkennen, daß es mit Ausnahme der letzten Zeile aus einem einzigen langen Satz besteht, der durch die Wiederaufnahme einzelner Wörter – zehnmal «und», mehrmals «Es», «Glocke/Glocken» und «weil» – zusammengehalten wird. Daneben finden wir die Wiederkehr eines Gedankens – die Klarheit der Glockentöne wird gegen die «Verrücktheit» der Frauen gesetzt – und die Wiederkehr sprachlicher Bilder: «alt zu sein, alt zu sein» und «das an den Härchen über seine Lippe zupft».

Das immer wieder aufgenommene «und» weist durch die häufige Wiederholung auf die dumpfe Hoffnungslosigkeit hin, mit der das Ich des Gedichts diese «Lehrstunde» im Glockenläuten über sich ergehen läßt. Die beiden unerwarteten bildhaften Wiederholungen – «das an den Härchen über seiner Lippe zupft» und «alt zu sein, alt zu sein» – lassen dagegen die Unvernunft menschlichen Verhaltens lebendig werden, das im «Irrenhaus» verzerrte Formen angenommen hat. Vor diesem Hintergrund werden fünfmal die «Glocken» erwähnt, die so klingen. Das Bild der Glocken mit ihrem reinen Klang, die hier seelisch gestörten Menschen zu einer absurden Musikstunde in die Hand gedrückt werden, führt uns mit zwingender Kraft das psychische Leiden vor Augen.

Orientieren Sie sich in der folgenden Übung an diesem Gedicht. Es gibt Ihnen eine Form vor, innerhalb derer Sie Ihre eigenen Gedanken, Klänge und wiederkehrenden Bilder entdecken können.

Übung

1. Bilden Sie auf einer neuen Seite Ihres Skizzenbuches ein Cluster um den Ausdruck (UND SO IST ES, WENN . . .), um verschiedene thematische Möglichkeiten zu finden, wie zum Beispiel *. . . man ein Gedicht schreibt, . . . ich eine Orchidee pflanze* oder *. . . sie meditieren.*

2. Überfliegen Sie Ihr Vorbereitungscluster, wählen Sie den Schwerpunkt, der Sie am meisten reizt, und bilden Sie um ihn ein neues Cluster, bis sich der Übergang zum Versuchsnetz einstellt, das Aha-Erlebnis, das einen ersten Sinnzusammenhang offenbart, die Erfahrung «Darüber möchte ich schreiben».

3. Formulieren Sie eine verdichtete zentrale Aussage, in der Sie den vorläufigen Sinnzusammenhang festhalten. Dies ist die Brücke, die vom bildlichen zum begrifflichen Denken führt. Viele schreiben lieber zwei oder drei zentrale Aussagen nieder, um zusätzliche Möglichkeiten zu haben.

4. Beginnen Sie nun mit dem Schreiben. Gehen Sie von der Formel «Und so ist es, wenn...» aus, und benutzen Sie das Wort «und» als grundlegendes wiederkehrendes Element. Schweißen Sie das Ganze zusätzlich durch ein wiederkehrendes Bild (wie Anne Sextons Glocken) zusammen. Nehmen Sie bewußt wahr, wie Sie unablässig hin und herschwingen zwischen der ganzheitlichen Vorstellung des bildlichen Denkens und der Konzentration des begrifflichen Denkens auf Details und Sequenzen und von da aus wieder zurück zu einem klarer umrissenen Ganzen.
5. Beziehen Sie in diesem Text einen klaren Standpunkt. Fragen Sie sich: «Was will ich im ganzen zum Ausdruck bringen?»
6. Achten Sie bewußt auf die Geschlossenheit, die durch das Schließen des Gedankenkreises entsteht. Stellen Sie sie her, indem Sie einen am Anfang erwähnten Gedanken in den Schlußzeilen noch einmal aufnehmen.
7. Lesen Sie sich Ihr Gedicht laut vor, und führen Sie zügig alle Änderungen durch, die das Geschriebene in Ihren Augen verbessern.

Nach dem Schreiben
Sie haben Ihre Assoziationen zu Anne Sextons Gedicht erkundet; lesen Sie nun zum Vergleich den Text einer Schülerin, der es große Mühe bereitet hatte, sich schriftlich auszudrücken, bevor sie das natürliche Schreiben kennenlernte (Abb. 34). Das wiederkehrende «und», durch das die zahllosen Auswirkungen der Armut aneinandergereiht werden, verwebt das Geschriebene zu einem Ganzen. Die Verfasserin vermittelt uns in mehreren sprachlichen Bildern eine Vorstellung des Armseins, und sie kommt darin zu der Ansicht, daß das Leben lebenswert ist, «solange man nur

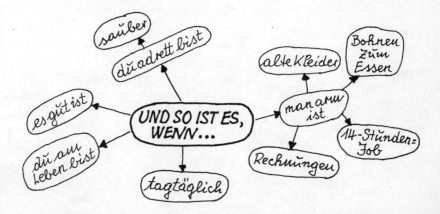

Abbildung 34

sauber und adrett ist». Die Einfachheit des Textes steht in umgekehrtem Verhältnis zu seiner Eindringlichkeit.

Verdichtete Aussagen: 1. Armut kann töten. 2. Armsein heißt nicht, daß das Leben nicht auch schön sein kann.

Alltägliches Leben

Und so ist es, wenn du arm bist und deine Träume so groß sind, daß sie den nächsten Tag nicht überleben; und so ist es, wenn der Briefträger Rechnungen bringt und deine Eltern alle Hände voll zu tun haben, die Miete für den nächsten Monat aufzubringen; und so ist es, wenn du Bohnen kochst, die es als Hauptgericht gibt: morgens, mittags und abends; und so ist es, wenn du deinen Vater am Abend kaputt von seinem Vierzehn-Stunden-Job zurückkommen siehst, und im Morgengrauen macht er sich schon wieder fertig für den neuen Arbeitstag; und so ist es, wenn du deine alten Bluejeans und dein weißes T-Shirt als Sonntagskleider anziehst und deine Mutter dir sagt: «Solange du nur sauber und adrett bist»; und so ist es, wenn du merkst, daß es trotz allem Spaß macht, am Leben zu sein und einen neuen schönen Tag zu erleben.

Georgia Palmer

Zusammenfassung und Ausblick

Das Wiederaufnehmen von Elementen, eines der einfachsten und wirkungsvollsten Stilmittel, hat eine neue Komponente in Ihren Schreibprozeß gebracht. Sie haben mit ihr in diesem Kapitel auf spielerische Weise experimentiert. Entfalten Sie ihre Möglichkeiten weiter in den Texten, die Sie in den folgenden Kapiteln verfassen werden. Spielen und experimentieren Sie mit diesem Gestaltungsprinzip. Seine Wirkungen sind unbegrenzt. Sie können von nun an verschiedene Arten der Wiederaufnahme kultivieren und damit die Sprachmuster wiedergeben, die Ihr bildliches Denken entdeckt, Ihre Texte werden dadurch fließender, ästhetisch ansprechender, lebendiger im Rhythmus und einheitlicher. Klang und Rhythmus des *Ganzen* werden sehr viel stärker hervortreten als zuvor.

Da Ihr «inneres Ohr» nach den Übungen in diesem Kapitel auf die Wiederkehr von Elementen eingestimmt ist, können wir nun zur Wiederaufnahme sprachlicher Rhythmen übergehen, einem noch feineren Instrument, das ich Ihnen im folgenden Kapitel vorführen möchte.

7
Sprachrhythmen –
die Musik in den Worten

Die ersten Gedichte, die ich kennenlernte, waren Kinderverse. Noch bevor ich sie lesen konnte, hatte ich schon ihre Wörter lieben gelernt, die Wörter allein. Wofür sie standen, was sie symbolisierten oder bedeuteten, war nebensächlich. Wichtig war der *Klang*, den sie hatten, als ich sie das erste Mal von den Lippen jener fernen und unverständlichen Erwachsenen vernahm, die aus irgendeinem rätselhaften Grund meine Welt zu bevölkern schienen. Diese Wörter waren für mich wie Glockengeläut, wie die Klänge von Musikinstrumenten, das Geräusch von Wind, Meer und Regen, das Rattern der Milchkarren, das Klappern von Hufen auf Kopfsteinpflaster, das Gefinger von Zweigen auf einer Fensterscheibe – als wäre ich taub geboren und hätte durch ein Wunder plötzlich hören gelernt. Mich interessierte nicht sonderlich, was die Wörter besagten, noch was aus Hänsel und Gretel und all den anderen Märchengeschöpfen wurde, mich interessierten die Lautgestalten, die ihre Namen und die Wörter, mit denen ihre Handlungen bezeichnet wurden, in meinen Ohren erschufen. Mich interessierten die Farben, die die Wörter vor meinen Augen aufleuchten ließen.

Dylan Thomas
‹Notes on the Art of Poetry›

Robert Louis Stevenson hat die Rhythmen der Sätze einmal als «Klangmuster in der Zeit» bezeichnet. Schon vor der Geburt gewöhnen wir uns an den Sprechrhythmus unserer Mutter, und auch im Säuglingsalter wird unser Sprachempfinden im wesentlichen durch ihre Stimme geprägt. Sie ist es zumeist, die uns in den Schlaf wiegt, die uns etwas vorsingt und vorspricht. Später horchen wir entzückt auf die Töne, die wir in unseren ersten Sprechversuchen hervorbringen. Im Kleinkindalter faszinieren uns die starken, eingängigen Rhythmen von Sprüchen und Kinderreimen wie «Backe, backe Kuchen», von Zungenbrechern wie «Fischers Fritz», Abzählreimen wie «Ene mene mu» und Ringelreihen wie «Es geht ein Bi-Ba-Butzemann».

Viele Schriftsteller und Wissenschaftler – so auch der englische Dichter Dylan Thomas – weisen darauf hin, daß wir schon mit einem Verlangen nach den Harmonien, Melodien und Rhythmen der Sprache auf die Welt kommen.

Die Musik in den Worten gehört zum Territorium des bildlichen Denkens. In diesem Kapitel geht es um die *Kadenz*, das rhythmische Fließen der Sprache, das einem Text Kontinuität und Einheit verleiht. Die Übungen, die ich Ihnen auf den folgenden Seiten vorschlagen werde, sollen Sie anleiten, sprachliche Rhythmen als Muster zu erkennen und zu gebrauchen, die etwas ausdrücken. Dieses praktische Training wird Ihr «inneres Ohr», ein Wahrnehmungsmodus des bildlichen Denkens, weiter auf die melodische Wirkung von Sprachmustern einstimmen, die Sie bereits im vorigen Kapitel kennengelernt haben, und Sie zugleich darauf vorbereiten, das «innere Auge», das im Zentrum des achten Kapitels steht, für die Aussagekraft sprachlicher Bilder zu schärfen.

Eine Grundlage des natürlichen Schreibens ist die Tatsache, daß die Sprache multisensorisch, auf mehrere Sinne bezogen ist. Wir sind alle viel zuwenig daran gewöhnt, beim Schreiben zu hören, zu sehen und zu fühlen, weil wir meist so schreiben lernen, als ginge es dabei um eine Tätigkeit, die mit unseren fünf Sinnen nichts zu tun hat. In dem Maße, in dem wir uns die herkömmlichen Regeln des Schreibens aneignen, verlieren wir die naive Freude an der Rhythmik der Sprache. Deshalb wollen wir in diesem Kapitel versuchen, die natürliche Empfänglichkeit des bildlichen Denkens für die grundlegenden Sprachrhythmen und die Verbindung der Wörter zu ästhetisch wirkungsvollen rhythmischen Mustern zu kultivieren. Wir wollen uns darauf konzentrieren, das Gehör für sprachliche Kadenzen neu zu entwickeln. In diesem Prozeß werden Sie zugleich auf den Kern Ihres Schreibens stoßen: auf Ihre *Stimme.*

Stimme – das ist der authentische Klang und Rhythmus, die einzigartige Struktur des Bewußtseins *eines* Menschen, die das Geschriebene prägt und in ihm Gestalt annimmt. In ihr findet das unablässige kooperative Hin- und Herpendeln zwischen bildlichem und begrifflichem Denken in einer Weise Ausdruck, die die Persönlichkeit des Schreibenden erkennbar werden läßt. In der Stimme drückt sich das Wesen eines Menschen aus, ungehindert durch einengende Vorschriften. Alle großen Schriftsteller haben diese unverwechselbare Stimme, die ihre Werke trägt und auf eine eigentümliche Weise färbt.

Der Sprachwissenschaftler Jim Crosswhite kommt in einer Untersuchung zur sprachlichen Ausdrucksfähigkeit amerikanischer Studenten zu dem Ergebnis, daß diese weit mehr als nur Grundkenntnisse des Englischen besäßen und in der Lage seien, die technischen Seiten des Schreibens recht mühelos zu erfassen. Er klagt jedoch darüber, daß ihre Schreibversuche zumeist Selbstsicherheit, Aufrichtigkeit und eine eigene Stimme vermissen ließen. Schreiben «ohne eigene Stimme» könnten wir im Rahmen dieses Buches als ein Schreiben bezeichnen, das in extremer Weise vom begrifflichen Denken geleitet wird. Wenn sich Ihr bildliches Denken am Schreibvorgang beteiligt, gewinnt auch Ihr Schreiben an Echtheit, denn Sie hören dann zugleich mit Ihrem inneren Ohr und sehen mit Ihrem inneren Auge. Wenn wir lernen, unser begriffliches und unser bildliches Denken fruchtbar zusammenarbeiten zu lassen, gewinnen unsere Worte die rhythmische und klangliche Kraft, die Peter Elbow zufolge die eigene Stimme ausmacht: «Die wirkliche Stimme erzeugt Widerhall, läßt die Worte tief eindringen.»

Ihre eigene Stimme zu finden ist das eigentliche Ziel beim Erlernen des natürlichen Schreibens. Beginnen Sie nun, das «kultivierte Hören» zu trainieren, indem Sie die folgenden drei Auszüge

Sprachrhythmen – die Musik in den Worten

aus Werken von Schriftstellern mit einer ausgeprägten eigenen Stimme laut lesen. Der erste Auszug stammt aus Ernest Hemingways Roman ‹Wem die Stunde schlägt›.

Dies ist das Gefühl für Laut und Rhythmus, das weit tiefer reicht als alles bewußte Denken und Fühlen und das jedes Wort mit lebendiger Kraft erfüllt.

T. S. Eliot

Denk an die anderen, die entwischt sind, dachte er. Denk daran, wie sie durch den Wald reiten. Denk daran, wie sie über einen Bach reiten. Denk daran, wie sie durch das Heidekraut reiten. Denk daran, wie sie den Abhang hinaufreiten. Denk daran, daß sie heute abend in Sicherheit sind. Denk daran, daß sie die ganze Nacht hindurch weiterreiten. Denk daran, wie sie sich morgen verstecken werden. Denk an die anderen. Gottverdammich, denk an die anderen! *Jetzt gehts nicht mehr weiter*, sagte er sich.

Von ein paar einfachen Grundsätzen abgesehen, scheint es mir beim Klang und Rhythmus englischer Prosa um Dinge zu gehen, bei denen Autoren wie Leser weniger auf Regeln als auf ihre Ohren vertrauen sollten.

F. L. Lucas
‹Style›

Charakteristisch für die Kadenz der berühmten Hemingwayschen Stimme ist – erstens – die fast bis zum Exzeß getriebene Wiederkehr eines Elements: «Denk daran» erscheint zehnmal. Denken ist jedoch genau das, was dem Protagonisten des Romans unter den gegebenen Umständen äußerst schwerfällt; durch das Stakkato seiner Gedanken hindurch spüren wir seine Panik, die er kaum noch unter Kontrolle zu halten vermag. Zweitens ist Ihnen beim lauten Lesen sicher die Kürze der Sätze aufgefallen. Sie geben den hetzenden, immer wieder unterbrochenen Denkrhythmus eines Mannes wieder, der sich in Lebensgefahr befindet. Drittens empfinden wir diesen Abschnitt als «männlich», weil er keine unnötigen Beschreibungen, keine langgezogenen Linien enthält. Viertens ist die Sprache von elementarer Einfachheit. Alle diese Effekte sind auf eine große Sensibilität für die Kadenz, für den natürlichen Sprachrhythmus zurückzuführen.

Wahrscheinlich haben Sie beim «Hören mit dem inneren Ohr» die meisten dieser charakteristischen Eigenschaften des Hemingwayschen Stils wahrgenommen. Wenn Sie sich selbst beim Lesen aufmerksam zuhören, kann Ihr bildliches Denken gar nicht umhin, die Tönungen und Eigenarten der Sprachrhythmen in sich aufzunehmen.

Als nächstes folgt nun eine Passage aus William Faulkners Roman ‹Das Dorf›. Lesen Sie sie laut, und machen Sie bei jedem Komma eine Pause.

Er war über das mittlere Alter bereits hinaus und hatte mit nichts als guter Gesundheit und einer gewissen verbissenen und puritanischen Gabe zur Entsagung und Ausdauer begonnen und aus dem kleinen verwilderten Stück Bergland, das von ihm zu weniger als einem Dollar pro Morgen erworben worden war, eine ansehnliche Farm gemacht, hatte geheiratet und eine Familie gegründet und sie alle ernährt und gekleidet und in gewisser Weise sogar erzogen, indem er sie wenigstens harte Arbeit lehrte, so daß die Jungen wie Mädchen, sobald sie groß genug waren, ihm zu widersprechen, die Heimat verließen (eine war jetzt ausgebildete Krankenschwester, einer Wahlstimmenfänger eines unbedeutenden Distriktpolitikers, einer Friseur in der Stadt und eine Prostituierte, der Älteste war spurlos verschwunden), und so blieben ihm nur noch die gut instand gehaltene kleine Farm, die ebenfalls bis zur Grenze stummen und unablässigen gegenseitigen Hasses und Widerstandes bearbeitet worden war, die ihn jedoch nicht verlassen konnte und es bis jetzt auch nicht fertiggebracht hatte, ihn zu vertreiben, die wahrscheinlich aber wußte, daß sie ihn überdauern könnte und würde, und außerdem seine Frau, die ihm wohl sehr ähnlich war, vielleicht nicht in der Hoffnung auf Widerstand, aber doch in der Veranlagung und dem Halt, zu entsagen und zu überdauern.

Schreiben *ohne eigene Stimme* wirkt hölzern und tot, weil es weder Klang noch Rhythmus noch Kraft noch Individualität besitzt . . . mit Stimme schreiben heißt so schreiben, daß man den Atem des Verfassers spürt. Einer solchen Sprache ist der frei strömende, lebendige Rhythmus eigen, der das gesprochene Wort bei den meisten Menschen bestimmt, solange ein Gespräch sie interessiert.

Peter Elbow
‹Writing with Power›

Beim Lesen wird Ihnen aufgefallen sein, daß Faulkners Stimme keine der Eigenschaften der Hemingwayschen Schreibweise besitzt. An Stelle des Stakkatos kurzer, abgehackter Sätze treffen wir hier auf die fließenden Kadenzen der außerordentlich langen Sätze Faulkners; tatsächlich besteht der ganze Abschnitt aus einem einzigen langen Satz, der an- und abschwillt wie die düsteren Vorhersagen eines Predigers über den Lohn sündigen Lebens. Außerdem preßt Faulkner mit erstaunlicher Prägnanz die Lebensgeschichte eines Mannes von seiner Jugend bis «über das mittlere Alter hinaus» einschließlich der Schicksale seiner fünf Kinder und einer charakterisierenden Bemerkung über seine Frau in eine kurze, in sich geschlossene «Miniatur». Schließlich ist seine Sprache sehr viel anspruchsvoller als die Hemingways.

Beide Passagen haben jedoch zwei Dinge gemeinsam. Erstens sind sie in ihrer charakteristischen Eigenart unverwechselbar; es ist kaum möglich, einen Auszug aus einem Buch von Hemingway mit einem Abschnitt aus einem Faulknerschen Roman zu verwechseln. Dies beruht vor allem auf der unterschiedlichen Rhythmik der Sprache, die in beiden Fällen eine unverwechselbare Klangwirkung hervorbringt. Zweitens setzen beide Autoren wiederkehrende Elemente ein. Der einende rote Faden ist bei Hemingway das immer wieder aufgenommene «Denk daran» und bei Faulkner die Wörter «Widerstand» und «widersprechen», die in gefühlsverwandten Wendungen wie «entsagen», «verbissen», «überdauern», «gegenseitigen Hasses» und «vertreiben» nachhallen. Verdichtet und veranschaulicht die Wiederaufnahme bei Hemingway den Gemütszustand eines Mannes, der in einer lebensgefährlichen Situation verzweifelt versucht, Gelassenheit und Ruhe zu bewahren, so rundet die Wiederaufnahme bei Faulkner den Abschnitt zu einem einheitlichen, standfesten Ganzen. Und tatsächlich wird ja in Faulkners Schilderung eines Mannes, der mit nichts und niemand im Einklang lebt, so viel Widerstand und Widerstreben, so viel Standfestigkeit, Erdulden und Ertragen spürbar, daß sich der Leser der negativen emotionalen Wirkung kaum entziehen kann.

Die Kadenzen und Klangwirkungen, die Sie in den beiden Romanauszügen fühlten und hörten, folgen dem natürlichen individuellen Rhythmus jedes der beiden Schriftsteller und gewinnen dadurch Ausdruckskraft. Wenn Sie Ihr bildliches Denken mit Hilfe der Verfahren, die ich in diesen Kapiteln vorstelle, mehr und mehr am Schreibprozeß teilnehmen lassen, wird sich Ihre innere Stimme zu Wort melden und ihre eigenen Kadenzen und Klänge hervorbringen.

Nun kommen wir noch zu einer charakteristischen Passage aus Gertrude Steins ‹ *The World Is Round*›.

Hören Sie auf diesen Text, indem Sie ihn laut lesen.

Aber Berge ja Rose dachte wirklich an Berge und blau als es auf den Bergen war und Federn als Wolken wie Federn auf den Bergen waren und Vögel als ein kleiner Vogel und zwei kleine Vögel und drei und vier und sechs und sieben und zehn und siebzehn und dreißig und vierzig kleine Vögel geflogen kamen und ein großer Vogel geflogen kam und sie flogen höher als der große Vogel und sie kamen herunter und einer und dann zwei und dann fünf und dann fünfzig von ihnen kamen zu dem großen Vogel herunter und hackten ihm in den Kopf und langsam kam der große Vogel heruntergefallen zwischen die Berge und all die kleinen Vögel flogen wieder nach Hause.

Wenn Sie mit dem «inneren Ohr» aufmerksam zugehört haben, dann hat Sie dieser Ausschnitt wahrscheinlich an die früher zitierte Passage aus dem Roman ‹ *Ulysses*› erinnert, denn James Joyce wie Gertrude Stein experimentieren hier mit ähnlichen

Techniken, um den «Strom des Bewußtseins» wiederzugeben. In dem zitierten Abschnitt aus ‹The World Is Round› handelt es sich wie bei Faulkner um die Kadenzen eines einzigen langen Satzes; und dennoch gleichen die beiden sich in nichts. Bei Faulkner dämmt die sorgfältige Interpunktion den gewaltigen Sprachstrom ein; klangvoll und getragen steigt und fällt die Erzählung. Ganz anders der Text von Gertrude Stein, der ungestüm und ohne Unterbrechung voraneilt und nur durch zahlreiche «und» und durch die ineinandergreifenden Muster wiederkehrender Wörter zusammengehalten wird: «Vögel», «Berge», «herunter», «flogen / geflogen», «Federn» tauchen immer wieder auf und geben der Passage einen eigenen wechselnden Rhythmus. Gertrude Stein hat ihre Schreibtechnik einmal mit einem Filmstreifen verglichen, der in rhythmischem Fluß eine bewegte Folge von Momentaufnahmen wiedergibt.

In diesem Kapitel legen Sie den vierten großen Schritt auf den Weg zum natürlichen Schreiben zurück: Sie lernen, über die vordergründige Darstellung des Inhalts hinaus auf sprachliche Muster zu achten und auf die Art und Weise, wie sie dem Inhalt eine tiefere Bedeutung geben. Genaues Hinhören auf die rhythmischen Verläufe einer eigenständigen dichterischen Stimme wie der Gertrude Steins stimmt Ihr Ohr auf die feinen Nuancen der Kadenzen ein und lehrt Sie allmählich, zwischen Klangreichtum und Eintönigkeit zu unterscheiden. Wenn Sie die Übungen in diesem Kapitel nachvollzogen haben, werden Sie in der Lage sein, dichtere, ausdrucksstärkere Texte zu schreiben. Die Sprachrhythmen Faulkners, Hemingways oder Steins können Ihnen dabei als Ausgangspunkt dienen.

Den meisten steht beim Sprechen eine breite Palette von Ausdrucksmöglichkeiten zur Verfügung. Beim Schreiben dagegen verharren sie auf der Stufe konventioneller Gestaltung. Sie bringen es nicht fertig, auch in der geschriebenen Sprache subtile rhythmische Schattierungen hörbar zu machen. Sie können diese Blockierung überwinden, wenn Sie lernen, mit dem «inneren Ohr» zu hören: Hören Sie beim Lesen auf die Worte, hören Sie auf die Stimmen der Fernsehkommentatoren, nicht nur auf das, was sie sagen, sondern auf das Steigen und Fallen der Sprache, und hören Sie in den nun folgenden Modellsätzen und ihren Nachbildungen intensiv auf den Sprachrhythmus.

Binnen weniger Tage nach der Geburt beugt der Säugling seine Glieder und bewegt den Kopf im Rhythmus der Sprachäußerungen, die er um sich herum hört.

Paul Bohannon
Science, Oktober 1980

Sätze als rhythmisch gegliederte Mini-Einheiten

So wie das Wiederaufnehmen von Elementen das bildliche Denken auf sinnhaltige Sprachmuster aufmerksam macht, so erfreuen die ästhetischen Eigenschaften bestimmter wiederholter und wiederholender rhythmischer Figuren in einem Satz das «innere Ohr» und verleihen einem Text Ganzheitlichkeit. Vor einigen Jahren erkannte ich, daß Studenten, die solche sprachlichen Rhythmen nicht zu *hören* vermögen, auch durch noch so eifrig betriebene grammatische Analysen nicht lernen, sie schreibend nachzubilden. Deshalb ließ ich meine Schüler Sprachrhythmen an Hand sehr kurzer Textpassagen nachempfinden, so daß sie ihr «inneres Ohr» an Einzelsätzen schulen konnten.

Wir begannen mit der einfachsten und zugleich wirkungsvollsten rhythmischen Form, dem Parallelrhythmus. Das dem Parallelrhythmus zugrunde liegende Prinzip des begrifflichen Denkens ist simpel: Gleichartige Wörter und Ausdrücke gesellen sich zueinander – Hauptwort zu Hauptwort, Zeitwort zu Zeitwort und so weiter. Zum Beispiel:

o Feuer, Wasser, Luft und Erde . . . (Hauptwörter)
o Alles rettet, rennt, flüchtet . . . (Zeitwörter)
o Er sprach von der Tyrannei, von der Armut, von der Krankheit und vom Krieg. (Wortgruppen)

Der Reiz, den solche Parallelrhythmen auf das Muster hervorbringende bildliche Denken ausüben, beruht jedoch auf einer viel tiefer reichenden emotionalen und ästhetischen Befriedigung. Die Strukturen der Parallelrhythmen haben nicht nur grammatische Bedeutung, sondern prägen sich über das Hören wirkungsvoll ein. Meine Schüler lernten, ihrem «inneren Ohr» mehr zu vertrauen als festen Regeln. Ich möchte Ihnen jetzt einige ihrer Nachschöpfungen vorstellen.

Beginnen wir mit einer einfachen Parallelform aus einem Zitat des Schriftstellers Sam Keen, dem mehrere Nachbildungen folgen. Lesen Sie die Originalsätze laut, um Ihr Ohr für die Ähnlichkeit zwischen Vorbild und Nachahmung zu schärfen.

Originalsatz
Ich bin es leid, stur, hart, verkrampft und kontrolliert zu sein, um mich vor dem Neuen zu schützen.

Sam Keen, ‹ *To a Dancing God* ›

Dieser einfache Satz gewinnt seine Kraft aus dem heftigen Rhythmus, der durch die konzentrierte Aneinanderreihung von vier ähnlichen Gefühlszuständen entsteht, die dann überraschend in «um mich vor dem Neuen zu schützen» ausläuft.

Bevor die Schüler darangingen, das Original nachzubilden, nahmen sie sich eine halbe Minute Zeit, um ein großes Cluster zu bilden, wie etwa das folgende.

Abbildung 35

Sobald die Schüler einen Schwerpunkt (den Kern des Clusters) und ein paar Verknüpfungsmöglichkeiten (die um den Kern gruppierten Ideen) gefunden hatten, brauchten sie den sich abzeichnenden Inhalt nur noch im Rhythmus des Originalsatzes anzuordnen. Da sie nicht mit in sich geschlossenen «Miniaturen», sondern nur mit Einzelsätzen arbeiteten, waren der Übergang zum Versuchsnetz und die Formulierung von zentralen Aussagen nicht notwendig. Hier nun einige Proben von Schülern, die Keens Parallelrhythmus nachschufen.

Nachbildungen von Schülern

Ich bin es leid, ausgenutzt, schlecht behandelt, nicht gewürdigt, mißachtet zu werden von all den Schnorrern, die herumlaufen.

Ich bin es leid, kontrolliert, überwacht, verfolgt, zur Anpassung gezwungen zu werden von denen, die sich meine Freunde nennen.

Ich hab es satt, gegängelt, eingeengt, angetrieben und beherrscht zu werden von den Traditionen der Vergangenheit.

Ich habe Angst, ratlos, hoffnungslos und verlassen nagender Einsamkeit preisgegeben zu sein.

Übung
Nehmen Sie nun Ihr Skizzenbuch und einen Stift zur Hand, und erleben Sie selbst die Intensität der Parallelform. Nehmen Sie Sam Keens Satz zum Vorbild.

1. Lesen Sie den Modellsatz noch einmal laut.
2. Suchen Sie durch schnelles Zusammentragen eines Clusters einen Inhalt für Ihren Satz. Wählen Sie ICH BIN ES LEID . . . oder eine ähnliche Wendung, die für Sie Bedeutung hat, als Kern des Clusters.
3. Schreiben Sie nun einen Satz (oder auch mehrere Sätze) nach Sam Keens Vorbild, und ziehen Sie dazu alle geeigneten Elemente Ihres Clusters heran.
4. Lesen Sie Ihren Text laut, und hören Sie dabei auf den Rhythmus.

Der nächste Modellsatz stammt aus den Anfangszeilen eines Gedichts des zeitgenössischen amerikanischen Lyrikers und Romanautors Al Young. Er erreicht darin eine hohe Verdichtung und ästhetische Einheit, indem er eine Fülle paralleler Hauptwörter anhäuft, die zu metaphorischen Entsprechungen der Traurigkeit werden: «Düsternis», «Ekel», «Fäulnis», «Erschlaffen» und «Kälte».

Original
Es ist eine Traurigkeit in der Welt, eine Düsternis, ein Ekel in der Kehle, eine Fäulnis im Atem, ein betrübtes Erschlaffen des Penis, eine Kälte im Blut, die schmerzt.

Al Young, ‹ There Is a Sadness ›

Nachbildungen von Schülern

Es ist eine Ruhe in diesem Zimmer, eine Geräuschlosigkeit, eine Stille im Ohr, ein Schweigen auf den Lippen, eine sanfte Abkehr der Augen, eine Wärme im Körper, die entspannt.

Es ist eine Leere in dieser Beziehung, eine Hohlheit, eine Nichtigkeit, eine Unschärfe des Bewußtseins, ein Rückzug in Verdrossenheit, eine Eiseskälte im Herzen, die wehtut.

Es ist Elektrizität in der Berührung, eine Intensität, ein Erschauern des Arms, ein Erahnen des Unbekannten, eine Woge von Macht, die erotisch ist.

Übung

Versuchen Sie, in Ihrem Skizzenbuch die rhythmische Bewegung von Al Youngs Modellsatz nachzuahmen.

1. Bilden Sie rasch ein Cluster um den Kern (ES IST EIN(E) . .), so daß Sie einen Schwerpunkt und Vorstellungsbilder finden.
2. Schreiben Sie nun nach dem Youngschen Vorbild einen Satz (wenn Sie wollen, mehrere Sätze), und verwenden Sie dazu alle Teile Ihres Clusters, die Ihnen passend erscheinen.
3. Lesen Sie Ihre Sätze laut, und hören Sie sie dabei aufmerksam mit dem «inneren Ohr» an. Ändern Sie alles, was die Kadenzen verbessert und verstärkt.

Der dritte Modellsatz ist komplexer, da er sowohl parallele als auch Balance-Elemente enthält. Balancerhythmen lassen uns an eine altmodische Waage denken: Was an Bedeutungsbrocken auf der linken Waagschale liegt, findet auf der rechten sein Gegengewicht. Mit anderen Worten: Die verschiedenen Satzteile sind gleich gebaut und bilden zusammen ein Ganzes. Wie die Parallelform gibt auch der Balancerhythmus einem Text Dichte und Zusammenhang. Wenn die einzelnen Gedanken eines im Balancerhythmus fließenden Satzes miteinander übereinstimmen, dann verstärken sie sich gegenseitig; widersprechen sie sich, dann entsteht eine Spannung. Die folgenden Beispiele zeigen dies:

«Reden ist Silber, Schweigen ist Gold», oder, wie ich lieber sagen möchte, «Rede ist von der Zeit, Schweigen von der Ewigkeit».

Thomas Carlyle, ‹Sartor Resartus›

Wir wollen niemals verhandeln, weil wir uns fürchten, aber wir wollen uns auch nicht davor fürchten zu verhandeln.

John F. Kennedy, Antrittsrede

Und deshalb . . . fragt nicht, was euer Land für euch tun kann, sondern fragt, was ihr für euer Land tun könnt.

John F. Kennedy, Antrittsrede

Die drei parallelen Elemente des folgenden Modellsatzes lauten: «Beruf, aber», «Wissen, aber» und «Gedanken, aber». Jedem von ihnen ist ein Ausdruck zugeordnet, der ein Gleichgewicht schafft.

Ich hatte einen Beruf, aber keine Berufung, Wissen, aber keine Einsicht, Gedanken, aber nur wenig Gefühl.

Sam Keen, ‹To a Dancing God›

Nachbildungen von Schülern

Ich hatte Gefühle, aber niemanden, dem ich sie mitteilen konnte, Gedanken, aber nicht die Fähigkeit, sie auszudrücken, Überzeugungen, aber keine Möglichkeit, sie mir von der Seele zu reden.

Ich hatte Geheimnisse, aber niemanden, dem ich sie verraten konnte, Träume, aber keine Realität, Zukunftsvisionen, aber kein Schicksal.

Ich hatte eine Ausbildung, aber nichts zu lehren, Antworten, aber keine Fragen, Religion, aber nur wenige Überzeugungen.

Ich hatte einen Traum, aber kein Ziel, Fähigkeiten, aber keine Entschlußkraft, Stärke, aber nur wenig Mut.

Übung
Schreiben Sie nach Keens Vorbild Sätze auf eine neue Seite Ihres Skizzenbuches, die Kombinationen aus Parallel- und Balancerhythmen enthalten.

1. Lesen Sie den Satz von Sam Keen noch einmal, damit Ihr «inneres Ohr» sich auf den Rhythmus einstellen kann.
2. Bilden Sie um den Kern ICH HATTE . . . oder ICH HABE . . ein Cluster, damit Sie einen Schwerpunkt finden und verschiedene Assoziationen zur Verfügung haben, zwischen denen Sie wählen können.
3. Bilden Sie nun selbst Sätze, und folgen Sie dabei der Rhythmik des Modellsatzes.
4. Lesen Sie Ihre Sätze laut, und bringen Sie rasch alle Änderungen an, die den Rhythmus fließender machen und den Sinn deutlicher werden lassen.

Bevor wir zu etwas komplizierteren Rhythmisierungsübungen übergehen, möchte ich Sie noch einmal darauf hinweisen, daß Ihr bildliches und Ihr begriffliches Denken bei diesen Übungen zusammengearbeitet und gemeinsam eine komplexe Tätigkeit – die

Verarbeitung sprachlicher Symbole – vollbracht haben. Das bildliche Denken hält die rhythmische Schwingung eines vorgegebenen Satzes als Ganzes im Bewußtsein fest – es hört sie sozusagen mit dem «inneren Ohr» – und trägt in Gedanken blitzschnell Einfälle zusammen, die als Schwerpunkt dienen. Dann schreibt das auf logische Gliederung spezialisierte begriffliche Denken, immer orientiert an dem nachhallenden rhythmischen Muster, das das bildliche Denken erfaßt hat, den Satz nieder. Wenn wir unser bildliches Denken mit seiner Empfänglichkeit für die Rhythmen und Muster der Sprache in den Schreibprozeß einbeziehen, erwacht in uns die Fähigkeit, kraftvolle, bildreiche, eindringliche Sätze zu bilden.

Ich möchte Ihnen deshalb sehr empfehlen, Ihr neu erworbenes Empfinden für Parallel- und Balancerhythmen weiter zu verfeinern, indem Sie bei allem, was Sie lesen, nach ihnen Ausschau halten. Sie werden überrascht sein, wie oft sie in sorgfältig formulierten Texten vorkommen! Wenn Sie einen rhythmisch besonders gut gelungenen Satz entdecken, schreiben Sie ihn in Ihr Skizzenbuch, und nehmen Sie ihn als Vorlage für eigene Sätze. Einer meiner Schüler, der sehr ausgiebig Parallelrhythmen geübt hatte, brachte sein rhythmisches Gespür mit Gewinn in die Aufgabe ein, sich selbst zu beschreiben:

> In meinen schlimmsten Alpträumen bin ich Mr. Smith, ein leitender Verwaltungsbeamter oder Manager, der eisern Tag für Tag auf seinem Sessel sitzt, korrekt Anzug und Krawatte trägt, für eine gesichtslose Bürokratie stupide Arbeiten verrichtet, sich in den Stoßzeiten durch den Verkehr kämpft, zur Unterhaltung die populärsten Fernsehsendungen sieht, zum Vorwärtskommen Parties und Gesellschaften besucht und dann seinen Ruhestand mit Golf und Bingo ausfüllt.
> In meinen schönsten Träumen . . .

Die Anhäufung «schlimmer» Vorstellungen vermittelt einen lebhaften Eindruck dessen, was diesem Schreiber verhaßt ist. Doch dem Bild, das er in seinen bedrückendsten Träumen entwirft, steht das Leben gegenüber, wie es ihm in seinen schönsten Träumen erscheint.

Werden Sie sich nun selbst über Ihre schlimmsten und angenehmsten «Träume» klar, indem Sie ein Cluster bilden und anschließend eine kurze Selbstcharakterisierung schreiben.

Übung

1. Tragen Sie auf einer neuen Seite des Skizzenbuches Ihre Einfälle zu

IN MEINEN SCHLIMMSTEN ALPTRÄUMEN ...   und   IN MEINEN SCHÖNSTEN TRÄUMEN ...

zusammen. Nehmen Sie sich für die beiden Cluster wenigstens fünf Minuten Zeit, so daß Sie für das Schreiben genügend Assoziationen zur Verfügung haben und über das Nächstliegende hinauskommen.

2. Schreiben Sie nun etwa eine Viertelstunde lang Ihren Text. Orientieren Sie sich dabei an dem aus Parallelformen entstandenen Satzmuster des oben abgedruckten Schülertextes. Die Schilderung der guten wie der bösen Träume soll durchweg durch solche gereihten, parallelen Muster bestimmt sein.

3. Lesen Sie sich Ihren Text laut vor. Die Gedrängtheit, die durch das Aneinanderreihen paralleler Elemente zustande kommt, gestattet Ihnen, auf knappem Raum viel über sich mitzuteilen – und auf elegante Weise Verbesserungen anzubringen, falls es notwendig sein sollte.

Die folgenden Modellsätze, denen jeweils ein Schülertext folgt, werden Sie vielleicht dazu anregen, die Sensibilität Ihres «inneren Ohrs» zu kultivieren.

Modell

Und ich habe gelernt, wie ich mit ihr leben muß, habe gelernt, wann ich mit ihr rechnen, wie ich sie überlisten, ja sogar, wie ich sie achten muß, wenn sie sich, mehr Freund als ungebetener Gast, schließlich doch einstellt. Wir sind zu einer Art Übereinstimmung gelangt, meine Migräne und ich.

Joan Didion, ‹In Bed›

Nachbildung eines Schülers

Und ich habe gelernt, sie zu verstehen, sie im Gedächtnis zu behalten, mich auf sie zu freuen, mich an ihren Bildern zu wärmen, sie mehr als Freunde denn Feinde anzunehmen. Wir haben einander erstaunt, meine Träume und ich.

Wenn Sie noch mehr Übung im Nachempfinden von Sprachrhythmen bekommen wollen, können Sie die folgenden Texte als Vorlagen verwenden.

Er begann mißtrauisch zu werden über meinen Mangel an Aufregung, Neugier, Überraschung und jedem betonten Interesse.

Joseph Conrad, ‹Der heimliche Teilhaber›

Sie hatten mir ein Dickicht, eine Wüste zurückgelassen, eine Steppe, in welcher ich Aussicht hatte, verhungern und verdursten zu müssen, vernichtet zu werden.

Thomas Bernhard, ‹Die Kälte›

In diesem Traum sah ich etwas, das mit Augen nicht zu sehen ist, und ich hörte etwas, das mit Ohren nicht zu hören ist, und ich fühlte etwas, was mit einem Leib nicht zu fühlen ist, weder mit eigenem Geist noch mit eigener Seele oder mit Ahnung oder Phantasie zu erkennen – ich sah und hörte und fühlte Freiheit . . .

Ernst Herhaus, ‹Kapitulation›

Das lange untätige Herumsitzen bei sich im Zimmer. Dieses Starren auf den einen Fleck, den es nicht gab, aber das Starren war da. Es war verworren, knotig, hing mit allem zusammen, mit Gerald und mit Rainer, doch nicht so, daß das eindeutig genug gewesen wäre, um es vor sie hinzustellen und zu sagen, sieh dir das mal an, hier diesen Knoten, auf diese Art geknüpft, und hier diesen Knoten, auf diese Art geknüpft, zusammengenommen ein einziges widersprüchliches Geflecht aus vielen Knoten, Antworten, Gegenantworten, Rechtfertigungen und Vorstellungen, Erlebnissen, Wunschbildern und Absichten, die versteckt gehalten wurden. Daß einer von ihnen darin sich völlig verfängt, zappelt und hängenbleibt, eine winzig kleine, kaum deutlich sichtbare Figur mit einem kleinen weißen Körper, ein kleiner, weißer, nackter Körper mit kleinen weißen nackten Armen, kleinen weißen nackten Beinen, die sich in dem Geflecht verfangen hatten. Sie. Einer mußte schließlich auf der Strecke bleiben. Sie. Das war gleichsam abgemacht. Und sie war es.

Rolf Dieter Brinkmann, ‹Keiner weiß mehr›

Es ist ein Gesicht, das wir einmal in einer Menge sahen, und das uns sofort entschwand: blickendes Aug und lächelndes Antlitz, das in einer Eisenbahn an uns vorbeifuhr. Es ist die Schneeluft, die an einem bestimmten Abend in der Dämmerung lauerte; es ist das Lachen einer Frau auf einer sommerlichen Straße, vor vielen Jahren gehört; es ist das Andenken an einen einmaligen Mond, der aufgehend am Rand eines dunklen Kiefernwalds stand im alten Oktober. Und all unsere Leben sind beschrieben mit dem Gezettel eines Blatts an einem Zweig, an dem der Wind zerrte . . . mit dem Sich-auf-tun einer Tür, und mit einem Stein.

Thomas Wolfe, ‹*Von Zeit und Strom*›

Das Gedicht als rhythmische Einheit

Die rechte Gehirnhälfte ist, wie wir wissen, mehr auf rhythmische Ganzheiten als auf ihre Teile, mehr auf visuelle Ganzheiten als auf Bruchstücke eingestellt. Die Art, wie ein Gedicht auf dem Papier erscheint, spricht durch ihre rhythmisch-visuelle Gliederung das bildliche Denken an. Es gibt Gedichte, die einen so ausgeprägten Rhythmus haben, daß alle ihre Teile unauflöslich in die große rhythmische Bewegung eingepaßt sind, e. e. cummings' ‹*Porträt VIII*› liefert uns dafür ein Beispiel. Der Dichter lenkt den rhythmischen Fluß des Gedichts durch die Art, wie er es optisch auf die Seite verteilt; die Anordnung ist so klar, daß noch nicht einmal Satzzeichen nötig sind, um dem Leser den Text zu erschließen. Lesen Sie das Gedicht laut, und achten Sie dabei auf die optische Verteilung der Worte. Mit jedem Zeilenende signalisiert cummings eine Pause.

> *Porträt VIII*
> Buffalo Bill ist
> gestorben
> > ritt immer
> > einen wasserweich-silbernen
> > > > Hengst
> und schoß einzweidreivierfünf Taubeneinfachso
> > > > > Jesus
> er war ein stattlicher Mann
> > > und was ich wissen will ist
> wie gefällt dir dein geliebter Junge
> Herr Tod

In seiner Nachbildung mit dem Titel ‹*Porträt VIII 1/2*› behält Bill Irwin, einer meiner Schüler, nicht nur den Rhythmus des cummingschen Gedichts bei, sondern beweist auch ein scharfes Gehör für die exzentrische Wortwahl des Lyrikers. Er hatte so viel von cummings gelesen, daß sein bildliches Denken cummings' charakteristische Kadenzen und Ausdrucksweisen in sich aufgenommen hatte. Beispielsweise stammen unter anderem die beiden Ausdrücke «Betriebsnudeln» und «mit Dong und mit Ding» aus anderen Gedichten von cummings. Als Ganzes beschwört das Gedicht des Schülers auf deutliche und amüsante Weise den Stil e. e. cummings' herauf.

> *Porträt VIII 1/2*
> e. e. irgendwer
> von Betriebsnudeln begraben
>
> wünschte immer
> ja April mit einem Du
> und einem Ich
> und schrieb einszweidreivierfünf Gedichte einfachso
> mit Dong und mit Ding
> er war ein scharfsichtiger Mann
> und was ich wissen will ist
> wo steckt er jetzt wenn wir ihn brauchen
> Herr Tod
>
> Bill Irwin

Ein weiteres Beispiel für einen ausgeprägten Rhythmus, der eine unauflösliche Ganzheit hervorbringt, finden wir in D. H. Lawrences Gedicht ‹*Bayrischer Enzian*›, einem Gedicht über seinen herannahenden Tod, entstanden in den letzten Tagen seines Lebens. Lesen Sie das Gedicht laut, lesen Sie langsam, und heben Sie dabei die feierlichen, volltönenden Kadenzen hervor – als ob es ein Gebet wäre. Die getragenen Kadenzen geben dem Gedicht eine Stimmung düsterer Erhabenheit. Stolz beugt sich der Dichter der schrecklichen Schönheit des Todes; sie wird noch eindringlicher durch die Erwähnung Plutos, des griechischen Gottes der Unterwelt, und seiner geraubten Gemahlin Persephone. Durch die feierlichen Worte und Sprachrhythmen dieses Gedichts verwandelt Lawrence die Angst des sterblichen Menschen vor dem Tod in eine würdevolle Hochzeit «der lebenden Schatten».

> *Bayrischer Enzian*
>
> Es nennt nicht jeder Enzian sein eigen
> am sanft septemberlichen trauerschweren Michaelitag.
> Blauer Enzian, lang und dunkel, bares Dunkel
> fackelgleich den Tag in das schwadige Blau der Finsternis
> Plutos tauchend,

gerippte Höllenblumen reckend, deren dunkel loderndes Blau
die weiße Brise des Tages zerweht.
Fackelblumen blauschwadigen Dunkels, des Pluto tiefblauer
    Lohe,
schwarze Lampen aus den Hallen des Dis, die tiefblauen
    Schwaden
verströmen, Dunkel, blaues Dunkel, in Demeters blaßgelben
    Tag.
Gebt mir einen Enzian, eine Fackel!
Laßt Geleit mir sein die blaue gegabelte Fackel der Blume
den Weg aus Stufen hinab in die Nacht aus Blau und Bläue
den Weg, den Persephone geht, jetzt, im ersten Septemberfrost
in das Schattenreich, wo Dunkelheit sich mit Dunkel vermählt
und Persephone selbst nur eine Stimme ist, die Braut
ein unsichtbarer Schatten, umfangen vom tieferen Dunkel
der Arme Plutos, der ein weiteres Mal den Raub vollzieht
und mit der ganzen Glut des Dunkelsten in sie dringt
im Scheine schwarzblauer Fackeln, die in uferloses Dunkel das
    Brautpaar tauchen.
Gebt mir eine langgestielte Blüte und drei dunkle Flammen,
denn ich will gehn, um als Gast zugegen zu sein
bei der Hochzeit der lebenden Schatten.

Der getragene Rhythmus des Gedichts entsteht durch seine Fülle
von Parallelkonstruktionen wie «Fackelblumen blauschwadigen
Dunkels, des Pluto tiefblauer Lohe, / schwarze Lampen aus den
Hallen des Dis, die tiefblaue Schwaden / verströmen, Dunkel,
blaues Dunkel», durch die häufige Wiederkehr so schwerklingen-
der Worte wie «Dunkel/Dunkelheit/Dunkelstes», «Fackel» oder
«tiefblau/schwarzblau/blauschwadig» und das vielfache Wieder-
erklingen von Lauten wie «d», «o» und «u», die den Fluß der
Kadenzen verlangsamen. Beim lauten Lesen ist unüberhörbar,
wie ernst dieses Gedicht ist.
In einem Kursus bat ich meine Schüler, dieses Gedicht nachzubilden. Zu meiner Überraschung lieferte eine Frau statt der er-
warteten gemessenen Verse das Gedicht ‹Enzian Filter extralang› ab,
in dem sie die getragenen, klangvollen Kadenzen zwar beibehielt,
ihnen aber ein triviales Thema unterlegte. So schuf sie eine erfri-
schende Parodie: Indem sie den wie Orgelspiel brausenden Kadenzen des Lawrenceschen Gedichts etwas so Banales wie Zigaret-
tenreklamen unterschob, zog sie die bis ins Absurde getriebenen
Behauptungen der Zigarettenindustrie ins Lächerliche.

Enzian Filter extralang

Es nennt nicht jeder Enzian sein eigen
im funkelnden Frühjahr, zum safranduftenden Lawrentiustag.
Virginia-Enzian, lang und mild, so mild,
krönt die laue Luft mit extramildem Aroma.
Superlange mit Filter locken dich hinab,
Millimeter um Millimeter, Genuß um Genuß.
Reyno führt den frischesten Frühling herein, die bronchien-
    kühlende Frische,
läßt Mentholblumen blühn, verdünnt Teer und Nikotin,
aber ich suche die Würze, den echten Geschmack.
Schwaden blauglühender Enziandüfte durchweben die Luft,
führt mich, führt mich zum vollen Geschmack!
Reich mir eine Enzian, gib mir eine Zigarette!
Ich ginge meilenweit für eine Camel,
aromatische Blume du, geleite mich hinunter,
vorbei an des Gesundheitsministers Warnruf,
durch des Krebses wuchernden Krater
in der Marlboro Heiligtum, wo der starke Geschmack zu
    Hause ist
und der Enzian noch so schmeckt, wie er schmecken muß.
Ich gehe ein ins blaudunstige Nirwana . . .
Amen, Gebt mir mehr von dem Stoff.

Susan Jones

Diese Parodie geht über das bloße Nachschreiben hinaus. Sie regt uns gerade dadurch zum Lachen an, daß sie die sonoren Kadenzen des Originals getreulich nachahmt, sie aber mit Plattheiten füllt. Diese Schreiberin besitzt ein sensibles Ohr für die Rhythmen der Sprache – und einen wunderbaren Humor.

Nun sind Sie an der Reihe, Ihr vom bildlichen Denken geleitetes vertieftes Verständnis für die musikalische Wirkung der Worte zu üben. Versuchen Sie, das Gedicht von e. e. cummings nachzubilden. Sie können es in formaler wie inhaltlicher Hinsicht als Modell verwenden oder sich von ihm zu einer Parodie anregen lassen, in der Sie den Rhythmus des Gedichts mit einem banalen Stoff verbinden.

Übung
Lesen Sie zuerst das Gedicht von cummings mehrmals laut.

1. Bilden Sie auf einer neuen Seite Ihres Skizzenbuches ein Vorbereitungscluster um den Kern (PORTRÄT DER/DES . .), um

geeignete Personen zu finden, die für eine Charakterisierung nach cummings' Vorbild in Frage kommen. Das Vorbereitungscluster eröffnet Ihnen verschiedene Möglichkeiten, zwischen denen Sie wählen können. Oft weist es Sie auf Menschen hin, auf die Ihr begriffliches Denken niemals gekommen wäre, vielleicht Albert Einstein, Caroline Schlegel, Petra Kelly, Picasso oder Michelangelo – es gibt so viele Möglichkeiten wie Sand am Meer, und Sie haben jedesmal die Wahl zwischen einem ernsthaften Porträt und einer Parodie. Doch Sie müssen sich selbst entscheiden und sollten auf jeden Fall eine Person wählen, die tieferes Interesse oder gefühlsmäßige Anteilnahme in Ihnen weckt.

2. Haben Sie eine Person gefunden, die Sie charakterisieren wollen, dann nehmen Sie ihren Namen als Kern, und tragen Sie um ihn ein oder zwei Minuten lang Ihre Assoziationen in einem Cluster zusammen, bis sich beim Übergang zum Versuchsnetz ein vorläufiger Sinnzusammenhang und mit ihm ein Schwerpunkt einstellt.

3. Bringen Sie Ihr begriffliches Denken ins Spiel, indem Sie eine klare zentrale Aussage formulieren, die sich auf die im Versuchsnetz aufscheinende Vision des bildlichen Denkens stützt.

4. Spielen Sie nun mit dem auf diese Weise gefundenen Inhalt, indem Sie ihn dem Rhythmus von cummings' Gedicht anpassen. Lassen Sie sich ruhig Zeit. Manchen von Ihnen wird eine Viertelstunde genügen; andere werden sich viel länger in das Schreiben vertiefen wollen. Schreiben Sie zu Ihrem eigenen Vergnügen. Ob Sie nun mit einer humoristischen oder einer ernsthaften Intention an diese Aufgabe herangehen, werden Sie dabei doch auf jeden Fall nach und nach die sprachlichen Rhythmen und das Thema zu einem harmonischen Ganzen vereinen. Werfen Sie immer wieder einen Blick auf das Original, um seine Kadenzen, das Steigen und Fallen der Sprache in sich aufzunehmen und in Ihr Gedicht zu übertragen, so daß daraus ein einheitliches Ganzes wird.

5. Lesen Sie sich den Text laut vor, und bringen Sie nach Belieben Änderungen an.

Nach dem Schreiben

Wahrscheinlich haben Sie diese Übung als ein Spiel empfunden und waren selbst überrascht über das Ergebnis. Jedenfalls geht es meinen Schülern meistens so. Wenn Schwierigkeiten aufgetreten sind, dann sind sie nach meinen Erfahrungen gewöhnlich auf zwei Gründe zurückzuführen: Vielleicht haben Sie versucht, eine Parodie zu schreiben, und waren dann nicht mit Ihrem Gedicht zufrieden. Wenn es Ihnen so erging, dann machen Sie sich keine Sorgen; nicht jedem liegt es, Parodien zu verfassen. Jeder aber hat das Rüstzeug, ein waches Gespür für die Kadenzen der Sprache zu entwickeln, wenn er bereit ist, sie in sich aufzunehmen und auf sich wirken zu lassen. Fangen Sie einfach noch einmal von vorn an, tragen Sie noch einmal ein Cluster zusammen, und versuchen Sie, das Gedicht von e. e. cummings auf unbekümmerte, spielerische Weise auch inhaltlich nachzuahmen.

Vielleicht haben Sie sich auch zu sehr bemüht und dann das Gefühl gehabt, Ihre Gedanken in ein Korsett pressen zu müssen, in das sie nicht paßten. Dadurch haben Sie das bildliche Denken mit seiner Empfänglichkeit für Rhythmus und Muster ausgeschlossen, denn allzu verbissene Anstrengung setzt seine Fähigkeiten außer Kraft. Lockern Sie sich, fangen Sie noch einmal an, lesen Sie cummings' Gedicht mehrmals laut, und lassen Sie seine Kadenzen auf sich wirken. Und dann spielen Sie mit ihnen. Gehen Sie nicht bitterernst an das Schreiben heran, sondern öffnen Sie sich für die rhythmischen Schwingungen der Sprache. Lassen Sie sie zu, seien Sie aufgeschlossen für sie – dann wird Ihr Gedicht von selbst entstehen, ohne Krampf und Anspannung. Erlauben Sie sich, sorglos wie ein Kind mit der Sprache zu spielen. Nachdem Sie nun Ihr «inneres Ohr» auf die Rhythmik der Sprache eingestimmt haben, sind Sie gut darauf vorbereitet, eine der Dichter-«Stimmen» nachzuahmen, die ich in den zu Anfang des Kapitels zitierten Passagen «erklingen» ließ.

Übung
Schließen wir den Kreis dieses Kapitels, indem wir noch einmal zum Anfang zurückkehren, zu Hemingway, Faulkner und Stein. Wählen Sie die Passage, die Sie am liebsten nachbilden möchten, und lesen Sie sie noch einmal laut, damit Ihr bildliches Denken ihren charakteristischen Rhythmus in sich aufnehmen kann.

1. Bilden Sie in Ihrem Skizzenbuch ein Cluster um ein interessantes Wort oder eine aussagekräftige Wendung aus der von Ihnen gewählten Passage, zum Beispiel DENK DARAN . . . , AUSDAUER oder BERG. Oder nehmen Sie entgegengesetzte Ausdrücke, etwa TRÄUME VON . . . , FLIESSEN LASSEN oder TAL. Schreiben Sie Ihre Assoziationen zwei bis fünf Minuten lang nieder, bis Ihnen beim Übergang zum Versuchsnetz ein thematischer Schwerpunkt vor Augen tritt.
2. Wechseln Sie zum begrifflichen Denken über, indem Sie zwei

oder drei klare zentrale Aussagen aufschreiben, die sich auf das Cluster beziehen. Wählen Sie dann die Aussage, die Sie in Ihrem Text entwickeln wollen.

3. Fangen Sie nun an zu schreiben, und achten Sie dabei auf den für den Autor der von Ihnen gewählten Passage charakteristischen Sprachrhythmus. In meinen Kursen entstehen bei dieser Übung zumeist Texte von einer halben bis zu einer Seite Länge. Manche geraten dabei allerdings in eine solche Begeisterung, daß sie noch mehr schreiben. Das ist gut so. Vergessen Sie nicht, am Ende den Kreis zu schließen.

4. Lesen Sie das Geschriebene laut, und verbessern Sie es so lange, bis Sie der Vergleich Ihrer rhythmischen Gestaltung mit den Kadenzen des gewählten Abschnitts zufriedenstellt.

Zusammenfassung und Ausblick

Die Übungen dieses Kapitels haben Sie gelehrt, wieder auf die rhythmischen Eigenschaften der Sprache zu hören und dieses aufmerksame Hören dazu zu nutzen, Ihr natürliches Schreibtalent zu kultivieren. Durch die Versuche, die ganzheitliche rhythmische Gestaltung von Textpassagen nachzubilden, haben Sie die spielerischen Neigungen Ihres bildlichen Denkens gefördert und Ihr «inneres Ohr» sensibilisiert.

Die rhythmischen Schwingungen der Sprache geben uns von Kindheit an Befriedigung. Als Erwachsene erfreuen wir uns an rhythmisch einprägsamen Parallelsätzen. Wenn wir uns beim Schreiben bemühen, emotional eindrucksvolle Sprachrhythmen hervorzubringen, beziehen wir das begriffliche Denken in eine Aktivität des bildlichen Denkens ein und erreichen damit, daß unsere beiden Gehirnhälften kooperieren. Dies ist genau das Lernziel dieses Buches, denn das aufeinander abgestimmte Zusammenwirken von bildlichem und begrifflichem Denken ist die wesentliche Voraussetzung für das natürliche Schreiben.

Im nächsten Kapitel werden Sie die Fähigkeiten des «inneren Auges» wiederentdecken. Sie werden lernen, die Welt wieder so unbefangen und unmittelbar wahrzunehmen wie in Ihrer Kindheit. «Mich interessierten die Farben, die die Wörter vor meinen Augen aufleuchten ließen», schreibt Dylan Thomas, und der Lyriker Peter Meinke erklärt: «Ohne das Auge kann der Geist nicht dichten» und bestätigt damit, daß natürliches Schreiben erst möglich ist, wenn uns der reiche Bildervorrat des bildlichen Denkens zur Verfügung steht.

8
Vorstellungsbilder – mit dem inneren Auge sehen lernen

Virginia Woolf hat einmal erklärt, daß ihr Roman ‹Die Wellen› sich wie ein Gedicht aus einem Ausgangsbild entfalte – dem einer «Flosse, die in einer Wasserwüste auftaucht und wieder versinkt». In einer berühmten Passage aus Marcel Prousts Werk ‹Auf der Suche nach der verlorenen Zeit› sind es die durch das Eintunken einer Madeleine in eine Tasse Tee ausgelösten Bilder, die in einem längst erwachsenen Mann Kindheitserinnerungen wecken, in denen die Erfahrungen seiner Vergangenheit Form und Farbe annehmen. Solche inneren Bilder spielen eine zentrale Rolle in der Kunst wie auch im täglichen Leben. Ein großer Teil unserer Erinnerungen wird in Form von Bildern gespeichert, vor allem solchen, die mit starken Gefühlen verbunden sind. Versetzen Sie sich für einen Augenblick in eine Situation, die Ihnen großen Schmerz bereitet hat – der Tod einer Großmutter etwa oder die Trennung von einem langjährigen Freund. Wahrscheinlich wird Ihnen die Szene auf der Stelle so deutlich und plastisch vor Augen stehen, als hätte sie sich gerade erst gestern abgespielt, und Sie erleben sie noch einmal als ein aus visuellen, akustischen und taktilen Empfindungen gefügtes Ganzes, als spontane, umfassende Reproduktion des betreffenden Augenblicks.

Auf die gleiche Weise lassen sich auch angenehme Bilder aus der eigenen Vergangenheit heraufbeschwören: ein Picknickausflug, ein Segeltörn, ein Spaziergang mit einem geliebten Menschen bei Sonnenuntergang. Wenn Sie ein Kind nach seinen Erinnerungen an ein bestimmtes Ereignis fragen, wird es aller Wahrscheinlichkeit nach mit einer plastischen bildhaften Schilderung antworten, in die das betreffende Erlebnis wie in einer Kapsel eingeschlossen ist. Versuchen Sie einmal, sich an einen emotional besonders intensiven Augenblick ihres Lebens zu erinnern, und Sie werden ihn vermutlich so lebhaft vor sich sehen, als wäre er erst vor kurzer Zeit gewesen. Was hier zum Tragen kommt, ist die besondere

Sie ging an den Zaun, setzte sich, sah, wie die goldenen Wolken zerfielen und in dem großen, roten Verfall in die Dunkelheit übergingen. Gold wurde flammendes Scharlach, wie Qual in ihrer äußersten Schärfe. Dann wurde das Scharlach rosa, das Rosa karmin, und rasch verschwand alle Leidenschaft aus dem Himmel. Die ganze Welt war dunkelgrau.

D. H. Lawrence
‹Söhne und Liebhaber›

Und nun, als die Lampen alle erloschen waren, der Mond untergegangen war und ein feiner Regen leise auf das Dach trommelte, begann ein Herabströmen ungeheurer Dunkelheit. Nichts, so schien es, konnte diese Flut, diese Fülle von Dunkelheit überstehn, die durch Schlüssellöcher und Spalten hereinkroch, sich um Gardinen schlich, in Schlafzimmer eindrang, hier einen Krug samt Becken verschluckte, da eine Vase mit roten und gelben Dahlien, dort die scharfen Kanten und die feste Masse einer Kommode.

Virginia Woolf
‹Die Fahrt zum Leuchtturm›

Domäne Ihres bildlichen Denkens – die Fähigkeit, komplexe, ganzheitliche innere Bilder ohne die Vermittlung sensorischer Außenreize hervorzubringen.

Ein Bild ist ein mit allen begleitenden Sinnesempfindungen vor dem «inneren Auge» des Schriftstellers erstehendes Ganzes von hohem persönlichen Bedeutungsgehalt. Die Aussagekraft solcher Bilder liegt vor allem auf der visuellen Ebene, schließt jedoch auch Berührungs-, Geräusch-, Geruchs- und Geschmacksassoziationen ein. Bilder sind ein Grundelement allen natürlichen Schreibens, da sie das, was zum Ausdruck gebracht werden soll, verstärken und verdichten, wobei sie sich häufig zu ineinandergreifenden Bilderkomplexen von enormer Aussagekraft fügen.

Natürliches Schreiben verwendet Bilder in Form emotional aufgeladener Wortgemälde, die sich durch eine unverbrauchte, authentische Sehweise, ein hohes Maß an Intensität und eine starke assoziative Wirkung auszeichnen und uns kraft dieser Eigenschaften Dinge vor Augen führen, die zu sehen wir verlernt haben, ein Höchstmaß an Aussagegehalt auf engem Raum konzentrieren und emotionale Reaktionen provozieren. So führt uns D. H. Lawrence das bewegende Schauspiel eines Sonnenuntergangs vor Augen, taucht uns Virginia Woolf in Finsternis, hüllt uns der zeitgenössische Romancier John Hawkes in meisterhaften Bildern in allgegenwärtigen Wind.

Ebenso wie der Sprachrhythmus und die gezielte Wiederholung dienen auch Bilder der eindringlichen Gestaltung von Textpassagen. Sie bereichern den Aussagegehalt um eine Fülle feinster Facetten, indem sie den Leser anregen, neu zu sehen, verstehen zu wollen, spielerisch mit Gedanken zu experimentieren, sich zu wundern, emotionale Nuancen zu erschließen – kurz, lebendig zu reagieren. Ein Bild vermittelt mehr als die bloße Feststellung: «Die Sonne ging unter», «die Nacht brach an» oder «es war windig». Es läßt uns das Schwinden der Farbenpracht eines Sonnenuntergangs, die alles verschluckende Dunkelheit, die Allgegenwart des Inselwinds erleben, indem es sich sorgsam ausgewählter Worte bedient, die an die feinen Saiten unserer Sinne rühren und Verstand, Gefühl und Körper zum Schwingen bringen – sofern wir sie mit dem «naiven Auge» des Kindes aufzunehmen vermögen.

Der Sprachwissenschaftler James Britton berichtet, wie er einmal einer Gruppe Achtjähriger einige Gedichte vorlas, darunter eines über einen Nachtwächter im Winter und ein weiteres vom kalten Wind. Als er seinen Vortrag beendet hatte, bat ihn ein kleiner Junge in der hintersten Reihe, die Arme wie ein frierender Stra-

Aber der Wind, dieses Knäuel unsichtbarer Schlangen, heult über unsere wandernde Insel – sie ist eine
Wanderinsel, vom Kurs abgekom-
men, nicht geortet im Raum und
völlig außerhalb der Zeit –, scheint
wie ein Arm auf einer Schulter zu liegen, meine nackten Beine zu um-
schlingen, das Fleisch mit unvorher-
sehbarem Gewicht und Nachdruck,
mit ganz eigener Spannung zu massie-
ren und zu streicheln. Er stürmt und
braust, und selbst wenn er sich legt,
abklingt, erstirbt, bleibt er als sanftes
Reiben auf der Haut.

John Hawkes
‹Second Skin›

Wir stehen am Anfang einer Zeit der
Synästhesie: einer Zeit, da das Kind
leichter als je zuvor zwischen verschiedenen sensorischen Systemen hin und
herwechseln kann – da Farben
Klänge und Klänge Farben hervorrufen können, Handbewegungen die
Vorstellung von Gedichtzeilen erwecken, Gedichtzeilen und Verse
zum Singen und Tanzen anregen.

Howard Gardner
‹Artful Scribbles›

ßenhändler um den Oberkörper geklammert: «Bitte, Sir, können
Sie uns jetzt mal ein warmes vorlesen?»

Im siebten Kapitel haben wir die Empfänglichkeit unseres «inneren Ohrs» für sprachliche Rhythmen wiederentdeckt, die ein zentrales Moment kultivierten Hörens und Gestaltens und Voraussetzung natürlichen Schreibens ist. Das Ziel dieses Kapitels ist es, Ihr
«inneres Auge» zu reaktivieren und Ihnen den Zugang zu der in
Ihrem bildlichen Denken angelegten Fähigkeit zur bildhaften Vorstellung zu eröffnen. Vorstellungsbilder sind nonverbaler Natur.
Dieses Kapitel soll Ihnen Möglichkeiten vermitteln, Ihr Reservoir
an erinnerten Erfahrungen und Wahrnehmungen zu erschließen
und der Verbalisierungskunst Ihres begrifflichen Denkens zugänglich zu machen.

Die Entwicklung der bildhaften Vorstellungskraft in der Kindheit

Noch ehe wir über Worte verfügen, verfügen wir über Bilder.
Bereits vom Augenblick unserer Geburt an reagieren wir auf
bildhafte Wahrnehmungen. Die erste bildhafte Vorstellung, die
sich uns einprägt, ist die unserer Mutter, die für Geborgenheit und
Nahrung steht. Bestimmte Gegenstände gewinnen für uns die
Bedeutung von Lust oder Unbehagen. «Für den Säugling»
schreibt der Psychologe Jean Piaget, «ist die ganze Welt etwas, an
dem man saugen kann.» Unsere frühesten Bilder sind allumfas-
send. Erst allmählich differenzieren sie sich in einzelne, voneinander abgegrenzte Erfahrungen.

Im Stadium des naiven Hörens, Sehens und Gestaltens gewinnen
die kindlichen Bilder solche neuen Dimensionen zum einen durch
die Beobachtung der Außenwelt, zum anderen aber auch durch
die Vermittlung imaginärer Wesen wie Ungeheuer, Hexen und
Feen. Der Psychologe Bruno Bettelheim hat diesen Einfluß von
Märchenbildern auf die psychische Entwicklung des Kindes ausführlich dargestellt. In seinem Buch ‹Kinder brauchen Märchen›
schreibt er: «Märchen beschreiben innere Zustände mit Hilfe von
Bildern und Handlungsabläufen.»

Gefühlszustände der Angst, der Zuversicht, der Freude oder der
Einsamkeit werden in der Märchenwelt in Bilder übersetzt. Diese
Bilder und die in ihnen verkörperten Gefühle prägen sich unaus-
löschlich ein, da sie die inneren Befindlichkeiten des Kindes wider-
spiegeln. Eine weitere Manifestation der inneren Bilderwelt bei
Kindern wie bei Erwachsenen sind die Alpträume. Die Beliebtheit

Vorstellungsbilder – mit dem inneren Auge sehen lernen

von Kinderbüchern wie ‹Der kleine Vampir› von Angela Sommer-Bodenburg oder ‹Wo die wilden Kerle wohnen› von Maurice Sendak spricht dafür, daß die Objektivierung und Externalisierung solcher Traumbilder auf Kinder eine tröstliche und entlastende Wirkung hat.

Ein charakteristischer Grundzug frühkindlicher Bilder sind die in ihnen verwobenen vielfältigen Ebenen der sinnlichen Wahrnehmung. Nach Auffassung des Psychologen Howard Gardner spielt dieses Phänomen eine entscheidende Rolle bei der Entwicklung der ästhetischen Fähigkeiten im Kindesalter.

Auf der Grundlage der mit dem kultivierten Sehen, Hören und Gestalten verbundenen Resensibilisierung kommt dieses Wechselspiel der verschiedenen Ebenen sinnlicher Wahrnehmung erneut zum Tragen. Ich möchte in diesem Zusammenhang noch einmal auf den Satz «Ohne das Auge kann der Geist nicht dichten» von Peter Meinke verweisen. Wer über das konventionelle Sehen, Hören und Gestalten nicht hinausgelangt ist, wird fragen, was denn «dichten» mit dem Auge zu tun hat. Im kultivierten Stadium hingegen erkennen wir, daß intensive Bilder die Grundlage all dessen bilden, was wir dichten – was wir, mit anderen Worten, in ästhetisch ansprechende Rhythmen kleiden.

Eindrucksvolle Belege der kindlichen Vorstellungskraft liefert ein von dem Lyriker Philip Lopate an einer New Yorker Grundschule durchgeführtes und in seinem Buch ‹Being with Children› beschriebenes Experiment. Lopates Auftrag war es, Kinder zum Schreiben zu motivieren. Eines Tages sprach ihn der achtjährige Tommy, ein «durchschnittlicher Schüler», an, weil ihm nichts einfiel, worüber er hätte schreiben können. Verschiedene Vorschläge fruchteten nichts. Mit seiner eigenen Phantasie am Ende, gab Lopate Tommy ein Gedicht von Guillaume Apollinaire mit den Worten «Das kannst du übersetzen». Tommy sah verblüfft zunächst das Gedicht, dann Lopate an: «Aber ich kann kein Französisch». Lopate beruhigte ihn: «Sag dir einfach die Worte immer wieder vor und schreib, was du *glaubst*, was es bedeutet.» Tommy machte sich zögernd an die Arbeit, indem er einzig und allein auf die Bilder reagierte, die der Klang dieser ihm völlig fremden Worte in seinem bildlichen Denken hervorrief.

Es folgen das Originalgedicht von Apollinaire und die «Übersetzung», zu der es Tommy inspirierte. Lesen Sie Tommys Übersetzung laut und achten Sie dabei auf die Bilder.*

Es gibt andere Ähnlichkeiten zwischen Poesie und Sprechen kleiner Kinder. Poeten neigen dazu, bedeutsame, evozierende Details – etwas, direkt aus dem Leben gegriffen – zu suchen, die ihre Gedanken tragen sollen, und sie neigen dazu, den vagen allgemeinen oder abstrakten Ausdruck zu vermeiden . . . Bei kleinen Kindern geht es nicht um die freie Wahl: ihre Ideen müssen eine verhältnismäßig konkrete Form des Ausdrucks annehmen, weil sie noch nicht die Kunst beherrschen, Abstraktionen aufzustellen und mit ihnen umzugehen. Ein fünfjähriger Junge in einer Anfängerklasse sagte einmal zu einem Kollegen: «Oh ja, ich weiß, was Geographie ist, es sind die Eisbären oben und die Pinguine unten!»

James Britton
‹Die sprachliche Entwicklung in Kindheit und Jugend›

---

* Das ins Deutsche übertragene Gedicht Apollinaires und eine wörtliche Übersetzung von Tommys Nachbildung finden Sie im Anhang, S. 299.

Photographie

Ton sourire m'attire comme
Pourrait m'attirer une fleur
Photographie tu es le champi-
        gnon brun
  De la forêt
  Qu'est sa beauté
  Les blancs y sont
  Un clair de lune
  Dans un jardin pacifique
Plein d'eaux vives et de jardi-
      niers enviables
Photographie tu es la fumée de
      l'ardeur
  Ou'est sa beauté
Et il y a en toi
Photographie
  Des ton alanguis
  On y entend
  Une melopée
Photographie tu es l'ombre
  Du soleil
  Qu'est sa beauté

Photograph

The town squire's mattress
     came back to town.
Poor mattress fell on the floor.
She photographed the cham-
     pion broom.
She found herself in the forest
In quest of her Beauty.
The blankets shone.
Her chair was held up by
     balloons.
She found people dancing in
     jars.
As they were dancing, they were
     making
some dough as flat as a plain.
She photographed some fumes
     from the
dust that rose in quest of her
     beauty.
She photographed tons of
     languages,
They entered a melody.
She photographed two lumps
     of soil
in quest of her beauty.

Tommy hatte die für ihn völlig bedeutungslosen Worte in ein in sich zusammenhängendes Ganzes verwandelt, da ihr fremder Klang Bilder in ihm ausgelöst hatte, die er zu einer sinnvollen Kombination zusammenzufügen versuchte. Welch wunderbare Einrichtung ist es doch, daß sich eine Hälfte unseres Gehirns von Unbekanntem und Unvertrautem nicht abschrecken läßt und Dingen, die unsere linke Gehirnhälfte nur als kompletten Unsinn wahrnehmen kann, einfach einen eigenen Sinn verleiht.

In unserer frühen Kindheit sind Vorstellungsbilder allgegenwärtig und mächtig. Später, mit zehn oder elf, büßen wir einen großen Teil unserer bildhaften Vorstellungskraft ein, da Mythos und Phantasie zunehmend von Realismus verdrängt werden. Wir treten ins Stadium des konventionellen Sehens, Hörens und Gestaltens ein. Zum einen wird unsere Fähigkeit, Vorstellungsbilder zu entwickeln, in der Schule nicht gefördert, zum anderen bestärkt uns aber auch der Umgang mit unseren Altersgenossen

---

Das Bild zeichnet sich stets durch eine eigentümliche Frische aus, auf die der Gedanke keinen Anspruch erheben kann. Ein Gedanke ist abgeleitet und gezähmt. Das Bild ist wild und im Urzustand. In diesen Zustand kann es nicht gebracht werden, in diesem Zustand muß es aufgefunden werden. Es gehorcht seinen eigenen, nicht unseren Gesetzen.

John Crowe Ransom
‹Poems and Essays›

Warum soll man sich noch die Mühe machen, Phantasiegebilde zu erfinden, wenn ein Knopfdruck sie fix und fertig liefert? Früher verlangten die Kinder eine Gutenachtgeschichte, bevor sie den Erwachsenen ein paar Stunden ohne sie zugestanden. Heute ist das Fernsehen Babysitter und Schlafmittel zugleich. Die meisten Erwachsenen sind nicht mehr in der Lage, eine gute Geschichte zu erzählen. Der gute Geschichtenerzähler folgt inneren Bildern, Klängen und Bewegungen. Jemand, dem diese Bildwelt verschlossen ist, weiß, was wichtig ist, und kann das Geschehen in großen Zügen wiedergeben, hat aber Schwierigkeiten, die Einzelheiten zu schildern, die das A und O jeder guten Geschichte sind.

Robert Sommer
‹The Mind's Eye›

in der Hinwendung zu standardisierten Begriffen, da wir unsere Sicherheit zunehmend aus unserem neuen Fundus gemeinsamen, leicht kommunizierbaren und klar definierten Wissens ziehen. Die Definitionen unseres begrifflichen Denkens verdrängen unsere bildhaften Vorstellungen. Wir lernen, daß «ein Stern ein aus einer selbstleuchtenden Gasmasse bestehender Himmelskörper ist, den wir nachts als Lichtpunkt wahrnehmen». Welten liegen zwischen dieser Erkenntnis und der Vorstellung des Vierjährigen, daß ein Stern eine Blume ohne Stiel ist. Und Märchen sind, wie Ihnen jeder Zehnjährige erklären wird, «nur was für kleine Kinder».

Den Untersuchungen des Psychologen Robert Sommer zufolge trägt auch das Fernsehen entscheidend dazu bei, daß das natürliche Bedürfnis des Kindes, eigene bildhafte Vorstellungen zu entfalten, gedämpft wird.

Wir erreichen das Stadium kultivierten Sehens, Hörens und Gestaltens nur, wenn wir wieder Zugang zur Vorstellungskraft unseres bildlichen Denkens erlangen. Nur dann können wir wieder zu dieser kindlichen Sehweise zurückfinden und unserer unverdorbenen Wahrnehmung authentischen Ausdruck verleihen. Dichter und Schriftsteller sind Menschen, denen diese authentische Sehweise nie verlorengegangen ist. Ohne die Imaginationskraft unseres bildlichen Denkens ist natürliches Schreiben nicht möglich.

Clustering – die inneren Bilder erschließen

Es gibt eine wirksame Methode, die Vielfalt der sinnlichen Wahrnehmungen zu erschließen, die in einem Vorstellungsbild verschmolzen sind: ein Cluster zu einer bestimmten Farbe bilden und anschließend die dabei freigesetzten Bilder zu einem in sich geschlossenen Ganzen verarbeiten, wie es das von einer meiner Schülerinnen stammende Beispiel in Abbildung 36 zeigt. Die Verfasserin erstellte zunächst ein Vorbereitungscluster zum Kernwort (FARBE), um sich verschiedene thematische Möglichkeiten zu vergegenwärtigen, und entschied sich dann für «Purpur», da diese Farbe bei ihr die intensivste Reaktion auslöste. Lesen Sie das Gedicht laut, und achten Sie beim Lesen besonders darauf, welche Sinne die Verfasserin mit ihren Bildern zu «Purpur» anspricht.

Purpurner Wein
Bei einem Glas, gefüllt mit dunklem Wein,
denke an katholische Liturgien

vor Statuen in Fastenpurpur
oder an Großmamas geädertes Gesicht und Flecken
auf den Armen, an Onkel Harrys Pupurherz*
unter Glas, an Vaters mahnende
Erzählungen von dem Salat
aus Kohl und Zwiebeln während der
Weltwirtschaftskrise und von Gangstern
in pupurfarbenen Lincolns.
Oder denk dir Purpurschuhe,
purpurfarbene Schmetterlinge,
die auf lila Strümpfen unter Ultrastrahlern
einer purpurfarbenen Punkband tanzen.
Oder träum von einem Menschen,
gehüllt in Batiktuch, der mit Iris
und Orchideen geschmückt durch
Palmen schlendert, die der Sonnenuntergang
mit Purpur übergießt.
Oder bleib bei deinem Glas, gefüllt mit dunklem Wein,
und atme den Duft seiner Reife.

                                        Nancy Drummond

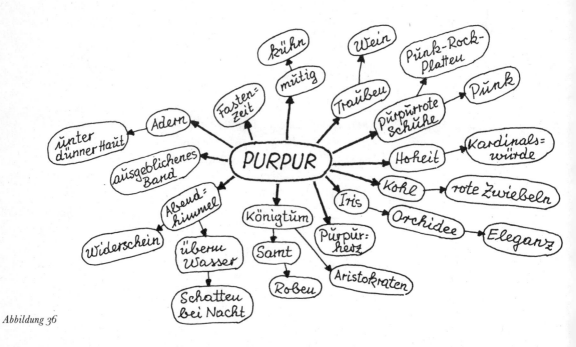

Abbildung 36

* Purple Heart = Verwundetenabzeichen.

Purpur, zeigt uns die Verfasserin, kann man schmecken («bei einem Glas, gefüllt mit dunklem Wein», «Salat aus Kohl und Zwiebeln»), anfassen («geädertes Gesicht und Flecken auf den Armen»), hören («purpurfarbene Punkband»), riechen («den Duft seiner Reife») und natürlich sehen (Purpurherz, purpurfarbene Lincolns, Purpurschuhe, Orchideen, mit Purpur übergossene Palmblätter).

Übersehen Sie dabei jedoch nicht, daß dieser scheinbaren Auflistung purpurfarbener Erscheinungen eine subtile Struktur zugrunde liegt, die auf drei verschiedene Formen des Erlebens verweist: sich erinnern («denke an»), sich vorstellen («denk dir») und träumen. Die Wendung «bei einem Glas, gefüllt mit dunklem Wein», mit der das Gedicht beginnt, wird am Schluß noch einmal aufgenommen. Dadurch schließt sich der Kreis. Diese Struktur fügt die bildhaften Erfahrungen der Verfasserin im Zusammenhang mit der Farbe Purpur zu mehreren Komplexen und integriert sie in ein emotionales, gedankliches und bildhaftes Ganzes.

Übung

Diese Übung, bei der Sie von einer Farbe ausgehen, soll Sie für die Vielfalt der sinnlichen Wahrnehmungen sensibilisieren, die in Vorstellungsbildern verschmolzen sind.

1. Entwerfen Sie zunächst rasch ein Cluster zum Kernwort (FARBE), damit Sie zwischen mehreren thematischen Möglichkeiten wählen können. Meine Schüler stellen häufig überrascht fest, daß ihre «Lieblingsfarbe», die ihnen als erste in den Sinn kommt, nicht die Farbe ist, über die sie letztendlich schreiben.

2. Überfliegen Sie Ihr Vorbereitungscluster, und entscheiden Sie sich für die Farbe, die Sie emotional besonders stark anspricht oder Sie einfach nur mehr interessiert als die übrigen. Sammeln Sie jetzt in einem zweiten Cluster die für Sie mit dieser Farbe verbundenen Bilder. Halten Sie möglichst viele Einfälle fest, um über die naheliegenden, sich unmittelbar aufdrängenden Assoziationen (Rot – Rose) hinauszukommen, und versuchen Sie, möglichst offen für subtilere, auf persönlichen Erfahrungen beruhende Bilder zu sein (Purpur – «Vaters mahnende / Erzählungen von dem Salat / aus Kohl und Zwiebeln während der / Weltwirtschaftskrise»). Erweitern Sie Ihr Cluster so lange, bis sich für Sie beim Übergang zum Versuchsnetz ein vorläufiger Sinnzusammenhang herausschält, der ihnen eine Richtung weist.

3. Bringen Sie eine zentrale Aussage zu Papier. Damit regen Sie Ihr begriffliches Denken an, sich in den Prozeß einzuschalten.
4. Schreiben Sie jetzt Ihren Text, indem Sie sich auf die für Ihre Farbe stehenden Bilder konzentrieren und versuchen, möglichst alle Ebenen sinnlicher Empfindung zu berücksichtigen. Achten Sie darauf, Gestaltungsmittel wie die Wiederaufnahme von Elementen, Parallel- und Balanceformen, die Rhythmisierung usw. zu nutzen.
5. Vergessen Sie das Schließen des Kreises nicht, und überarbeiten Sie Ihren Text noch einmal.
6. Lesen Sie laut, eventuell in Gegenwart eines Freundes, was Sie geschrieben haben, und achten Sie einmal darauf, wie weit Sie bereits gekommen sind.

Woher kommen unsere Bilder?

Innere Bilder lassen sich ihrer Herkunft nach in drei nicht strikt voneinander abgrenzbare Typen unterteilen:
1. Bilder, die der sich unmittelbar unseren Sinnen erschließenden äußeren Realität entnommen sind und unsere Lebenswelt widerspiegeln;
2. Bilder aus einem inneren Fundus, der von Tagträumen und Phantasien, verinnerlichten Seh-, Hör-, Berührungs-, Geruchs- und Geschmackserlebnissen und, nachhaltiger noch, von Träumen und Alpträumen gespeist wird;
3. Bilder, die zugleich äußeren und inneren Ursprungs sind und sich aus Mythen, Religion und Kunst ableiten. Man bezeichnet sie oft als Archetypen und meint damit, daß sie allen Menschen gemeinsame Symbole sind. Hierzu gehören Bilder, die mit Geburt, Liebe, Natur oder Tod zusammenhängen.
Beginnen wir zunächst im ersten Sensibilisierungsschritt mit der Entdeckung unserer Alltagswelt als eines Fundus von Bildern, die wir uns im Prozeß natürlichen Schreibens nutzbar machen können.

Die äußere Realität als Bilderfundus
Unsere Umwelt ist voller Bilder, aber unsere Sinne sind häufig zu abgestumpft, um sie wahrzunehmen. Mit «neuen» Augen gesehen, mit «neuen» Ohren gehört, kann das gewöhnlichste Erlebnis ungeahnte Dimensionen annehmen. Die Konzentration auf ein bestimmtes Element einer alltäglichen Erfahrung setzt oft ganz neue Bedeutungen frei. So veranlaßt der Anblick einer schon unzählige Male einfach nur registrierten Neonlampe in einem

Zugabteil den Schriftsteller Peter Handke (‹*Das Gewicht der Welt*›) zu folgender Betrachtung:

> Im Vorortzug stehend, unter dem Neonlicht im Halbzylinder aus Glas, und den Kopf da hinaufhebend, von diesem Leuchtkörper ergriffen werden, befreit aus der Querlage, in der man sich wieder einmal befindet, in Erwartung des am Ende der Zugfahrt drohenden finsteren Alleinseins – und in dieser Gutaufgehobenheit und Geborgenheit «in Gesellschaft der Neonröhre» die Wunschvorstellung, in das Glas da über einem hineinzubeißen, um diese Heimeligkeit in sich mitzunehmen in die stockdunkle Isolation.

Der Anblick der Neonröhre löst bei Handke die Vorstellung von «Heimeligkeit», «Gutaufgehobenheit und Geborgenheit» aus, die er in sich aufnehmen möchte, um seiner «stockdunklen Isolation», die ihn das Neonlicht erst klar erkennen läßt, etwas entgegensetzen zu können.

Ich möchte diese evozierende Kraft der Alltagswelt an einem Gedicht von Rolf Dieter Brinkmann demonstrieren, dessen Bilder eine Konservendose und einen alten Lappen zum Inhalt haben und dabei doch zugleich die Entfremdung zwischen zwei Menschen ausdrücken.

Die Konservendose

Die Konserven-
dose, die seit
langem in der
Ecke neben dem

Toilettenbecken
stand, und
der alte Fetzen
Stoff darin, was

hat das zu be-
deuten, fragte
er, sie gab ihm
darauf keine Ant-

wort, und er sah ein
daß sie nicht

antworten woll-
te, weil es schon spät nachts

war und er noch nicht
so müde, um nicht
zu verstehen, daß es
nicht allein nur die-

se Dose war mit
einem alten Lappen
neben dem Klosett.

Wir sind von Alltagsbildern umgeben. Doch erst, wenn wir unser
«inneres Auge» wirklich öffnen können für das, was ungewöhnlich
an ihnen ist – wenn wir fähig sind, sie zu betrachten, «als hätten
wir sie noch nie gesehen» –, können wir so über sie schreiben, daß
sie in uns selbst und beim Leser ein Aha-Erlebnis hervorrufen, eine
kleine Offenbarung, eine Erweiterung unseres Bewußtseins dessen, was Leben ist. Können Sie sich noch an Ihre Gefühle – sei es
Ekel oder Freude – beim Anblick der ersten pelzigen schwarzen
Raupe im Frühling erinnern? Daran, wie im Herbst das Knir-
schen und Rascheln der orangeroten Blätter unter Ihren Füßen
auf dem Heimweg von der Schule ein Gefühl der Lebensfreude in
Ihnen wachrief? Erforschen Sie Ihr «Jetzt»: Betrachten Sie den
Löwenzahn auf Ihrem Rasen mit liebevollen Augen. Sehen Sie
sich das Gesicht des Fahrers in dem neben Ihnen im Verkehrsstau
eingekeilten Wagen an. Beobachten Sie ein Kind, das völlig versunken mit Bauklötzen spielt – versuchen Sie, wirklich zu sehen,
und gestalten Sie ein Bild, ein sinnliches Gemälde aus Worten, in
denen emotionale Untertöne schwingen. Ein mit Gefühlen durch-
wobenes Bild vermittelt mehr als jede noch so exakte Widerspie-
gelung der äußeren Realität.

Übung

1. Nehmen Sie, um sich für die Sie umgebenden Bilder zu sensibilisieren, Ihr Skizzenbuch zur Hand, und erstellen Sie zunächst ein Vorbereitungscluster zum Kernwort (BILDER), in
   dem Sie alle Bilder festhalten, die Ihnen in diesem Moment in
   den Sinn kommen, die Sie sehen, hören, schmecken, fühlen,
   riechen. Dieses Vorbereitungscluster dient der Aktivierung
   Ihres bildlichen Denkens und der Vergegenwärtigung thematischer Möglichkeiten, unter denen Sie wählen können.
2. Wählen Sie jetzt das Bild aus, das für Sie am stärksten mit

Emotionen aufgeladen ist, und machen Sie es zum Kern eines Clusters. Halten Sie möglichst viele Assoziationen fest. Versuchen Sie, möglichst empfänglich, offen und flexibel zu sein. Zensieren Sie nicht. Erweitern Sie Ihr Cluster so lange, bis Sie den Übergang zum Versuchsnetz spüren, in dem ein vorläufiger Sinnzusammenhang erscheint. Dies geschieht wahrscheinlich in dem Moment, in dem Sie in einem bestimmten Bild oder Bilderkomplex einen besonderen Bedeutungsgehalt erkennen, etwas, das Sie als «Wahrheit» empfinden.

3. Formulieren Sie diesen besonderen Gehalt in Form einer zentralen Aussage. Auf diese Weise beziehen Sie Ihr begriffliches Denken in den schöpferischen Prozeß ein.

4. Lassen Sie dieses für Sie besonders bedeutsame Bild nun auf Ihrem Papier Gestalt annehmen, und verleihen Sie ihm durch die Wahl von Worten mit nuancierten emotionalen Untertönen Farbe. Versuchen Sie beim Schreiben immer wieder, vom linear gliedernden begrifflichen Denken zu der die Richtung weisenden Vision des bildlichen Denkens hinüberzuwechseln, bis diese Vision und die Worte auf Ihrem Papier einander möglichst unmittelbar entsprechen. Beziehen Sie alle Ihnen relevant erscheinenden Ebenen der sinnlichen Wahrnehmung ein, und verarbeiten Sie alle Erinnerungen und Erfahrungen, die geeignet sind, Ihrem Text Vielfalt und Dichte zu verleihen.

5. Lesen Sie Ihre «Miniatur» laut, und überarbeiten Sie alles, was Ihnen immer noch nicht recht gefällt, ohne die Grundelemente des Wiederaufnehmens, der Geschlossenheit und des Sprachrhythmus aus dem Auge zu verlieren. Doch auch bei der Überarbeitung soll es Ihr wichtigstes Ziel sein, dieses alltägliche Geschehen mit Worten zum Leben zu erwecken, indem Sie nachschaffen, was Sie dabei sehen, hören, riechen, schmecken und ertasten.

Nach dem Schreiben
Ziel dieser Schreibübung war es, Ihnen eine wesentliche grundlegende Tatsache bewußt zu machen: Die Quellen, aus denen natürliches Schreiben schöpft, sind allgegenwärtig. Wir brauchen uns lediglich zu öffnen, zu sehen und dem, was wir sehen, eigenen Sinn und eigenen authentischen Ausdruck zu verleihen.
Abbildung 37 gibt das Cluster einer meiner Schülerinnen zum «Alltagserlebnis» des Erwachens wieder.

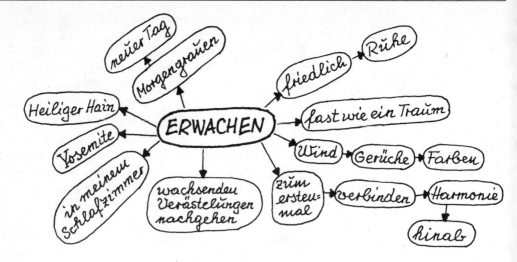

Abbildung 37

Erwachen
Morgengrauengesprenkelte Decke,
Yosemite in meinem Zimmer,
heiliger Hain, wo ich
zum ersten Mal erwache.
Ich schaue zu, wie sich das Kaleidoskop
des Lebens entfaltet, und sehe im Halbtraum,
wie eine Sonne geboren wird.

Karen Nelson

Träume als Bilderfundus
Ein besonders reichhaltiges und häufig ungenutztes Bilderreservoir wird von einer uns allen gemeinsamen nächtlichen Aktivität des Gehirns gespeist: dem Träumen. In Träumen verschafft sich unser bildliches Denken in Bildern Ausdruck, die bisweilen so lebendig sind, daß wir nicht mehr genau wissen, ob das, was wir erleben, Traum oder Wirklichkeit ist.
Eine meiner Schülerinnen sagte einmal nach mehreren Wochen intensiver Beschäftigung mit Träumen als einer für sie besonders ergiebigen Bilderquelle: «Träume sind Cluster in Bildern.» Vieles deutet darauf hin, daß dieser Satz zutrifft.
Bereits 1844 stellte A. L. Wigan die These auf, daß unsere beiden Gehirnhälften während des Schlafes relativ unabhängig voneinander arbeiten und die Vorherrschaft des begrifflichen über das bildliche Denken vorübergehend aufgehoben ist. Diese Behauptung wurde inzwischen durch zahlreiche Untersuchungen unter-

mauert, die eine größere elektrische Aktivität der rechten Gehirnhälfte während der Traumphasen nachwiesen. Vor kurzem wurde Wigans Hypothese noch einmal durch Forschungsergebnisse des Wissenschaftlers David Galin vom Langley-Porter-Institut für Neuropsychiatrie bestätigt, denen zufolge der größte Teil unserer Traumtätigkeit von der rechten Hemisphäre geleistet wird. Daraus, so Galin, erklärten sich die nichtlineare, nichtchronologische Natur unserer Träume und die Überschneidung von Bildern aus Vergangenheit und Gegenwart, aus vertrauten und unvertrauten, geographisch naheliegenden und weit entfernten Bereichen. Wenig später entdeckte der kanadische Gehirnchirurg Wilder Penfield, daß eine leichte elektrische Stimulierung des rechten Schläfenlappens bei den meisten seiner Patienten ein visuelles Scheinerleben plastisch reproduzierter Gedächtnisinhalte – Bilder – auslöste, während dies bei Reizungen der linken Gehirnhälfte nicht der Fall war. Wenn Bilder also Produkte unserer rechten Gehirnhälfte sind, ist das Cluster ein geeignetes Mittel, sie in unser Bewußtsein zu heben.

Gewiß ist die Ausschaltung des logischen begrifflichen Denkens, das Träume allenfalls als rätselhaft, oft jedoch auch schlicht als bedeutungslosen Unsinn ad acta legt, nicht jedermanns Sache. Aber gerade Schriftsteller haben oft die Kraft solcher Traumbilder erkannt und sie als Quelle der Inspiration für Lyrik und Prosa genutzt, so etwa E.T.A. Hoffmann, Edgar Alan Poe, Lewis Carroll, Franz Kafka, Hermann Hesse und Doris Lessing, um nur einige zu erwähnen. Doris Lessings ‹Goldenes Notizbuch› enthält eine Fülle solcher Traumbilder:

Ich hatte einen wunderbaren Traum. Ich träumte von einem riesigen, ausgebreiteten, schönen Gewebe. Es war unglaublich schön, über und über mit Bildern bestickt. Die Bilder waren Illustrationen der Menschheitsmythen, aber es waren nicht einfach Bilder, es waren die Mythen selbst, das weiche schimmernde Gewebe lebte. Es hatte viele raffinierte phantastische Farbtöne, aber der Gesamteindruck der ganzen Gewebefläche war Rot, ein changierendes, glühendes Rot. In meinem Traum faßte ich diesen Stoff an, befühlte ihn und weinte vor Freude.

Seit dem Aufkommen der Psychoanalyse dient die Vergegenwärtigung und Deutung von Träumen Therapieformen aller Art als ein effektives Mittel, verdrängte psychische Inhalte bewußt zu machen. Sigmund Freud sieht in allen Traumbildern letztlich sexuelle Symbole. Für C. G. Jung spiegeln sich in ihnen die

Weite Flur

Immer wieder träumt mir, ich bin
  unterwegs,
Fliege wie eine Fledermaus tief in
  einen enger werdenden Tunnel
  hinein,
Fahre allein ohne Gepäck auf eine
  langgestreckte Halbinsel hinaus,
Zu beiden Seiten der Straße schnee-
  gebeugte zweite Triebe,
Feiner trockener Schnee, der gegen
  die Scheibe stäubt,
Im Wechsel Schnee und Graupel,
  kein Gegenverkehr
Und keine Lichter im blinden
  Seitenspiegel,
Die Straße, zunächst vereister
  Asphalt, wird Schotter
Und schließlich hoffnungsloser
  Sand,
In dem die Räder steckenbleiben,
In einer Schneewehe mahlend,
Bis die Scheinwerfer schwächer
  werden.

Theodore Roethke

archetypischen Inhalte des kollektiven Unbewußten (auf die ich an späterer Stelle in diesem Kapitel noch zu sprechen kommen werde). Für die Gestalttherapie repräsentieren sie bestimmte, häufig in konflikthaften Beziehungen stehende Teile der Persönlichkeit.

Wir träumen in der Sprache unseres bildlichen Denkens, deren Logik sich von der unseres begrifflichen Denkens fundamental unterscheidet. Das bildliche Denken kennt keine logische Ursache-Wirkung-Relation: Die Zeitdimensionen werden derart ineinander verschoben, daß Vergangenheit sich mit Zukunft mischt und gegenwartsbezogene Bilder und solche, die aus der Vergangenheit stammen, gleichzeitig auf der Traumbühne erscheinen und häufig miteinander verschmelzen. Wir alle produzieren Nacht für Nacht eine Fülle lebhafter Bilder, komplexe und fesselnde Geschichten. Wenn Sie lernen, Ihre Traumbilder aufmerksam zu beobachten, werden Sie mit den tiefsten Geheimnissen Ihres Lebens in Berührung kommen, denn der Traum ist einer der wichtigsten Kanäle der Kommunikation mit uns selbst.

So hielt etwa der unter immer wiederkehrenden manisch-depressiven Zuständen leidende Lyriker Theodore Roethke eine kurz vor seinem Tod erlebte Traumreise in einem Gedicht fest, dessen Bilder zunehmende Trostlosigkeit, Isolation und Angst und schließlich totalen Stillstand ausdrücken. Man spürt beim Lesen, daß Roethke seinen eigenen psychischen Zustand in den Traumbildern wiedergibt. Machen Sie es sich während der nächsten Woche – und generell, solange Sie an der Entfaltung Ihrer natürlichen Schreibfähigkeiten arbeiten – zur Gewohnheit, Ihre Träume gleich beim Erwachen in Form eines Clusters in Ihrem Skizzenbuch festzuhalten. Einige von Ihnen werden sicherlich einwenden, daß sie nicht träumen. Das stimmt nicht – jeder Mensch träumt. «Wenn dem so ist», werden Sie vielleicht sagen, «dann kann ich mich eben an meine Träume nicht erinnern.» Sollte es Ihnen so ergehen, dann können Sie diese Schwierigkeit überwinden, indem Sie sich unmittelbar vor dem Einschlafen sagen: «Ich will mich beim Aufwachen an einen Traum erinnern.» Diese Autosuggestion wird innerhalb weniger Tage wirken.

Behandeln Sie Ihren Traum, wenn Sie ihn aufzeichnen, wie ein Gemälde. Beginnen Sie mit dem dominanten Traumeindruck, den Sie, in Worte gefaßt, zum Kern Ihres Clusters machen, beispielsweise EKSTASE oder GRAUEN. Denn ein solcher dominanter Traumeindruck ist ein Produkt des bildlichen Denkens, ein globales Gefühl, das den Traum als ganzen charakterisiert. Ich selbst habe zum Beispiel oft «Hausträume». Ich befinde mich dann etwa in einem Haus, das mir gleichzeitig fremd und vertraut ist, und erforsche es voller Neugier. (NEUGIER) könnte in diesem Fall mein Kernwort sein. In anderen Träumen wohne ich in einem alten Landhaus, wo ich voller Unheilserwartung Türen zu Räumen öffne, die ich noch nie zuvor betreten habe. Mein dominanter Traumeindruck könnte in diesem Fall (UNHEILSERWARTUNG) sein. Vor kurzem befand ich mich im Traum in einem wunderschönen neuen Haus mit Blick aufs Meer. Es war völlig unmöbliert, und ich wußte gefühlsmäßig genau, daß es meine Aufgabe war, das Mobiliar auszusuchen. Mein Ausgangspunkt für ein Cluster hätte also (ENTSCHEIDUNGEN FÄLLEN) sein können. Halten Sie Ihren dominanten Traumeindruck fest, und lösen Sie ihn in Ihrem Skizzenbuch in ein Cluster auf. Beziehen Sie dabei alle Details ein, an die Sie sich erinnern können.

Übung

1. Machen Sie diese Übung, nachdem Sie eine Woche lang Ihre Träume in Clustern festgehalten haben; wählen Sie den Traumeindruck aus, der Ihnen der intensivste oder vielleicht auch der rätselhafteste zu sein scheint.

2. Überfliegen Sie das Cluster, für das Sie sich entschieden haben, und lassen Sie mit Hilfe der in ihm festgehaltenen Erinnerungsbilder den Traum noch einmal vor Ihrem «inneren Auge» vorüberziehen. Wenn Ihnen dabei neue Einzelheiten einfallen, ergänzen Sie Ihr Cluster, ehe Sie zu schreiben beginnen. Wenn Sie wollen, können Sie auch noch ein neues Cluster zum gleichen Traum bilden, um sich gegebenenfalls neue Assoziationen verfügbar zu machen.

3. Gehen Sie Ihr Cluster so lange durch, bis Sie den Übergang zum Versuchsnetz spüren und Ihre Aufmerksamkeit sich auf einen thematischen Schwerpunkt zentriert. Notieren Sie eine zentrale Aussage, um Ihren Eindruck klarer zu fassen. Schreiben Sie jetzt über Ihren Traum in der ersten Person und in der Gegenwart, als ob Sie ihn in diesem Augenblick erlebten. Wenn Sie sich nur an einzelne Bruchstücke Ihres Traums erinnern können, dann schaffen Sie diese Bilder in Worten nach. Träume sind nur äußerst selten logisch und folgerichtig. Denken Sie beim Schreiben an die Wiederkehr von Elementen (Wortfolgen oder Wörter, die die Grundstimmung Ihres Traums unterstreichen), an Sprachrhythmen, die den verschiedenen, häufig in Widerspruch zueinander stehenden Gefühlen entsprechen, Parallelstrukturen, auf deren Grundlage

Abbildung 38

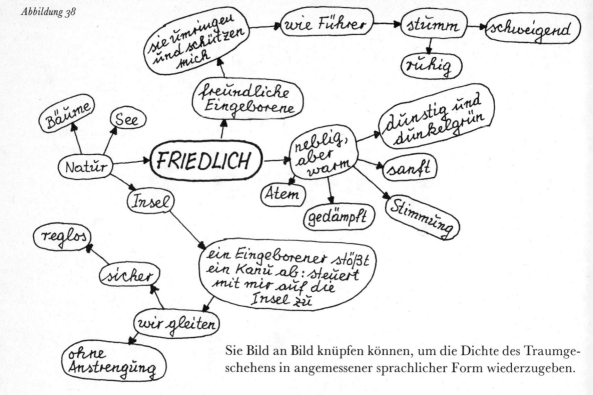

Sie Bild an Bild knüpfen können, um die Dichte des Traumgeschehens in angemessener sprachlicher Form wiederzugeben.

Nach dem Schreiben
Der Versuch, einen Traum in Worten wiederzugeben, ist für meine Studenten fast immer eine verblüffende Erfahrung. Eine Anfängerin erlebte die Niederschrift ihres Traums als «eine Art Dahintreiben», eine Beschreibung, die zeigt, wie tief sie in die Nachschöpfung ihrer Traumbilder versunken war. Eine andere Schülerin berichtete, daß ihre Traumwiedergabe zwar keinerlei logische Abfolge aufwies, sich aber durch die Wiederholung bestimmter Schlüsselbilder zu einer in sich geschlossenen «Miniatur» formte und gleichzeitig der spezifischen Traumhaftigkeit der ursprünglichen Bilder gerecht wurde. Diese beiden Erfahrungen bezeugen ein kreatives Eintauchen in die Aktivität des bildlichen Denkens und einen intensiven emotionalen Bezug zum Material. Das folgende Cluster (Abbildung 38) entstand in der zweiten Woche eines meiner Kurse nach einer Arbeitsphase, in der die Teilnehmer geübt hatten, ihre Träume mit Hilfe des Clustering-Verfahrens festzuhalten. Die Verfasserin hatte zunächst beharrlich behauptet, sich an ihre Träume nicht erinnern zu können. Doch durch Autosuggestion vor dem Einschlafen und die Arbeit mit dem Cluster hatte sie sehr bald Zugang zu ihnen gefunden.

Achten Sie auf die Detailfülle und auf das Fehlen jeder Verkettung von Ursache und Wirkung. Wie aus dem dominanten Eindruck der Verfasserin hervorgeht, war dieser Traum für sie eher beruhigend und tröstlich als bedrohlich.

Traumbild
Mich kümmert nicht, wohin wir gehen.
Freundliche Eingeborene umringen mich,
ziehen mit mir einen schmalen gewundenen Pfad entlang
ruhig und rasch durch dunstigen, grünen Wald.
Die Luft ist ein sanfter Atem.
Wir halten am Ufer des Sees, und doch
erinnere ich kein Stehenbleiben,
denn ein kunstvoll geschnitztes elfenbeinernes Kanu gleitet,
gleitet mit mir über den glatten Spiegel aus Wasser.
Ein stummer Eingeborener führt das Ruder
mit sicheren stetigen Schlägen, rudert, rudert mühelos,
rudert der Insel
genau in der Mitte des Sees entgegen.
Schnell und schweigend gleiten wir dahin,
schneiden durch unversehrtes Wasser.
Wir landen niemals.
Unser Hafen ist das friedliche Wasser.

Laura Gesso

Das erste Bild ist das des Unterwegsseins und des völligen Einverständnisses damit: «Mich kümmert nicht, wohin wir gehen.» Es ist Ausdruck des Wunsches nach Entdeckungen und Veränderungen. Das zweite Bild zeigt «freundliche Eingeborene», die «stumm» und doch der Situation aufs beste gewachsen sind und «das Ruder mit sicheren stetigen Schlägen» ins Wasser tauchen. Sie wirken wie Führer oder Beschützer. Im dritten Bild erscheint ein «schmaler gewundener Pfad», den die Reisenden entlangziehen. Ist es der Pfad des Lebens? Der Weg ins eigene Innere? Das vierte Bild ist ein «grüner Wald» – C. G. Jung zufolge ein archetypisches Symbol für das Unbewußte –, das fünfte der See, häufig assoziiert mit Tiefe, Abgrund und letztlich mit dem Tod. Im Zentrum dieses Gedichts steht jedoch das glatte, spiegelnde «unversehrte» Wasser – die Oberfläche des Sees also, die an einen Spiegel denken läßt und somit ein Bild ruhiger Selbstbetrachtung darstellt.

Ein zentrales Bild ist das Kanu als Fahrzeug, das das Fortkommen erleichtert, ein weiteres die Insel, ein komplexes Symbol. Für Jung verkörpert es die Zuflucht vor dem bedrohlichen Ansturm der «Meere des Unbewußten». Gleichzeitig steht es jedoch auch für Isolation und Einsamkeit. Die «Mitte» ist ebenfalls ein archetypisches Bild, das seine Bewegung von außen nach innen suggeriert, auf einen mystischen Mittelpunkt zu, der den Zugang zur ursprünglichen meditativen Weltschau bildet, jenen Zustand, in dem der Meditierende ein tiefes Gefühl des Einsseins mit dem Universum erlebt. Die Heimat der Verfasserin ist jedoch das Wasser: «Wir landen niemals.»

Diese Bilder vermitteln eine Grundstimmung des Aufgehobenseins, der Schönheit und des hilfreichen Zusammenwirkens, die über diesem Unterfangen der Selbstfindung liegt. Auch die sanften Sprachrhythmen unterstreichen das Gefühl von Vertrauen und Freude: «Mich kümmert nicht, wohin wir gehen» und «Unser Hafen ist das friedliche Wasser». Die Wiederkehr verschiedener Elemente verstärkt ebenfalls die ruhige, aber effiziente Bewegung: «ruhig und rasch», «gleiten, gleiten», «mit sicheren, stetigen Schlägen» «rudert, rudert mühelos, rudert«, «schnell und schweigend».

Die schriftliche Wiedergabe solcher Traumbilder fördert eine stärkere Verdichtung der Sprache, als wir sie in der Alltagssprache und selbst in literarischen Texten gewohnt sind. Die vergleichsweise krasse Unverbundenheit der einzelnen Bilder wirkt in diesem Fall offenbar nicht störend, sondern vielmehr als ein wichtiges Element, das den traumhaften Charakter des Textes unterstreicht.

Archetypische Bilder

Den Traumbildern eng verwandt sind die archetypischen Symbole. Traumbilder sind individuelle Schöpfungen, Archetypen hingegen bestimmte, erwiesenermaßen von einer Vielzahl von Individuen zu verschiedenen Zeiten und in ganz unterschiedlichen Kulturen in Träumen und literarischen Werken reproduzierte Symbole. Nach Auffassung Jungs handelt es sich dabei um Bilder, die durch die unablässige Wiederkehr bestimmter Erfahrungen im Gedächtnis der gesamten Menschheit verankert sind: Symbole der Geburt, der Liebe und des Todes und Bilder aus der Natur – Meer, Berge, Wüste, Höhlen, Täler. Diese Bilder lösen intensive Reaktionen in uns aus, da sie für uns alle geltende, universelle Wahrheiten enthalten.

Diese Bilder sind so kraftvoll, daß sie sich über alle kulturellen Schranken hinwegsetzen. So steht beispielsweise in allen Kulturen das archetypische Symbol des Wassers für Leben und Geburt, das

Archetypische Bilder bringen uns in Berührung mit der allen gemeinsamen Erfahrung, den kollektiven Wahrheiten, die die Menschheit seit jeher miteinander verbinden.

C. Day Lewis
‹The Poetic Image›

in wildem sturm sah ich im traume
    bäume stürzen
ich mittendrin als mir ein ufer wüst
entgegen kam und ich lief, steif vor
    grauen, da
war eine falltür aber ich konnt sie
nicht heben, bin ein verhältnis
    eingegangen
mit Ihrem sohn, in einem zug wars
    irgendwo
in einem schwarzen tunnel, seine
    hand
war zwischen meinen schenkeln
    unterm kleid mir schwand
der atem, er nahm mich mit zu
    einem weißen see-hotel
hoch oben irgendwo, smaragden war
    der see
ich konnt nicht an mich halten stand
    in flammen
vom ersten spreizen meiner schenkel,
    keine scham
hieß mich das kleid hinabziehn, seine
    hand
verdrängen . . .

D. M. Thomas
‹Das weiße Hotel›

der Wüste für Unfruchtbarkeit und Leblosigkeit und das des Blutes für den Tod. Weitere archetypische Symbole sind die Reise (wir befinden uns alle auf einer Reise), die Große Mutter (für Nahrung, Schutz und Fruchtbarkeit), der Held, das Ungeheuer (in allen Kulturen die Verkörperung dessen, was wir am meisten fürchten, wobei es sich um etwas in uns selbst Liegendes handeln kann), der Schatten (unsere eigene dunkle Seite, die verdrängten Teile unseres Selbst), Türme, Treppen – die Liste ließe sich noch lange fortsetzen. Solche spontan in Träumen und Produkten schriftstellerischer Imagination erscheinenden Bilder entstammen – so Jung – der Tiefe unseres «kollektiven Unbewußten» und lösen starke emotionale Reaktionen aus, da sie an den innersten Kern unserer Psyche und an unsere tiefgreifendsten Lebenserfahrungen rühren, etwa an Tod, Sexualität, Verlassenheit und Freiheit. Sie sind daher in besonderer Weise geeignet, den Prozeß des natürlichen Schreibens zu stimulieren.

D. M. Thomas' Roman ‹Das weiße Hotel› entfaltet sich in einer Freudschen «Landschaft der Hysterie», enthält jedoch auch eine Fülle Jungscher Archetypen, die alle dazu dienen, innere Zustände auszudrücken.

Auch in der nebenstehenden Passage, die den ersten Teil des Buches einleitet, findet sich eine Fülle archetypischer Symbole, die die düstere Sinnlichkeit des Textes unterstreichen: der Archetypus «Baum» suggeriert Leben, der stürzende Baum daher Vernichtung, der schwarze Tunnel evoziert das Weibliche, der Sturm steht für die kreative Vereinigung der Elemente, die Falltür ist ebenfalls ein weibliches Symbol, da sie den Zugang zu unterirdischen Gängen freigibt, der See suggeriert das Unbewußte, aber auch das lebensspendende Wasser. Bereits in diesen wenigen einleitenden Zeilen steckt Thomas den Rahmen dieses «psychoanalytischen Romans» einer Reise ins Unbewußte ab.

Archetypische Bilder drängen von Natur aus in unsere Träume und fließen in Schreibprozesse ein, in denen sich die Imaginationskraft des bildlichen Denkens ungehindert entfalten kann. Wenn Sie Ihr Bewußtsein für diese uralten Bilder schärfen und deren psychologische Wirkung nutzen lernen, werden Ihre Texte an Tiefe und Dichte gewinnen. Indem Sie archetypische Symbole mit Hilfe des Clustering-Verfahrens erforschen, Ihrem bildlichen Denken gestatten, sie zu verarbeiten, und sie durch das «Sieb» Ihres persönlichen Erfahrungshintergrundes filtern, können Sie ihren spezifischen Bedeutungsgehalt für Sie selbst erschließen.

Nehmen wir als Beispiel das archetypische Symbol des Fliegens. Die meisten Menschen kennen Flugträume, die häufig mit lustvollen Empfindungen einhergehen. Das Fliegen steht für die Überwindung der Begrenztheit unseres Körpers, die Aufhebung der Schwerkraft. Darüber hinaus assoziieren wir das Fliegen mit ethischen oder spirituellen Entwicklungsprozessen. Ferner ist das Fliegen, wie zum Beispiel im Ikarus-Mythos, ein Symbol für die Loslösung von den Eltern, für die Aufkündigung des Gehorsams und die Folgen dieser Handlung – wachsende Unabhängigkeit, die jedoch stets mit Trauer vermischt ist, da sie mit dem Absturz enden kann. Eine weitere Assoziation zum Fliegen ist der Höhenflug der Phantasie. Symbole sind ja, wie wir bereits erfahren haben, Bilder von einer solchen Allgemeingültigkeit, daß sie für etwas stehen können, das weit außerhalb ihrer unmittelbaren, eigentlichen Bedeutung liegt.

Übung
Lassen Sie jetzt das archetypische Symbol des Fliegens auf Ihr bildliches Denken wirken, und erforschen Sie, welche Assoziationen es bei Ihnen freisetzt und zu welchen Strukturen sich diese in Ihrem Schreibprozeß fügen. Auf diese Weise lassen sich archetypische Symbole als fruchtbare Stimuli für die Reaktivierung und Entfaltung der eigenen bildhaften Vorstellungskraft nutzen.

1. Nehmen Sie Ihr Skizzenbuch zur Hand, und konzentrieren Sie sich auf das archetypische Symbol des Fliegens. Bilden Sie zunächst ein Cluster um das Kernwort (FLIEGEN). Lassen Sie Ihre Assoziationen einfach strömen. Versuchen Sie, Ihre Empfänglichkeit für den Bilder- und Gedankenfluß nicht zu begrenzen. Lassen Sie alles zu, auch wenn es Ihnen fremd erscheint, und halten Sie die Assoziationen auf dem Papier fest.
2. Erweitern Sie Ihr Cluster einige Minuten lang, bis sich der Übergang zum Versuchsnetz einstellt und sich aus der scheinbaren Zufälligkeit des Assoziierens ein Schwerpunkt, eine Richtung, eine erste ganzheitliche Vision herauskristallieren.
3. Fassen Sie dieses Gefühl für die Richtung klarer, indem Sie eine zentrale Aussage zu Papier bringen. Auf diese Weise leiten Sie zugleich den Übergang vom bildlichen zum begrifflichen Denken ein.
4. Nehmen Sie sich jetzt etwa acht Minuten Zeit – oder auch länger, falls Sie auf Assoziationen gestoßen sind, die für Sie mit besonders intensiven Gefühlen verbunden sind –, um eine durch das archetypische Symbol des Fliegens inspirierte «Miniatur» zu schreiben. Lassen Sie die Form Ihres Textes sich frei aus Ihrer zentralen Aussage entwickeln – er kann eine Prosa-

form annehmen, sich aber auch zu einem Gedicht in freien Versen gestalten. Was dabei herauskommt, wird in jedem Fall, unabhängig von der Form, ein in sich geschlossenes Ganzes sein. Denken Sie beim Schreiben an die Stilmittel, die Ihrem Text Aussagekraft, Dichte und Anschaulichkeit verleihen: Sprachrhythmen, die Wiederkehr bestimmter Elemente, eine ungewohnte Perspektive.

5. Lesen Sie sich jetzt laut vor, was Sie geschrieben haben. Wodurch haben Sie Geschlossenheit erreicht? Welche wiederkehrenden Elemente haben Sie verwendet, um dem ganzen Text Einheitlichkeit zu verleihen? Können Sie beim lauten Lesen Parallelstrukturen heraushören? Überarbeiten Sie noch einmal alles, was Ihrem Gefühl nach der Ganzheitlichkeit Ihres Textes abträglich ist. Streichen Sie, was nicht wirklich paßt, bis Sie mit dem Text zufrieden sind.

Nach dem Schreiben

Das Cluster in Abbildung 39 läßt auf den ersten Blick keine Struktur erkennen, beleuchtet jedoch den Archetypus Fliegen aus vielen verschiedenen Blickwinkeln. Von der Vielfalt der begleitenden sinnlichen Empfindungen bis hin zu einem breiten Spektrum von Bildern des Fliegens, die der Natur entstammen: Vögel, Staubpartikel im Sonnenlicht, Wind, Insekten, Blumensamen, Blütenblätter, Blätter, vulkanische Asche usw. Wenn wir uns dieses «Stenogramm» des bildlichen Denkens genauer ansehen, wird die Genese des aus ihm entstandenen Textes erkennbar: Gleich neben dem «fortgeschrittenen Fliegen», dem die Verfasserin Raumschiffe und Flugzeuge zuordnet, finden wir «primitives Fliegen», aus dem sich «schaukeln» ableitet. Das Schaukeln ist eine «gemäßigtere» Variante des Archetypus Fliegen und wird von vielen Schriftstellern als Symbol der Eltern-Kind-Beziehung verwendet. Der Schwerpunkt liegt dabei auf dem Wegstoßen des Kindes, das immer nur ein momentanes ist, da der Schwung der Schaukel es gleich zu dem wartenden Erwachsenen zurückträgt, der es wieder von sich stößt, noch heftiger, noch weiter – und es kehrt mit noch mehr Schwung zu ihm zurück. Auf einer anderen Ebene kennt dieses Kind aus der Erfahrung des Schaukelns – bei aller Begrenztheit – den freudigen Erregungszustand des Fliegens, und dies ist der thematische Schwerpunkt, den die Verfasserin des Gedichtes entfaltet, wenn auch mit einer überraschenden, für den Gebrauch archetypischer Symbole charakteristischen Wendung. Achten Sie beim Lesen dieses Gedichtes einer Anfängerin darauf, wie viele Elemente ihres Clusters sie in ihren Text aufgenommen hat. Verfolgen Sie, wie sich das Gedicht zunächst auf einer ganz realistischen Ebene entfaltet, um dann allmählich und kaum merklich in die surrealistischen Dimensionen einer Traumbilderfolge überzuwechseln. Zum Schluß wird der gebremste Flug der Schaukel in das archetypische, nicht mehr durch elterliche Einschränkungen und Zwänge behinderte Fliegen in die Freiheit transformiert: «Ihre Arme strecken sich mir entgegen. / Ich lächle, / weil es zu spät ist / . . . Ich bin aus meinem Käfig befreit.»

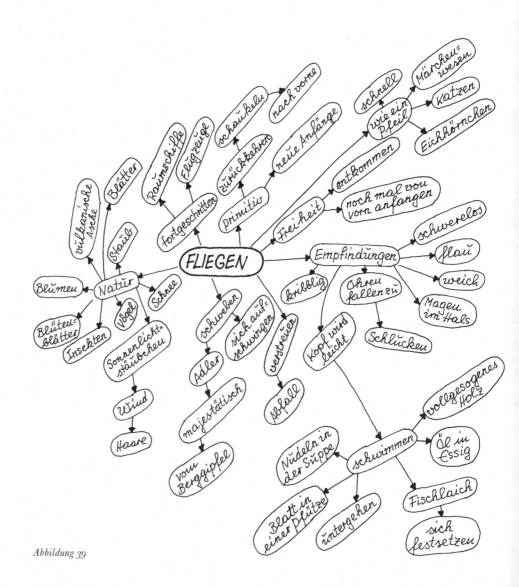

Abbildung 39

Die Schaukel

Die Schaukel läßt mich nicht los.

Sie zieht mich magisch an.

Ich sitze auf dem harten Gummi, es paßt sich meinem Körper
an.

Die Ketten sind kalt und glänzen, ich umfasse sie mit den
Händen.

Ich schließe die Augen, stoße mich ab.

Die Schaukel schwingt, schwingt langsam und mühelos.

Meine Muskeln krampfen, ich fühle mich steif und verspannt.

Der Magen dreht sich mir um.

Mir ist übel.

Meine Hände beginnen zu schwitzen.

Mein Gehirn schreit: Steig ab, steig sofort von der Schaukel!

Ich versuche es,

schaffe es nicht.

Meine Chance ist vertan, ich höre meine Brüder:

«Mama hat gesagt, sie soll nicht schaukeln.»

«Laß sie das eine Mal. Ich geb ihr Anschwung.»

Mein Bruder faßt mich von hinten und stößt.

Die Schaukel schnellt nach vorn.

Immer heftiger stößt er.

Immer höher fliege ich.

Der Wind zaust mein Haar, weht es mir über Gesicht und
Arme.

Er stößt heftiger.

Ich fliege höher.

Meine Muskeln werden locker.

Mein Magen beruhigt sich.

Ich spüre ein Kribbeln im ganzen Körper.

Die Kraft meiner Hände schwindet, das Festhalten ist so
mühsam.

Ich fühle mich wie ein Vogel im Käfig. Ich weiß, ich kann
fliegen,

wenn ich mich nur von dieser Fessel lösen könnte.

Mein Kopf wird leicht.

Mein Körper wird leicht.

Ich öffne die Augen.

Da ist meine Mutter. Sie läuft auf mich zu, die Augen geweitet.

Sie schreit. Ihre Arme strecken sich mir entgegen.

Ich lächle,

weil es zu spät ist.

Meine Hände lassen die Ketten fahren.

Ich bin aus meinem Käfig befreit.
Ich beginne zu fliegen.
Ich schwebe mühelos.
Alles, was fliegen kann, schließt sich mir an: Blütenblätter,
Blätter, Samen, Gischt, Regentropfen und Schneeflocken und
all die Insekten und Vögel.
Wir treiben langsam und leicht im Wind wie Stäubchen
im Sonnenstrahl.
Die Schaukel schwingt nicht mehr,
aber
mein Flug
    wird
        ewig
            dauern.

Jennifer Hubenthal

Sie sehen, in welch fruchtbarer Weise archetypische Symbole das natürliche Schreiben stimulieren können. Wir müssen nur lernen, sie uns zugänglich zu machen, indem wir die Tiefen unseres bildlichen Denkens ausloten, die für uns bedeutungsvollen Bilder an die Oberfläche fördern und sie im Zusammenhang mit unserem Leben neu interpretieren.

Kunst als Bilderfundus

Im fünften Kapitel haben wir schon einmal ein Kunstwerk verwendet, um einen dominanten Eindruck hervorzurufen, der, in Worte gefaßt, zum Kern eines Clusters wurde, und dieses wiederum führte, beim Übergang zum Versuchsnetz, zu einem für Sie bedeutungsvollen Muster. In diesem Abschnitt sollen Sie Ihr bildliches Denken durch ein Gemälde beziehungsweise eine Skulptur dazu anregen lassen, eigene Bilder in Worten nachzuschaffen.

Die komplexe Ganzheit eines Kunstwerks hat, ähnlich wie ein Gesicht, eine sehr intensive Wirkung auf unser bildliches Denken. Übung im Reagieren auf Kunstwerke fördert die Sensibilität unseres bildlichen Denkens für die Aussagekraft und den emotionalen Gehalt der kreativen Schöpfungen anderer. Nach Auffassung des Lyrikers und Kritikers C. Day Lewis erwachsen die im Prozeß natürlichen Schreibens zutage tretenden Bilder ebenso wie die Inspiration zu einem Gemälde oder einer Skulptur aus dem Bedürfnis unseres bildlichen Denkens, einer Vorstellung oder einer Empfindung, die es nach außen tragen möchte, Form zu verleihen. Der Schriftsteller «möchte sich etwas von der Seele

Abbildung 40:
Katsushika Hokusai (1760–1849),
Die große Welle bei Kanagawa

Die große Welle – Hokusai

Dagegen stehen das Blau des Meeres und
das Blau des Fudschi, dagegen der gebeugten, blauen
Männer Gesichter, so weiß wie der Schnee
am Gipfel, wie der Wellenkamm vor dem Himmel in der Farbe der
Boote, dagegen stehen die Zeichen in der Luft, die Reglosigkeit der Welle: daß etwas
den verletzlichen Fremden widerfährt,
daß über dem Berg im erdfarbenen Himmel die Würfel
fallen; und die blauen Männer schmiegen sich an das Meer wie Schnee und die
Welle wie ein Berg an den Himmel.

In des Malers Meer
sind alle Fischer sicher. Aller Zorn beugt sich seiner Harmonie.
Doch der Ahnungslose, der
«nichts Böses denkend um die Ecke biegt»: hinter
dem Wandschirm hören wir seinen Schrei.
Er steht halb in der Welt, halb draußen, er ist die Männer,
doch er sieht zu Füßen des Berges das himmelfarbene Ufer nicht; er ist
nicht sicher, nicht einmal vor sich selbst. Seine Welt ist schal.
Er fischt in einem Meer voller Schlangen und treibt
blind von Welle zu Welle dem Ararat zu.

Donald Finkel

schreiben . . . einen Komplex von Erinnerungen, die sich unbewußt angehäuft haben» und zum Ausdruck drängen.
Wenn man alle Formen künstlerischen Ausdrucks auf diesen einen Impuls zurückführen kann, den Imaginationen unseres bildlichen Denkens Gestalt zu verleihen, dann muß es auch möglich sein, sich beim natürlichen Schreiben von Werken der *bildenden* Kunst anregen zu lassen und ihnen in einem schöpferischen Umsetzungsprozeß neue Bedeutungsaspekte abzugewinnen.
Dieses Verfahren hat Tradition. Viele Schriftsteller haben ihren aus der Betrachtung von Gemälden gewonnenen Eindruck in Gedichte, Kurzgeschichten oder Romane umgesetzt. So ließ sich etwa der zeitgenössische Lyriker Donald Finkel von dem im frühen neunzehnten Jahrhundert entstandenen Gemälde *Die große Welle* (Abbildung 40) des Japaners Katsushika Hokusai zu nebenstehendem Gedicht inspirieren.
Betrachten Sie jetzt, nachdem Sie das Gedicht gelesen haben, das Gemälde noch einmal. In der ersten Strophe läßt der Dichter einen Hagel detaillierter Beobachtungen auf uns niederprasseln: «Das Meer blau», «der Fudschijama blau», «die Gesichter der gebeugten blauen Männer weiß», «der Fudschijama schneebedeckt, der Wellenkamm weiß». Dann bringt Finkel uns zu Bewußtsein, daß das Gemälde Illusion ist: daß «die Welle steht», daß sie nicht niedergehen kann und daß deshalb «in des Malers Meer . . . alle Fischer sicher» sind.
Die zweite Strophe schildert die Perspektive des «Betrachters»,

der unerwartet mit dem Gemälde konfrontiert wird. Die Illusion tödlicher Gefahr überwältigt ihn, da er sich bald mit den Menschen in den Booten, bald mit der bedrohlichen Welle identifiziert. Das Gemälde erfüllt ihn mit existentieller Angst, da es eine Welt darstellt, in der er «nicht sicher, nicht einmal vor sich selbst» ist. In uns verfestigt sich das Gefühl, daß es die Illusionen unserer eigenen Phantasie sind, die wir fürchten – und daß wir deshalb in einem «Meer voller Schlangen» fischen, das in Wirklichkeit nicht existiert.

Die Intensität unserer Reaktion auf ein Kunstwerk hängt davon ab, wie weit wir uns unserem bildlichen Denken überlassen können. Es ist, wie wir im vierten Kapitel gesehen haben, viel besser für eine umfassende, ganzheitliche Wahrnehmung eines Bildes gerüstet als das begriffliche Denken, das sich in erster Linie für die Details interessiert. Versuchen Sie, auf Ihr bildliches Denken umzuschalten, indem Sie das Gemälde als Ganzes betrachten und sich gegenüber dem in Ihnen aufsteigenden dominanten Eindruck öffnen. Benennen Sie dieses Gefühl.

Nachdem Sie auf diese Weise Ihr Kernwort gefunden haben, beginnen Sie, das Bild in aller Ruhe zu erforschen, indem Sie in einem Cluster festhalten, was Sie sehen, was Sie fühlen, was in Ihrer Phantasie vorgeht – kurz, was das Kunstwerk an Assoziationen in Ihnen wachruft. Auf diese Weise bekommt Ihr bildliches Denken Gelegenheit, auf den Reichtum der visuellen Elemente und ihrer vielschichtigen Anklänge zu reagieren, den Strukturen, den Bezügen und dem Kontext nachzugehen. Das Schreiben wird dann zu einem aktiven Prozeß der Sinngebung, in dem Sie dem vorgegebenen Bild Ihre eigenen, für Sie bedeutungsvollen Strukturen unterlegen.

Verfolgen Sie nun die Reaktion eines meiner Schüler auf Hokusais *Große Welle*. Wie Sie Abbildung 41 entnehmen können, war sein dominanter Gefühlseindruck (TRAUMHAFT).

Sein Cluster zeigt – wie es häufig der Fall ist – einen Assoziationsstrom, der spontan eine Struktur anzunehmen scheint, als wäre das bildliche Denken bereits damit befaßt, eigene Muster hervorzubringen. Beim Lesen des sich anschließenden Textes werden Sie feststellen, daß der Verfasser beim Schreiben auf neue Verknüpfungen stieß, die das Cluster noch nicht enthielt.

Sich in Hokusais *Große Welle* zu versenken, ist wie das Eintauchen in einen traumhaften Zustand, da das Bild viele der paradoxen Züge eines Traums aufweist.

Das ganze Gemälde ist unwirklich und doch wirklicher als die

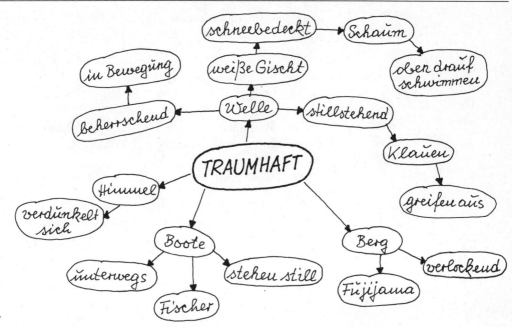

Abbildung 41

Wirklichkeit selbst. Welle, Boote und Menschen scheinen sich zu bewegen und doch gleichzeitig stillzustehen. Der Himmel wird zum Horizont hin dunkler, während in der Ferne der Fudschijama leuchtet, als wollte er den Träumenden locken.

Über Wellen und Meer liegt eine Schicht aus Gischt, die losgelöst über den Wassermassen zu schweben scheint. Der Kamm der Welle wird zu einem Netz aus Klauen, die nach den Fischern greifen, ohne sie je zu erfassen.

Alles Geschehen – die ausgreifende Welle, die rudernden Fischer, der lockende Fudschijama – scheint zusammenzuwirken im Vollzug eines großen Verhängnisses. Dieses Verhängnis ist in sich selbst paradox: Die Fischer folgen ihrem eigenen Willen, und doch folgen sie gleichzeitig wehrlos dem Geschick und den Gewalten der Natur; Meer und Welle scheinen unwillkürlich waltende Kräfte zu sein, und sie sind doch gleichzeitig Teil der göttlichen Ordnung; der Berg steht als Symbol der Stetigkeit inmitten des Tumults und ist doch gleichzeitig so weit entrückt und unerreichbar.

Träume sind unsre verschlüsselte Sprache der Lebenssymbole. Beim Erwachen finden wir die gleichen Symbole wieder. Können wir wirklich Traum von Wirklichkeit unterscheiden?

«Traumhaft» war der dominante Eindruck des Verfassers, und diesen thematischen Schwerpunkt entfaltet er sorgfältig, indem er einfache, klare Elemente aus dem Gemälde herausgreift, an denen sich die Unwirklichkeit, die er empfindet, festmachen läßt:

- ○ «Welle, Boote und Menschen scheinen sich zu bewegen und doch gleichzeitig stillzustehen.»
- ○ In der Ferne leuchtet der Fudschijama, «als wollte er den Träumenden locken».
- ○ Der Wellenkamm ist ein «Netz aus Klauen, die nach den Fischern greifen, ohne sie je zu erfassen».
- ○ Die Wellen greifen aus.
- ○ Die Fischer rudern.

Der Sprachrhythmus schafft auf natürliche Weise Vielfalt und Dichte durch die Einbeziehung von Parallel- und Balanceformen:

Parallelformen
- ○ «Welle, Boote und Menschen»
- ○ «Alles Geschehen – die ausgreifende Welle, die rudernden Fischer, der lockende Fudschijama . . .»

Balanceformen
- ○ «Das ganze Gemälde ist unwirklich und doch wirklicher als die Wirklichkeit selbst.»
- ○ «Die Fischer folgen ihrem eigenen Willen, und sie folgen gleichzeitig wehrlos dem Geschick . . .»
- ○ «. . . Meer und Welle scheinen unwillkürlich waltende Kräfte zu sein, und sie sind doch gleichzeitig Teil der göttlichen Ordnung . . .»
- ○ «. . . der Berg steht als Symbol der Stetigkeit inmitten des Tumults und ist doch gleichzeitig so weit entrückt . . .»

Wiederkehrende Elemente durchziehen den Text und geben dem Ganzen Halt und Einheit:

- ○ Traum / traumhaft / Träume
- ○ Welle, Boote, Menschen (mehrfach wiederholt)
- ○ unwirklich / wirklicher / Wirklichkeit / wirklich
- ○ und doch . . . gleichzeitig . . . (Unterstreichung der paradoxen Züge, die die Traumhaftigkeit des Gemäldes ausmachen).

Die kreisförmige Geschlossenheit wird durch den Verweis auf Träume zu Beginn und am Ende des Textes hergestellt.
Probieren Sie nun aus, was geschieht, wenn Sie die Reaktion Ihres bildlichen Denkens auf eine Skulptur Gestalt annehmen lassen.

Abbildung 42: Greg Hill, *Homochronos*

Abbildung 43: Greg Hill, *Homochronos*

Übung

Sie sollen jetzt, ausgehend von der Bronze-Stein-Skulptur *Homo-chronos* von Greg Hill (Abbildungen 42 und 43), Ihre eigenen inneren Bilder in Worten nachschaffen.

1. Entspannen Sie sich, und lassen Sie Ihre Augen über die ganze Skulptur gleiten. Stellen Sie sich dabei vor, Sie betrachteten sie aus vielen verschiedenen Blickwinkeln, als würden Sie um sie herumgehen und sie als dreidimensionales Objekt wahrnehmen können. Ihr bildliches Denken kann eine solche Skulptur in Sekundenbruchteilen erfassen. Achten Sie aufmerksam auf Ihren ersten umfassenden Eindruck. Gewöhnlich ist unsere erste Reaktion die authentischste und aufschlußreichste. Vertrauen Sie ihr.

2. Fassen Sie Ihren Eindruck in Worte, und machen Sie diese zum Kern eines Clusters.

3. Erforschen Sie jetzt die Skulptur eingehender, und halten Sie dabei in Ihrem Cluster fest, was Sie sehen und fühlen, welche Deutungen und Assoziationen sich bei Ihnen einstellen – kurz, alles, was in Ihrem bildlichen Denken vor sich geht. Denken Sie daran, daß gerade das nichtlineare Vorgehen des Clusters die logische, zergliedernde, «akademische» Arbeitsweise Ihres begrifflichen Denkens ausschaltet und Ihrem bildlichen Denken zumindest vorübergehend Spielraum schafft. Schöpfen Sie diesen Spielraum aus, und genießen Sie ihn.

4. Achten Sie auf den Übergang zum Versuchsnetz und den vorläufigen Sinnzusammenhang, der sich unweigerlich herausbildet und sich durch ein Gefühl, eine Richtung vor Augen zu haben, bemerkbar macht.

5. Vollziehen Sie, sobald Sie diese Orientierung spüren, den Übergang zur Aktivität des begrifflichen Denkens, indem Sie eine klare zentrale Aussage zu Papier bringen.

6. Beginnen Sie jetzt zu schreiben. Wechseln Sie dabei immer wieder zwischen dem umfassenden Gesamteindruck und der Konzentration auf einzelne Details, die im Verlauf des Schreibens auftauchen, hin und her. Auf diese Weise beziehen Sie sowohl Ihr begriffliches als auch Ihr bildliches Denken in den Prozeß des natürlichen Schreibens ein. Lassen Sie Ihren Text frei jede sich entwickelnde Form annehmen, sei es Prosa oder Lyrik.

7. Lesen Sie sich Ihren Text, sobald Sie ihn fertiggestellt haben, laut vor, und achten Sie beim Sehen und Hören auf Geschlossenheit, auf wiederkehrende Elemente, Sprachrhythmen, Bil-

Deshalb ging und geht es mir in meinem Notizbuch nicht darum, tatsachengetreu festzuhalten, was ich getan oder gedacht habe . . . Vielleicht hat es in jenem August in Vermont gar nicht geschneit, vielleicht hat der Nachtwind gar keine Schneeflocken vor sich hergetrieben, und vielleicht hat niemand außer mir gemerkt, daß der Boden hartfror und der Sommer bereits tot war, während wir noch wohlig in ihm zu schwelgen meinten, aber ich habe es so empfunden – es wäre denkbar gewesen, daß es geschneit hätte, es hätte schneien können, es hat geschneit.
Wie ich es empfunden habe: das heißt der inneren Wahrheit eines Notizbuches auf die Spur kommen.

Joan Didion
‹On Keeping a Notebook›

der. Nehmen Sie rasch alle Veränderungen vor, die geeignet sind, die Ausdruckskraft des Ganzen zu steigern.

Nach dem Schreiben
Vermutlich bestand Ihre wichtigste Erfahrung während dieser Übung in dem Gefühl, intensiv von einem Bild angesprochen zu sein, sich geradezu in es hineingezogen zu fühlen, von dem in ihm gebundenen Gefühl durchdrungen zu werden.
Eine zweite und möglicherweise unerwartete Erfahrung mag es gewesen sein, zu erleben, wie Ihr Text eine bestimmte Form annahm, beinahe so, als hätte die Skulptur, selbst ein von Menschenhand geschaffenes Bildwerk, diese Gestalt vorgegeben.
Eine dritte Entdeckung, von der mir häufig berichtet wird, ist die der intensiven negativen oder positiven Kraft, die von einem Werk der bildenden Kunst ausgeht. Die Ambivalenz, die dem *Homochronos* als Bild eigen ist, ermöglicht sowohl eine negative, an Totenschädel und Skelette gemahnende, als auch eine positive, mit Assoziationen wie «Denkfähigkeit» oder «visionäre Kraft» einhergehende Wahrnehmung der Skulptur. Der von dem Philosophen Tobias Grether geprägte Terminus «Homochronos» bedeutet «zeitbewußter Mensch». Das Zeitbewußtsein erfüllt uns mit Ungewißheit, Unbehagen und Unruhe, und aus der Tatsache, daß Greg Hill seiner Skulptur diesen Namen gab, dürfen wir schließen, daß er in ihr etwas von diesem Lebensgefühl zum Ausdruck bringen wollte.
Eine vierte Erfahrung, von der meine Schüler ebenfalls häufig berichten, bezieht sich auf die eigenartige Kombination von Bronze und Stein. Die Bronze suggeriert die Härte eines Schädels, der Stein dagegen paradoxerweise die Weichheit und Formbarkeit des sich ausdehnenden menschlichen Gehirns. In Ihrem eigenen Text haben Sie wiedergegeben, wie Sie die Skulptur wahrgenommen haben. Der kreative Prozeß ist oft ein Akt der Reinterpretation, eine der potentiell unendlichen Variationen eines Themas.

Zusammenfassung und Ausblick

Unsere Bilder sind ungeachtet der Fülle der fruchtbaren Impulse, die von ihnen ausgehen, häufig fragil, flüchtig und schwer zu fassen, aus Assoziationsprozessen unseres bildlichen Denkens geborene schlaglichtartige Einsichten mit feinsten emotionalen Schattierungen, die wir mit unserem Verstand oft nur unvollkommen zu erfassen vermögen. Um Ihre natürliche Schreibfähigkeiten zu kultivieren, müssen Sie die sich in Ihrer Alltags- wie in Ihrer Traumwelt manifestierenden Bilder nicht nur sensibel wahrzunehmen lernen, sondern darüber hinaus in Form von Clustern in Ihrem Skizzenbuch festhalten, damit sie nicht verblassen und sich in Luft auflösen. In «Miniaturen» umgesetzt, werden sie vermutlich zu den für Sie bedeutungsvollsten Texten zählen.

Das Einfangen flüchtiger Bilder ist auch für Joan Didion, wie sie in ihrem Essay ‹On Keeping a Notebook› erklärt, der Zweck ihrer regelmäßigen Notizbucheintragungen.

Die präzise Wiedergabe von Fakten ist eine Tätigkeit unseres linear gliedernden begrifflichen Denkens und in bestimmten Fällen eine angemessene Darstellungsform. Aber «im Nachtwind treibende Schneeflocken» oder den «hartfrierenden Boden» zu erwähnen, um das scheinbare Schwelgen in einem Sommer zu schildern, der bereits voller Vorzeichen des kommenden Winters ist, sind Assoziationsfiguren eines wachen bildlichen Denkens, in denen die Autorin über das Vorgegebene, Sichtbare, Faktische hinausgeht, und deshalb wäre es für Joan Didion «denkbar gewesen, daß es geschneit hätte, es hätte schneien können, es hat geschneit».

Wenn Bilder wie diese des Schnees, des härter werdenden Bodens und stiebender Flocken mit etwas ganz anderem verknüpft und gleichgesetzt werden, haben wir es mit einer metaphorischen Darstellung zu tun, die aus der Fähigkeit unseres bildlichen Denkens erwächst, mit solchen komplexen und nichtlogischen Verbindungen umzugehen. Das nächste Kapitel, in dem es um die metaphorische Darstellung geht, ist eine natürliche Fortführung unserer in diesem Kapitel begonnenen Beschäftigung mit Formen der bildhaften Darstellung, da Metaphern nur über das Medium Bild entstehen und uns nur durch die Verknüpfung der aus der rechten Hemisphäre stammenden Vorstellungsbilder mit den Konzepten unseres begrifflichen Denkens verständlich werden können.

9
Metaphern –
die Verschmelzung von
Wort und Bild

In F. Scott Fitzgeralds Roman ‹Der große Gatsby› schildert der Titelheld dem Erzähler die reiche Daisy mit den Worten:

> «Ihre Stimme ist voller Geld.»
> Das war es. Ich hatte es bis dahin nie begriffen. Die Stimme war voller Geld – das war der unergründliche Charme in ihrem Steigen und Fallen, das metallische Klingeln darin, der Zimbel-Klang . . .

Natürlich hätte Fitzgerald schreiben können: «Alles deutet darauf hin, daß Daisy sehr reich ist», aber seine Metapher geht weit über die Mittel streng wörtlich gebrauchter Sprache hinaus, ruft Assoziationen und Gefühle wach, in denen eine Vielzahl anderer Bedeutungen mitschwingt.

Eine Metapher ist die Verknüpfung eines Bildes mit etwas äußerlich ganz anderem, die wörtlich genommen unmöglich ist. Wörtlich genommen kann eine Stimme nicht voller Geld sein, und dennoch vermittelt uns die Verschmelzung dieser logisch unvereinbaren Elemente zu einem neuen Bild Einblicke in die Persönlichkeit Daisys, die man mittels der denotativen Sprache* nicht ausdrücken könnte. Die neuen metaphorischen Verknüpfungen erzeugen Spannung und Lebendigkeit und enthüllen uns gleichzeitig Zusammenhänge, die wir vorher nicht gesehen hatten.

Bilder verstärken die Eindringlichkeit und Komplexität unserer Sprache. Sie beziehen alle unsere Sinne in das Erleben ein. Wenn wir ein Bild in einen überraschenden Zusammenhang stellen, der mit seiner wörtlichen Bedeutung nichts zu tun hat, schaffen wir ein neues Verknüpfungsmuster – eine Metapher –, das eine inten-

---

* denotativ – nur den begrifflichen Inhalt eines sprachlichen Zeichens betreffend, ohne Berücksichtigung von Nebenbedeutungen, die das Zeichen als Begleiterscheinungen beim Sprecher oder Hörer wachruft.

sive bildhafte Aussage vermittelt. Wenn beispielsweise ein Skilehrer einem Anfänger erklärt (wie es Denise McCluggage in ihrem Buch ‹ *The Centered Skier* › getan hat): «Der Berg ist eine Portion Vanilleeis, und Sie sind heiße Schokoladensoße – fließen Sie den Hang hinunter», ruft er im Schüler ein Bild des Gleitens und der Verbundenheit hervor und vermittelt ihm damit grundlegende Erkenntnisse über die Beziehung zwischen Skiläufer und Piste. Vergleichen Sie diese Anweisung mit ihrem an das begriffliche Denken gerichteten Gegenstück, das ungefähr folgendermaßen lauten könnte:

> Setzen Sie jetzt den rechten Stock ein, gehen Sie tiefer, und schwingen Sie Ihren Körper und Ihre Ski um ihn herum, wobei Sie die Ski parallel führen und Ihr Gewicht während des Umsteigens auf den Talski verlagern. Gleiten Sie, um wieder Schwung zu holen, einige Meter mit parallel geführten Ski bergabwärts, setzen Sie dann den linken Stock ein, gehen Sie wieder tiefer und schwingen Sie um Ihren Stock herum. Achten Sie dabei auf die parallele Skiführung, und verlagern Sie das Gewicht auf Ihren rechten Ski, den Talski.

Natürlich ist der Berg keine Portion Eis und ein Mensch keine heiße Schokoladensoße, und doch vermittelt diese Anweisung das richtige Gefühl beim Skilaufen – das «Feeling» für die ununterbrochene «flüssige» Bewegung – viel direkter als jede sorgfältig strukturierte Sequenz technisch korrekter Instruktionen.

Dieses Kapitel wird Sie also mit einem weiteren Aspekt des natürlichen Schreibens bekannt machen: mit der Fähigkeit unseres bildlichen Denkens, ungewohnte Verbindungen herzustellen, mit seiner Neigung zu metaphorischem Sehen, Hören und Fühlen. Metaphern erschließen Ihnen neue Möglichkeiten, etwas zum Ausdruck zu bringen, wenn der konventionelle oder denotative Sprachgebrauch nicht ausreicht. Da jeder von uns von Natur aus in der Lage ist, auf seine individuelle Weise Verknüpfungen herzustellen und Bezüge zu erkennen, ist die metaphorische Darstellung eine sehr persönliche und besonders schöpferische Ausdrucksform.

Ein von Robert Nebes dargesteller Versuch mit Split-Brain-Patienten unterstreicht die metaphorische Sehweise des bildlichen im Kontrast zur sturen logischen Vorgehensweise des begrifflichen Denkens. Bei diesem Experiment wurde der rechten Gesichtsfeldhälfte, die ihre Informationen an die linke Gehirnhälfte weitergibt, kurz das Bild eines runden Kuchens auf einem Teller vorgegeben. Dann wird der Patient mit mehreren Abbildungen zugleich konfrontiert und aufgefordert, aus den auf ihnen dargestellten Objekten einen passenden Gegenstand auszuwählen. Die linke Gehirnhälfte entscheidet sich dabei unweigerlich nach logischen Gesichtspunkten, also etwa für ein Messer oder eine Gabel. Wenn der gleiche runde Kuchen auf dem Teller der linken Gesichtsfeldhälfte vorgegeben wird – wenn also die rechte Gehirnhälfte das Bild verarbeitet –, entscheidet sich der Patient unweigerlich für etwas ganz anderes – zum Beispiel für einen runden Strohhut mit einer Krempe! Ähnlichkeiten in der Form von völlig verschiedenartigen Gegenständen wahrzunehmen, ist gewiß kein logischer Akt, aber es kommt dabei eine originelle, überraschende Verknüpfung zustande, die uns berührt – und genau das ist die Stärke der Metapher: uns zu überraschen, uns einen Augenblick den Atem zu rauben, einen Aspekt unserer Welt zu beleuchten, der aus unserer konventionellen Sehweise völlig herausfällt.

Im vierten Kapitel habe ich das begriffliche Denken mit der Arbeitsweise eines Computers verglichen. Im Rahmen einer Untersuchung zum Thema ‹Natürliche Sprache und Computerübersetzung› zeigte sich, daß selbst modernste Computer nicht in der Lage sind, Märchen und metaphorische Darstellungen zu «verstehen». Als dem Computer zum Beispiel das Sprichwort «Aus den Augen, aus dem Sinn» eingegeben wurde, kam er zu dem Ergebnis, daß es «Blind und verrückt» bedeutete. In seinem Buch ‹Die Macht der Computer und die Ohnmacht der Vernunft› schreibt der Informatiker Joseph Weizenbaum: «Könnte irgendeine Menge noch so detaillierter syntaktischer Regeln, eine beliebig hohe Rechengeschwindigkeit und ein noch so umfangreiches Lexikon genügen, um [mit einem Computer] qualitativ hochwertige Übersetzungen zustande zu bringen? Alle, die sich ernsthaft mit dem Problem auseinandergesetzt haben, sind sich darin einig, daß diese Frage nur mit ‹nein› beantwortet werden kann ... Der menschliche Gebrauch der Sprache ist eine Manifestation des menschlichen Gedächtnisses. Und das ist etwas ganz anderes als der Speicher des Computers, dem man mit dem Wort ‹Gedächtnis› menschliche Eigenschaften zugeschrieben hat. Im ersten Fall kann er zum Beispiel Hoffnungen und Ängste wecken. Es ist schwer zu sehen, was es bedeuten könnte, wenn man von den Hoffnungen eines Computers spricht.» Alles, was jenseits der wörtlichen und konventionellen Sprachverwendung liegt, erschließt sich uns erst unter Mitwirkung unseres bildlichen Denkens.

Ich möchte Ihnen zur weiteren Illustration noch ein visuelles Beispiel geben. In Abbildung 44 sehen Sie eine Fahrradlenkstange, in Abbildung 45 einen Fahrradsattel. Wenn Sie mit den üblichen logischen Kriterien Ihres begrifflichen Denkens an diese beiden Objekte herangehen, würden Sie sofort denken: «Fahrrad». Wenn Sie sie hingegen wie Picasso aus der Perspektive des bildlichen Denkens betrachten, werden Sie sie nicht zum Begriff Fahrrad, sondern eher zu einem Stierkopf (Abbildung 46) zusammenfügen. Für Picasso verschmolzen die beiden auf der begrifflichen Ebene als Fahrradteile definierten Gegenstände miteinander und wurden dadurch zu etwas, was sie eigentlich nicht waren: Der Sattel war kein Kopf und die Lenkstange kein Hörnerpaar. Dennoch ergab die Kombination der beiden Elemente ein eindrucksvolles neues Bild, durch das jeder Bestandteil in einem neuen Licht erscheint. Picassos Fahrradstier ist eine visuelle Metapher. Wir wollen uns

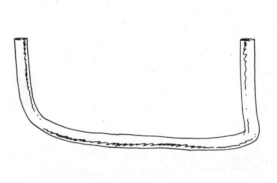

Abbildung 44 *Abbildung 45*

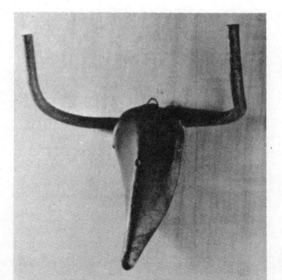

Abbildung 46: Pablo Picasso, *Stierkopf*

jetzt der gleichfalls in den bildhaften Vorstellungen gründenden sprachlichen Metapher zuwenden, die Teil jeder überzeugenden Darstellung ist.

Die Zweisprachigkeit der Metapher

Die Metapher ist gleichzeitig Begriff und Bild und damit eine Brücke zwischen den beiden Verarbeitungsmodi unseres Gehirns. Denise McCluggage spricht in ihrem Buch ‹ *The Centered Skier*› von der «Zweisprachigkeit» der Metapher, die ihre Kraft aus *beiden* Gehirnhälften schöpft – die wörtlich-begriffliche aus der linken und die bildhafte Ausdruckskraft aus der rechten Hemisphäre. Wenn wir eine Metapher gebrauchen, schreibt sie, springt ein Funkenbogen von unserem bildlichen zu unserem begrifflichen Denken über. Der bildhafte Aspekt der Metapher weckt in der rechten Gehirnhälfte komplexe sinnliche Assoziationen, die die linke Gehirnhälfte in Worte faßt, in denen eine Gleichheit des Ungleichen zum Ausdruck kommt. Mit dieser Verbindung von Wort und Bild geht eine plötzliche Erleuchtung einher, ein Sehen oder Erkennen, das ein ganz neues Licht auf ein vertrautes Gefühl oder Konzept oder Ereignis wirft. So beschreibt beispielsweise John Hawkes in seinem Roman ‹Second Skin› einen Schrei als eine schwarze Fledermaus und vermittelt uns durch diese Verknüpfung des Begriffs mit einem unerwarteten Bild ungewohnte Einblicke in das Wesen und die Eigenschaften eines Schreis.

Die Metapher ersetzt nicht die im begrifflichen Denken vollzogene Zuordnung von Wort und Bedeutung, sondern ergänzt diese durch die Wahrnehmungen des bildlichen Denkens. Deshalb erweitert die Übung im Gebrauch sprachlicher Metaphern unsere Wahrnehmungs- und unsere Ausdrucksfähigkeit beträchtlich. Ehe wir Gleichheit im Ungleichen zum Ausdruck bringen können, müssen wir sie zunächst einmal wahrnehmen, eine Fähigkeit, über die wir in unserer Kindheit alle verfügt haben und die es jetzt zu reaktivieren gilt.

Die Entwicklung metaphorischen Denkens in der Kindheit

Beim Sprechenlernen konstituiert das Kind Bedeutungen, indem es neue Erfahrungen mit bereits sprachlich kodierten und im Gehirn gespeicherten früheren Erfahrungen in Beziehung zu setzen versucht. Wir alle waren als Kinder darauf angewiesen, neue

---

Der Schrei . . . der zwischen meinen Zähnen eingeklemmt saß, war eine schwarze Fledermaus, die verzweifelt in meinem aufgeblähten Mund kämpfte und zappelte . . . mit zusammengepreßten Augen und Lippen wußte ich, daß jeden Augenblick die schleimige schwarze Spitze des skelettartigen Flügels sichtbar werden mußte.

John Hawkes
‹Second Skin›

Es gibt Techniken, die uns beim Benennen unserer Träume helfen können. Sie sind dazu bestimmt, die Brücke zwischen rechts und links wieder für den Durchgangsverkehr zu öffnen und der linken Gehirnhälfte die Existenz ihres Gegenstücks bewußter zu machen . . . Metaphern bilden Brücken zwischen den Hemisphären, transportieren in ihrer symbolischen Gestalt Wissen aus der stummen rechten Gehirnhälfte, so daß es von der linken wie etwas bereits Bekanntes verarbeitet werden kann.

Marilyn Ferguson
‹Die sanfte Verschwörung›

Situationen, denen unser vorhandenes sprachliches Repertoire nicht gewachsen war, mit Hilfe von Metaphern – oder einer diesen eng verwandten Verknüpfung: dem Vergleich – zu bewältigen. (Sowohl die Metapher als auch der Vergleich erwachsen aus unserer Fähigkeit, Gleiches im Ungleichen wahrzunehmen. Jedoch bedient sich der Vergleich eines Hinweiswortes – «wie», «vergleichbar mit», «ähnlich wie» usw. – und signalisiert damit, daß wir eine Verbindung zwischen logisch nicht zusammengehörigen Elementen herstellen. Die Metapher verzichtet auf ein solches Hinweiswort und behauptet schlicht eine Gleichheit zweier ungleichartiger Elemente. Deshalb ist sie vielschichtiger, weniger festgelegt und ruft mehr Assoziationen und stärkere Gefühle hervor.) Der britische Sprachwissenschaftler James Britton stellt diesen Vorgang in seinem Buch ‹*Die sprachliche Entwicklung in Kindheit und Jugend*› anschaulich dar. Als seine zweieinhalbjährige Tochter zum erstenmal Erdbeeren zu Gesicht bekommt, untersucht sie sie eingehend und sagt dann: «Wie Kirschen.» Als sie sie probiert, erklärt sie: «Genau wie Bonbons» und schließlich als Resümee: «Wie rote Marienkäfer.» Um ihre neue Erfahrung sinnvoll einordnen zu können, entlehnte sie ihr bereits vertraute Merkmale (rote Farbe, süßer Geschmack, runde Form und kleine Tupfen auf Kirschen, Bonbons und Marienkäfern), sprach sie den Erdbeeren zu und erschloß sich mit Hilfe dieser spielerischen Metaphern neue Bedeutungen.

Kinder bilden also, wie dieses Beispiel zeigt, im Stadium des naiven Sehens, Hörens und Gestaltens Metaphern, da sie noch nicht über genügend feststehende Ausdrücke verfügen, um alles auszudrücken, was ihnen am Herzen liegt. Sie greifen statt dessen ersatzweise auf Begriffe zurück, die sie kennen.

Ich habe mich eingehend mit dem metaphorischen Denken bei Kindern beschäftigt und bin zu dem Ergebnis gekommen, daß Metaphern in dieser frühen Altersstufe mühelos und selbstverständlich produziert werden und sich vor allen Dingen auf Formverwandtschaften gründen. So gab zum Beispiel meine vierjährige Tochter Simone auf Fragen, bei denen ich gleichzeitig auf das betreffende Objekt zeigte, prompt metaphorische Antworten:

Wie ist dieser Stern dort?	Wie eine Blume ohne Stiel.
Wie ist der Mond?	Wie ein lächelnder Mund.
Wie ist dein Schuh?	Wie ein kleines Boot.
Wie ist deine Nase?	Wie ein winzigkleiner Hügel.
Wie sind meine Augenbrauen?	Wie zwei Brücken über zwei Teichen.

Im Gegensatz dazu geben Kinder im Stadium des konventionellen Sehens, Hörens und Gestaltens auf solche Fragen Antworten, die praktisch keine Metaphern enthalten. Wie die folgenden, von Neun- bis Elfjährigen stammenden Beispiele zeigen, antworten sie bevorzugt mit definitionsartigen Umschreibungen oder den gewohnten Stereotypen.

Wie ist dieses Buch?	Wie was zu lesen: ein Haufen Wörter.
Wie ist dieser Fernseher?	Wie eine Filmleinwand dicht vor einem.
Wie ist dieser Spiegel?	Ein komisches Stück Glas, ein Dings, in dem man noch mal da ist.
Wie ist dieser Stern?	Ein Licht ganz weit weg.
Wie ist die Sonne?	Ein großer Feuerball am Himmel.
Wie ist der Mond?	Ein leuchtendes Dingsbums in der Atmosphäre. Ein großes glühendes Ding am Himmel.

Während sich unser Repertoire an feststehenden, erprobten Kategorien des begrifflichen Denkens erweitert, scheint unsere Fähigkeit zu metaphorischem Denken abzunehmen, und wir akzeptieren bereitwillig die Grenzen, die uns von der am logisch-formalen, an der denotativen Bezeichnungsfunktion der Sprache orientierten Schulbildung gesteckt werden. Dies ist möglicherweise ein unabdingbarer Prozeß, da wir uns in eine Welt einzufügen lernen müssen, in der allgemeine, konventionell festgelegte Zeichensysteme die vorrangigen Kommunikations- und Ausdrucksmittel darstellen. Die Einengung liegt darin, daß die meisten von uns in diesem Stadium steckenbleiben, ohne über das nötige Rüstzeug zu verfügen, um die dritte Entwicklungsstufe – das Stadium des kultivierten Sehens, Hörens und Gestaltens, in dem natürliches Schreiben erst möglich ist – zu erklimmen.
Und doch gehen wir – dieser Überlagerung unserer metaphorischen Ausdrucksfähigkeiten durch konventionelle Sprachverwendung zum Trotz – geistig niemals ausschließlich im wörtlichen Sinne mit Sprache um. Sobald wir träumen, produzieren wir ganz von selbst Metaphern. So scheinen etwa die in meinen Träumen immer wiederkehrenden Hausbilder Metaphern zu sein, die für mein Leben und vielleicht sogar für genau bestimmbare seelische Bereiche stehen, und die unbekannten Räume, deren Türen ich

neugierig und staunend öffnete, für Teile meiner selbst, die ich zu jener Zeit, als diese Traumbilder häufig auftauchten, gerade entdeckte.

Sobald uns die Worte fehlen, um genau auszudrücken, was wir meinen, sagen wir «Weißt du, es ist wie . . .» oder «Also, es ist, als ob . . .» oder auch «Es fühlt sich an, als ob . . .» Wenn unser begriffliches Denken nicht hergibt, was wir brauchen, um einen Gedanken oder ein Gefühl klar wiederzugeben, behelfen wir uns mit Bildern und erschaffen, indem wir diese in Worte fassen, Metaphern.

Das folgende kleine Gedicht von W. S. Merwin spielt mit einer sehr eindringlichen Metapher, die kaum der Erläuterung bedarf:

Abwesenheit
Deine Abwesenheit durchdringt mich
wie ein Faden eine Nadel.
Alles, was ich tue, ist mit seiner Farbe durchstichelt

Um zur Ausdruckskraft natürlichen Schreibens zu gelangen, müssen wir unsere Fähigkeit zu metaphorischem Sprachgebrauch reaktivieren. Wenn uns dies nicht gelingt, wenn wir ausschließlich unserer linken Gehirnhälfte die Kontrolle über unser Sprechen und Schreiben überlassen, ähneln wir dem von Northrop Frye beschriebenen Gelehrten.

In dem Maße, in dem Sie wieder ein Gefühl für die spielerischen Verknüpfungen entwickeln, die das bildliche Denken herzustellen vermag, werden Sie feststellen, daß man grundsätzlich mit jedem Wort, jedem Gedanken, jedem Objekt sowohl im streng wörtlichen als auch im nichtwörtlichen Sinne umgehen kann. Erinnern wir uns noch einmal an Peter, den im vierten Kapitel vorgestellten, an einer Schädigung der rechten Gehirnhälfte leidenden Patienten, dessen von der intakten linken Hemisphäre gesteuerte Verbalisierungsfähigkeit ausgezeichnet war, der jedoch scheiterte, sobald er mit einer Aufgabe konfrontiert wurde, die einen Gebrauch der Sprache im nichtwörtlichen Sinne voraussetzte. Als er aufgefordert wurde, die Bedeutung des Sprichwortes «Viele Köche verderben den Brei» zu erklären, mußte er passen, da es ihm ohne Rückgriff auf Fähigkeiten des bildlichen Denkens unmöglich war, über die wörtlich-denotative Dimension hinauszugehen und tieferliegende Bedeutungen zu erkennen.

Solange jedoch unsere beiden Gehirnhälften intakt sind, hängt der geglückte Gebrauch von Bildern und Metaphern davon ab, inwieweit wir unser bildliches Denken einbeziehen. Sie werden in

Ich hörte die Rede einer Koryphäe auf diesem Gebiet. Der Mann war, wie ich wußte, ein hervorragender Gelehrter, ein verdienstvolles Mitglied unserer Gesellschaft und ein bewundernswerter Mensch, aber seine Rede war ein trüber Fluß voller Klischees . . . Der Inhalt seiner Rede zeigte nicht etwa, wes Geistes Kind er war, sondern spiegelte nur seine literarische Erziehung wider . . . niemand hatte ihm beigebracht, seinen Abstraktionen konkrete Gestalt zu verleihen, Logik und Folgerichtigkeit der tieferen Einsicht von Metapher und Gleichnis unterzuordnen, in Redefiguren nicht bloße Ornamente der Sprache zu sehen, sondern wesentliche Elemente von Sprache und Denken . . . Noch einmal, ihm kann nicht geholfen werden: Es gibt keine Fortbildungsmaßnahmen für metaphorisches Sprechen.

Northrop Frye
‹ *The Educated Imagination* ›

diesem Kapitel lernen, bewußt auf die nichtwörtliche Ebene des bildlichen Denkens umzuschalten – und wiederum bietet sich das Clustering-Verfahren als effektives Hilfsmittel an. Lösen Sie sich von der streng wörtlichen Ebene, und Ihre rechte Hirnhemisphäre wird Ihnen Bilder liefern, die Sie in Metaphern umsetzen können.

Eine Vorstufe zum Gebrauch von Metaphern ist die Wahrnehmung von Ähnlichkeiten zwischen Formen, die Sie im folgenden Abschnitt üben können.

Formen sehen

Sie kennen das freudige Gefühl plötzlichen Erkennens, das metaphorische Verknüpfungen begleitet – etwa wenn Sie in einer Wolke die Umrisse eines Tieres entdecken. Das Geheimnis metaphorischen Denkens besteht darin, während einer Wahrnehmung vom begrifflichen auf das bildliche Denken umzuschalten. Ihr begriffliches Denken sagt: «Ja, eine Wolke – eine Cumuluswolke, soviel ich weiß», während Ihr bildliches Denken ein springendes Reh sieht.

Dieser Moment des Umschaltens verkörpert sich in dem Wörtchen «wie». Sobald wir sagen, daß etwas wie etwas anderes ist, hören wir auf, auf der pedantischen Logik unseres begrifflichen Denkens zu beharren, und gestehen uns zu, allem Anschein nach ungleiche Dinge gleichzusetzen. So fungiert beispielsweise in der Wendung «. . . warten unsere Körper geduldig wie Pferde» aus einem Gedicht des Lyrikers Nils Peterson, das *wie* als eine Barriere gegen die besserwisserischen Störversuche des begrifflichen Denkens, die metaphorischen Einsichten Gelegenheit gibt, an die Oberfläche zu dringen. Aber Metaphorik verzichtet auf solche Markierungen und erweitert und vertieft dadurch noch die Kraft des auf den jeweiligen Gegenstand oder Gedanken projizierten Bildes, wie eine andere Passage aus Petersons Gedicht illustriert: «Kaum alleine wenden sie sich um, bestupsen sich und halten Flank an Flanke Zwiegespräch». Im Vergleich sind die Körper *wie* Pferde, in der Metapher sind die Körper Pferde geworden.

Lesen Sie jetzt das ganze Gedicht, und verfolgen Sie dabei, wie Peterson seinen anfänglichen Vergleich zu einer durchgängigen Metapher erweitert.

Schlafenszeit
  – für Judith –
Wenn wir gestritten haben, warten unsere Körper
geduldig wie Pferde auf den unwirschen Abgang
ihrer Herren. Kaum alleine wenden sie sich um,
bestupsen sich und halten Flank an Flanke
Zwiegespräch die ganze Nacht
in der beredten Sprache der Stummen.

Wir werden für unsere Zwecke keine weitere Abgrenzung zwischen Vergleich und Metapher vornehmen. Letztlich haben beide die gleiche Funktion – das Umschalten auf nicht an sprachliche Konventionen gebundene Wahrnehmungsformen zu ermöglichen und dadurch die Vielschichtigkeit und Ausdruckskraft eines Textes zu steigern.

Übung
Sie sollen jetzt einmal ausprobieren, was geschieht, wenn Sie mit einem Objekt konfrontiert werden, das Ihr begriffliches Denken nicht prompt identifizieren kann.

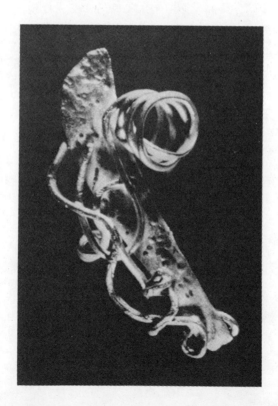

Abbildung 47:
Glenda Bogen, *Schmuckstück*

1. Betrachten Sie das in Abbildung 47 dargestellte Objekt von Glenda Bogen.

2. Benennen Sie zunächst, was es Ihrer Meinung nach im wörtlichen Sinne ist. Bezeichnen Sie es als «Gegenstand», als «Objekt», als «Anhänger», als «Skulptur» oder mit irgendeinem anderen, in Ihren Augen buchstäblich zutreffenden Begriff. Halten Sie diese Reaktion Ihres begrifflichen Denkens in Ihrem Skizzenbuch fest.

3. Machen Sie jetzt diese buchstäbliche Benennung zusammen mit einem vergleichenden «wie» zum Kern eines Clusters: DIESES OBJEKT IST WIE . . .

4. Betrachten Sie das Objekt drei bis fünf Minuten lang ganz genau, und halten Sie alles fest, was Ihnen zu diesem *wie* einfällt. Zensieren Sie nicht, lassen Sie Ihre Gedanken ungehindert spielen, seien Sie offen für alle Assoziationen, selbst wenn Sie Ihnen absurd vorkommen. Sie brauchen sie später nicht wieder aufzunehmen. Fördern Sie im Augenblick einfach nur neugierig zutage, was Ihr bildliches Denken mit dieser Form anfängt. Mustern Sie den Gegenstand mit zusammengekniffenen Augen, betrachten Sie ihn auch von der Seite, sagen Sie sich laut vor: «Das Ding ist wie ein . . .» Irgend etwas wird Ihnen einfallen, und dieses Etwas wird andere Assoziationen nach sich ziehen. Früher oder später werden Sie eine ganze Reihe metaphorischer Aussagen niedergeschrieben haben, unter denen mit Sicherheit einige sein werden, die Ihr Interesse wecken und Ihnen Freude machen.

Nach dem Schreiben

Um selbst zu erfahren, was für ein individueller Vorgang die Schöpfung von Metaphern ist, können Sie diese Übung auch zusammen mit Freunden machen. Sie werden überrascht sein, welch verschiedenartige Assoziationen dieselbe Vorlage hervorruft. Ich hatte einmal einen Studenten in einem meiner Kurse, der beharrlich behauptete, daß er nicht imstande sei, sich auch nur eine einzige Metapher auszudenken. Um ihm – und den anderen Kursteilnehmern – zu demonstrieren, daß *jeder* in der Lage ist, Metaphern zu bilden, nahm ich den Anhänger, zu dem Sie eben ein Cluster geknüpft haben, ab, ließ ihn durch die Hände der Studenten wandern und machte ihn zum Ausgangspunkt eines gemeinsamen Clusters an der Tafel, aus dem sich folgende Verknüpfungen ergaben.

Der Anhänger ist wie:

○ die Kreuzung der Lebenswege zweier Schlangen und der Schicksalspfad, auf dem sie zusammentreffen.
○ eine Krawatte, deren Träger Spaghetti gegessen und sich dabei bekleckert hat.
○ eine Schlange, die sich um eine Frau windet.
○ eine Frau mit einer Federboa.
○ ein Schwert, das einen Oktopus zerteilt.
○ ein sehr altes Schwert, das man, von Seetang umwickelt, am Strand gefunden hat.
○ ein Saxophon, das zu vibrieren und lebendig zu werden scheint, wie die Musik, die aus ihm herauskommt.
○ ein Ruder und das Wasser eines Sees, das sich wirbelnd an ihm bricht und es umfließt.
○ ein zerbrochener Ski, dessen Bindung sich nach einem Abfahrtsrennen gelöst hat.
○ ein Mensch, der sich überanstrengt hat und dringend ein Alka Seltzer braucht.
○ ein Wirbelsturm, der über eine Küste hereinbricht.
○ ein in Haaren verhedderter zahnloser Kamm.
○ ein Violinschlüssel auf einer Notenlinie.

Bei welcher dieser Metaphern haben Sie besonders deutlich ein inneres Wiedererkennen gespürt? Dieses Wiedererkennen einer Metapher sprengt für einen Augenblick die Privatheit des eigenen Erfahrungsprozesses. Wenn eine der oben aufgezählten Metaphern Sie so stark berührt hat, daß Sie hätten sagen können: «Stimmt! Es ist wirklich wie ein . . .», so hat Ihr bildliches Denken diesen ausschließlich in seiner Macht liegenden Schritt über die Grenzen des konventionellen Wahrnehmens und Verstehens vollzogen.

Die nächste Stufe der Aktivierung Ihres bildlichen Denkens besteht in der Aneinanderreihung mehrerer Metaphern in einem Satz.

Metaphermanie

Ich war schwindlig wie ein Derwisch, schwach wie eine müde Waschmaschine, ich hing durch wie ein Dachsbauch, war so scheu wie eine Spitzmaus, und meine Chancen waren so gering wie die von einem Ballettmädchen mit einem Holzbein.

Raymond Chandler
‹Die kleine Schwester›

Die Kraft einer Metapher, die auf der Präsentation eines starken Bildes in einem ungewöhnlichen Kontext beruht, läßt sich durch Häufung noch verstärken. Der nebenstehende witzige Satz Raymond Chandlers soll Ihnen als Muster für eigene Reihungen von bildhaften Vergleichen dienen.

Jedes der von Chandler benutzten Bilder vermittelt uns einen Eindruck von dem fürchterlichen Zustand, in dem sich der Ich-Erzähler befindet, und doch wirkt diese Aneinanderreihung ungewöhnlicher Vergleiche komisch.

Übung
Ihre Aufgabe ist es, nach dem Muster des Satzes von Chandler durch die spielerische Aneinanderreihung mehrerer Metaphern einen komischen Effekt zu erzielen. Halten Sie die Ergebnisse in Ihrem Skizzenbuch fest.

1. Bilden Sie rasch ein grobes Cluster zu einem der in Abbildung 48 vorgeschlagenen Satzanfänge oder zu einem ähnlichen Kern eigener Wahl.

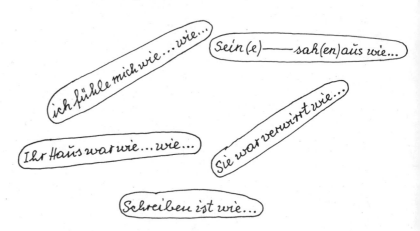

Abbildung 48

2. Spielen Sie mit Ihren Assoziationen. Lassen Sie sie frei strömen, zensieren Sie nicht. Halten Sie sich vor Augen, daß ein Cluster nichts Endgültiges und Unveränderliches ist – Sie können alles weglassen, was sich albern, platt oder klischeehaft anhört, wenn Sie darangehen, Ihre Vergleiche nach dem Vorbild des Mustersatzes aneinanderzureihen. Spielen Sie, wenn Sie Lust haben, mit Bildern aus einem Bereich, den Sie gut kennen – Basteln, Reiten, Jogging, Tanzen, Kochen –, und behalten Sie dabei die bereits geübten Stilmittel wie die Wiederkehr bestimmter Laute oder rhythmische Effekte im Auge. Ihr Cluster wird Ihnen einen reichen Fundus an Einfällen bieten, aus dem Sie sich die wirkungsvollsten aussuchen können. Hören Sie auf, Assoziationen zu sammeln, sobald Sie genügend Bilder zur Verfügung haben, um originelle Verknüpfungen herzustellen.

Metaphern – die Verschmelzung von Wort und Bild

3. Stellen Sie jetzt an Hand der Bilder Ihres Clusters einen Satz zusammen. Wählen Sie dafür alles aus, was Ihnen gut und passend erscheint.
4. Lesen Sie sich des Geschriebene laut vor, und verändern Sie den Satz, wenn Sie das Gefühl haben, dadurch eine komischere oder intensivere Wirkung erzielen zu können.

Nach dem Schreiben
Schauen Sie sich die folgenden, in meinen Kursen entstandenen Beispiele an. Es handelt sich um Versuche, Raymond Chandlers Satz mit eigenen Assoziationen nachzugestalten.

Das Leben war so launisch wie eine Stiefmutter, so unerwünscht wie eine Warze, so öde wie ein Schlafsaal während der Winterferien, so frustrierend wie Impotenz und so vergeblich wie eine Investition in ein Konkursunternehmen.

Mein Hirn war tot wie eine leere Batterie, nackt wie ein gerupftes Huhn, reglos wie eine Trockenerbse und leer wie ein Schrank im Möbelladen, als ich ihm die Antworten auf die Prüfungsfragen entlocken wollte.

Sie war häßlich wie ein Ochsenfrosch, tramplig wie eine schwangere Kuh, dünn wie ein Bindfaden, blaß wie eine alte Zeitung und uninteressant wie ein Leichnam mit einem eingewachsenen Zehennagel.

Ich fühlte mich stumpf wie die Lackierung, zerdellt wie die Stoßstange, platt wie der Reifen, leer wie der Benzintank und so willig wie die Zündung, die sich weigert, mehr von sich zu geben als ein Ächzen.

Ich war ängstlich wie eine Zitterpappel, verschüchtert wie ein Veilchen, schamhaft wie ein Stiefmütterchen, unauffällig wie ein Vergißmeinnicht und so leicht zu übersehen wie ein Gänseblümchen in einem Narzissenbeet.

Ich war glücklich wie eine Katze im Sahnetopf, selbstzufrieden wie eine Ratte im Lebensmittelgeschäft, albern wie ein Pinguin am Piano und hatte Aussichten voranzukommen wie ein Hahn mit einer Kehlkopfentzündung.

Ich war brutal wie eine Bestie, sarkastisch wie Scrooge, blutdür-

stig wie ein Vampir, grob wie ein Stück Sandpapier und kalt-
blütig wie ein Kannibale, der im Begriff ist, seine Kinder zu
fressen.

Ich war zerschlissen wie ein alter Schnürsenkel, zerrupft wie
eine abgenutzte Zahnbürste, zerzaust wie eine Fahne im
Sturm, so wenig spritzig wie abgestandener Sekt und hoffnungslos wie ein Handlungsreisender im Rollstuhl.

Wenn Sie sich die in diesen Sätzen verwendeten Bilder einmal
näher ansehen, werden Sie feststellen, daß sich die Verfasser verschiedener Reihungsstrategien bedient haben, um Geschlossenheit zu schaffen. So konzentrierte sich zum Beispiel eine Schülerin
auf verschiedene Blumenbilder, eine zweite auf den Vergleich mit
einem Auto. Andere verwenden Tierbilder, und die zuletzt zitierten Sätze appellieren durch wiederholte Alliteration an unser
Ohr. Allen gemeinsam ist eine deutliche Rhythmisierung der
Sprache mit Hilfe von Parallelkonstruktionen nach dem Muster
des Originalsatzes, deren kumulativer Effekt im Eindruck von
Dichte und Geschlossenheit besteht.

Die Übersetzung von Aussagen in Metaphern

Metaphern stellen unkonventionelle, logische Verknüpfungen
her: zwischen Psychologischem und Materiellem – «Ihre Stimme
ist voller Geld» –, Vertrautem und Unvertrautem – «Der Stern ist
wie eine Blume ohne Stiel» –, Außergewöhnlichem und Alltäg-
lichem – «Deine Abwesenheit durchdringt mich wie ein Faden
eine Nadel». Solche Verknüpfungen entspringen zunächst der
Vorstellungswelt unseres bildlichen Denkens, bedürfen dann jedoch des begrifflichen Denkens, um die jeweilige Gleichheit zu
artikulieren und eventuell genauer zu analysieren.
Sobald wir uns als eine fest verwurzelte Eiche sehen, gehen wir
über das hinaus, was wir faktisch und eindeutig klassifizierbar
sind. Ich bin unter anderem Lehrerin, Frau, Steuerzahlerin, Mutter und Schriftstellerin. Aber wie schaffe ich es, etwas über
Aspekte meiner Person auszusagen, die in der streng klassifizieren-
den Beschreibung dessen, was ich bin, nicht enthalten sind? Eine
Möglichkeit ist die metaphorische Selbstdarstellung über Wesenszüge, die ich mit einem nichtmenschlichen Lebewesen – einer
Eiche zum Beispiel – oder auch mit einem Tier wie etwa einer
Katze zu teilen glaube.

Metaphorische Gleichsetzungen mit Tieren sind uns von Kindheit an vertraut. Wir beglücken unsere Kinder mit Stofftieren, erzählen ihnen Tiergeschichten, geben ihnen scherzhaft oder liebevoll gemeinte Tiernamen: Tiger, Kätzchen, Bärchen. Wir spielen mit unseren Kindern «Hotte Hü» und «Wau Wau». Tiermetaphern sind ursprünglich Bilder von fundamentaler Bedeutung, die menschliche und tierische Wesenszüge in Verbindung setzen und uns auf diese Weise die Möglichkeit geben, etwas über uns selbst zu begreifen und auszudrücken. In solchen metaphorischen Selbstdarstellungen liegt eine große Chance, Kreativität und Phantasie freizusetzen und eine ansprechendere, treffendere und eindringlichere Schreibweise zu fördern.

Übung

Vor kurzem habe ich von einem Firmenmanager in San Francisco gehört, der Menschen, die sich um leitende Positionen bewerben, die Frage stellt: «Wenn Sie ein Tier werden könnten – welches würden Sie gern sein?» Die Antwort, so behauptet er, sei ein besserer Indikator für die Tauglichkeit des Bewerbers als detaillierte Bewerbungsunterlagen herkömmlicher Art.

Auch Sie sollen sich jetzt rasch entscheiden, welches Tier Sie in einem zweiten Leben gern sein würden, und sich in dieser Tierexistenz selbst darstellen.

1. Entfalten Sie in Ihrem Skizzenbuch ein Vorbereitungscluster zum Kernwort (TIER), um zunächst sämtliche Auswahlmöglichkeiten, die Ihr bildliches Denken freisetzt, zu registrieren.
2. Nehmen Sie jetzt das Tier Ihrer Wahl als Ausgangspunkt für ein neues Cluster. Halten Sie möglichst viele Assoziationen fest, darunter Wesenszüge, die Sie mit diesem Tier verbinden (etwa Wildheit oder Scheuheit), ebenso wie äußere Eigenschaften. Beziehen Sie auch Sprichwörter, Erzählungen, Lieder, Verse usw. ein, sofern Ihnen welche einfallen.
3. Bilden Sie jetzt ein zweites Cluster zum Kernwort (ICH). Es wird Ihnen helfen, sich über Ihr Verhältnis zu dem gewählten Tier klarer zu werden. Sammeln Sie Assoziationen zu Ihrer eigenen Person, und behalten Sie dabei das Cluster zu dem von Ihnen gewählten Tier im Sinn. Erweitern Sie Ihr Cluster so lange, bis Sie den Übergang zum vorläufigen Sinngefüge spüren, der vermutlich als plötzliche Erkenntnis einer wesentlichen Verknüpfung zwischen Ihrer Persönlichkeit und dem von Ihnen gewählten Tier bestehen und sich als Gefühl des Springens auf eine metaphorische Ebene bemerkbar machen wird.

4. Schreiben Sie zwei oder drei zentrale Aussagen nieder, um Ihr begriffliches Denken in den weiteren kreativen Prozeß einzubeziehen. Wählen Sie dann die Aussage, die Ihnen am bedeutsamsten erscheint, um sie in Form einer «Miniatur» zu entfalten.

5. Schreiben Sie von Anfang an in der ersten Person – das heißt, seien Sie das von Ihnen gewählte Tier. Schreiben Sie nicht «Wenn ich . . . wäre», sondern «Ich bin . . .». Ihr Ziel ist es, den Text unter der Perspektive zu schreiben, daß Sie dieses Tier sind, und dabei gleichzeitig wichtige Aspekte Ihrer eigenen Persönlichkeit zum Ausdruck zu bringen.

6. Bleiben Sie beim Schreiben sensibel für Ausdruckselemente des bildlichen Denkens, wie das Schließen des Kreises. (Wie beginnen Sie, und wie schließen Sie?) Beziehen Sie wiederkehrende Elemente ein. (Was wird der dominante rote Faden Ihres Textes sein? Ein Wort? Eine Wortfolge? Ein bestimmter Aspekt Ihres Tieres?) Behalten Sie gleichzeitig die Möglichkeiten paralleler Sprachrhythmen, der Alliteration und der Bilder auf allen ihren sinnlichen Wahrnehmungsebenen im Sinn.

7. Lesen Sie jetzt laut, was Sie geschrieben haben, und behalten Sie dabei den ganzen Text im Blick. Streichen Sie alles, was nicht recht hineinpaßt, und formulieren Sie um, was Ihrem ästhetischen Gefühl zuwiderläuft.

Nach dem Schreiben
Diese Übung ist für Sie eine Möglichkeit, Neues über sich selbst zu erfahren. Es ist gut möglich, daß Sie bei dieser metaphorischen Selbstdarstellung als Tier auf überraschende – positive wie negative – Aspekte Ihrer selbst gestoßen sind, die Ihnen normalerweise nicht bewußt sind. Menschen sind sehr komplexe und veränderliche Wesen, während wie Tiere im Hinblick auf ihre positiven und negativen Eigenschaften als statisch begreifen. Nach C. G. Jung repräsentiert das Tier unbewußte Bereiche der menschlichen Psyche. Für Ihr bildliches Denken ist es ein leichtes, mit zweideutigen, paradoxen, widersprüchlichen Bedeutungen umzugehen. Die Identifikation mit einem Tier stellt eine Integration von Unbewußtem und Bewußtem dar, die Ihnen neue Einblicke in Ihre Persönlichkeit eröffnet.
Wenn Sie diese metaphorische Verwandlung in ein Tier als anregend empfunden haben, probieren Sie ruhig noch andere Varianten aus. Sie können sich zum Beispiel in ein Stück Materie verwandeln, etwa in einen Spiegel oder ein Elektron, Sie können ein Gemüse werden – eine Kartoffel oder ein Blumenkohl –, ein

Element der Natur – ein Strom oder der Wind –, ein Haushaltsgegenstand – ein Topf oder ein Messer – oder auch ein Arbeitsgerät, mit dem Sie beruflich umgehen – ein Kugelschreiber, ein Klavier oder eine Maurerkelle. Spielen Sie mit solchen metaphorischen Verwandlungen. Überraschen Sie sich selbst mit unerwarteten Verknüpfungen – und entdecken Sie auf diese Weise neue Dimensionen Ihrer natürlichen Schreibfähigkeit.

In Abbildung 49 finden Sie das Cluster zu der metaphorischen «Miniatur» eines Schülers, der an einem Anfängerkurs teilnahm. Der Gedankenfluß, der im Cluster Gestalt annahm, fügt sich zu einem um drei Eigenschaften des gewählten Tieres zentrierten Muster.

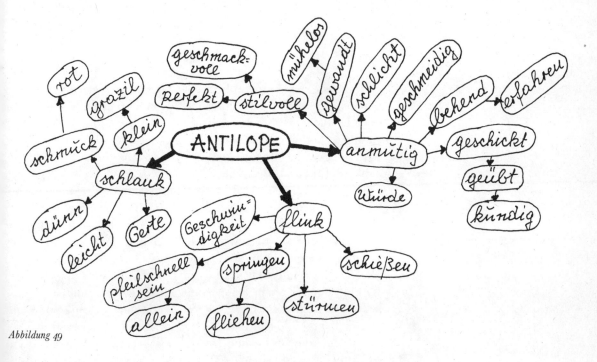

Abbildung 49

Mit dem Alleinsein zufrieden
Ich bin eine Antilope – schmal, anmutig, schnell. Mühelos gleite ich über die Ebene, springe zwischen den schroffen Felsen bergan. Kraftvoll ist mein Lauf, weich jede meiner Bewegungen, elegant die Haltung meines grazilen Leibes.
Mein schlanker Bau erlaubt mir flinke, fließende, fliegende Bewegungen. Ich strahle Adel aus, wie ihn kein fleischigeres Tier verkörpern könnte.
Ich springe, schieße, stürme allen davon, die mit mir die Höhen

und die Ebene bewohnen. Ich genieße es, das Getümmel hinter mir zu lassen. Ich lebe in meiner eigenen Welt. Ich genieße die Gesellschaft, aber ich brauche sie nicht. Meine Ziele füllen mich aus. Ich bin wendig, geschickt und zielstrebig. Ich bin für die Schnelligkeit geschaffen – und für das Alleinsein.

Jeremy Adams

Dieser Text ist knapp und schmucklos und setzt das Stilmittel der Rhythmisierung durch Parallelformen beinahe im Übermaß ein. Indem der Verfasser jedoch eine metaphorische Verknüpfung zwischen sich und etwas, das er nicht ist, herstellt, beleuchtet er gleichzeitig seine eigene Persönlichkeit und das Wesen des von ihm gewählten Tieres.

Metaphern machen Gefühle greifbar

Der nächste Aspekt metaphorischer Darstellung ist das Greifbarmachen der flüchtigen Welt unserer Gefühle mit Hilfe des bildlichen Denkens. Durch die metaphorische Umsetzung innerer Zustände gelingt es oft, Gefühle lebendig werden zu lassen. Nehmen wir zum Beispiel «Traurigkeit»; dieser Zustand umfaßt eine Vielzahl von Empfindungen, die bei jedem von uns anders beschaffen sind. Im Lexikon lesen wir, daß Traurigkeit «eine melancholische Gemütsverfassung» sei, aber diese Definition in den Kategorien des begrifflichen Denkens sagt nichts über die verschiedenen, individuellen Schattierungen und Beiklänge dieses Erlebens aus. Folglich greifen wir häufig zu Klischees – zu Metaphern oder Vergleichen, die durch undifferenzierte Überstrapazierung ihre Kraft verloren haben: Schwermut, Niedergeschlagenheit, Trübsinn, Weltschmerz, Durchhängen, zu immer wiederkehrenden abgegriffenen Bildern. Doch Schilderungen von Traurigkeit, die auf solche konventionellen Darstellungsmittel verzichten, lassen uns aufmerken, da sie wie ein Funke ein Wiedererkennen in uns auflodern lassen.

Lesen Sie das Gedicht ‹Es ist eine Traurigkeit in der Welt› von Al Young. Der Autor bedient sich der metaphorischen Darstellung, um uns sein Erleben von Traurigkeit zu vermitteln, und bereichert damit gleichzeitig unsere eigene Wahrnehmung dieses Gefühls.

Es ist eine Traurigkeit in der Welt
Es ist eine Traurigkeit in der Welt

eine Düsternis
ein Ekel in der Kehle
eine Fäulnis im Atem
ein betrübtes Erschlaffen des Penis
eine Kälte im Blut, die schmerzt
– Schranken der Körperlichkeit!
Schmerz des Werdens!
Ein kurzer Moment des Vergessens
legt den Keim
Da sind diese zerfransten Ränder meines Lebens
diese zerschlissenen Konturen
die sich im Nichts verlieren,
dieses Regengrau des Wünschens
Ich hätte es eigentlich wissen können
beim Gerangel vor dem Holzofen
in Red Clay Mississippi
Da ist dieses Taumeln
von Nirgendwo nach Nirgendwo
& da ist dieses Zerbröseln
von Nichts zu Null,
diese Reise vom Ausgangspunkt zum Ausgangspunkt zurück
bei der die Seele nirgendwohin unterwegs ist
Da ist so etwas wie eine Seele,
ich hab sie gefühlt & fühle sie
sich in mir & anderen bewegen
ungeachtet unseres Willens,
der gestohlenen Landschaften die uns Aufenthalt sind
der Höhlen des Zweifels in denen wir uns verstecken
Da ist so etwas wie Leben &
es ist nicht diese öde Zwischenzeit
in der ich Essen & Wohnen hinterherhaste
oder mich an meinen Mißerfolgen messe

Ja, da ist diese Schattenseite meines Hauses
wo die alten Träume wohnen
wo Sehnsüchte sich in Rauch auflösen
wo ein kaltes & häßliches Gegenteil von Liebe
in der Sonne brennt.

Traurigkeit ist für Al Young kein blasser Abklatsch der Lexikondefinition, sondern eine schmerzliche Aneinanderreihung von Geschehnissen, die in einer solchen Dichte geschildert werden, daß wir immer wieder tief Luft holen, weil wir uns in den eindringlichen Metaphern für Traurigkeit, diese «Schattenseite meines Hauses, wo Sehnsüchte sich in Rauch auflösen», wiederfinden. Metaphern und Bilder bringen unser tiefstes Empfinden zum Ausdruck. Probieren Sie es nun selbst aus.

Übung
Ihre Aufgabe besteht darin, ein bestimmtes Gefühl durch die metaphorische Darstellung lebendig zu vermitteln.

1. Knüpfen Sie zunächst ein Vorbereitungscluster zum Kernwort (GEFÜHLE), um sich das ganze Spektrum möglicher Empfindungen zu vergegenwärtigen. Es ist immer interessant, darauf zu achten, welche Gefühle zuerst auftauchen – negative, positive oder gemischte.

2. Wählen Sie jetzt das Gefühl aus, das Sie am stärksten dazu anregt, es näher zu erforschen. Nehmen Sie also beispielsweise (MUT IST . . .) als Kern, und halten Sie dann in einem zweiten Cluster alles fest, was Ihnen einfällt. Konzentrieren Sie sich dabei vor allem auf plastische Bilder, die vermitteln, wie dieses Gefühl aussieht, schmeckt, klingt, riecht und sich anfühlt. Wenn Sie damit Schwierigkeiten haben, geben Sie nicht auf; halten Sie sich als Zwischenglied das vergleichende *wie* vor Augen.

3. Das Gedicht von Al Young soll Ihnen als Muster für Ihren eigenen Text dienen. Erweitern Sie also einfach Ihr Cluster so lange, bis Sie glauben, genügend metaphorische Bilder gesammelt zu haben, um sie in ein Gedicht umzusetzen, das etwa halb so lang sein soll wie die Vorlage. Wenn Sie das Gefühl haben, daß der Fundus Ihrer Einfälle groß genug ist, oder wenn Sie den Übergang zum Versuchsnetz spüren und sich ein vorläufiges Sinngefüge ergibt, beginnen Sie mit dem Schreiben.

4. Leiten Sie Ihr Gedicht mit «Es (Da) ist . . . in der (dem, den) . . .» ein, und fügen Sie Ihre gesammelten Metaphern zu einem ästhetischen Ganzen. Vergessen Sie dabei nicht die übrigen, Ihnen bereits bekannten Elemente natürlichen Schreibens, vor allem die Wiederkehr von Elementen und die bewußte Rhythmisierung der Sprache. Ihre besondere Aufmerksamkeit muß natürlich der bildhaften Darstellung gelten, da ja erst Bilder zur Verknüpfung von Gleichem mit Ungleichem führen, wie sie die Metapher darstellt: Traurigkeit ist im buchstäblichen Sinne weder die Schattenseite eines Hauses noch ein erschlaffender Penis, und doch werden diese Bilder zu Metaphern dafür, wie der Dichter Traurigkeit erfährt.

Metaphern – die Verschmelzung von Wort und Bild   217

Sehen Sie sich jetzt noch einmal das Gedicht von Al Young an, und verfolgen Sie, wie sich der gesamte Text aus einer Reihe metaphorischer Wendungen zusammensetzt, die so kunstvoll in ganz spezifische Sprachrhythmen gefaßt und mit eingestreuten Wiederholungen durchwoben sind, daß auch nur an ein einziges Wort zu rühren die ästhetische Geschlossenheit des gesamten Gedichts erheblich beeinträchtigen würde. Genau diese Intensität und Ganzheit streben auch Sie an.

Nach dem Schreiben

Wenn Sie mit Ihrem ersten Versuch nicht zufrieden sind, gruppieren Sie Ihre Metaphern so lange um, bis Sie beim lauten Lesen Ihres Gedichts Stimmigkeit und Geschlossenheit spüren. Diese Übung ist nicht nur deshalb wichtig, weil sie Sie anregt, Metaphern zu bilden, sondern vor allem, weil Sie dabei erfahren können, welche Intensität Ihr Text durch den Gebrauch von Metaphern annimmt. Metaphern erzeugen Spannung, weil sie neue Bezüge aufzeigen, und drücken oft Wahrheiten aus, die wir allein auf der Grundlage unseres konventionellen Sprachgebrauchs weder zu erkennen noch auszudrücken in der Lage sind.

Körpermetaphern

Die meisten Menschen haben, ob bewußt oder unbewußt, ein metaphorisches Bild von Ihrem Körper. Für manche ist er ein Fußabtreter, den man benutzt und strapaziert, bis er irgendwann verschlissen ist, für andere ein Feind, der ihnen ständig Beschwerden und Schmerzen bereitet und ihnen hinderlich ist, oder aber ein Freund, den sie umhegen und gut behandeln. Dieses liebevolle Gefühl dem eigenen Körper gegenüber kommt in May Swensons Gedicht ‹*Frage*› zum Ausdruck.

Die Lyrikerin liebt ihren Körper – ihr Haus, ihr Pferd, ihren Hund – so sehr, daß die erschütternde Vorstellung, ihn eines Tages zu verlieren, in die hilflose Frage mündet: «Wie soll ich mich verstecken?»

Wie sehr unterscheiden sich die Metaphern doch von den platten Klischees, die die Trivialliteratur benutzt, wenn sie vom Körper und seinen Empfindungen spricht: «Das Herz klopfte mir bis zum Hals», «Vor Angst wurde mein Magen hart wie ein Stein», «Meine Hände waren feucht vor Erregung».

Bildhafte Körperassoziationen fügen sich oft zu einer Metapher, die Ausdruck des Verhältnisses zum eigenen Körper ist, so zum

---

Frage

Mein Körper mein Haus
mein Pferd mein Hund
was soll ich tun
wenn du nicht mehr bist

Wo soll ich schlafen
Wie soll ich reiten
Was soll ich jagen

Wohin soll ich gehen
ohne mein eifriges
flinkes Tier
Wer soll mir sagen
ob das Gestrüpp das sich vor mir
     erhebt
Gefahren birgt oder Schätze
wenn mein Körper mein braver
mein kluger Hund nicht mehr lebt

Wie wird es sich liegen
wo die Himmel sind
ohne Dach ohne Tür
als Fenster den Wind
Ohne wenigstens eine Wolke
wie soll ich mich da verstecken?

                    May Swenson

Beispiel in der folgenden «Miniatur» einer meiner Schülerinnen, der May Swensons Gedicht als Vorlage diente (Abbildung 50).

Bon Voyage
Mein Körper, mein Kahn,
meine dreimastige Bark,
die mich über das Meer
der Erfahrung trägt
vom Leuchtfeuer
des Bewußtseins gelenkt,
mein verläßliches Schiff,
Heimstatt meiner Seele,
von den Stürmen
der Zeit gebeutelt,
dem Willen gehorchend –
A votre santé!

Virginia Yauman

«Mein Körper» ist für die Verfasserin eine «dreimastige Bark», und der Rest des Gedichtes führt diese Metapher aus: Der Körper segelt, «gelenkt durch das Leuchtfeuer des Bewußtseins», über das «Meer der Erfahrung». Die Autorin steht ihrem Körper liebevoll gegenüber, da er für sie ein «verläßliches Schiff, Heimstatt meiner Seele» ist. Obgleich ihn mit zunehmendem Alter die Stürme der Zeit «beuteln», gehorcht er dennoch unbeirrt dem Willen. Die Schlußzeile – «auf dein Wohl» – vermittelt uns ein unproblematisches, positives Verhältnis zwischen Körper und Geist, zwischen dem Schiff und seiner Eignerin. Schon die Überschrift des Gedichtes, «Bon Voyage», stützt die Schiffsmetapher und vermittelt eine freundschaftliche Haltung gegenüber dem Gefährt Körper und eine positive Einstellung zu der Lebensreise über das Meer der Erfahrung. Auch der leichte Sprachrhythmus mit seinen Parallelformen verstärkt diese freundliche Grundstimmung.

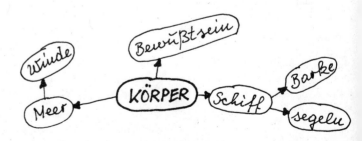

Abbildung 50

Übung

1. Bilden Sie ein Vorbereitungscluster zum Kernwort (KÖRPER), um möglichst viele Bilder und Metaphern festzuhalten, die geeignet sein könnten, Ihr Verhältnis zu Ihrem Körper auszudrücken.
2. Wählen Sie eine dieser Metaphern (oder auch, wie May Swenson, mehrere einander ergänzende), und machen Sie sie zum Ausgangspunkt eines neuen Clusters, das Sie so lange erweitern, bis Sie den Übergang zum vorläufigen Sinngefüge spüren, der Ihnen eine erste grobe Richtung weist.
3. Fassen Sie Ihr Verhältnis zu Ihrem Körper in eine zentrale Aussage, in der die Metapher enthalten ist, die Sie entfalten wollen.
4. Schreiben Sie jetzt Ihr Gedicht – es kann auch eine Prosaform sein –, indem Sie mit «Körper, mein . . .» oder «Mein Körper, mein . . .» beginnen. Experimentieren Sie spielerisch mit sämtlichen Bildern, die mit der von Ihnen gewählten Metapher zusammenhängen. Lesen Sie dabei ab und zu das Mustergedicht noch einmal durch.
5. Wenn Ihr Text fertig ist, lesen Sie ihn laut vor. Überarbeiten Sie ihn so lange, bis Sie mit der Entfaltung der Metapher und dem Sprachrhythmus zufrieden sind.

Nach dem Schreiben

Für viele meiner Schüler ist diese Übung eine kleine Offenbarung, da sie sich noch nie in dieser Form Gedanken über ihr Verhältnis zu ihrem Körper gemacht haben. Auf Grund der von ihnen geschaffenen Metaphern sehen sie hinterher ihre eigene Körperlichkeit häufig in einem ganz neuen Licht.

Zusammenfassung und Ausblick

In diesem Kapitel ging es darum, Ihre Fähigkeit zu metaphorischem Denken wiederzuentdecken und zu entfalten, indem Sie die Imaginationskraft Ihres bildlichen Denkens dazu nutzen, bestimmte Aspekte Ihrer Umwelt auf neue Weise wahrzunehmen und diesen Erkenntnissen durch das Herausarbeiten des Gleichen im Ungleichen Ausdruck zu verleihen. Jede Metapher ist ein komplexes Bild, das wir der besonderen Begabung unseres bildlichen Denkens verdanken, Muster und Gestalten wahrzunehmen. Wenn Sie bei einem Waldspaziergang in dem knorrigen Auswuchs eines Baumstammes ein Gesicht entdecken, hat Ihr bildliches Denken eine metaphorische Verknüpfung hergestellt. Nun bleibt Ihnen noch, diese mit Hilfe Ihres begrifflichen Denkens in Worte zu fassen. Solche Übungen bereichern und erweitern Ihre sprachlichen Ausdrucksmittel beträchtlich und verleihen Ihren Texten zunehmend die Hauptqualitäten natürlichen Schreibens: Eindringlichkeit, Klarheit, Schönheit, Intensität und Authentizität. Die Bildung von Metaphern aktiviert ein sehr hohes Maß an Kreativität.

Ohne die Möglichkeit zu tieferen Einsichten, wie sie uns das kultivierte Stadium des Sehens, Hörens und Gestaltens eröffnet, läuft unsere Wahrnehmung Gefahr, allein der vertrauten, alltäglichen, konventionellen Realität verhaftet zu bleiben. Bilder und Metaphern erweitern unseren Wahrnehmungsradius, lassen uns gewöhnliche Erscheinungen unter neuen Aspekten sehen und setzen auf diese Weise in uns die kreativen Fähigkeiten frei, aus denen natürliches Schreiben erwächst.

Auch im nächsten Kapitel geht es um die Erweiterung einer bereits in Ihnen angelegten Fähigkeit: Ich möchte Sie mit der Erzeugung kreativer Spannung vertraut machen.

10
Impuls und Gegenimpuls – kreative Spannung

Nach Auffassung des Philosophen Peter Koestenbaum gelingt es uns überhaupt erst dann, wirklich nachvollziehbare Bedeutungsstrukturen aus dieser in stetem Fluß begriffenen Welt herauszuarbeiten, wenn wir die «dynamischen Spannungen» des Lebens akzeptieren:

> Jede Idee und jede Überzeugung bringt unmittelbar die entgegengesetzte Idee, Meinung oder Überzeugung mit sich. Dies hat seinen Grund darin, daß die Wirklichkeit polarisiert, paradox und widersprüchlich ist . . . Alles Leben oszilliert, vibriert und ist symmetrisch nach rechts und nach links angelegt. Alles Leben ist Konfrontation und Spannungsverhältnis zwischen Gegensätzen. Wer Konfliktfreiheit will, will das Unnatürliche . . . Der Konflikt der Polarität ist die Kraft, die die Wellen und die Gezeiten bewegt. Polarität liegt den Bahnen der Planeten und dem Zyklus der Jahreszeiten zugrunde, ist der Wechsel zwischen Nacht und Tag, Schlaf und Wachen, Spannung und Entspannung. Mit Polarität umzugehen bedeutet nicht, eine Wahl zwischen den beiden entgegengesetzten Seiten zu treffen, sondern mit dem Pendel der kosmischen Dialektik hin und her zu schwingen. Realität ist, wie auch das Leben in ihr, Tanz, Zwiegespräch, ein Hin und Her von Echos. Das ist die Bedeutung von Lebendigsein im Unterschied zu Totsein. Das Herz, wenn es schlägt, ist von diesem Wissen erfüllt.

In diesem Kapitel werden wir Möglichkeiten erörtern, die Gleichzeitigkeit von Impuls und Gegenimpuls, durch die kreative Spannung entsteht, zu erzeugen, indem wir Polarität, Paradoxien, Widersprüche, ähnliche Wortpaare und Dialoge in den Schreibprozeß einbeziehen. Die Polarität als die Mutter der kreativen Spannung ist ein philosophisches Konzept, das Literatur, Religion, Kunst und Wissenschaft seit Jahrhunderten beschäftigt. Die Paradoxie, eine Tochter der Polarität, ist eine sprachliche Form, mit deren Hilfe wir unserer in Gegensätze zerfallenden Existenz Ausdruck verleihen. Mit Hilfe der Übungen in diesem Kapitel sollen Sie sich der Polaritäten des Lebens bewußter werden und jene kreative Spannung erzeugen lernen, die natürliches Schreiben lebendig macht.

Das Wort «Spannung» ist hier nicht im Sinne jener ängstlichen Anspannung zu verstehen, wie man sie zuweilen beim Schreiben eines Schulaufsatzes oder bei einem Vorstellungsgespräch verspürt. Es hat in unserem Zusammenhang vielmehr die Bedeutung des Sich-Ausdehnens, des Greifens nach Möglichkeiten, Bilder miteinander zu verbinden, zu neuen Mustern zu verknüpfen, Gegensätze zu versöhnen. Ich meine also jene Spannung, die man beim Schreiben durch Gegenüber- und Nebeneinanderstellen und durch die Aufhebung sich scheinbar widersprechender Gedanken und Gefühle hervorruft. Das gezielte Aufbauen kreativer Spannung soll eine Art Elastizität des Denkens fördern, die es Ihnen ermöglicht, ungewohnte, überraschende Kombinationen zu finden und damit intensivere und spannendere Texte hervorzubringen. Gleichzeitig werden Sie lernen, scheinbar unvereinbare Gegensätze aus einer neuen Perspektive zu betrachten. Dies alles eröffnet Ihnen die Möglichkeit, zu ungewohnten und unerwarteten Bedeutungsstrukturen zu finden, indem Sie aus jedem der gegensätzlichen Elemente das herauslösen, was Sie brauchen können, und es im Schreiben integrieren.

Der Psychiater Albert Rothenberg, der sich eingehend mit kreativen Prozessen beschäftigt hat, bezeichnet das Akzeptieren gegensätzlicher Elemente nach dem doppelgesichtigen römischen Gott Janus als «janusköpfiges Denken». Diese Art des Denkens kann zwei oder mehr einander widersprechende Elemente zu gleicher Zeit als gleichermaßen relevant und stichhaltig begreifen. Aus der Physik wissen wir, daß sich Licht, je nach der Art der Betrachtung, als elektromagnetisches Wellenphänomen oder als materielle, aus Partikeln bestehende Erscheinung darstellt. Dieses Paradoxon gab den Anstoß zur Aufstellung der Quantentheorie, einer der Grundlagen der modernen Physik. Der scheinbare Widerspruch zwischen den Vorstellungsbildern von Partikeln und Wellen fand eine völlig unerwartete Lösung, die die Grundlagen der gesamten mechanistischen Weltsicht in Frage stellte.

Bei der sprachlichen Paradoxie – mit der absichtlich etwas anscheinend Unmögliches ausgedrückt wird – springt die augenscheinliche Absurdität so stark ins Auge, daß sie uns zu einer neuen Sicht provoziert und uns auf diese Weise eine andere Wahrheitsebene offenbart. Wenn Julia Romeo einen «engelhaften Unhold» nennt, sehen wir den Widerspruch auf der logischen Ebene, und doch spiegelt genau diese Spannung zwischen den beiden Wörtern Julias innere Verfassung wider. Derartige, nicht miteinander in Einklang zu bringende Elemente enthalten unter der sprachlichen Oberfläche ein gemeinsames Stückchen Wahrheit, das auf viel tieferliegende Zusammenhänge verweist.

Propheten wie Christus benutzten häufig Paradoxien, um zu demonstrieren, daß Wahrheit nicht das ist, was auf der Hand liegt. Die wichtigste christliche Paradoxie besagt, daß Christus gestorben ist, damit die Menschen leben können. Der Psychologe David Pichaske definiert Paradoxie als «schizophrene Präsentation» zweier oder mehrerer Möglichkeiten, die alle den gleichen Gültigkeitsanspruch erheben. Die Paradoxie läßt uns zwischen zwei Polen hängen und zwingt uns auf diese Weise, auf unser bildliches Denken umzuschalten, wenn wir sie lösen wollen, da dies auf der logischen Ebene nicht möglich ist.

Ich behandle diese spezielle Fähigkeit des bildlichen Denkens absichtlich erst relativ spät, da Sie jetzt – nachdem Sie bereits Gelegenheit gehabt haben, Ihr bildliches Denken als Grundlage des natürlichen Schreibens zu aktivieren und zu entfalten – besser in der Lage sind, Spannung zu akzeptieren und mit ihr umzugehen und die in ihr enthaltene Energie für Ihren Schreibprozeß zu nutzen. Außerdem ermöglicht Ihnen die kreative Spannung, die Ihnen bereits bekannten Elemente des natürlichen Schreibens auf neue und unkonventionelle Weise einzusetzen: Mit ihrer Hilfe können Sie überraschende Wendungen einbauen, durch das Aufeinanderprallen von Gegensätzen neue Einsichten provozieren, Koppelungen herstellen, die bei Ihnen selbst und bei Ihren Lesern zu Aha-Erlebnissen führen.

Da Ihr bildliches Denken unfähig ist, Dinge auf der Ebene von *Entweder-oder* einzustufen, wird es stets dazu neigen, komplexe Strukturen wahrzunehmen, Komplementarität statt Widerspruch zu suchen, Gegensätze miteinander zu verbinden und in übergeordneten Bedeutungen aufzuheben. Es akzeptiert grundsätzlich das *Sowohl-als-auch* und experimentiert spielerisch damit. Im chinesischen Denken spielt dieses Konzept der Komplementarität, wie es im taoistischen Yin-Yang-Symbol (Abbildung 51) verkörpert ist, von jeher eine zentrale Rolle.

In einem kürzlich erschienenen Buch beleuchten die Psychiater Harald Bloomfield und Robert B. Kory diese beiden einander scheinbar widersprechenden Lebenseinstellungen, indem sie ein

Anhedonische [freudlose] Wahrnehmung ist ein Entweder/Oder-Den-
ken; Welt und Selbst erscheinen frag-
mentarisch, dichotomisch, polari-
siert. Die Bewegung hin zu innerer
Freude ist auch eine Bewegung fort
von dieser dichotomischen Wahrnehmung und hin zu einem ganzheitlichen Bezugssystem. Sie werden sich
und andere als selbstsüchtig *und*
selbstlos akzeptieren können, als mit-
fühlend *und* gleichgültig, als Einzel-
und Sozialwesen, als rational *und* irra-
tional. Vom Standpunkt des Entwe-
der/Oder aus gesehen scheinen die Gegensätze in der Welt und im Selbst
nach Auflösung ihrer Spannung und
letztlich nach ihrer Auslöschung zu
streben. Vom Standpunkt innerer
Freude aus gesehen setzt die Spannung zwischen gegensätzlichen
Kräften die Energie für neue Ent-
wicklungen frei.

Harold Bloomfield
und Robert B. Kory
‹Inner Joy›

neues Wort zur Bezeichnung eines alten menschlichen Problems
prägen: Anhedonie, die Unfähigkeit, von innen heraus Lebensfreude zu empfinden. In der Aufhebung dieser Gegensätze gründen inneres Wachstum und Reife.

Für das natürliche Schreiben wird die Spannung zwischen entge-
gengesetzt wirkenden Kräften zum kreativen Prinzip, denn genau
sie ist es im wesentlichen, die Neues hervortreibt. Kreative Spannung verleiht unserem Schreiben neues Leben, indem sie wir-
kungsvolle Überraschungsmomente hervorbringt und erhellende
Zusammenhänge herstellt. Für unser begriffliches Denken ist Polarität das gleichzeitige Vorhandensein zweier unvereinbarer Gegensätze. Für unser bildliches Denken verkörpert Polarität die
Pole eines einzigen unzertrennbaren Ganzen. Es erkennt Gegensätze als in jedem Augenblick gleichermaßen gültig an.

In diesem Sinne bedienen sich Schriftsteller häufig paradoxer
Wendungen – wie etwa der Lyriker Theodore Roethke in den
folgenden Gedichtzeilen:

> In dunklen Zeiten fängt das Auge an zu sehen . . .
> und am hellichten Tag herrscht wieder Mitternacht!

Streng wörtlich genommen kann das Auge nicht «in dunklen
Zeiten» sehen, und «am hellichten Tag» kann keine Mitternacht
herrschen – und doch dringt unser bildliches Denken über die
logische Analyse hinaus zu einer anderen Wahrnehmung vor, die
beide Aussagen auf einer neuen Bedeutungsebene als durchaus
stimmig begreift.

Peter, der im vierten Kapitel vorgestellte, an einer Schädigung
der rechten Gehirnhälfte leidende Patient, der nicht in der Lage
war, auf das Sprichwort «Viele Köche verderben den Brei» auf
einer anderen als der wörtlichen Ebene zu reagieren, würde auch
diese beiden paradoxen Aussagen auf Grund der logischen Argu-
mentation seiner der buchstäblichen Bedeutung verhafteten linken Hemisphäre schlicht als Unsinn von sich weisen. Sofern wir
jedoch über eine intakte rechte Hemisphäre verfügen, sind wir
grundsätzlich in der Lage, uns mit diesem Widerspruch auseinan-
derzusetzen und ihm so lange nachzugehen, bis uns klar wird, daß
wir gerade in extremsten Krisen dazu neigen, Dinge wahrzunehmen, für die wir unter normalen Umständen nicht offen sind.

Die Funktion kreativer Spannung im Schreibprozeß besteht
darin, das Wesen des Lebens als ein unterhalb des *Entweder-oder*
liegendes *Sowohl-als-auch* widerzuspiegeln. Beide Formen der
Wahrnehmung sind uns dank der unterschiedlichen Arbeitswei-

Abbildung 51

sen unserer beiden Gehirnhälften möglich. Unser begriffliches Denken konzentriert sich auf das *Entweder-oder*, auf klares und eindeutiges Kategorisieren, Urteilen und Erkennen von Gesetzmäßigkeiten. Unser bildliches Denken dagegen gibt dem *Sowohl-als-auch* mit seinen Ambivalenzen und seinem amorphen Fließen den Vorzug. In der Terminologie der Physik können wir sagen, daß das begriffliche Denken gewissermaßen nach dem Prinzip der Spaltung arbeitet, das bildliche Denken dagegen nach dem Prinzip der Fusion. Spaltung zerlegt, Fusion verschmilzt.

Im Zentrum des Romans ‹*A Day No Pigs Would Die*› von Robert Newton Peck steht die dramatische Einführung des jungen Robert in die Wahrheit des Sowohl-als-auch menschlichen Erlebens. Roberts Vater hat das geliebte Schwein des Jungen getötet, weil es unfruchtbar ist. Doch der wahre Grund ist, daß sich der Vater zu der Schlachtung gezwungen sieht, um das Überleben der Familie zu sichern. Die Hand, die tötet, ist also gleichzeitig die liebende und schützende Hand. Die Versöhnung dieses furchtbaren Widerspruchs verändert Roberts Einstellung zum Leben tiefgreifend.

> Ich spürte, wie seine große Hand mein Gesicht berührte. Es war nicht die Hand, die Ferkel tötete. Sie war beinahe so zart wie Mutters Hand. Sie war rauh und kalt, und als ich die Augen öffnete, sah ich, daß seine Knöchel feucht von Schweineblut waren. Es war die Hand, die gerade Pinky geschlachtet hatte. Er hatte es getan, weil er es hatte tun müssen. Er hatte es verabscheut und doch tun müssen. Und er wußte, daß er nie zu mir würde sagen müssen, daß es ihm leid tat. Seine Hand auf meinem Gesicht, die meine Tränen wegzuwischen versuchte, sagte alles. Seine grausame, schweinemordende Faust mit ihren dicken Fingern, die so leicht auf meiner Wange lagen.
> Ich konnte nicht anders. Ich führte seine Hand an meinen Mund und hielt sie gegen meine Lippen und küßte sie. Das Schweineblut und all das. Ich küßte seine Hand wieder und wieder mit all ihrem Gestank und Fettglibber von totem Schwein. Er sollte verstehen, daß ich ihm sogar verzeihen würde, wenn er *mich* umbrächte.

Ohne diese Paradoxie wäre der Roman bestenfalls eine sentimentale Erzählung über einen Jungen und sein Lieblingsschwein und im schlimmsten Falle eine Darstellung sinnloser Grausamkeit. So aber ist er die sensible Schilderung einer grundlegenden Tatsache des Lebens, deren Erkenntnis sowohl für den Protagonisten als auch für den Leser eine große Bereicherung darstellt.

Kinder haben die Fähigkeit, sich quer zu den üblichen Kategorien zu bewegen ... gewöhnlich verborgene Verbindungen zwischen verschiedenen Bereichen aufzuspüren, in affektiv gleicher Weise auf Ereignisse zu reagieren, die normalerweise unterschiedlichen Kategorien zugewiesen werden, und diese originellen Auffassungen in Worte zu fassen.

Howard Gardner
⟨Artful Scribbles⟩

Die Ursprünge kreativer Spannung im Kindesalter

Im frühen Kindesalter verfügen wir erst sehr begrenzt über die logischen Kategorien des begrifflichen Denkens und haben uns daher die allgemein übliche Aufspaltung der Welt in Entweder-oder noch nicht zu eigen gemacht. Im Stadium des naiven Sehens, Hörens und Gestaltens ist die Welt ein Kaleidoskop von Möglichkeiten, ein Mosaik, in dem potentiell alles mit allem zusammenhängt. Als Kinder schwelgen wir in der köstlichen, nahtlosen Ganzheitlichkeit des Sowohl-als-auch. Wir spielen mit der Sprache, verbinden die konträrsten Dinge, erfinden die unwahrscheinlichsten Begebenheiten, jonglieren mit vollkommen unlogischen Kombinationen. So manövrieren wir ständig in einem natürlichen Meer kreativer Spannung.

Kornej Tschukowskij, ein populärer russischer Kinderbuchautor und zugleich Experte für kindliches Sprech- und Lernverhalten, berichtet in seinem Buch ⟨From Two to Five⟩, daß kleine Kinder Wörter grundsätzlich als Gegensatzpaare begreifen. Bereits im Alter von drei Jahren forschen sie aus eigenem Antrieb nach dem Gegenpol zu einem gerade gelernten Wort. Das Kind, so Tschukowskij, «geht davon aus, daß jedes Wort einen ⟨Zwilling⟩ hat – ein Wort zur Bezeichnung des entgegengesetzten Sachverhalts oder der entgegengesetzten Eigenschaft». Während das Kind sich diese Zwillingswörter aneignet, berichtet Tschukowskij, kommt es häufig zu Fehlern:

«Gestern war es frisch draußen», sagt der Erwachsene.
«Und heute – ist es heute alt?» will das Kind wissen.

«Das Wasser läuft.»
«Kann Wasser auch sitzen?»

Da die logischen Fähigkeiten des begrifflichen Denkens beim Kind noch nicht sehr weit entwickelt sind, reagiert es spontan auf das kreative Prinzip der Spannung, die seiner Sowohl-als-auch-Weltsicht innewohnt. Da sein Repertoire an automatisierten logischen Verfahrensweisen noch relativ klein ist, werden seine Begegnungen mit der Welt zu einem großen Teil durch das bildliche Denken gefiltert, das der linken Hemisphäre im Umgang mit neuen und logisch widersprüchlichen Anforderungen überlegen ist. Im Stadium des konventionellen Sehens, Hörens und Gestaltens tritt diese natürliche Sowohl-als-auch-Orientierung zugunsten des Entweder-oder-Denkens zurück.

Zur Illustration möchte ich eine Geschichte wiedergeben, die meine Tochter Simone wenige Wochen vor ihrem sechsten Geburtstag schrieb. Beachten Sie die aus den logischen Sprüngen resultierende Spannung und die mühelose Auflösung faktischer Unmöglichkeiten. Zunächst geht es um die Hochzeit von zwei Marienkäfern, doch plötzlich wechselt die Handlung mit einem radikalen Bruch: Eine Menschenhand taucht auf, und die beiden Marienkäfer verwandeln sich in einen Fingerring. Die Spannung erwächst aus dem Gegensatz von Belebtem und Unbelebtem. Zunächst verhalten sich die Marienkäfer wie Menschen, aber dann werden sie zu einem unbelebten Ring am Finger eines wirklichen Menschen. Für Simone war es keine Schwierigkeit, diese beiden Handlungsstränge miteinander zu verbinden.

Der kleine Marienkäfer
Es war einmal ein kleiner Marienkäferjunge. Er traf ein Marienkäfermädchen. Da fragte er sie, ob sie sich beide verheiraten sollten. Da sagte sie ja und sie verheirateten sich. Dann fanden sie eine Hand und da fragten sie die Frau, ob sie dableiben könnten. Da sagte die Frau ja und da krabbelten sie auf ihren Finger und taten wie wenn sie ein Ring wären. Ende.

In dem Maße, in dem wir die gesellschaftlich vorgegebene linkshemisphärische Weltsicht übernehmen, treten logische Kategorien für uns in den Vordergrund, und wir neigen mehr und mehr dazu, die Welt in absoluten Begriffen zu erfassen. So können beispielsweise Objekte nie gleichzeitig belebt und unbelebt sein, und wir verwerfen die Möglichkeit eines lediglich vom Blickwinkel abhängenden Sowohl-als-auch. Wenn unsere linkshemisphärischen Kategorien schließlich im Schulunterricht noch weiter gefördert werden, entwickeln wir die unreflektierte Überzeugung, daß unsere Alltagswahrnehmung die Welt so erfaßt, wie sie wirklich ist. Da diese formal-logische Betrachtungsweise es uns nicht länger ermöglicht, in Widersprüchen zu denken, wird die kreative Spannung unter einer Lawine von konventionellen Schulweisheiten und einander ausschließenden Kategorien begraben.
Im Stadium des kultivierten Sehens, Hörens und Gestaltens erlangen wir jedoch noch einmal Zugang zu den Gefühlen und dem Wissen unserer Kindheit. Dieser Zugang ist für uns eine große Chance, als Erwachsene zu einer Wahrnehmung zu gelangen, die sehr viel differenzierter und feiner ist als im konventionellen Stadium.
Durch die Übungen auf den folgenden Seiten werden Sie lernen,

Wir alle häufen in der Kindheit
Schätze an – Schätze aus Farben,
Lichtern und Dunkelheit, aus Bewegungen und Spannungen. Einige von
uns haben das unglaubliche Glück,
noch als Erwachsene auf diese
Schätze zurückgreifen zu können.

Ingmar Bergman,
zitiert in *Time*,
29. Dezember 1980

Ihr Bewußtsein für kreative Spannung zu schärfen. Auch wenn es
darum geht, sich der einem Bild oder einer Situation innewohnenden kreativen Spannung bewußt zu werden, bietet sich das Clustering wieder als effektives Hilfsmittel an. Einmal verfügbar gemacht, wird diese Spannung in Ihren Schreibprozeß einfließen.
Ich werde Sie von einfachen zu komplexeren Formen führen. Wir
beginnen mit Wortpaaren und gehen dann zu «Gegensätzen»,
Dialogen und schließlich zu Polaritäten über. Alle diese Übungen
werden Ihnen helfen, sich mit kreativer Spannung im Prozeß des
Schreibens vertraut zu machen.

Kreative Spannung durch Wortpaare

Ein Wortpaar – zwei eng verwandte Wörter wie etwa schauen/
sehen, die gemeinsam zum Kern eines Clusters gemacht werden –
konfrontiert uns mit ganz offensichtlichen Ähnlichkeiten.
Schauen, so informiert uns das Lexikon, bedeutet «die Augen auf
etwas richten», während dem Sehen die Definition «mit dem
Auge wahrnehmen» zugeordnet wird. Da jedoch beim Clustering
das bildliche Denken angesprochen und das den konventionellen
Wortbedeutungen verhaftete begriffliche Denken blockiert wird,
läßt dieses Verfahren die feinsten Schattierungen und Untertöne
der jeweiligen Wörter in unser Bewußtsein dringen und ein Spannungsverhältnis zwischen ihnen entstehen. Das von zwei solchen
eng verwandten Wörtern gemeinsam ausgehende Schwingungs-
feld hat eine besonders produktive Kraft. Würden Sie jedes dieser
Wörter für sich zum Kern eines Clusters machen, entstünde keine
solche Spannung. Sobald Sie sie jedoch in Bezug zueinander auf
Ihr bildliches Denken wirken lassen, werden Sie über die Ebene
des Vorgegebenen hinausgelangen und unerwartete Entdeckungen machen.
Richten Sie Ihre Aufmerksamkeit auf Ihr Wortpaar, ruhig und für
alles offen, lassen Sie Ihre Assoziationen frei fließen und Ihr
bildliches Denken spielerisch experimentieren, bis Sie den Übergang zum Versuchsnetz spüren und in ihm einen vorläufigen
Sinnzusammenhang erkennen, der Ihnen eine gewohnte authentische Wahrnehmung als Schwerpunkt Ihres Textes vorgibt. Wir
wollen nun die «Miniatur» einer meiner Schülerinnen zum Kern-
wortpaar BERÜHREN/FÜHLEN auf die in ihr zum Ausdruck kommende Spannung hin untersuchen.

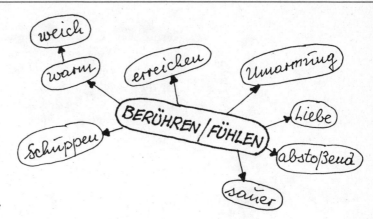

Abbildung 52

Ich konnte dich heute nicht berühren. Ich wollte die Geste von *dir*, Liebe, neu entfacht aus deinem Gefühl zu mir. Ich bin erschöpft von der Spannung zwischen uns und weiß doch, fühlen, berühren ist nicht die richtige Lösung. Heute findet keine Lösung statt, rührt sich nichts in unser beider Defensive. Ich nähre meinen Zorn einen weiteren Tag.

Jillian Milligan

Berührung kann Liebe neu entfachen und eine Lösung bringen, verweigerte Berührung hingegen verfestigt die Defensive. Aus dieser Dynamik erwächst die kreative Spannung, die beim Lesen unser Auge und unsere Gefühle gefangennimmt. Der Sprachrhythmus wechselt zwischen kurzen Sätzen zu Beginn und am Ende des Textes und langen fließenden Sätzen im Mittelteil. Insgesamt ist die Sprache sparsam, verzichtet weitgehend auf Bilder und ganz auf Metaphern und signalisiert uns ein emotionales Klima extremer Spannung: «erschöpft von der Spannung», «keine Lösung», «rührt sich nichts», «unser beider Defensive», «nähre meinen Zorn». Die Gefühle sind zu verfahren, als daß es zur Berührung kommen könnte.

Übung
Erforschen Sie jetzt eigene Wortpaare. Die folgende Übung gibt Ihnen Gelegenheit, sich mit Hilfe des bildlichen Denkens Ihre spezifischen Reaktionen auf ein bestimmtes Wortpaar bewußt zu machen.

1. Wählen Sie sich ein Wortpaar aus Abbildung 53 aus, und machen Sie es in Ihrem Skizzenbuch zum Kern eines Clusters. Lassen Sie das Cluster die Gestalt annehmen, die sich spontan

ergibt. Vielleicht wächst es zunächst nur um eines der beiden Kernwörter. Es kann aber auch sein, daß es sich gleichzeitig von beiden Wörtern ausgehend entwickelt, ohne daß Sie auch nur die geringste Unsicherheit verspüren, auf welches Wort sich die jeweiligen Assoziationen beziehen. Vielleicht erfaßt Ihr Cluster zunächst die Ähnlichkeiten, und Sie stoßen erst im weiteren Verlauf auf Unterschiede, die Ihnen bisher noch gar nicht bewußt waren, eine Reibung zwischen den beiden Wörtern, die möglicherweise darauf drängt, beim Schreiben verarbeitet zu werden. Aus dieser Reibung können auch Einsichten erwachsen, die stark von konventionellen Wahrnehmungs- und Denkschemata abweichen. Was auch immer Sie zutage fördern, zensieren Sie es nicht. Der Sinn des Clustering-Verfahrens ist es ja gerade, Ihnen freies Assoziieren zu ermöglichen.

Abbildung 53

2. Die sich einstellenden Assoziationen mögen Ihnen zunächst völlig beliebig erscheinen, aber bald schon werden Sie bemerken, wie sich erste Muster herausbilden – Ihr bildliches Denken strebt dem Übergang zum Versuchsnetz zu. Lassen Sie einfach nur zu, was geschieht.
3. Sobald Sie den Übergang zu einem vorläufigen Sinngefüge und das ihn begleitende Gefühl der Konzentration auf einen Schwerpunkt verspüren, schreiben Sie eine oder mehrere zentrale Aussagen nieder. Sie beziehen auf diese Weise Ihr begriffliches Denken in den kreativen Prozeß ein. Wählen Sie die Aussage, die Ihnen die gehaltvollste zu sein scheint, und beginnen Sie dann mit dem Schreiben. Nehmen Sie sich dazu etwa zehn Minuten Zeit.
4. Wenn Sie fertig sind, lesen Sie sich laut vor, was Sie geschrieben haben, und achten Sie dabei auf Geschlossenheit, auf wiederkehrende Elemente, Sprachrhythmen, Bilder, Metaphern und natürlich auf Möglichkeiten, Spannung kreativ zu nutzen.

5. Gestalten Sie jetzt alles um, was Ihr ästhetisches Empfinden stört. Ein Cluster ist kein statisches Gebilde, und auch bei der Überarbeitung des Geschriebenen wird Ihr bildliches Denken noch Assoziationen herstellen, die Ihren Sinnzusammenhang und damit auch Ihren Text präzisieren und verfeinern.

Nach dem Schreiben
Verfolgen Sie noch einmal den Entstehungsprozeß Ihres Textes. Vermutlich haben Sie an einem bestimmten Punkt eine Art Reibung zwischen den beiden Wörtern Ihres Paares wahrgenommen, die mit einiger Wahrscheinlichkeit den Übergang zum Versuchsnetz und damit ein vorläufiges Sinngefüge hervorgerufen hat, das es Ihnen ermöglichte, mit dem Schreiben zu beginnen. Das Schreiben selbst war vermutlich Ausdruck dieser Reibung und von dem Bemühen geprägt, sie zu verarbeiten. Sie haben kreative Spannung erzeugt, indem Sie die Reibung zum Ausdruck brachten.

Kreative Spannung durch «Widersprüche»

Von William Blake stammt der Ausdruck: «Ohne Widerspruch kein Fortschritt», und der Dichter Ben Jonson schrieb im 16. Jahrhundert: «Alle Harmonie ist aus Widersprüchen geboren.»
Der Umgang mit Widersprüchen ist eine gute Vorbereitung auf die Auseinandersetzung mit der höchsten Form kreativer Spannung, der Polarität. Widersprüche enthalten, ebenso wie Polaritäten, paradoxe Aussagen. Wenn Romeo sagt: «Scheiden ist so süßer Schmerz», so gibt er damit zu verstehen, daß das Abschiednehmen zweier Liebender zwar Leid bedeutet, gleichzeitig aber auch süß ist, da im Abschied die Hoffnung auf ein Wiedersehen liegt und Liebe gerade im Moment der Trennung schmerzlich intensiv erfahren wird.
Als Julia entdeckt, daß Romeo ihren Vetter Tybalt getötet hat, steigert sie sich in eine Kaskade von Worten hinein, die eine fast schon rauschhafte Spannung zwischen Gegensätzen zum Ausdruck bringen.

> O Schlangenherz, von Blumen überdeckt!
> Wohnt' in so schöner Höhl' ein Drache je?
> Holdsel'ger Wüt'rich! engelgleicher Unhold!
> Ergrimmte Taube! Lamm mit Wolfesgier!
> Verworfne Art in göttlicher Gestalt!
> Das rechte Gegenteil des, was mit Recht

Du scheinest: ein verdammter Heiliger!
Ein ehrenwerter Schurke! – O Natur!
Was hattest du zu schaffen in der Hölle,
Als du des holden Leibes Paradies
Zum Lustsitz einem Teufel übergabst?
War je ein Buch, so arger Dinge voll,
So schön gebunden? Oh, daß Falschheit doch
Solch herrlichen Palast bewohnen kann!

In Julias Augen ist Romeo in diesem Moment die Inkarnation des Sowohl-als-auch: «holdsel'ger Wüt'rich», «engelgleicher Unhold», «ergrimmte Taube», «verdammter Heiliger», «ehrenwerter Schurke». Die Widersprüche, die Shakespeare in der sprachlichen Gestaltung eines heftigen Gefühlsausbruches in beklemmender Dichte zusammengefügt hat, lassen uns Julias innere Verfassung miterleben: sie fühlt sich in einer quälenden Double-bind-Situation gefangen, die von Liebe und Entsetzen, Anziehung und Ablehnung, Zärtlichkeit und Empörung geprägt ist.

Solche Aussagen, die unser begriffliches Denken als logisch unvereinbar wahrnimmt, werden von unserem bildlichen Denken als besonders faszinierend und bewegend aufgenommen. Sie sind lebendiger und verraten uns mehr über die emotionale Qualität des Gesagten als jede logisch einwandfreie konventionelle Beschreibung. Vor solche Widersprüche gestellt, wehrt unser begriffliches Denken ab: «Unmöglich, das ergibt ja überhaupt keinen Sinn!»

Das bildliche Denken dagegen empfindet die aus dem logischen Bruch erwachsende Spannung als wohlklingende Musik. In dem Moment, da Sie beginnen, ein Cluster zu bilden, wird es aktiv und macht sich schleunigst an die Arbeit, nach kreativen Möglichkeiten zu suchen, den Widerspruch aufzuheben. Dieser Aktivität des bildlichen Denkens ist es zu verdanken, daß der Text, den Sie dann schließlich schreiben, die Gegensätze auf eine überraschende Weise integriert. Probieren Sie es jetzt selbst aus.

Übung

1. Wählen Sie eines der Gegensatzpaare aus Abbildung 54 aus, und machen Sie es in Ihrem Skizzenbuch zum Kern eines Clusters.

   Seien Sie offen für alle Assoziationen, und lassen Sie sie frei fließen. Zensieren Sie nicht. Lassen Sie alles zu, wie auch immer sich Ihr Cluster entwickelt. Vielleicht fühlen Sie sich zunächst nur von einem der beiden Wörter angesprochen,

Abildung 54

vielleicht kommen Ihnen Assoziationen zu beiden Wörtern gleichzeitig – Ihr bildliches Denken ist in der Lage, mehrere Dinge auf einmal zu tun. Schon bald werden Sie die Reibung spüren, die aus dem Ihrem Wortpaar innewohnenden Widerspruch erwächst, und mit plötzlich aufleuchtender Einsicht erkennen, wie Sie diese aufheben können. Dies ist der Moment des Übergangs zum Versuchsnetz, in dem ein vorläufiger Sinnzusammenhang erkennbar wird. Überlassen Sie diese Aktivität ganz Ihrem bildlichen Denken. Vertrauen Sie seiner Kompetenz.

2. Erweitern Sie Ihr Cluster, bis sich der Übergang zum Versuchsnetz einstellt. Gerade im Umgang mit Gegensätzen taucht ein vorläufiges Sinngefüge häufig erst dann auf, wenn das Cluster umfangreich genug ist, um Ihnen eine große Zahl von Auswahlmöglichkeiten zugänglich zu machen.

3. Schreiben Sie, sobald Sie einen Schwerpunkt gefunden haben, eine klare zentrale Aussage nieder. In diesem Moment schaltet sich Ihr begriffliches Denken ein, das nun das Material, das Ihnen Ihr bildliches Denken zugänglich gemacht hat, überarbeiten kann.

4. Schreiben Sie jetzt möglichst rasch Ihren Text nieder. Konzentrieren Sie sich dabei auf Ihre zentrale Erkenntnis, und verfügen Sie frei über das im Cluster zusammengetragene Material. Denken Sie beim Schreiben daran, daß sich tiefere Einsichten Ihres bildlichen Denkens häufig besonders eindringlich durch Metaphern ausdrücken lassen, und behalten Sie auch die anderen Gestaltungsmittel im Auge, die dazu beitragen, daß der Text klar, schön und geschlossen wirkt, vor allem wiederkehrende Elemente und den Sprachrhythmus.

5. Wenn Sie mit dem Schreiben fertig sind, lesen Sie sich den Text laut vor, und überarbeiten Sie ihn noch einmal, bis er Ihnen als Ganzes vom Gefühl, vom Klang und vom Bild her stimmig erscheint.

Nach dem Schreiben
Es ist Ihnen gelungen, den Widerspruch zwischen den beiden von Ihnen gewählten Wörtern, der Sie vor dem Clustering eher irritiert hatte, im Schreiben aufzuheben? Sie sind überrascht? Die Erklärung für dieses Phänomen ist einfach: Da Ihr widerstrebendes begriffliches Denken während der Clustering-Phase weitgehend blockiert ist, konnte Ihr bildliches Denken ungehindert auf die dem scheinbaren Widerspruch der Wörter innewohnende kreative Spannung reagieren.

Die folgenden, von Teilnehmern meiner Kurse stammenden Beispiele (Abbildungen 55 und 56 sowie die entsprechenden Texte) zeigen, wie das bewußte Gefühl für kreative Spannung im Verein mit den anderen Verfahren des natürlichen Schreibens uns dazu verhilft, authentische Themen und Ausdrucksformen – die eigene «Stimme» – zu finden.

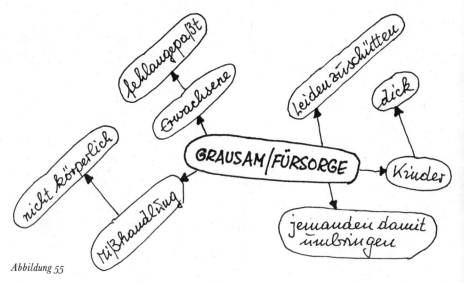

Abbildung 55

Du sagst, daß es grausame Fürsorge nicht gibt. Ich sage, es gibt sie sehr wohl. Sobald das Baby hinfiel, nahm es die Mutter in den Arm und tröstete es mit einem Fläschchen. Sobald das kleine Mädchen sich die Knie aufschlug und weinend ins Haus lief, linderte die Mutter den Schmerz und gab dem Kind einen Keks. Sobald die Zehnjährige vom Fahrrad fiel und voller Beulen, Schrammen und blauer Flecken nach Hause kam, versorgte die Mutter sie und schnitt ihr ein Stück Schokoladenkuchen ab. Sobald der Teenager vom ersten Freund sitzengelassen wurde, weinte die Mutter mit ihr, und sie aßen Früchteeis mit heißer Schokoladensoße.

Heute tröstet sich die Erwachsene mit Essen, sobald das Leben problematisch wird. Sie ist unförmig, unglücklich und unfähig, sich zu behaupten – und du sagst, daß es grausame Fürsorge nicht gibt?!

Der Aufbau der Spannung erfolgt bereits in den beiden ersten Sätzen: Leugnung und Bekräftigung.· Die Verfasserin reiht zunächst ohne Erklärung ein Beispiel ans andere: Im Mittelpunkt aller dieser Bilder steht das Essen: das Baby, das sich weh getan hat, bekommt ein Fläschchen, das kleine Mädchen, das sich die Knie verletzt hat, einen Keks, die mit Schrammen übersäte Zehnjährige einen Schokoladenkuchen, der sitzengelassene Teenager Früchteeis mit heißer Schokoladensoße. Jede einzelne Handlung ist ein Akt der Freundlichkeit, aber, wie wir durch die Aufhebung des Widerspruchs im letzten Abschnitt erfahren, auch ein Akt der Grausamkeit: Das Essen hat für die Erwachsene noch immer die gleiche Trostfunktion und hindert sie daran, ihr Leben in die Hand zu nehmen.

Der Text enthält noch eine Fülle weiterer Elemente des natürlichen Schreibens: Die Sprache wird durch Parallelformen wie das ständig wiederkehrende «sobald» und die Aufzählungen «mit Beulen, Schrammen und blauen Flecken» und «unförmig, unglücklich und unfähig . . .» rhythmisiert. An anderen Stellen erwächst der Rhythmus aus der Balance von Gewicht und Gegengewicht: «Du sagst . . .» – «Ich sage . . .» Das Schließen des Kreises reflektiert noch einmal den emphatischen Gestus der Verfasserin: «Du sagst . . .» – «Ich sage . . .» in der Einleitung und das wiederkehrende «und du sagst . . .» am Ende.

Im zweiten Beispiel geht es, wie bereits der Titel ‹Kalte Glut› andeutet, um die Spannung zwischen gleichzeitig empfundenen widerstreitenden Gefühlen. Die als Krankenschwester tätige Verfasserin dieses eindringlichen Gedichts verwendet lebendige kontrastierende Bilder und Metaphern, um das Spannungsverhältnis zwischen nüchterner professioneller Tüchtigkeit und tiefgreifenden emotionalen Reaktionen zu illustrieren.

Kalte Glut
Ich kenne die kalte Glut unerlaubten Zorns.
Wie die Ruhe vor dem anoxischen Bewußtseinsverlust
gestattet sie mir nur noch,
meine Arbeit mechanisch zu verrichten.

Ich sehe die Menschheit vereint im Fortschritt:
den granitenen Neurochirurgen, der einen

von Gott geschaffenen Leib sanft in seinen Armen birgt.
Seine Wangen spülen Tränen:
Blutströme, bloßes Hirn, brutal geknüppelt
von einer KZ-Wahn-Kreatur
die sich Ehemann nennt.
Ich sehe? Nein, ich blicke nur. Mich distanziert
ein Ich: ein eingebautes Fernglas,
auf einen Krieg zwei Kontinente weiter gerichtet.

Mit meinen Handreichungen fertig setze ich mich. Dann
fühle ich.
Ich fühle eine Lawine aus Himalajaschnee um mich.
Ich fühle den feuchtkühlen Strom aus meinen Achselhöhlen.
Meine Kleider sind naß. Meine Augen wollen nicht sehen.
Ich zittre, meine Gedärme hängen an Fleischerhaken.
Ich fühle mich krank.
Ich fühle die kalte Glut.

Jane Crum

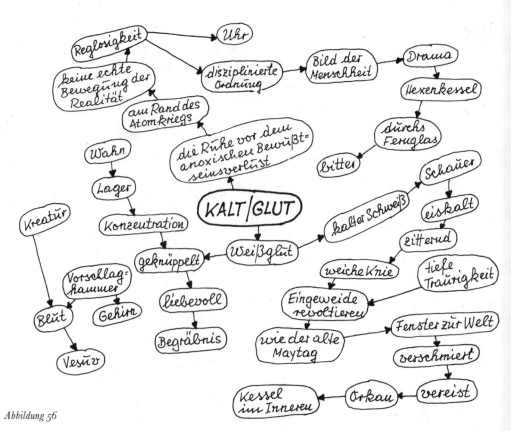

Abbildung 56

Die Verfasserin erzeugt nicht nur Spannung durch die Gegenüberstellung zweier Gefühlszustände, sondern verwendet auch alle übrigen Gestaltungsmittel, die sie im Verlauf des Schreiblehrgangs gelernt hat: das Schließen des Kreises («Ich kenne die kalte Glut . . . Ich fühle die kalte Glut»), lebendige Bilder («Seine Wangen spülen Tränen», «Blutströme», «bloßes Hirn» usw.), Metaphern/Vergleiche (die kalte Glut ist «wie die Ruhe vor dem anoxischen Bewußtseinsverlust», «den granitenen Neurochirurgen», «eine Lawine aus Himalajaschnee» und «meine Gedärme hängen an Fleischerhaken»), wiederkehrende Elemente («Ich sehe . . . Ich sehe?», «fühle ich . . . ich fühle . . . ich fühle . . . ich fühle . . . ich fühle» und «Blut . . . bloßes . . . brutal») die Rhythmisierung der Sprache, insbesondere durch Parallelformen («Ich kenne . . . Ich sehe . . . Ich . . . Ich fühle . . . Ich zittre» und «setze ich mich . . . fühle ich»).

Für den Fall, daß Sie weitere Erfahrungen mit solchen Gegensatzpaaren machen wollen, möchte ich Ihnen noch einige Anregungen geben: langsame Hast, lebendiger Tod, entspannte Aufmerksamkeit, verschwommene Klarheit. Sie werden auch in Büchern und Illustrierten, Schlagern, Buch- und Filmtiteln und besonders häufig in der Lyrik auf solche vermeintlichen Widersprüche stoßen.

Kreative Spannung durch Dialoge

Der fiktive Dialog ist ein weiteres natürliches Mittel, kreative Spannung beim Schreiben zu erzeugen. Der Dialog – das Gespräch zwischen zwei Personen – spiegelt meist die widerstreitenden Sehnsüchte, Bedürfnisse, Wünsche oder auch Wahrnehmungen der Beteiligten wider. Bereits der Form von Rede und Gegenrede wohnt eine spezifische Spannung inne. Viele meiner Schüler berichten, daß kreative Spannung für sie im Dialog besonders leicht erfahrbar wird. Der Dialog gestattet Antworten, Widerreden, schlagfertige Paraden und die Negation des zuletzt Gesagten ebenso wie dessen Bekräftigung. Die Erkenntnis, daß beide Dialogstimmen einer Wahrnehmung, einer Feder und einem Gehirn entstammen, löst oft überraschtes Staunen aus.

Im folgenden Abschnitt des Gedichts ‹*Elegie für meinen Vater*› von Mark Strand haben wir es mit dem Dialog zwischen einem Sohn und seinem toten Vater zu tun, in dem die paradoxe Spannung dadurch extrem auf die Spitze getrieben wird, daß jede Frage zweimal gestellt und durch zwei einander entgegengesetzte Aussagen beantwortet wird.

Warum bist du auf Reisen gegangen?
Weil es zu Hause kalt war.
Warum bist du auf Reisen gegangen?
Weil ich es immer schon zwischen Sonnenuntergang und Sonnenaufgang
getan habe.
Was hattest du an?
Ich trug einen blauen Anzug, ein weißes Hemd, eine gelbe Krawatte und
gelbe Socken.
Was hattest du an?
Ich hatte nichts an. Ein Tuch aus Schmerz hat mich gewärmt.
Mit wem hast du geschlafen?
Ich habe jede Nacht mit einer anderen Frau geschlafen.
Mit wem hast du geschlafen?
Ich habe allein geschlafen. Immer schon schlief ich allein.
Warum hast du mich belogen?
Ich habe immer geglaubt, die Wahrheit zu sagen.
Warum hast du mich belogen?
Weil es keine größere Lüge gibt als die Wahrheit und weil ich die
Wahrheit liebe.
Warum gehst du fort?
Weil nichts mir mehr etwas bedeutet.
Warum gehst du fort?
Ich weiß es nicht. Ich hab es nie gewußt.
Wie lange soll ich auf dich warten?
Du sollst nicht auf mich warten. Ich bin müde und will mich hinlegen.
Bist du müde und willst du dich hinlegen?
Ja, ich bin müde und will mich hinlegen.

Die Spannung, die die Grundlage jedes Dialoges bildet, ist in diesem Gedicht nicht nur deutlich wahrnehmbar, sondern wird darüber hinaus in eine Reihe logisch nicht mehr auflösbarer Paradoxien transformiert. Wir stoßen beim Lesen nicht nur auf Widerspruch, sondern auch auf Spiegelbildlichkeit, Konflikt, kontrapunktische Gegenüberstellung. In der letzten Frage-Antwort-Sequenz stellt sich einen Moment lang ein Gleichgewicht ein, da sich die Aussage des Vaters, die Frage des Sohnes und die erneute Aussage des Vaters decken. Die Paradoxie ist in einer übergeordneten, jenseits der logischen Ebene liegenden Synthese aufgehoben.

Als Anreiz für eine solche Dialog-«Miniatur» läßt sich die Spannung zwischen zwei eng verwandten oder in Widerspruch zueinander stehenden Wörtern nutzen, die Sie zum Kern eines Clusters machen. Eine zweite Möglichkeit ist die Erstellung eines Clusters zu zwei – realen oder fiktiven – Personen, die sich etwas zu sagen haben.

Übung

Sie sollen jetzt auf einer neuen Seite Ihres Skizzenbuches mit der kreativen Spannung experimentieren. Ihre Aufgabe ist es, einen Text in Dialogform zu schreiben.

1. Schließen Sie zunächst die Augen, und versuchen Sie, zwei Dialogpartner vor sich zu sehen: zwei Bekannte, zwei Fremde, einen Verwandten, Freund oder Widersacher und Sie selbst, zwei bekannte Gestalten aus Geschichte oder Kunst, eine Person und ein Gegenstand, zwei verschiedene Seiten Ihrer eigenen Person – die Zahl der Möglichkeiten ist unbegrenzt. Der Dialog kann ernsthaft oder komisch, beides abwechselnd oder auch eine Mischung aus beidem sein. Er ist allein Ihre Schöpfung.

2. Behalten Sie Ihre beiden Charaktere fest im Blick Ihres geistigen Auges, während Sie sie benennen und ein Cluster um sie bilden. Vergegenwärtigen Sie sich die Worte, die sie benutzen, ihren Tonfall, ihre innere Haltung, ihre äußeren Unterschiede usw. Achten Sie auf den Übergang zum Versuchsnetz und den in ihm erscheinenden vorläufigen Sinnzusammenhang.

3. Schreiben Sie, von Ihrem Cluster ausgehend, Ihren Dialog nieder. Behalten Sie beim Schreiben die erlernten Gestaltungsmittel im Auge: die bildhafte Darstellung, die Verwendung von Metaphern, den Sprachrhythmus, wiederkehrende Elemente, das Schließen des Kreises und vor allem die kreative Spannung.

4. Wenn Sie fertig sind, lesen Sie sich Ihren Dialog laut vor, und verfolgen Sie dabei, wie jede der beiden «Stimmen» sich Ausdruck verschafft. Nehmen Sie alle Überarbeitungen vor, die Ihrem Gefühl nach den Eindruck des Ganzen verstärken.

Nach dem Schreiben

Nach dem Schreiben von Dialogen sind meine Schüler oft erstaunt über die intensiven Gefühle, die, vor allem bei «Konfrontationen» mit Eltern oder Geschwistern, in ihnen ausgelöst wurden, über die lang verdrängten Konflikte, die ihnen wieder bewußt geworden sind, und über die durch ihre emotionale Beteiligung an der Artikulation dieser Konflikte erzeugte positive kreative Spannung, die sie als eine bislang nicht gekannte Intensität des Schreibprozesses erlebten.

Aus der Dialogform können jedoch auch Leichtigkeit und Humor

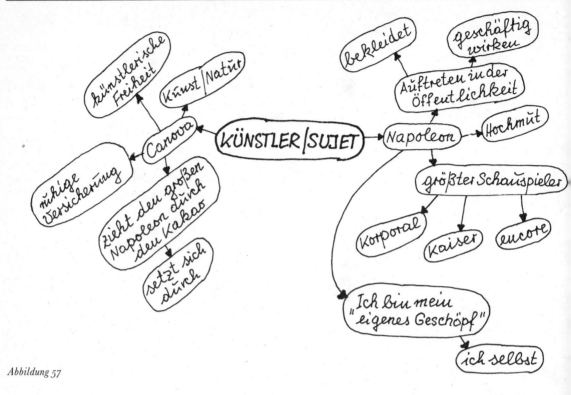

Abbildung 57

erwachsen. Der folgende, durch eine Napoleon-Statue des italienischen Bildhauers Antonio Canova (Abb. 58) inspirierte Text führt uns das Gerangel zweier Größenwahnsinniger vor Augen. Die Spannung entsteht hier aus dem Kern KÜNSTLER/SUJET. Bei eingehender Betrachtung des Clusters werden Sie erkennen, daß das in diesem enthaltene kleine Dialogfragment – «Ich bin mein eigenes Geschöpf» – schließlich den Mittelpunkt des gesamten Textes bildet.

Wie Napoleon im Streit mit Canova klein beigeben mußte
«Es war nicht verabredet, daß ich nackt sein sollte!» schrie Kaiser Napoleon. «Ich zeige mich der Öffentlichkeit nur in bekleidetem Zustand! Ich bin keine nackte Vision des Praxiteles! Ich bin mein eigenes Geschöpf! Ich trete nur als ich höchstpersönlich auf! Ich bin der größte Schauspieler der Welt. Gestern noch ein kleiner Korporal! Heute ein Kaiser! Morgen noch mehr! Ich kann mich nicht unbekleidet in der Öffentlichkeit zeigen, nicht einmal als Statue! Ich muß immer einen geschäftigen Eindruck machen, auch in Stein!»
«Genau», bekräftigte Canova, der vielbewunderte italienische

Abbildung 58:
Antonio Canova, *Napoleon*

Bildhauer. «Deshalb habe ich Euren Händen etwas zu tun gegeben: der rechten Hand einen Reichsapfel, der linken einen Stab. Voilà! Aber macht weisen Gebrauch davon, mein Kaiser. Ich meine, haltet sie schön hoch. Und überlaßt alles Übrige mir. Das Geschäft des Künstlers ist es, der Natur zu geben, was der Kunst gebührt, und dem Kaiser zu geben, was dem Kaiser gebührt.»
«Sorgt nur dafür, daß die Natur mittels der Kunst dem Kaiser ein Feigenblatt spendet», erwiderte Napoleon.
«Ich bin genau wie er», sagte ein Bourgeois, die Statue bewundernd. «Ich bin mein eigenes Geschöpf.»
«Nackt siehst du aus wie ein gichtkrankes Schwein», entgegnete seine Frau mit einem Grinsen, das alles andere als Bewunderung ausdrückte. «Du bist das Geschöpf von Soße, Käse und Kuchen. Gott im Himmel sei Dank, daß er die Feigenblätter schuf.»

George Russell

Die augenfälligste Spannung erwächst in diesem Text aus dem Gegensatz zwischen dem egomanischen Gestus des Sujets Napoleon und dem trockenen, ironisch-versöhnlichen Ton des Künstlers Canova. Anstatt Napoleons Forderung nach Bekleidung nachzukommen, lenkt Canova ihn listig ab, indem er seinen Händen etwas zu halten gibt: «der rechten einen Reichsapfel, der linken einen Stab». Diesem Trick läßt er nach der kurz eingeschobenen Ermahnung, «weisen Gebrauch» davon zu machen, eine zweideutige Bemerkung über die Aufgabe des Künstlers folgen, die die Spannung auflöst, während Napoleon klein beigibt und sich damit bescheidet, fast schon unterwürfig ein Feigenblatt zu verlangen.

Der abschließende Dialog zwischen dem Museumsbesucher und seiner sarkastischen Frau erzeugt noch einmal kreative Spannung, da der Leser jetzt in eine andere Zeit versetzt wird, in der sich ein «Bourgeois», ironisch Napoleons Ausspruch «Ich bin mein eigenes Geschöpf» parodierend, mit der Statue vergleicht. Seine Frau verpaßt ihm daraufhin gleich mehrere Tiefschläge: «Du bist das Geschöpf von Soße, Käse und Kuchen.» Das auf diese Weise provozierte Lachen löst die Spannung, und der Kreis des gesamten Textes schließt sich, indem noch einmal das Feigenblatt-Motiv aufgenommen wird. Napoleons größenwahnsinnige Selbstgefälligkeit wird durch gezielte Wiederholungen unterstrichen: «Ich zeige... Ich bin... Ich bin... Ich trete... Ich bin... Ich kann... Ich muß...»

Um irgend etwas zu wissen, muß man auch das Gegenteil wissen . . . Genauso gründlich, sonst weiß man gar nichts.

Henry Moore,
englischer Bildhauer

Ich beginne mit Erfahrungen und lese . . . immer im Kraftfeld von Gegensätzen – laut und leise, jung und alt, Frühling und Winter. Wenn ich Schwarze und Weiße dazu bringen kann, miteinander zu leben, statt nur aufeinander zu schießen, bin ich stolz.

Josef Albers,
Maler

Kreative Spannung durch Denken in Polaritäten

Wir kommen jetzt noch einmal zu unserem Ausgangspunkt zurück: zur Polarität. Der Begriff Polarität steht für eine bewußte Neuorientierung des Denkens, das Gegensätze nicht mehr als antagonistische, unvereinbare Widersprüche betrachtet, sondern anerkennt, daß sie als notwendige Extreme eines Kontinuums aufeinander bezogen sind. Es handelt sich also um eine Sehweise, die die Entweder-oder-Klassifikationen unseres begrifflichen Denkens nur selten zulassen.

Künstler und Schriftsteller heben immer wieder die Bedeutung des Denkens in Polaritäten als Stimulus kreativen Schaffens hervor, so etwa der britische Bildhauer Henry Moore und der deutsche Maler Josef Albers.

Polarität ist weit mehr Komplementarität als Opposition und als solche ein Grundwesenszug aller natürlichen Prozesse, da sie die Kehrseite der Medaille als zu dieser gehörig einbegreift. Ein isoliertes Absolutum kann die Realität nie vollständig, sondern stets nur partiell widerspiegeln. Jede Erscheinung hat ihr polares Gegenstück, und jede Gesamtschau hebt beide in einer übergeordneten Synthese auf. Verdeutlichen Sie sich dieses Prinzip an Beispielen wie zunehmender/abnehmender Mond, Tag/Nacht, Systole/Diastole, Einatmen/Ausatmen, Schöpfung/Vernichtung, bewußt/unbewußt, Bewegung/Ruhe, rechts/links, Sonne/Mond.

Der Aufhebung polarer Gegensätze haben sich im Lauf der Geschichte die verschiedensten philosophischen und religiösen Schulen verschrieben. In seinem Buch ‹The Two Hands of God› setzt sich der Philosoph Alan Watts mit einem in den Köpfen der meisten Menschen als besonders krasser Antagonismus verankerten Widerspruch auseinander und macht den Leser mit der «Polarität» von Leben und Tod vertraut – eine Vorstellung, die in den östlichen Religionen eine zentrale Rolle spielt:

Leben und Tod sind Pole eines einzigen Prozesses, den wir Leben-und-Tod nennen könnten. Offensichtlich leben lebende Organismen von toten Organismen, und beinahe ebenso offensichtlich ist das Leben jedes einzelnen Organismus selbst eine ständige Folge von Neuentstehung, Tod und Vernichtung seiner eigenen Zellen. Ferner sorgt der Tod auch dadurch für die ständige Erneuerung des Lebens, daß er der Akkumulation – von Lebewesen, von Besitz, von Erinnerungen –, die von einem gewissen Punkt an zur Stagnation des Lebensflusses und damit zum Tode führt, Grenzen setzt. So betrachtet, ist Akkumulation, die Herausbildung relativ dauerhafter Muster oder Systeme, Leben und Tod in einem.

Der Lyriker Alastair Reid spricht in folgendem Gedicht die in der Liebe enthaltene Polarität von Konstanz und Veränderung an und beleuchtet auf diese Weise eine schmerzliche existentielle Wahrheit, die jeder kennt, der Liebe sucht und bewahren möchte:

Auf einer solchen Kippe balanciert die Liebe
Warum sollten erste Winterschatten
ins Fenster fallen, während es noch von Insekten schwirrt,
oder plötzlich Dach- und Mauerkanten
sich mit Schnee bedecken,
während hoch am Himmel noch die Sonne
feurig ihren Widerpart verleugnet.

Auf dieser Kippe balanciert die Liebe. Doch wer
könnte diesen Schwebezustand jemals halten
und jeden Tag aufs neue zwischen Zwillingsängsten
des Habens und Verlierens sich bewegen?
Wer hätte nicht im Liebesfieber
auf dem fatalen «immer» insistiert
und, ehe noch das Wort verklungen,
die ersten dunklen Wolken schon gespürt?

Die Reaktivierung und Entfaltung der Fähigkeit, in Polaritäten zu denken, führt bei meinen Schülern unweigerlich zu einer Erweiterung der Wahrnehmung und einer sprunghaften Erhöhung der kreativen Spannung in ihren Texten.
Jetzt sollen Sie selbst Gelegenheit haben, die aus Polaritäten erwachsende kreative Spannung im Schreibprozeß zu erfahren.

Übung
Wählen Sie zunächst eines der Polaritäten verkörpernden Wortpaare in Abbildung 59 aus. Die Wörter werden Ihnen zunächst als gegensätzlich erscheinen. Im Verlauf der Übung jedoch werden Sie sie mit Hilfe Ihres bildlichen Denkens in eine bestimmte Beziehung zueinander setzen können.

1. Erstellen Sie ein Cluster zu dem von Ihnen gewählten Wortpaar. Dadurch, daß Sie beide Wörter gemeinsam zum Kern machen, werden Ihre Assoziationen anders gefärbt sein, als sie es bei zwei getrennten Clustern wären. Ein solches Wortpaar

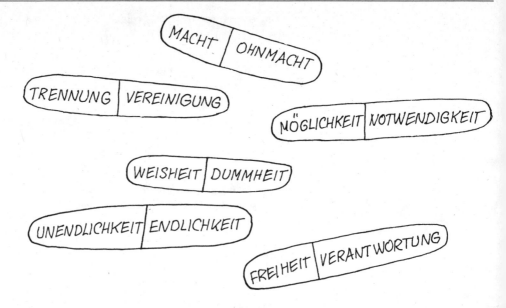

Abbildung 59

als Kern evoziert oft eher Zusammengehörigkeit als krasse Opposition. Halten Sie alles fest, was Ihnen einfällt: Metaphern, Gedicht- und Liedverse, Sprichwörter. Erweitern Sie Ihr Cluster so lange, bis Ihnen im Übergang zum Versuchsnetz ein vorläufiges Sinngefüge eine Beziehung zwischen den beiden Begriffen aufzeigt.
2. Konzentrieren Sie sich auf diese Beziehung. Formulieren Sie sie, um sie klarer fassen zu können, in Form einer zentralen Aussage. Sie beziehen auf diese Weise Ihr begriffliches Denken in den schöpferischen Prozeß ein.
3. Entfalten Sie jetzt Ihre zentrale Aussage in Form einer «Miniatur». Schreiben Sie sie so schnell wie möglich nieder. Überfliegen Sie ab und zu Ihr Cluster, um Ihre Assoziationen nicht aus dem Auge zu verlieren. Lassen Sie Ihre Gedanken frei strömen, unterbrechen Sie den Fluß nicht durch Korrekturen. Berücksichtigen Sie alle Elemente natürlichen Schreibens, soweit es Ihnen sinnvoll erscheint.
4. Lesen Sie sich, sobald Sie Ihre Gedanken zu Papier gebracht haben, laut vor, was Sie geschrieben haben, und überarbeiten Sie den Text noch einmal, bis er Ihnen als Ganzes stimmig vorkommt.

Nach dem Schreiben
Wahrscheinlich haben Sie bei der Erstellung Ihres Clusters in einer plötzlichen Eingebung das Sowohl-als-auch eines bestimm-

ten Lebensaspektes erkannt und das Bedürfnis gespürt, sich mit diesem eingehender zu beschäftigen. Viele meiner Schüler erleben bei der Niederschrift dieser die Sowohl-als-auch-Qualität von Polarität erfassenden zentralen Aussage zum erstenmal, daß sie eine Verbindung zweier vermeintlich gegensätzlicher Elemente bewußt zulassen können. Sie sind oft sehr überrascht, wenn sie feststellen, daß beide gleichzeitig gültig und zutreffend sind. Darüber hinaus fällt ihnen immer wieder auf, daß sie, um das Sowohl-als-auch auszudrücken, zu Metaphern, Bildern und zur Wiederaufnahme von Elementen greifen, da die konventionellen sprachlichen Mittel nur sehr begrenzte Möglichkeiten bieten, solche außergewöhnlichen Wahrnehmungen wiederzugeben.

Den Katalysatoreffekt der eben geschilderten Übung nutzte auch der Verfasser des eindringlichen Gedichtes, das ich Ihnen jetzt vorstellen möchte. Die kreative Spannung erwächst aus der Polarität von Zusammensein/Trennung, die im Cluster (Abb. 60) wie auch im Gedicht als GUTEN MORGEN/AUF WIEDERSEHEN erscheint. Durch das ganze Gedicht zieht sich die Spannung zwischen der lebendigen Morgenatmosphäre und der «bleiernen Traurigkeit» des Sprechers. Lesen Sie sich das Gedicht laut vor, und achten Sie dabei vor allem auf die Polaritäten, die sich durch den ganzen Text hindurchziehen.

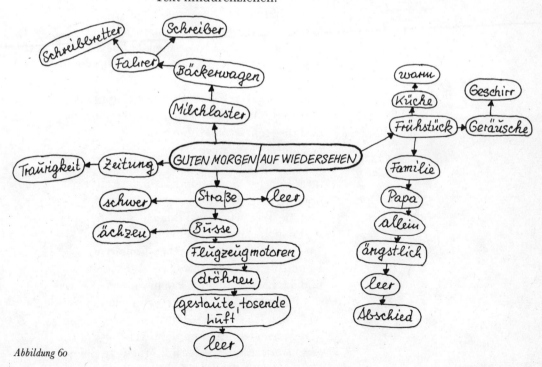

Abbildung 60

Guten Morgen
Es ist noch früh am Morgen, Milchlaster
und Wagen der Bäcker warten mit warmen Türen
müßig im Messinglicht.
Glitzernde Einkaufswagenreihen stehen
wie vergoldete Hecken
mit Schlupflöchern für Tiere und Kinder.
Die Laster spucken ihre Innereien
vor Männern mit Schreibbrettern aus,
Männern mit hungrigen Kugelschreibern
hinter den Ohren.
Ich wende mich zur Straße,
die leer ist bis auf mich.
Sie lastet auf der Erde.
Ich kann mich nicht konzentrieren. Die Straße
ist leer.
Irgendwo in der Nachbarschaft
höre ich das Bummern und Rascheln
der Morgenzeitung. Es macht mich traurig –
Nachrichten
interessieren mich nicht.
Ich kann Papier genug mit eigner bleierner Traurigkeit
füllen und doch
hör ich so gern, wie die Welt
an jede dieser abgeschlossenen Türen einmal pocht.
Aus Küchen kommt Summen und Klappern
und Klirren von Tellern und Tassen
und leises Meeresrauschen aus Wasserhähnen.
Männer in frisch gestärkten Hemden bürsten
und rasieren sich und spucken
und forschen in Spiegeln
nach positiven Portraits
ihres Lebens. Sie wundern sich
über ihr eigenes Grau
und die Trägheit ihrer Frauen
und schieben es dann beiseite.
Im Geschäftsviertel erwachen Fontänen
zu künstlichem Leben,
und ich habe Mitleid mit dem müden Wasser,
das Pumpen in den Himmel schleudern. Ich fühle mich
wie fallendes Wasser, gefiltert
und gesammelt und himmelwärts
geschleudert, um wieder nur erneut zu fallen.

Busse rollen auf kühlen Reifen
zischend auf Ampeln zu
und quietschen alle hundertfünfzig Meter schrill.
Straßenlaternen verlöschen nacheinander
Busse ächzen vorüber,
die gläsernen Rachen
voller Vierteldollars.
Drüben am Flughafen
heulen Triebwerke auf, beginnen zu dröhnen,
die Rachen voller gewaltsam gestauter
tosender Luft. Ich habe keinen Willen –
anders als die Motoren.
Als ich in deine Straße einbiege,
spüre ich die instinktive Regung deines Körpers.
Noch an der Schwelle des Schlafs
weiß er auf rätselhafte Weise,
daß meine schmalen steifen Fingerknöchel
im Montagshandschuh
vor deiner Haustür zögern.
Und während ich
an deine Begrüßung denke,
träumst du von meinem
Abschied.

Robin Nelson

Das Gedicht enthält eine Fülle wunderbarer «Morgen-Bilder»: «Milchlaster und Wagen der Bäcker . . . mit warmen Türen», «das Bummern und Rascheln der Morgenzeitung», «aus Küchen kommt Summen und Klappern und Klirren», «leises Meeresrauschen aus Wasserhähnen», «Männer in frisch gestärkten Hemden bürsten und rasieren sich und spucken», «erwachen Fontänen zu künstlichem Leben», «Busse rollen auf kühlen Reifen».
Auch andere Gestaltungsmittel des natürlichen Schreibens werden dazu eingesetzt, diese kreative Spannung zu steigern: wiederaufgenommene Motive (die «Straße», der Schauplatz dieses kleinen Dramas um Begrüßung und Abschied erscheint mehrfach), wiederkehrende Laute («Klappern und Klirren von Tellern und Tassen», «wie fallendes Wasser, gefiltert . . .», «müßig im Messinglicht»). Der Kreis wird durch den Abschied in der letzten Zeile, der auf den Morgengruß in der Überschrift verweist, geschlossen. Die Sprache ist deutlich rhythmisiert und wechselt zwischen euphonischen und kakophonischen Elementen. Die euphonischen Rhythmen entsprechen den fröhlichen Geräuschen

einer erwachenden Welt: «höre ich so gern, wie die Welt an jede dieser abgeschlossenen Türen einmal pocht», «aus Küchen kommt Summen und Klappern», «Straßenlaternen verlöschen nacheinander». Der angenehm melodische Klang dieser Zeilen spiegelt den Inhalt wider. Sobald dieser sich ins Negative verkehrt, bekommt auch die Sprache eine kakophonische Färbung: «eigne bleierne Traurigkeit», «steife Fingerknöchel«, «Montagshandschuh». Metaphern verleihen dem Text Eindringlichkeit und Intensität: «Einkaufswagenreihen ... wie vergoldete Hecken», «Busse ächzen vorüber», «die gläsernen Rachen voller Vierteldollars». Lesen Sie jetzt das Gedicht noch einmal, und achten Sie dabei auf weniger ins Auge springende bildhafte und metaphorische Elemente.

Doch noch weitere Kontraste signalisieren, daß dieser herrliche Morgen nicht ungetrübt ist: Die Straße ist «leer» und «lastet» auf der Erde, «ich kann mich nicht konzentrieren», «es macht mich traurig – Nachrichten interessieren mich nicht», «ich kann genug Papier mit eigner bleierner Traurigkeit füllen», «ich fühle mich wie fallendes Wasser», «ich habe keinen Willen». Das Gedicht endet mit dem Wort «Abschied».

Zusammenfassung und Ausblick

Kreative Spannung gibt unserer Wahrnehmung und unserem Schreiben neue Kraft. Der philosophische Begriff Polarität beinhaltet die Auffassung, daß Leben sich stets in Pol und Gegenpol oder deren Aufhebung auf einer übergeordneten Ebene manifestiert. Paradoxien und Widersprüche sind sprachliche Konstrukte, die es uns ermöglichen, der Polarität unseres Lebens Ausdruck zu verleihen. Mit Hilfe von Medien wie der Dialogform und Wortpaaren können Sie Ihr Bewußtsein für solche Polaritäten für das Schreiben nutzbar machen und so auf natürliche Weise kreative Spannung erzeugen. Dadurch werden Sie immer weiter über die gewohnten Wahrnehmungs- und Ausdrucksmuster auf der Ebene des Entweder-oder hinausgelangen, komplexere Zusammenhänge erkennen und vitalere Aussagen zu Papier bringen können.

Sie haben nun schon etliche Gestaltungsmittel des Schreibens kennengelernt und die entsprechenden Fähigkeiten gründlich trainiert. Im elften Kapitel wird es noch einmal um die Nutzung einer zentralen Fähigkeit unseres bildlichen Denkens gehen, auf die ich bereits zu Beginn des Buches hingewiesen habe: der Ganzheitlichkeit seines Vorstellungsbildes, aus dem sich der beim Schreiben zur Richtlinie werdende Schwerpunkt Ihres Textes ergibt. Auf diese umfassende *Vision* sollen Sie bei der Überprüfung und Überarbeitung eines Textes, der *Re-Vision*, noch einmal zurückkommen. Die Überarbeitung dient dazu, Ihre «Miniatur» noch stärker mit diesem ursprünglichen Sinnzusammenhang in Übereinstimmung zu bringen. Dabei geht es vor allem darum, das Geschriebene so weit von Ballast zu befreien, daß jedes einzelne Wort voller Aussagekraft steckt.

11
Weniger ist mehr –
die Überarbeitung

Ein Satz sollte keine überflüssigen Wörter, ein Absatz keine überflüssigen Sätze enthalten, wie auch eine Zeichnung keine überflüssigen Striche und eine Maschine keine überflüssigen Teile enthalten sollte. Das heißt nicht, daß der Autor nur kurze Sätze schreiben und auf alle Einzelheiten verzichten muß . . . sondern daß jedes Wort bedeutsam sein soll.

William Strunk
‹Elements of Style›

Für das natürliche Schreiben gilt ebenso wie in der modernen Architektur der Grundsatz «Weniger ist mehr». Dieses paradoxe Prinzip stammt von dem berühmten Bauhaus-Architekten Mies van der Rohe, dessen Ästhetik der strengen Eleganz, der klaren Linienführung, des Verzichts auf Schnörkel und schmückendes Beiwerk, der durchdachten, optisch schlichten und im Detail präzisen Planung in vielem als Richtschnur für die Überarbeitungsphase des natürlichen Schreibens gelten kann. Vielleicht ist auch der Sprachwissenschaftler William Strunk von ihr beeinflußt, wenn er fordert, daß «jedes Wort bedeutsam» sein müsse.

Strunks Stilistik umfaßt die gleichen Gestaltungsmittel, die Sie auch in diesem Buch kennengelernt haben: die klare Schwerpunktsetzung, die Wiederaufnahme von Elementen, die Wahl prägnanter Bilder, die Verwendung einer rhythmisch durchgestalteten Sprache, die starke emotionale Reaktionen auslöst, und die gezielte Nutzung der Spannungsdynamik. Bisher haben Sie sich darauf konzentriert, diese Momente des natürlichen Schreibens bewußt wahrzunehmen und zu fördern. Jetzt ist es an der Zeit, daß Sie Ihre Texte kritischer als bisher betrachten, indem Sie lernen, die aufs Detail gerichteten Fähigkeiten Ihres begrifflichen Denkens einzusetzen, aber gleichzeitig das Detail auch immer wieder an der letztlich entscheidenden ganzheitlichen Vision Ihres bildlichen Denkens zu überprüfen. So verstanden wird die Textüberarbeitung zur intensiven Kooperation zwischen den Hemisphären, zu einem Prozeß ständiger Modifikation und Annäherung an das dem «inneren» Auge vorschwebende Ganze.

Im Grunde genommen sind Sie beim Schreiben Ihrer «Miniaturen» bereits die ganze Zeit in dieser Weise verfahren. Jeder Akt natürlichen Schreibens beginnt mit der Wahrnehmung eines vorläufigen Sinngefüges im Versuchsnetz, das der linken Gehirnhälfte als Orientierung bei der Ordnung des Gedankenmaterials in Sequenzen dient. Dieser Strukturierungsvorgang selbst besteht, wie Sie erfahren haben, in Prozessen des Sortierens, Selektierens und Gruppierens nach Maßgabe des ersten Sinnzusammenhanges. Die Umsetzung dieses vagen Assoziationsgefüges in einzelne Details ähnelt dem Blick durch eine Kamera, die durch eine immer schärfere Einstellung immer klarer werdende Einzelheiten aus zunächst verschwommenen Formen herauslöst. Auch bisher schon haben Sie nach dem Schreiben Ihren Text laut gelesen und Veränderungen im Sinne einer befriedigenderen Gesamtwirkung, in gewisser Weise also bereits jedesmal eine Überarbeitung vorgenommen. In diesem Kapitel soll dieser Prozeß der Überarbeitung nun eingehender erörtert werden.

Verwenden Sie zunächst einmal einige Zeit darauf, die beschriebenen Seiten Ihres Skizzenbuches durchzugehen. So überraschend und befriedigend die Lektüre für Sie auch sein mag, sind die Texte doch technisch betrachtet durchweg «Rohmaterial». Nachdem Sie Ihre natürliche Schreibfähigkeit wiederentdeckt und durch die Einbeziehung des bildlichen Denkens um viele neue Gestaltungsmittel bereichert haben, ist nun für Sie der Zeitpunkt gekommen, von der Versenkung in den kreativen Prozeß zu einer kritischeren Betrachtung überzugehen.

Überarbeitung oder Re-Vision bedeutet, sich die ursprünglichen Vorstellungsbilder noch einmal zu vergegenwärtigen, sie mit der ersten Textfassung zu vergleichen und diese dann einmal oder mehrmals zu verfeinern und zu glätten, bis sie tatsächlich ein ästhetisches Ganzes darstellt. Kinder im Stadium des naiven Sehens, Hörens und Gestaltens nehmen grundsätzlich keine solche Überarbeitung vor. Sie begnügen sich mit ihrem Produkt, so wie es auf Anhieb zustande gekommen ist. Für Schreibende im kultivierten Stadium dagegen ist die Überarbeitung eines Textes ein sehr wichtiger Teil des Schreibprozesses, in dem es noch einmal zu einer produktiven Zusammenarbeit zwischen bildlichem und begrifflichem Denken kommt.

Die Überarbeitung ermöglicht es Ihnen, den Text noch einmal als Ganzes auf sich wirken zu lassen und ihn dann zu straffen, fließender und rhythmischer zu machen und stilistisch zu verbessern. Jeder Akt künstlerischen Schaffens umfaßt zwei Hauptphasen – die kreative Phase, in der das umzusetzende Vorstellungsbild ins Bewußtsein gelangt und einen ersten Ausdruck findet, und die Phase des Feilens und Polierens, in der die zentralen Inhalte noch einmal überarbeitet und ausgeformt und zu guter Letzt kritisch daraufhin überprüft werden, inwieweit die äußere Form dem ursprünglichen Vorstellungsbild entspricht.

Maler nehmen diese Art von Überarbeitung ebenso vor wie Komponisten, und historisch-kritische Werkausgaben zeigen, in welch starkem Ausmaß auch Schriftsteller in die ursprünglichen Fassungen ihrer Texte eingreifen.

Eine sehr anschauliche Beschreibung dieses Vorgangs finden wir in den Erläuterungen der amerikanischen Lyrikerin Laura Chester zu einem ihrer Gedichte.

> Wenn ich mit dem Schreiben eines Gedichtes beginne, strömen die Worte sehr rasch aus mir heraus, und ich versuche nicht, mich zu zensieren. Anschließend tippe ich sofort ab, was ich geschrieben habe, und mache mir dabei das Material wieder so weit verfügbar, daß ich in der Lage bin, es nach und nach zu überarbeiten, das Gedicht herauszufiltern und dabei möglichst das ursprüngliche pulsierende Strömen nicht aus dem Gefühl zu verlieren. Ich tippe geradezu besessen Fassung um Fassung ab, bis der weiche Lehm des ersten Entwurfs wie von selbst die Form des Gedichts, das in ihm steckt, annimmt . . . Bei der Überarbeitung ist es wichtig, daß ich den ursprünglichen inneren Drang erneut spüren kann, sonst wird sie zur schlichten Korrektur und es fehlt ein vitales Moment. Überarbeitung in diesem Sinne kann ebenso aufregend und «kreativ» sein wie der erste Anlauf. Ich liebe das Gefühl, das Gedicht wie eine formbare Substanz vor mir liegen zu haben, die ich auf dem Papier herumschieben und umformen kann.

Auch Ernest Hemingway war der Vorgang des Überarbeitens, wie er in einem Interview der *Paris Review* erklärte, nicht fremd:

> *Interviewer:* In welchem Umfang überarbeiten Sie Ihre Texte?
> *Hemingway:* Das kommt darauf an. Ich habe den Schluß von ‹In einem andern Land›, die letzte Seite, neununddreißigmal umgeschrieben, ehe ich zufrieden war.
> *Interviewer:* Gab es an dieser Stelle ein besonderes technisches Problem? Was hat Sie so lange aufgehalten?
> *Hemingway:* Zu erreichen, daß die Worte wirklich stimmten.

«Zu erreichen, daß die Worte stimmen» ist nicht gleichbedeutend mit «bloßer Korrektur», wie Laura Chester sich ausdrückt, sondern bezieht sich auf das *Verhältnis* der Worte zueinander und zu der Gesamtaussage, die der Autor gestalten will. Regulatives Prinzip dieses Vorgangs ist eine qualitative Stimmigkeit, das ästhetische Ganze, das der Autor im Blick hat. Zu erreichen, daß

Mir macht es Freude, mit Wörtern umgehen wie ein Handwerker mit seinem Holz, seinem Stein oder was auch immer, sie zu behauen, zu schnitzen, zu formen, zu verknoten, abzuhobeln und abzuschmirgeln, bis sie sich zu Mustern, Sequenzen, Plastiken, Tonfugen zusammenschließen, die irgendeinen lyrischen Impuls ausdrücken, irgendeinen inneren Zweifel oder eine Überzeugung, irgendeine verschwommen geahnte Wahrheit, derer ich habhaft werden muß.

Dylan Thomas

die Worte stimmen, ist, so betrachtet, weit mehr ein Akt des bildlichen als des begrifflichen Denkens.

Das Schicksal des Komponisten Maurice Ravel demonstriert eindringlich den rechtshemisphärischen Ursprung unseres Gefühls für ganzheitliche ästhetische Gebilde. Ravel erlitt durch einen Schlaganfall schwere Schädigungen der linken Gehirnhälfte, die eine Aphasie – den Sprachverlust – nach sich zogen. Darüber hinaus konnte er nicht mehr Klavier spielen und keine Noten mehr lesen. Ein Neurochirurg, der Ravel untersuchte, stellte jedoch fest, daß das ästhetische Urteilsvermögen des Komponisten nicht beeinträchtigt war. Im Gegenteil – es schien durch die schwere Behinderung noch feiner geworden zu sein. Ärgerlich registrierte Ravel jeden Fehler bei der Aufführung seiner Werke, vor allem Abweichungen von Takt und Rhythmus, Auslassungen und falsche Töne. Ravels intaktes bildliches Denken bemerkte sofort, wenn die Ausführung mit seinem Gefühl für die ästhetische Form des Ganzen nicht übereinstimmte. Ein Experiment des behandelnden Neurochirurgen bestätigte diese Beobachtungen: Er bat Ravel, einige seiner Kompositionen auf einem verstimmten Klavier vorzuspielen. Die auf diese Weise erzeugte, in den Wahrnehmungsbereich der rechten Gehirnhälfte fallende Disharmonie trieb den Komponisten zur Raserei. Sie verletzte sein Gefühl für Ästhetik, das ganz offensichtlich in seinem intakten bildlichen Denken «enthalten» war.

Zu Beginn der Textüberarbeitung erfaßt Ihr bildliches Denken zunächst die Form Ihrer «Miniatur» als ganzes. Es ist wie der Blick in ein Gesicht, bei dem man den ganzen Ausdruck auf einmal registriert. Diese Vorgehensweise verhindert ein vorzeitiges Einschalten Ihres begrifflichen Denkens in Form grammatischer, orthographischer oder die Zeichensetzung betreffender Korrekturen. Ihr kritisches begriffliches Denken ist sehr erpicht darauf, in diesem Stadium des Schreibprozesses die Führung zu übernehmen, da es jetzt geschriebene Worte vorliegen hat, die es analysieren kann. Aber noch ist es dafür zu früh. Weisen Sie deshalb beim zweiten Lesen Ihres Textes alle Interventionsversuche des begrifflichen Denkens zurück, und versuchen Sie vorläufig noch, in erster Linie den Wald und nicht die einzelnen Bäume zu sehen. Ihr begriffliches Denken wird seine besonderen Fähigkeiten noch früh genug unter Beweis stellen können.

Unser bildliches Denken, dem an grammatischen oder syntaktischen Korrekturen nichts liegt, erkennt mit sicherem Gespür, ob der Zustand erreicht ist, in dem «die Worte stimmen» oder nicht. Aus diesem Grunde bleibt nach der Niederschrift Ihres Textes

manchmal ein vages Gefühl des Unbehagens, der Unzufrieden-
heit in Ihnen zurück. Es ist ein Charakteristikum des natürlichen
Schreibens, daß zunächst der Text als ästhetisches Ganzes überarbeitet wird, ehe detaillierte Korrekturen vorgenommen werden
können.

Die Lyrikerin und Dozentin Diane Middlebrook definiert die
Überarbeitung als einen Vorgang, bei dem ein Text in sich selbst
stimmiger gemacht wird. In ihrem Buch ‹*Worlds into Words*› demonstriert sie diesen Prozeß am Beispiel eines ihrer eigenen Gedichte. Wir erfahren zunächst, daß das Gedicht auf einen Traum
zurückgeht, den sie in einem Haus in der Nähe eines großen
Waldes träumte und aus dem sie angsterfüllt erwachte. Ihre
Trauer um den Verlust einer ihr nahestehenden Person verkörpert
sich in Symbolen der Leere: in kahlen Bäumen und dem Geräusch
von Axtschlägen. Die erste Fassung lautete:

> Winter; die Wälder
> Kahl; die Axt
> In einen Stumpf gegraben
> Ihr Schlag nur mehr ein Schluchzen im Schlaf
> Das die Träumerin schreiend aufschrecken läßt
> Wo bin ich? Wer ist da?

In dieser ersten Fassung, so erklärt die Verfasserin, sind die Zeilen-
endungen noch beliebig, stimmen manchmal mit syntaktischen
Einheiten überein, in anderen Fällen nicht. Bei der Überarbei-
tung entschließt sie sich für die syllabische Form – vier Silben pro
Gedichtzeile mit Ausnahme der letzten. Diese formale Festlegung,
schreibt die Verfasserin, erleichterte es ihr, das Gedicht von totem
Ballast zu befreien. Der durch die verkürzten Zeilen entstehende
Rhythmus betont den im Gedicht beschriebenen ruckartigen
Übergang vom Träumen zu einem schmerzhaften Wachsein, das
sich mit zwei scharfen, klaren Fragen ins Bewußtsein schneidet.
Die endgültige Version lautete:

> *Ein syllabisches Gedicht – Du bist fort*
> Winter; der Wald
> so kahl; die Axt
> im Stumpf versenkt;
> ihr Schlag ein Schrei
> im Schlaf, aus dem
> die Träumerin

schreckt mit dem Ruf
Wo bin ich? Wer
ist da?

Ihre Aufgabe wird es jetzt sein, in ähnlicher Weise Ihre eigenen Texte zu straffen. Sehen Sie sich zunächst in Ruhe das nebenstehende kleine Gedicht auf den in ihm enthaltenen sprachlichen Ballast hin an.

Um etwa ein Drittel gekürzt, werden uns sein Inhalt und seine tiefere Aussage klarer. In der Weitschweifigkeit der ersten Version geht die Essenz des Gedichts verloren, während die zweite Fassung praktisch verwirklicht, was sie inhaltlich fordert: kein überflüssiges Wort. Sie ist ein ästhetisches Ganzes.

In diesem Kapitel sollen Sie verschiedene Verfahren kennenlernen, die Ihnen die Überarbeitung von Entwürfen zu «Miniaturen» erleichtern, ein unbedingt notwendiger Schritt auf dem Weg zu längeren Texten. Wir werden der Frage nachgehen, wieweit wir durch eine Wiederholung des Clustering den Text klarer zentrieren können, indem wir die mit Hilfe dieses Überarbeitungsverfahrens erzielten Fortschritte einer meiner Schülerinnen verfolgen und mit Wortmalerei als einem Mittel der sprachlichen Straffung experimentieren. Die verschiedenen Überarbeitungstechniken werden schließlich in die Schaffung eines komprimierten Gedichts münden, das gerade wegen seiner Dichte intensive Gefühle weckt.

Das gesprochene wie das
  geschriebene Wort
Sei nackt wie Gebein,
Klar wie das Licht
Und fest wie der Stein.
Zwei Worte sind niemals so gut
Wie eines allein.

Anonym

Das geschriebene Wort
Ist nackt wie Gebein,
Klar wie Licht,
Fest wie Stein,
Nimm ein Wort
Statt zwein.

Das Wiederholungscluster

Bei jeder Form ästhetischen Schaffens werden unsere Bewußtseinsinhalte in erster Linie von der Aktivität unseres bildlichen Denkens geprägt. Sie haben die künftige Form Ihres Textes zum erstenmal während des Überganges zum Versuchsnetz vor sich gesehen. Sie erkannten Ihren Schwerpunkt, und aus diesem entfaltete sich dann Ihre «Miniatur». Doch die Wahrscheinlichkeit ist groß, daß Ihre erste Fassung nicht so klar geworden ist, wie Sie sie gern gehabt hätten. Ein Wiederholungscluster gibt Ihnen Gelegenheit, den Schwerpunkt noch klarer zu erfassen, und setzt darüber hinaus weiteres Bild- und Assoziationsmaterial frei. Der erste Schritt jeder sinnvollen Überarbeitung besteht also darin, sich noch einmal in die Totalität Ihres ursprünglichen Vorstellungsbildes zu versenken.

Ich möchte Ihnen jetzt vorführen, wie eine Studentin im ersten

Semester, Teilnehmerin an einem Anfängerkurs, eine vorgegebene Gestaltungsaufgabe in einem Schreibprozeß löste, der vom Vorbereitungscluster über die zweite Clustering-Phase zur Niederschrift und von da aus über das Wiederholungscluster und mehrere Neufassungen bis zu dem Punkt führte, an dem sie das Gefühl hatte, daß «die Worte stimmten». Dieser Prozeß begann mit einem Vorbereitungscluster zu dem Kernwort (KREIS). Welche Möglichkeiten zur weiteren Bearbeitung sich aus diesem Cluster ergaben, zeigt Abbildung 61.

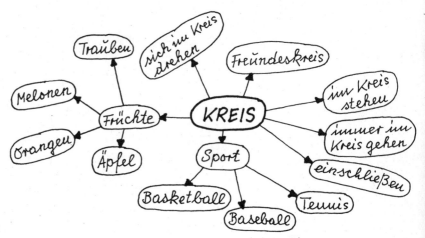

Abbildung 61

Die Verfasserin empfand ihre Assoziationen so lange als richtungslos, bis sie das Wort «Freundeskreis» notierte und im gleichen Augenblick den Übergang zum Versuchsnetz spürte. Sie erstellte sofort ein neues Cluster zum Kernwort (FREUNDESKREIS) (Abbildung 62), das bereits eine viel deutlichere Zentrierung zeigt. Die in diesem Cluster festgehaltenen Assoziationen beziehen sich aus-

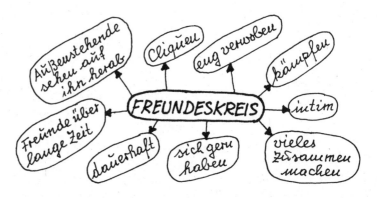

Abbildung 62

schließlich auf ihre Vorstellung davon, was ein Freundeskreis ist und was er für sie bedeutet.

Der Aufgabenstellung lag unter anderem folgender Gedanke zugrunde: Ich wollte die Teilnehmer des Kurses dazu herausfordern, mit der optischen Form des Kreises zu experimentieren. Deshalb wies ich sie an, einen großen Kreis als Begrenzungslinie auf ein Blatt Papier zu malen und ihren Text innerhalb dieser Form niederzuschreiben. Nachdem die Studentin, deren Arbeit wir hier verfolgen, die Assoziationen ihres bildlichen Denkens ausgeschöpft und den Übergang zum Versuchsnetz wahrgenommen hatte, begann sie mit dem Schreiben. Am Anfang dieser Fassung steht die negative Aussage «nein, / du kannst nicht / zu unserer / Gruppe gehören», die in eine positive Aussage übergeht, mit der die Verfasserin ausdrückt, was für sie ein eng zusammengeschlossener Freundeskreis ist. Das Ganze wird von einer interessanten Metapher zusammengehalten: «miteinander verwachsen wie mit alten Jeans».

nein
du kannst nicht
zu unserer Gruppe
gehören, zu unserem Kreis
von Freunden. Jahre haben uns
aufs engste zusammengeschweißt.
Wir sind miteinander verwachsen
wie mit alten Jeans,
von denen man sich
nicht trennen mag.
So ist das mit
Freundschaften
auch.

Als die Verfasserin diese Fassung kritisch las, erschien ihr der Text zu wortreich, zu negativ in der Aussage und insbesondere der letzte Satz zu «lahm». Sie spürte einen Konflikt zwischen den beiden Metaphern «Jahre haben uns . . . zusammengeschweißt» und «wie mit . . . Jeans, von denen man sich nicht trennen mag». Die «Miniatur» enthielt in ihren Augen zu viele Worte, die nicht genügend aussagten: «Gruppe», «aufs engste», «Freundschaften». Die Studentin hatte das Bedürfnis, sich noch mehr Auswahlmöglichkeiten – andere Bilder und bessere Metaphern – zu schaffen und erstellte deshalb ein Wiederholungscluster zum Kernwort FREUNDSCHAFT (Abbildung 63).

Dieser erneute gezielte Rückgriff auf Assoziationsmuster des bildlichen Denkens eröffnete der Studentin weitere Aspekte, zusätzliches Material, neue plastische Einzelheiten im Zusammenhang mit ihrem Vorstellungsbild von Freundschaft.

Ich möchte diese Beschreibung jetzt für eine Weile unterbrechen, um Ihnen Gelegenheit zu geben, selbst die Erfahrung der Textüberarbeitung mit Hilfe des Wiederholungsclusters zu machen.

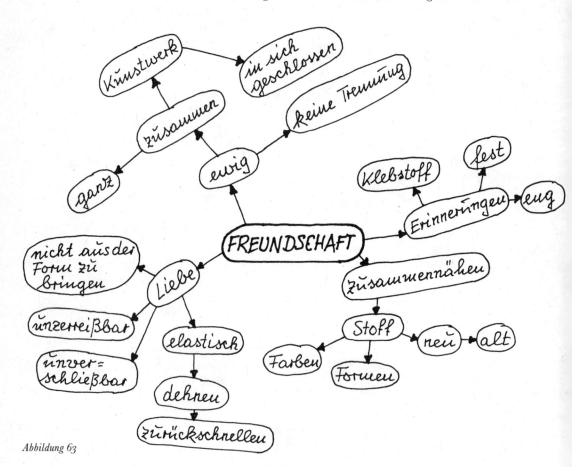

Abbildung 63

Übung

1. Bilden Sie in Ihrem Skizzenbuch ein Vorbereitungscluster zum Kernwort (KREIS). Denken Sie daran, daß der Kreis ein Archetypus, ein Ursymbol der Menschheit ist. Der Kreis verkörpert natürliche Zyklen wie die von Geburt und Tod, Tag und Nacht, Frühling, Sommer, Herbst und Winter. Außerdem ist er das natürliche Symbol der Vollendung und der Geschlossenheit, die sowohl einschließen als auch ausschließen kann (wie

in der ersten Fassung des eben zitierten Gedichts deutlich wird). Der Kreis ist eine Grundform der Natur – man denke an Orangen, Eier, Mangofrüchte, Baumstümpfe, an Sterne, Planeten und Monde –, während die von Menschenhand geschaffene Welt vorwiegend eckige Formen aufweist: etwa unsere Häuser, die Fenster, die Fliesen auf unseren Fußböden, die rechteckigen Räume, in denen wir leben und arbeiten, die Bettchen, in die wir als Babies gelegt, und die Särge, in denen wir begraben werden. Der Kreis als natürliche Form übt eine mächtige Anziehungskraft auf uns aus. Filtern Sie jetzt Ihr Kernwort durch das Sieb Ihres Erfahrungshintergrundes, und halten Sie Ihre individuellen Assoziationen zu diesem archetypischen Symbol in Ihrem Cluster fest.

2. Sobald Sie merken, daß sich beim Übergang zum Versuchsnetz ein vorläufiger Sinnzusammenhang ergibt, stellen Sie sich die Frage: Was hat diesen Übergang ausgelöst? Welches Element meines Vorbereitungsclusters hat dieses Gefühl hervorgerufen, daß sich erste Umrisse, ein Vorstellungsbild, ein Thema abzeichnen? In diesem Übergang zeigt sich Ihnen Ihr Schwerpunkt, den Sie jetzt zum Kern Ihres eigentlichen Clusters machen. Schreiben Sie diesen Schwerpunkt in Form einer zentralen Aussage unter das Vorbereitungscluster. Nehmen Sie jetzt alle Bilder, Assoziationen, Details, Lied- und Gedichtzeilen und alles, was Ihnen sonst noch einfällt, unzensiert in Ihr Cluster auf.

3. Zeichnen Sie, sobald Sie erneut den Übergang zu einem vorläufigen Sinnzusammenhang wahrnehmen, einen großen Kreis in die Mitte eines freien Blattes, und beginnen Sie mit der Niederschrift Ihres Textes innerhalb dieser Umrandung. Die vorgegebene Kreisform setzt nicht nur Grenzen hinsichtlich der Länge Ihrer «Miniatur», sondern wird sich auch auf die Gestaltung der Zeilen und die Anordnung der Worte auswirken. Achten Sie beim Schreiben darauf, daß Sie die Fähigkeiten Ihres bildlichen Denkens durch Gestaltungsmittel wie klare Schwerpunktsetzung, wiederkehrende Elemente, Rhythmisierung, die Verwendung von Bildern und Metaphern, kreative Spannung und das Schließen des Kreises ausschöpfen.

Ihr Text ist eine vorläufige Fassung, ein Stück Rohmaterial, das Sie später überarbeiten werden. Zunächst möchte ich jedoch auf unser Beispiel zurückkommen und an ihm den nächsten Überarbeitungsschritt erläutern.

Das Überarbeiten – Worte und Gedanken in Übereinstimmung bringen

*Erinnerungen
halten uns zusammen,
die Jahre sind der Faden.
Wir werden nie auseinandergehen,
unsere Liebe
ist elastisch – dehnt sich und zieht
uns doch immer wieder zurück,
hält uns zusammen –
ein Freundeskreis.*

*Erinnerungen
halten uns zusammen,
die Jahre sind der Faden.
Der Leim der Liebe bindet uns
eng und fest aneinander
zu einem Kreis von Freunden,
den nichts aus der Form
bringen kann.*

*Erinnerungen
halten uns zusammen,
verschiedene Stücke Stoff,
verschiedenfarbig, verschieden
geformt:
Die Jahre sind der Faden.
Ein kleines Kunstwerk,
in sich geschlossen.
Neuer Stoff,
kein Faden.
Wir sind
ein Kreis
von Freunden –
eine Clique.*

Lesen Sie sich jetzt noch einmal die erste Fassung der «Freundeskreis-Miniatur» (S. 257) laut vor. Dann schauen Sie sich das Wiederholungscluster zum Kernwort FREUNDSCHAFT an (Abbildung 63), das die Verfasserin erstellte, da sie mit dem ersten Entwurf noch nicht zufrieden war. Beachten Sie die Vielfalt neuer Bilder und die Differenzierung der bereits bekannten. Dieses Wiederholungscluster veranlaßte die Studentin, ihren spontanen Assoziationen in den fünf abgedruckten, immer wieder überarbeiteten Fassungen so lange nachzugehen, bis die sechste Version sie schließlich zufriedenstellte. Wir sehen das Zusammenspiel von begrifflichem und bildlichem Denken im Hin- und Herpendeln der Verfasserin zwischen Gesamtbild und Detail, innerer Schau und versuchsweiser Umsetzung in lineare Sprache, das sie so lange fortsetzt, bis sie einen Grad der Straffung und Verdichtung erreicht hat, auf den die Maxime «Weniger ist mehr» tatsächlich zutrifft.

Der aus der ersten Überarbeitung unmittelbar nach der Erstellung des Wiederholungsclusters entstandene Entwurf verzichtet auf die negative Einleitung der ersten Fassung, deren «nein, du kannst nicht . . .» im Zusammenhang mit ihrem Thema Freundschaft kindlich trotzig und etwas scheinheilig klingt.

Inzwischen sind «Erinnerungen» in den Mittelpunkt gerückt, und es deutet sich eine Metapher aus dem Kontext ‹Nähen› an, die sich jedoch unvermittelt in ein Gummiband verwandelt: «dehnt sich und zieht / uns doch immer wieder zurück.« «Hält uns zusammen» und «ein Freundeskreis» erscheinen redundant, da sie nur die Aussage der beiden vorangegangenen Metaphern wiederholen. Die Verfasserin ist noch immer nicht zufrieden und nimmt eine weitere Überarbeitung vor.

Sie läßt die «Gummiband»-Metapher wieder fallen und experimentiert jetzt mit einer «Leim»-Metapher – «Der Leim der Liebe bindet uns . . .» –, die ihrem Wiederholungscluster entstammt. «. . . den nichts aus der Form bringen kann» dagegen scheint eher ein Überbleibsel der «Jeans»-Metapher zu sein. Noch immer bringen die Worte nicht das zum Ausdruck, was die Verfasserin über Freundschaft aussagen möchte. Deshalb überarbeitet sie ihren Text ein weiteres Mal.

Die ersten beiden Zeilen übernimmt sie – sie scheint mit ihnen zufrieden zu sein. Die «Leim»-Metapher jedoch verschwindet jetzt ebenso wie die «Jeans»-Metapher. Die Verfasserin greift noch einmal auf ihr Wiederholungscluster zurück und experimentiert jetzt mit der in diesem enthaltenen «Kunst»-Metapher. Die «Näh»-Metapher bleibt erhalten, wird jedoch um einen neuen Aspekt erweitert – den Stoff. Der Sinn der beiden Zeilen «neuer Stoff / kein Faden» bleibt unklar. Die Verfasserin greift noch einmal auf eine Zeile des ersten Entwurfs zurück: «Wir sind / ein Kreis / von Freunden» und setzt noch «eine Clique» hinzu. Sie sehen deutlich den ständigen Wechsel zwischen der ganzheitlichen Vision des bildlichen Denkens und dem Bemühen des begrifflichen Denkens, diese durch Umsetzung in lineare Sprache in eine klare Form zu bringen. Aber die Worte auf dem Papier geben das Vorstellungsbild zu Freundschaft noch immer nur verschwommen wieder. Die Verfasserin nimmt deshalb eine weitere Überarbeitung vor.

Diesmal wird der Text drastisch gestutzt. Die ersten drei Zeilen sind seit der zweiten Fassung erhalten geblieben. Herausgefallen sind: «Stoff», weil es ein zu allgemeines Bild ist, «Kunstwerk», weil es zu papieren klingt, und «Clique», wegen ihres negativen Beigeschmacks. Die «Näh»-Metapher wird durch «nichts kann uns zerreißen . . . verschleißen» verstärkt. Hinzu tritt noch ein «niemals». Aber auch diese schon sehr weitgehende Annäherung an das ursprüngliche Vorstellungsbild erscheint der Verfasserin noch immer nicht stimmig, und sie entschließt sich noch zu einer weiteren Überarbeitung.

Getreu der Maxime «Weniger ist mehr» versucht sie, sich auf den Kern ihres Vorstellungsbildes zu beschränken. «Kreis von Freunden» wird aus dem Text selbst herausgenommen und zur Überschrift. Übrig bleibt die «Näh»-Metapher, die um die Wendung «die Liebe ist der Faden» erweitert wird. Erinnerungen und Liebe sind für die Verfasserin der Kern der Freundschaft. Jetzt ist sie mit ihrem Text zufrieden.

Im Prozeß der wiederholten Bearbeitung, des Wechselns zwischem Ganzem und Teil, zwischen dem Vorstellungsbild und seiner sprachlichen Umsetzung entwickelte die Studentin zunehmend ein Gefühl für ökonomische Sprachverwendung, das es ihr schließlich ermöglichte, die «Miniatur» bis auf den Kern zu verdichten. Sie empfand diese letzte Fassung als ein ästhetisches Ganzes, das keine weitere Veränderung mehr zuließ.

Doch nun zurück zu Ihrer eigenen, in der ersten Fassung vorliegenden Kreisminiatur.

Erinnerungen
halten uns zusammen,
die Jahre sind der Faden.
Nichts kann uns auseinanderreißen,
nichts ihn verschleißen – niemals,
unseren Kreis von
Freunden

Kreis von Freunden
Erinnerungen
halten uns zusammen.
Die Jahre sind die Nadel,
die Liebe ist
der Faden.
Paula Mangin

Übung

Lesen Sie sich die erste Fassung Ihrer Kreisminiatur laut vor. Versuchen Sie, sie als Ganzes mit Ihrem bildlichen Denken zu erfassen, auf die Rhythmen zu hören, den Bildern, wiederkehrenden Elementen und dem geschlossenen Kreis des Textes nachzuspüren.

1. Schaffen Sie sich noch zusätzliches Ideenmaterial, mit dem Sie experimentieren können, indem Sie ein Wiederholungscluster zum Schwerpunkt Ihrer ersten Fassung erstellen. Sie können aber auch einen anderen Schwerpunkt wählen, wenn Sie einen entsprechenden Impuls spüren.

2. Erweitern Sie Ihr Cluster, bis sich im Übergang zum Versuchsnetz ein vorläufiger Sinnzusammenhang abzeichnet, der Ihrem ersten Vorstellungsbild ähnlich sein, aber ebensogut auch in eine ganz andere Richtung weisen kann.

3. Fassen Sie in jedem Fall Ihren Schwerpunkt klarer, indem Sie ihn in einer zentralen Aussage formulieren.

4. Schreiben Sie jetzt die zweite Fassung Ihres Kreisgedichtes nieder, und verwenden Sie dazu wieder die kreisförmige Umrandung, die Ihnen eine sichtbare Begrenzungslinie für die Länge und Form Ihres Textes gibt.

5. Lassen Sie auch jetzt wieder den gesamten Text auf Ihr bildliches Denken wirken, achten Sie beim Hören auf die Sprachrhythmen, spüren Sie der Stimmigkeit der Bilder und wiederkehrenden Elemente sowie der Geschlossenheit des Geschriebenen nach. Wechseln Sie jetzt zur kritischen Wahrnehmung Ihres begrifflichen Denkens über, und prüfen Sie die Details, die Syntax, die Stimmigkeit einzelner Worte und Wortfolgen genau nach. Stellen Sie sich die Frage: Sind die Bilder und Metaphern geeignet, das, was ich sagen will, tatsächlich zu vermitteln? (Metaphern erwachsen zwar ausschließlich aus dem bildlichen Denken, aber das begriffliche Denken ist in der Lage, sie zu analysieren.) Erfüllen die wiederaufgenommenen Wörter ihren Zweck? Welche Worte müssen gestrichen werden? Enthält der Text ein kreatives Spannungsmoment – ein Problem und seine Auflösung? Ist es mir gelungen, den Kreis auf eine befriedigende Weise zu schließen?

6. Überarbeiten Sie den Text jetzt noch mindestens drei- oder viermal – oder noch häufiger, wenn Sie möchten. Verwenden Sie dabei jedesmal den Kreis als Rahmen. Versuchen Sie, bei jeder Niederschrift erneut zu kürzen, zu ergänzen, umzustellen, zu straffen und auszuwählen. Lesen Sie bei jedem neuen

Anlauf zunächst den ganzen Text, und prüfen Sie anschließend die einzelnen Details. Können Sie sie noch deutlicher herausarbeiten? Wenden Sie sich dann wieder dem nun bereits klarer strukturierten Ganzen zu. Verfahren Sie in dieser Weise, bis Sie das Gefühl haben, daß Ihr Gedicht keine weitere Verbesserung zuläßt.

Nach dem Schreiben

Sie haben jetzt durch spielerisches Experimentieren mit Ihren Worten und Bildern ein solches Maß an Ganzheitlichkeit erreicht, daß das Streichen oder Hinzufügen eines einzigen Wortes die Wirkung Ihres Textes bereits erheblich beeinträchtigen oder gar zerstören würde. Sie haben so lange Umformungen vorgenommen, bis Sie Ihren Text als vollendet, befriedigend, im Ganzen stimmig empfanden. Stellen Sie sich einen Maler vor, der vor einem fertigen Gemälde steht und hier und dort noch einen Farbtupfer setzt, ein Detail übermalt und es zugunsten einer ausgewogeneren Komposition an anderer Stelle neu entstehen läßt und den Hintergrund noch einmal überarbeitet, bis ihn das Werk als Ganzes zufriedenstellt. Dies ist die Phase der ganzheitlichen Überarbeitung. Alles, was Sie schreiben, verdient diese intensive Aufmerksamkeit. Erst zum Schluß machen Sie sich mit Hilfe Ihres begrifflichen Denkens daran, Orthographie, Grammatik, Zeichensetzung und Tippfehler zu korrigieren.

> Unter anderem verfügt der Dichter über die Kunst, verständlich zu machen und auszudrücken, was aus den unbewußten Tiefen emporsteigt; ein großer Nutzen des Intellekts besteht darin, aus der amorphen Masse der unbewußten Bilder diejenigen auszuwählen, die den Zielen seines Vorstellungsvermögens am förderlichsten sind.
>
> Dylan Thomas
> ‹Notes on the Art of Poetry›

Wortmalerei: explanatorische versus evokatorische Sprache

Ein weiteres Textüberarbeitungsverfahren ist die Wortmalerei. Sie besteht im wesentlichen aus einem Überwechseln von der Prosa zur lyrischen Form.

Es gibt zwei Extremformen des Sprachgebrauchs: die *explanatorische* Sprache, die ausschließlich die Funktion hat, Informationen zu vermitteln, und die *evokatorische* Sprache, deren Verwendung darauf abzielt, Gefühle auszulösen. Die explanatorische Sprache ist überwiegend linear, logisch und eindeutig und in erster Linie ein Produkt des begrifflichen Denkens. Die evokatorische Sprache dagegen ist in hohem Maße komprimiert, ein Amalgam von Bildern, von Rhythmus und somit in erster Linie ein Produkt des bildlichen Denkens. Wortmalerei ist die nahezu ausschließlich evokatorische Sprachverwendung.

Prosa ist gewöhnlich eine Mischung beider Sprachformen. An

Abbildung 64:
Hiroshige, *Abendschnee in Kambara*

einigen Stellen bevorzugen und brauchen wir explanatorische Elemente, an anderen bedienen wir uns vorwiegend der evokatorischen Sprache. Wortmalerei ist ein Hilfsmittel, um den Unterschied zwischen beiden Sprachformen klarer zu erkennen und den Übergang von langatmigen explanatorischen Ausdrucksformen zu natürlichem Schreiben vollziehen zu lernen.

Die folgenden, von einem meiner Schüler stammenden Beispiele illustrieren sowohl diesen Übergang als auch die genannten Unterschiede. Vor die Aufgabe gestellt, seine Reaktion auf ein Gemälde von Hiroshige (Abb. 64) darzustellen, begann er zunächst damit, seinen dominanten Eindruck zum Kern eines Clusters zu machen, in dem er dann seine Beobachtungen und Assoziationen festhielt (Abb. 65).

Daraus entstand die erste Fassung, ein Prosatext, der viele explanatorische Passagen enthielt. Er war mit seinem Ergebnis nicht zufrieden. Der Text sei zu flach, meinte er. Er vermittle zwar alle notwendigen Informationen, aber auf eine wenig interessante Weise.

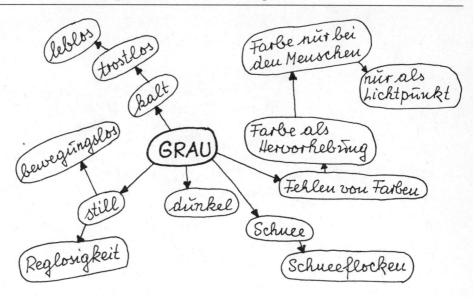

Abbildung 65

Hiroshiges Kambara
Das Bild ist ganz in Grauschattierungen gehalten. Nur die Personen sind farbig. Alles andere ist grau. Durch die Grautöne und die sparsamen Farbeffekte gelingt es Hiroshige, eine Winterszene plastisch wiederzugeben. Die Farbe des Himmels liegt zwischen einem hellen Grau über dem Horizont und einem Schwarz am oberen Bildrand. Die fein abgestuften Grautöne im Vordergrund geben dem Bild Tiefe. Die schwarzen Unterseiten der Baumäste wirken sehr realistisch, obgleich sie nicht besonders detailliert ausgestaltet sind. Der realistische Eindruck erwächst aus den Abtönungen. Die palmblattbedeckten Häuser entbehren ebenfalls jeder Farbe. Das Weiß der schneebedeckten Dächer und das Dunkelgrau darunter, das in ein Schwarz übergeht, bilden einen extremen Kontrast.

Nur die Personen sind farbig, wodurch unterstrichen wird, daß sie lebende Wesen sind. Tief gebeugt und schneebedeckt vermitteln die Gestalten nicht Lebendigkeit und Lebensfreude, sondern eher den Eindruck, daß sie sich mühsam an das Leben klammern.

Die kunstfertige Verwendung der Grautöne und die sparsame Farbgebung lassen diesen Eindruck in den Vordergrund treten – und machen das Bild zu einem der unvergleichlichsten und bedeutendsten Werke Hiroshiges.

Steve Sano

Dieser detaillierte Text setzt sich in erster Linie mit der Farbgebung beziehungsweise mit dem weitgehenden Verzicht auf Farbe auseinander. Darüber hinaus enthält er eine Reihe interpretierender Aussagen: Die Äste wirken «realistisch», «die fein abgestuften Grautöne im Vordergrund geben dem Bild Tiefe», die Gestalten vermitteln «nicht Lebendigkeit und Lebensfreude, sondern eher den Eindruck, daß sie sich mühsam an das Leben klammern». Der Verfasser ist offensichtlich von dem Gemälde fasziniert, und seine einfühlsame Betrachtung spiegelt dieses Interesse trotz ihrer recht trockenen explanatorischen Form wieder.

Nachdem meine Schüler das Gemälde beschrieben und analysiert hatten, forderte ich sie auf, ihren Text wortmalerisch umzugestalten – also ihre Sprache zu einer hochgradig evokatorischen Schilderung zu verdichten, dabei auf Rhythmus, Klang und wiederkehrende Elemente zu achten. Vor allem sollten sie auf sämtliche explanatorischen Komponenten verzichten und statt dessen einen umfassenden emotionalen Eindruck erzeugen. Ich bat sie, ihre erste Fassung zu einem Gedicht umzuarbeiten.

Mit diesen Anweisungen versehen, las der Verfasser des zitierten Textes diesen noch einmal durch und kam zu dem Ergebnis, daß seine Niederschrift dem Vorstellungsbild von «Grau», das seinen dominanten Eindruck ausgelöst hatte, nicht ganz gerecht wurde. An manchen Stellen sei zuwenig, an anderen zuviel, meinte er. Wie konnte er es schaffen, das Gefühl, das das Gemälde in ihm hervorrief, unmittelbar wiederzugeben, anstatt es nur zu erläutern? Wie konnte er seinen Text verdichten? Wie seiner emotionalen Reaktion mit Worten Intensität verleihen? Wie das Gemälde mit Worten nachschaffen? Wortmalerei zielt darauf ab, stärkere Gefühle zu evozieren und weniger zu erklären. Deshalb entschied er sich für folgende Schritte:

1. Er beschloß, von seinem dominanten Eindruck auszugehen, beim «Grau» zu bleiben und es immer wieder aufzunehmen, um seinem Gedicht Zusammenhalt zu geben.

2. Er machte sich daran, den ersten Entwurf von überflüssigen Elementen zu befreien – alles wegzulassen, was für das Ganze nicht von Bedeutung war.

3. Er beschloß, explanatorische Wendungen und Sätze zu streichen.

4. Er konzentrierte sich angesichts der übriggebliebenen Teile seines Textes noch einmal auf sein ursprüngliches Vorstellungsbild, sah sich das Gemälde noch einmal genau an und begann dann, die verbliebenen Worte zu überarbeiten. Ähnlich wie die

Verfasserin des Kreisgedichts nahm er zwei oder drei Überarbeitungen vor, ehe er das Gefühl hatte, daß es ihm gelungen war, das Gemälde in Worten nachzuschaffen.

Im Laufe dieses Prozesses nahm sein Text durch die bewußte Hinwendung zur Wortmalerei eine hochgradig evokatorische Qualität an. Lesen Sie das Gedicht laut, damit Ihnen keine Nuance entgeht.

Kambara
Grau
Schatten aus Schwarz.
Die Farblosigkeit
Ist kalt.
Nur wo Menschen sind, ist Farbe,
Nur in der Farbe ist Wärme,
Nur in der Wärme ist Leben.
Das Leben schleppt sich knöcheltief
Durch graues Pulver.
Das gleiche Pulver bedeckt
Lebende Rücken,
Die Berge und Bäume
Und die Palmendächer
Der dunklen Häuser.
Und auch der Himmel:
Ein einziges Grau
Bis auf das Schwarz
Fern am Horizont,
Ein einziges Grau,
Aus dem graues Pulver fällt,
Kalt,
Trostlos,
In Ewigkeit
Grau

Steve Sano

In diesem Gedicht verzichtet der Verfasser auf sämtliche explanatorischen Elemente, die in der ersten Fassung vorgeherrscht hatten, und auf nahezu alles, was nicht bildhaft ist, also etwa «in Grauschattierungen gehalten», «es gelingt Hiroshige, eine Winterszene plastisch wiederzugeben», «am oberen Bildrand», «fein abgestufte Grautöne . . . geben dem Bild Tiefe», «die schwarzen Unterseiten der Baumäste wirken sehr realistisch, obgleich sie nicht besonders detailliert ausgestaltet sind», «der realistische Eindruck erwächst aus den Abtönungen», «entbehren ebenfalls jeder Farbe», «wodurch unterstrichen wird, daß sie lebende Wesen sind» und «zu einem der unvergleichlichsten und bedeutendsten Werke Hiroshiges». Übrig bleibt eine sehr komprimierte Aussage. Der erste Text erklärt, der zweite gestaltet in Worten nach.

Jetzt sollen Sie die Gelegenheit bekommen, den Unterschied zwischen evokatorischer und explanatorischer Prosa im Prozeß Ihres eigenen Schreibens zu erfahren.

Übung

Ihre Aufgabe ist es jetzt, die Maxime «Weniger ist mehr» in Ihrem eigenen Schreiben umzusetzen. Sie sollen nicht erklären, sondern durch Sprache Gefühle hervorrufen. Werden Sie ein «Wortmaler» mit einem sicheren Gespür für die Möglichkeiten, überfrachtete Sprache zu verdichten.

Abbildung 66:
Ole Langerhorst, *Ohne Titel*

1. Lassen Sie das Foto einer Skulptur von Ole Langerhorst (Abb. 66) auf Ihr bildliches Denken wirken. Schreiben Sie Ihren dominanten Eindruck auf, und versehen Sie ihn mit einem Kreis. Er kann, wenn Sie möchten, auch die Form einer Polarität oder eines «Gegensatzes» haben.

2. Halten Sie jetzt in Form eines Clusters alles fest, was Sie sehen und fühlen, während Ihr Auge die Skulptur erforscht und Ihr bildliches Denken Assoziationen produziert.

3. Achten Sie auf den Übergang zum Versuchsnetz und den in ihm aufscheinenden vorläufigen Sinnzusammenhang, der Sie zum Schreiben motivieren wird. Halten Sie ihn in einer zentralen Aussage fest.

4. Schreiben Sie jetzt Ihren Text. Verwenden Sie dabei alle Elemente Ihres Clusters, die Ihnen passend erscheinen. Ihr Cluster bietet Ihnen lediglich Rohmaterial. Sie brauchen nicht alle Ihre Notizen in Ihren Text hineinzuquetschen, nur weil sie auf dem Papier stehen. Treffen Sie eine Auswahl aus der Vielfalt der Assoziationen, die Ihr bildliches Ihrem begrifflichen Denken bereitgestellt hat.

5. Lesen Sie sich Ihren Text laut vor, und achten Sie dabei auf Sprachrhythmen, Bilder, Metaphern, wiederkehrende Motive, Spannung, Geschlossenheit und die anderen Grundelemente des natürlichen Schreibens.

6. Konzentrieren Sie sich jetzt noch einmal auf Ihren dominanten Eindruck (im oben vorgestellten Beispiel das «Grau»). Er gibt Ihnen den Orientierungspunkt für Ihre Überarbeitung. Jedes Wort Ihrer überarbeiteten «Miniatur» sollte der Vermittlung dieses zentralen Inhalts dienen. Streichen Sie zunächst so viele explanatorische Elemente wie möglich. Verstärken Sie die evokatorische Kraft Ihrer Sprache durch das Wiederaufnehmen von Motiven, durch Bilder, Metaphern und Sprachrhythmen. Bringen Sie bewußt Spannung in den Text. Schließen Sie den Kreis.

7. Lesen Sie sich jetzt Ihre neue Fassung laut vor. Auf diese Weise werden Sie hören, was noch immer nicht richtig klingt. Achten Sie darauf, und nehmen Sie gegebenenfalls Veränderungen vor, die geeignet sind, Ihren Text weiter zu verdichten und das Gefühl zu intensivieren, das Sie hervorrufen wollen.

8. Schalten Sie nun, nachdem Sie Ihren Text zu einem evokatorischen Ganzen gestaltet haben, auf Ihr begriffliches Denken um, und überprüfen Sie Orthographie, Zeichensetzung und Grammatik. Achten Sie auch auf Tippfehler.

Nach dem Schreiben

Ist Ihr zweiter Text deutlich kürzer geworden als der erste? Nach meiner Erfahrung kommt man beim evokatorischen Sprachgebrauch gewöhnlich mit sehr viel weniger Worten aus – und doch zeichnet sich ein solcher Text durch größere Dichte und Intensität aus. Wichtig ist dabei jedoch nicht, wie viele Worte Sie benutzen, sondern vielmehr, wie effizient Sie Sprache verwenden. Jedes Wort sollte bedeutsam sein.

Ein Beispiel für evokatorisches Schreiben

Erwarte nichts

Erwarte nichts. Lebe genügsam
Von dem, was kommt.
Mache dich frei
Von Mitleidsverlangen,
Und wenn dir Mitgefühl
Entgegenströmt,
Nimm nur, soviel du brauchst.
Widerstehe dem Drang zu bitten
Und trenne dich von deiner
   Bedürftigkeit.

Wünsch dir nichts Größeres je
Als dein eigenes Herz
Und nichts Großartigeres als einen
   Stern.
Zähme die wilde Enttäuschung
Mit kalter fester Umarmung.
Hülle sie als einen Wetterschutz
Um deine Seele.

Ergründe, warum
So ein winziger Menschenwicht
Überhaupt existiert
In törichter Angst.
Doch erwarte nichts, lebe genügsam
Von dem, was kommt.

                    Alice Walker

Üben Sie sich im evokatorischen Sprachgebrauch, indem Sie sich Texte bekannter Autoren als Vorbild für Ihre Schreibversuche verwenden. Die amerikanische Lyrikerin Alice Walker etwa reduziert in ihren nebenstehenden «Ratschlägen» den explanatorischen Sprachgebrauch auf ein Minimum, ohne die Klarheit ihrer Aussage zu beeinträchtigen. Lesen Sie das Gedicht laut.

Alice Walker bietet keine Erklärungen an, kein Wer, Wo, Wann und Wie, und doch hören wir sofort aus dem Text heraus, daß sie uns Ratschläge für ein authentisches Leben gibt. Der Schwerpunkt liegt auf dem *Was*, dem Inhalt Ihres Rates, den sie in zwölf parallele Befehlsformen kleidet: «Erwarte nichts», «lebe genügsam», «mache dich frei», «nimm nur», «widerstehe», «trenne dich», «wünsch dir», «zähme», «hülle sie», «ergründe», «erwarte nichts», «lebe genügsam». Diese Direktheit vermittelt uns das Gefühl, daß die Verfasserin weiß, wovon sie redet, und daß sie aus einer Erfahrung heraus spricht, die tiefer reicht als Worte.

In der ersten Strophe werden wir mit der Ansicht konfrontiert, daß Mitleid und Mitgefühl gefährlich sind. In der zweiten erfahren wir, daß Wünsche sich auf winzige, aber auch auf riesige Dinge richten können, und daß alles Wünschen zulässig ist, wenn wir es verstehen, die «wilde Enttäuschung» zu zähmen. Dieser Ratschlag impliziert, daß heftige Enttäuschungen unvermeidlich sind. Die dritte Strophe teilt uns mit, daß es sich lohnt, über die menschliche Existenz nachzudenken. Am wichtigsten ist jedoch die Ermahnung, nichts zu erwarten, denn erst, wenn uns dies gelingt, kann das Unerwartete zu unserer Lebenssubstanz werden. Das Gedicht beginnt und endet mit der Antithese von Erwartung und «dem, was kommt» und hebt auf diese Weise die Spannung zwischen dem törichten, ängstlichen «Menschenwicht» und seinen unrealistischen, nichts als Enttäuschung bringenden Erwartungen auf.

Übung

Versuchen Sie jetzt, eigene Ratschläge zu erteilen, und bemühen Sie sich dabei gleichzeitig um eine komprimierte, evokatorische Sprache. Lesen Sie sich zunächst noch einmal das Gedicht von Alice Walker laut vor.

1. Erstellen Sie zunächst ein Vorbereitungscluster zum Kernwort (RAT). Halten Sie möglichst viele Assoziationen fest, bis sich ein vorläufiger Sinnzusammenhang einstellt, der Ihnen signalisiert, daß eine der Möglichkeiten, die sich im Cluster offenbaren, für Sie von ganz besonderer Bedeutung ist.

2. Setzen Sie dieses Sinngefüge in ein Wort oder in eine Wortfolge um. Dies ist der Kern eines zweiten Clusters, in dem Sie nun erneut alle Assoziationen, Gefühle und Details festhalten, die Ihnen in den Sinn kommen. Beziehen Sie dabei gegebenenfalls auch Gedicht- und Liedverse oder Passagen aus Theaterstücken ein (etwa den Ratschlag des Polonius aus *Hamlet:* «Vor allem aber: Sei dir selber treu, / Und draus muß folgen wie die Nacht dem Tag: / Du kannst nicht falsch sein dann zu irgendwem»).

3. Schreiben Sie jetzt zügig Ihren Text, in dem Sie einen Ihnen am Herzen liegenden Rat geben. Wichtig ist, daß Sie hinter dem stehen, was Sie schreiben. Wenn Sie wollen, schreiben Sie zunächst in Prosaform, und arbeiten Sie den Text erst in einem zweiten Schritt zu einem lyrischen «Wortgemälde» um. Kümmern Sie sich zunächst nicht weiter um die Form, sondern konzentrieren Sie sich wie immer vor allem darauf, Ihre Gedanken zu Papier zu bringen.

4. Beginnen Sie jetzt, Ihren Text zu überarbeiten: Komprimieren Sie, stellen Sie um, straffen, stutzen, experimentieren Sie, lassen Sie nur das stehen, was wirklich evokatorisch ist. Streichen Sie alles Erklärende, nehmen Sie so viele Überarbeitungen vor, wie nötig sind, bis Sie schließlich mit Ihrem Text zufrieden sind.

5. Denken Sie daran, besonders bedeutsame Elemente hervorzuheben, indem Sie sie wiederaufnehmen, Sprachrhythmen und insbesondere Parallelformen zu nutzen, Metaphern zu suchen, Bilder zu verwenden, kreative Spannung aus Gegensätzen erwachsen zu lassen. Jedes Wort sollte bedeutsam sein.

6. Lesen Sie Ihren «Ratschlag» laut, nehmen Sie, soweit es Ihnen notwendig erscheint, Veränderungen vor, und lesen Sie Ihren Text zum Schluß auf korrekte Grammatik, Orthographie und Zeichensetzung hin durch.

Nach dem Schreiben

Wahrscheinlich haben Sie bei der Formulierung Ihres Ratschlags in Gedichtform mehrere Überarbeitungen vorgenommen, um zu erreichen, daß «die Worte stimmen», und den Text von Fassung zu Fassung gestrafft, verdichtet, gelichtet und zugunsten des Klangs, des Rhythmus, der Bildhaftigkeit und der Aussagekraft umgestellt. Vielleicht haben Sie sogar nach dem ersten Entwurf die Notwendigkeit empfunden, noch einmal ein Wiederholungscluster zu machen, um durch zusätzliche Bilder und Metaphern dem näherzukommen, was Ihnen ursprünglich vorschwebte – und möglicherweise sogar einen anderen Gedanken in den Mittelpunkt gerückt, der Sie emotional stärker berührt hat. Vermutlich haben Sie dabei, wie immer Ihr Text sich auch entwickelt haben mag, festgestellt, daß jede neue Überarbeitung Ihre zentrale Aussage klarer und schärfer hervortreten ließ.

Wir wollen nun die Entstehung des Ratschlag-Gedichtes einer meiner Schülerinnen verfolgen, dessen Kern die Metapher des «Handels» mit dem Leben bildet, den man um der eigenen Sicherheit willen abschließt (Abb. 67). Aber wir erfahren, daß der Preis eines solchen Handels letzten Endes darin besteht, «den innersten Kern» der eigenen Seele zu vergessen.

Abbildung 67

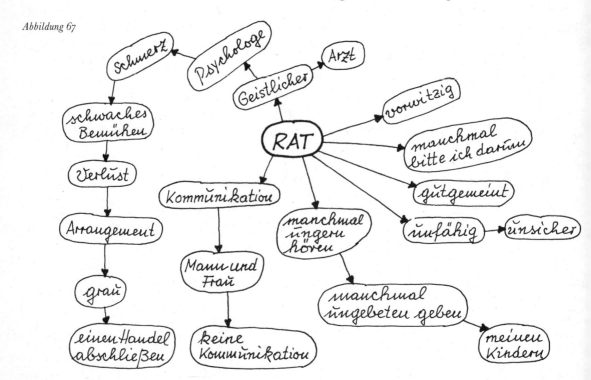

Handel mit dem Leben

Glaub mir, das Leben ist kantig, die Wirklichkeit
enttäuschend.
Also zehr deine Hoffnung auf wie Fett, nimm weniger Platz
ein.
Stopf die Löcher der Verzweiflung mit Unwesentlichem zu.
Schäm dich des Hungers und lerne, Bedürfnisse leugnend,
Zufriedenheit zu heucheln.
Setz dein Vertrauen auf Grautöne.
Baue auf Sicherheit – sei vernünftig.
Vergiß den innersten
Kern deiner Seele.

Eines ist gewiß nach abgeschlossenem Handel mit dem Leben:
Wenn der Abend kommt
Nach Tagen, die du im Dämmerlicht gelebt,
Wird dir der Schlaf Erlösung sein.

Lavelle Leahey

Dieser Fassung waren fünf andere Versionen vorausgegangen.
Damit Sie die Entwicklung besser nachvollziehen können, möchte
ich auch den ersten Entwurf vorstellen, der unmittelbar nach der
Erstellung des Clusters entstand:

Einen Handel mit dem Leben abschließen
Hoffnung wie Körperfett
Heißt konsumieren Rückzug weniger Platz einnehmen

Vergiß deine Träume du hast sowieso nie an sie geglaubt

Einen Handel mit dem Leben abschließen

Heißt Löcher mit Trivialitäten stopfen

Denk dran das Leben ist kantig so kantig

«Das Wirkliche» enttäuschend

Einen Handel mit dem Leben abschließen

Heißt Bedürfnisse vergessen, die hungrig machen

Ersatz finden, Zufriedenheit heucheln

Einen Handel mit dem Leben abschließen
nicht mehr an   Ziele glauben
Heißt die leuchtenden Ideale vergessen

Vertraue auf
Lerne, mit Grautönen umzugehen

Einen Handel mit dem Leben abschließen

Heißt reifen bis die Träume vernünftig sind

Dann betäube den Schmerz durch Vergessen
               Vertrag mit der Sicherheit; vergiß den Verlust
Dann schließe den Schmerz des Verlustes ein.

Da die Verfasserin sich am Vorbild der sehr stark evokatorischen Sprache des Gedichtes von Alice Walker orientiert hatte, war bereits diese Fassung für einen ersten Entwurf sehr komprimiert. Dennoch überarbeitete die Autorin ihren Text insgesamt fünfmal, ehe sie das Gefühl hatte, daß «die Worte stimmen». Im Prozeß dieser Überarbeitung schmolzen die ursprünglichen 17 Zeilen beziehungsweise 117 Wörter auf 13 Zeilen und insgesamt 72 Wörter zusammen.

Bereits aus der ersten Fassung geht hervor, daß die Verfasserin bemüht ist, ihre Sprache von totem Ballast zu befreien: sie streicht das Wort «heißt» gleich viermal. Die Eingangszeile «einen Handel mit dem Leben abschließen», in der ersten Fassung fünfmal wiederholt, wird in verkürzter Form zum Titel der endgültigen Fassung. Der Sinnzusammenhang, der aus dem Clustering hervorgegangen war, ist bereits in der ersten Fassung zu erkennen und wird bis zur letzten beibehalten: «Einen Handel mit dem Leben abschließen» mag zwar Sicherheit bringen, beraubt einen jedoch gleichzeitig der Freude authentischen Lebens.

Auch die Passagen des ersten Versuchs, die auf Anhieb eine evokatorische Wirkung haben, tauchen in der endgültigen Fassung wieder auf: «Zehr deine Hoffnung auf wie Fett, nimm weniger Platz ein»; «Löcher der Verzweiflung»; «Bedürfnisse, die hungrig machen» wird zu «Schäm dich des Hungers und lerne, Bedürfnisse leugnend, . . .»; «Zufriedenheit heucheln»; «einen Vertrag mit der Sicherheit schließen» wird zu «Baue auf Sicherheit»; «bis die Träume vernünftig sind» wird zu «sei vernünftig».

Und doch scheint die erste Fassung unfertig, und in der Tat kristallisiert sich die wichtige Dämmerlicht/Schlaf-Metapher erst im Laufe des Bearbeitungsprozesses heraus: «Eines ist gewiß nach abgeschlossenem Handel mit dem Leben: / Wenn der Abend kommt / Nach Tagen, die du im Dämmerlicht gelebt, / Wird dir der Schlaf Erlösung sein.» Diese Schlußzeilen der endgültigen Fassung sagen implizit, daß Menschen, die sich in dieser Weise Sicherheit einhandeln, wenig Grund haben, «anzuwüten gegen das Erlöschen des Lichts», wie es in einer berühmten Gedichtzeile von Dylan Thomas heißt, da sie ohnehin nie im strahlenden Licht der vollen Entfaltung ihres Menschseins gelebt haben.

Die Rhythmisierung der Sprache durch Parallelformen in der Endfassung verleiht der Aussage Direktheit und Kraft: «Glaub mir», «Zehr», «nimm», «stopf», «schäm dich», «setz», «sei», «vergiß». Die Spannung des Gedichts erwächst aus der massiven Ironie des Rates. Wir verstehen die Botschaft der Verfasserin.

Zusammenfassung und Ausblick

In diesem Kapitel hatten Sie Gelegenheit, die Textüberarbeitung nach dem Prinzip der Sprachökonomie oder der Devise «Weniger ist mehr» zu üben. Ich möchte zum Abschluß noch zwei weitere Experten zu Wort kommen lassen, die auf die Bedeutung der Textüberarbeitung hinweisen: die Sprachwissenschaftler Jacques Barzun und William Irmscher.

Die beiden Zitate unterstreichen noch einmal, was ich in diesem Kapitel hervorzuheben versucht habe: die Notwendigkeit des aktiven Wechselspiels von begrifflichem und bildlichem Denken im Prozeß des Schreibens. Kooperation und Balance zwischen unseren kreativen und unseren kritischen Fähigkeiten, zwischen dem Hervorbringen von Gedanken und deren feiner Ausgestaltung, sind wichtigste Voraussetzungen des natürlichen Schreibens.

Sie sind jetzt an einem Punkt angelangt, an dem Sie dazu übergehen können, die Schreibtechniken, die Sie inzwischen gelernt haben, auf längere Texte anzuwenden. Zuvor möchte ich jedoch noch einmal kurz auf das bereits Erreichte zurückschauen.

Durch den bewußten Rückgriff auf Ihr natürliches Schreibtalent und das gezielte Kultivieren Ihrer Wahrnehmungs- und Gestaltungsfähigkeiten haben Sie gelernt, die Empfänglichkeit Ihres bildlichen Denkens für Bilder, Muster und ganzheitliche ästhetischen Wirkung mit Hilfe des Clustering zu nutzen. Sie sind in der Lage, durch die sensible Wahrnehmung von Sinnstrukturen, die sich beim Übergang zum Versuchsnetz herausbilden, zentrale Vorstellungsbilder zu entwickeln, an denen Sie sich während des Schreibens orientieren können, und Sie verfügen mittlerweile über ausreichende Erfahrungen im Umgang mit den Gestaltungsmitteln des natürlichen Schreibens.

In diesem Kapitel haben Sie schließlich gelernt, Ihre Sprache zu verdichten und evokatorisch zu gebrauchen. Sie haben Gelegen-

---

Eine wichtige Aufgabe der Korrektur ist die Straffung. Im Überschwang der ersten Niederschrift unterlaufen uns – wie beim Sprechen – unwillkürlich eine Reihe von Füllwörtern, die den Fluß und Rhythmus des Denkens zwar fördern, aber zur Bedeutung des Ganzen nichts beitragen. In der geschriebenen Sprache bleiben diese Füllsel nicht nur ihren Beitrag zur Bedeutung schuldig, sie stören auch. Lesen und korrigieren Sie Ihren Text so lange, bis er ein genaues Abbild Ihrer Gedanken zu sein scheint.

Jacques Barzun

Beim Filmemachen sind Bearbeitung und Korrektur nicht etwa überflüssiges Beiwerk, sondern unverzichtbare Bestandteile des künstlerischen Schaffensprozesses. Was wir schließlich auf der Leinwand sehen, ist nicht das, was gefilmt wurde, sondern das, was bei der Bearbeitung entstanden ist.

William Irmscher

heit gehabt, den Prozeß der Textüberarbeitung nachzuvollziehen, der darin besteht, Text und ursprünglich bildhafte Vorstellung in Übereinstimmung zu bringen.

Sie haben sich alle diese Fähigkeiten durch ständiges Schreiben von Texten angeeignet – spontan entstandenen, spielerischen, in sich abgeschlossenen «Miniaturen». Im Schlußkapitel werden Sie über diese Kleinform hinausgehen. Sie verfügen jetzt über alle Voraussetzungen, sich an größere Zusammenhänge heranzuwagen.

12
Der Kreis schließt sich

Im ersten Kapitel habe ich die *«Miniatur»* als Mini-Einheit beschrieben. Wie ein DNS-Molekül den genetischen Code des gesamten menschlichen Körpers enthält, sind in der «Miniatur» alle stilistischen und begrifflichen Eigenschaften einer Kurzgeschichte, eines Gedichtes, eines Essays, eines Romans oder eines Theaterstücks enthalten. Dank seiner strukturellen und inhaltlichen Ganzheitlichkeit kann die «Miniatur» für sich stehen. In ihr drückt sich auch schon der besondere Stil, die «Stimme» des Autors aus. Bei den vielen «Miniaturen», die Sie im Verlauf dieses Kurses geschrieben haben, haben Sie immer wieder erlebt, wie sich Ihre Einfälle zu einer Ganzheit zusammengeschlossen haben. In der Fähigkeit, solche «Miniaturen» zu verfassen, liegt auch das Geheimnis kontinuierlichen Schreibens, denn ein längeres literarisches Werk besteht lediglich aus einer Reihe von Mini-Einheiten, die durch einen größeren Entwurf verknüpft werden. Am Anfang steht die Absicht, einen Essay, eine Kurzgeschichte, ein geschäftliches Angebot, eine wissenschaftliche Abhandlung, einen Roman oder ein Theaterstück zu schreiben. Aus diesem Impuls erwächst der globale Entwurf, der dem Autor während der langwierigen Arbeit an seinem Werk als Orientierung dient. Wenn er dann mit der eigentlichen Niederschrift beginnt, schafft er eine Mini-Einheit, aus der sich die nächste Mini-Einheit ergibt, die wiederum die nächsten erzeugt, bis der große Entwurf realisiert ist. Auf diese Art entsteht – bewußt oder unbewußt – jede zusammenhängende literarische Arbeit, wie auch immer diese Mini-Einheiten genannt werden. In einem Essay mag diese Texteinheit ein Absatz sein, in einem Roman ein Kapitel oder eine Episode, in einem Gedicht eine Strophe, in einem Theaterstück eine Szene oder ein Akt.

Entscheidend ist, daß Ihnen jetzt alle Verfahren zur Verfügung stehen, die Sie brauchen, um «Miniaturen» zu einer zusammenhängenden und komplexen literarischen Arbeit zu verbinden. Was diese Verfahren leisten können, werden Sie feststellen, wenn Sie ein «Familienporträt» schreiben. Diese Arbeit, die am Ende eine in sich geschlossene Textsequenz bilden soll, könnte zu einer wahren Entdeckungsreise in Ihr Inneres werden.

Entwurf eines Familienporträts

Schöpferische Akte entzünden sich besonders leicht an Dingen, die uns sehr am Herzen liegen und große Bedeutung für uns haben. So löst der Begriff «Familie» im allgemeinen höchst komplexe – beglückende oder deprimierende – Gefühle aus und ist deshalb sehr geeignet, den Prozeß natürlichen Schreibens in Gang zu setzen. Die Familieneinflüsse sind Teil unseres Wesens, Denkens, Fühlens und Verhaltens. Das Clustering-Verfahren kann Ihnen die machtvollen und bislang ungreifbaren Faktoren bewußt machen, die Ihr Leben und Ihre Persönlichkeit geprägt haben. Überdies bieten sich Familienporträts für den Übergang von «Miniaturen» zu längeren literarischen Arbeiten an, da sich die Erinnerung an die Familie aus kurzen Szenen und Episoden zusammensetzt, aus den Akten, Zwischenspielen und Personen eines Theaterstücks, das das Leben geschrieben hat.

Die Behandlung von Familienbeziehungen übt auf Schriftsteller offenbar einen besonderen Reiz aus. Das läßt sich zurückverfolgen bis in die griechische Antike, bis zu ‹Antigone›, ‹König Ödipus› und ‹Elektra›. Im 19. Jahrhundert nahm Galsworthy das Thema in seiner Trilogie ‹Die Forsyte Saga› wieder auf. Thomas Mann (‹Buddenbrooks›), Dostojewski (‹Die Brüder Karamasow›), John Steinbeck (‹Früchte des Zorns›) und Walter Kempowski mit seiner auf mehrere Bände angelegten Familienchronik sind einige weitere bekannte Beispiele. Der Grund für dieses Interesse liegt auf der Hand: Die Familie ist der Stoff, aus dem das Leben ist.

Machen Sie sich durch Schreiben bewußt, wie Ihre Familienerfahrungen Sie beeinflußt haben. Gattung und Stil Ihrer Arbeit werden sich organisch aus Ihrem Cluster ergeben. Vertrauen Sie auf Ihre schriftstellerischen Fähigkeiten.

Betrachten wir zunächst zwei Beispiele, in denen höchst unterschiedliche Familienporträts entworfen werden, obwohl sie nach den gleichen Anweisungen entstanden sind. Ich stellte meinen Schülern die Aufgabe, zunächst ein Vorbereitungscluster um das Kernwort (FAMILIE) zu bilden – entweder mit Namen oder mit

---

Das Bekenntnisgedicht [Gedicht über Familienbeziehungen] ist also wie eine Linse, die die Einzelheiten vergrößert und ordnet, wie ein Spiegel, der für einen Augenblick das Bild einer Identität zurückwirft . . . Ein Akt der Selbstoffenbarung, in dem stets mehr an Erfahrung steckt als in allen Gedanken zu diesem Thema, die in Beispielen, Konventionen oder Stereotypen zum Ausdruck gebracht werden.

Diane Middlebrook
‹Worlds into Words›

charakteristischen Eigenschaften von Familienmitgliedern, etwa Treue, Streitsucht und so fort. Dann bat ich sie, sich für irgendeine Perspektive zu entscheiden – zum Beispiel die eines Erwachsenen, der die Vergangenheit oder die Gegenwart betrachtet, die eines Kindes, das die Erwachsenenwelt bestaunt, oder die eines Erwachsenen, der eine Reihe von Generationen überblickt. Jeweils auf einem Extrablatt sollten sie dann Cluster zu den einzelnen Familienmitgliedern anlegen oder zu den Eigenschaften, die sie als besonders kennzeichnend für ihre Familie oder die Familienmitglieder ausgewählt hatten.

Dann sollten sie zu jedem Cluster eine eigenständige, in sich abgeschlossene «Miniatur» schreiben. Ich bat sie, durch ein Wiederholungscluster einen «roten Faden» ausfindig zu machen, falls er sich nicht schon aus den früheren Clustern oder den «Miniaturen» ergeben hatte. Der «rote Faden» sollte in alle Texte eingewoben werden, um dem Ganzen Zusammenhalt und eine Richtung zu geben. Dabei sollten alle Mini-Einheiten noch einmal überarbeitet werden, bis jedes Wort am richtigen Platz stand und die Charakterisierung der Familie mit ihren Freuden und Problemen durch die Art ihrer Präsentation mehr als nur Gemeinplätze wiedergab. Kurz, die Teilnehmer sollten erleben, wie tiefgreifend die gemeinsame Wirkung aller dieser Strategien eine literarische Arbeit prägt.

Die Studenten konnten ihre Texte entweder als einzelne Strophen eines Gedichtes stehen lassen, das durch den «roten Faden» zusammengehalten wurde, oder sie zu einem Ganzen zusammenfügen, das man nicht wieder in einzelne Teile zerlegen konnte. Schließlich war die fertige Arbeit sorgfältig abzutippen und auf Fehler in der Zeichensetzung, Orthographie und Grammatik durchzusehen (dies ist der abschließende, vom begrifflichen Denken gesteuerte Arbeitsgang, den John Trimble mit der Qualitätskontrolle am Ende des Fließbandes vergleicht).

Das erste Familienporträt mit dem schlichten Titel «Familienporträts» stammt von einer jungen Autorin, von der ich schon im ersten Kapitel Arbeitsproben vorgestellt habe. Im Laufe eines dreieinhalb Monate dauernden Kurses mit zwei Übungsveranstaltungen pro Woche entwickelten sich ihre ersten zaghaften und gehemmten Schreibversuche zu Texten, in denen sich eine außerordentliche Bereitschaft ausdrückt, auf die bildhaften Prozesse ihrer rechten Hemisphäre zu vertrauen und ihre emotionale Verletzlichkeit bloßzulegen. Jede ihrer «Miniaturen» ist eine in sich geschlossene Einheit. Doch werden sie alle durch das Bild des «Eßtisches» kunstvoll miteinander verwoben, ein Motiv, das ihr als «roter Faden» dient, als Aufhänger für die Beschreibung der Familienmitglieder und deren Beziehung zu ihr, der Autorin.

Familienporträts

Die Streberin
Schwedische Blondine, mein dunkles Haar dagegen. Ihre
   Jahre ruhten
fest auf kräftigen jungen Beinen in Gesundheitsschuhen,
ein Kind, das nur noch eine Brille brauchte,
um seinen geistigen Tatendrang zu befriedigen.
Strebe, Jann. Streb nach Logik, nach Vernunft,
nach Wissen, nach Stärke. Streb nach Erfolg.
Vergiß die verheerenden Gefühlsstürme, die Unsicherheit des
   Lebens.
Setz dich an den Eßtisch und bau dir dein Treibhaus
aus Zielen und persönlichen Leistungen, damit
dir die Welt zum Sprungbrett wird.
Heb mürrisch die Nase aus den dicken Büchern,
um sie spöttisch über irgendeine simple Klage zu rümpfen
oder um dir ein besonders leckeres Stück Rindfleisch zu
   nehmen.

Die Psycho-Dilettantin
Grüne Augen, in kohlschwarze Wimpern gefaßt,
erhellen ihr spitzes, inquisitorisches Gesicht.
Genüßlich trinkt sie unsere stumme Schuld zum Frühstück,
verdaut täglich den Tod einer Freundin,
schläft auf dem Gerümpel einer unbekannten
   Liebesgeschichte.
Sie geht von einem zum andern und fragt nach der Nähe,
die unser aller schweigende Sehnsucht ist,
während sie nach der überdauernden Schönheit
aller ungelösten Konflikte forscht.
Jeden Abend sitzt Mutter am Eßtisch,
tiefe Sorge auf die bleichen Lippen gekleistert.
In ihrem Herzen bewegt sie kreative Antworten auf alle ihre
kreativen Probleme; sie fragt, wie es dir geht,
um zu hören, wie es dir nicht geht, um zu hören, wie es dir
   nicht geht.

Der General
Bei Familiengesprächen vergräbt er sich in die Abendnachrichten,

bis Fragen aufgeworfen werden am Eßtisch.
Aufmerksam geworden, starrt er uns über den Rand seiner
　　Hornbrille an:
«Es gibt keinen Gott», verkündet er,
unsere Verdauung seinem Grollen unterwerfend.
Niemand fragt, aber die tiefen Antworten auf alles Ewige
werden grimmig geliefert,
damit ja keine geistige Ruhe einkehre in seinem Hause!
Gedemütigt von seiner Stimme, die dröhnt wie tausend
　　Stimmen,
von seiner Forderung nach Zustimmung, die uns umschnürt
　　wie Stacheldraht,
ziehen wir uns zurück in unsere Bücher, unsere Einsichten,
unser Leben, meine Ängste.

Und ich
In meinem kleinen Herzen herrscht immer Winter,
und mein Abendessen ist immer kalt.
Meine Tränen gefrieren vor Einsamkeit,
während ich Abend für Abend am Eßtisch stumm den
　　Unfrieden ertrage.
Wie gern besäße ich die Entschlossenheit meiner Schwester!
Sie bezwingt das Leben mit Willenskraft
und opfert ihre Gefühle.
Sie ist schon vernünftig auf die Welt gekommen.
　　　Ich werde sie nie erreichen.
Ich sehne mich nach mütterlicher Wärme,
während Mama ihre Gefühle
ziellos verschwendet an
eine Familie namens Menschheit.
An ein Floß gebunden treibt sie
verloren in einem Meer von Gefühlen.
　　　Ich werde sie nie finden.
Ich wünsche mir Vaters Zuspruch, doch seine Hände
　　zerdrücken mir die Finger.
Auf der äußersten Kante seines Segelboots schreie ich meine
　　Angst hinaus.
Er richtet es jäh wieder auf und stürzt mich
in den nächsten hilflos wütenden Schrecken.
Mit Papa am Ruder gab es keine Ruhe.
Seine forsche Selbstgewißheit war eine stete Bedrohung,
auf alle Fragen folgten Fragen
über Fragen über Fragen.

Nie erhielt ich eine einfache, verläßliche Antwort.
　　　Ich werde ihm nie vertrauen.
Wie Holz sich in trockener Kälte zusammenzieht,
so weichen wir voreinander zurück,
bergen die Erfahrungen unseres Lebens
in einem warmen, sicheren Gefühlsschließfach
und verschlucken den Schlüssel.
Mein Abendessen ist kalt;
ein heftiger Wintersturm wirbelt
bittere Flocken in mir auf, auch heute noch.

Jillian Milligan

Jede Einheit hat ihre eigene Struktur, sogar ihren eigenen Titel. Doch alle «Miniaturen» schließen sich durch die Wiederkehr der Bilder, die um den Eßtisch kreisen, zu einem größeren Ganzen zusammen. In der «Miniatur» über die Schwester heißt es: «Setz dich an den Eßtisch und bau dir dein Treibhaus / aus Zielen» und «Heb mürrisch die Nase aus den dicken Büchern, / um sie spöttisch über irgendeine simple Klage zu rümpfen / oder um dir ein besonders leckeres Stück Rindfleisch zu nehmen». In der zweiten «Miniatur» wird die Mutter charakterisiert: «Genüßlich trinkt sie unsere stumme Schuld zum Frühstück», und sie sitzt «am Eßtisch / tiefe Sorge auf die bleichen Lippen gekleistert». «Sie fragt, wie es dir geht, um zu hören, wie es dir nicht geht, um zu hören, wie es dir nicht geht.» In der dritten «Miniatur», in der der Vater im Mittelpunkt steht, vergräbt dieser «sich in die Abendnachrichten, / bis Fragen aufgeworfen werden am Eßtisch». Er unterwirft «unsere Verdauung . . . seinem Grollen» und «starrt . . . uns über den Rand seiner Hornbrille an».

Und in der letzten Strophe, in der sich die Autorin selbst beschreibt, heißt es: «. . . mein Abendessen ist immer kalt»; und sie empfindet «Einsamkeit, / während ich Abend für Abend am Eßtisch stumm den Unfrieden ertrage». Sie schließt den Kreis, indem sie das Bild wiederaufnimmt und so unterstreicht, wie tiefgreifend der Einfluß der Familie auf ihr Leben ist: «Mein Abendessen ist kalt; / ein heftiger Wintersturm wirbelt / bittere Flocken in mir auf, auch heute noch.»

Die Stärke dieser Porträts liegt in der genauen Beschreibung der menschlichen Beziehungen in einer Familie, in der – im Unterschied zu vielen Familien heute – wenigstens noch die Mahlzeiten gemeinsam eingenommen werden und die Eltern mit den Kindern reden. Doch die kreative Spannung entsteht, wenn wir feststellen, daß diese Gespräche entweder oberflächlich oder autoritär verlaufen und die Autorin in diesem Gedicht ihren Schmerz und ihre Verletzlichkeit offenbart. Durch das immer wieder aufgenommene Leitmotiv des – ironischerweise «Zusammensein» signalisierenden – Eßtisches wird uns beim Lesen immer deutlicher, welch tiefer Abgrund zwischen der Autorin und ihrer Familie klafft.

Überall in dem Familienporträt stoßen wir auf Gestaltungsmittel, die auf die Aktivität des bildlichen Denkens verweisen:

Ganzheitlichkeit
Der Eßtisch und die mit ihm in Zusammenhang stehenden Motive, aus dem Blickwinkel der Essenden gesehen, verbindet jede Einheit mit dem ganzen Text, der hinter den Konventionen des Zusammenseins schreckliche Einsamkeit bloßlegt. Wie oben gezeigt, vermitteln die dominanten Bildbezüge des Eßtisches den Eindruck, daß die vier «Miniaturen» eine Einheit bilden.

Bilder
«. . . auf kräftigen jungen Beinen», «heb mürrisch die Nase», «Grüne Augen in kohlschwarze Wimpern gefaßt», «bleiche Lippen», «Meine Tränen gefrieren», «Winter», «kalt».

Sprachrhythmen
Parallelrhythmen: «Streb nach Logik, nach Vernunft, / nach Wissen, nach Stärke», sie «trinkt . . . verdaut . . . schläft . . .», «ziehen wir uns zurück in unsere Bücher, unsere Einsichten, unser Leben, meine Ängste»; «Ich werde sie nie erreichen . . . Ich werde sie nie finden . . . Ich werde ihm nie vertrauen».
Balancerhythmen: «sie fragt, wie es dir geht, / um zu hören, wie es dir nicht geht».

Metaphern
«Treibhaus / aus Zielen»; «trinkt sie unsere stumme Schuld zum Frühstück»; «Mama . . . an ein Floß gebunden / . . . in einem Meer von Gefühlen»; der Vater als Kapitän eines Segelbootes; «Forderung . . . / die uns umschnürt wie Stacheldraht»; «sicheres Gefühlsschließfach»; «ein heftiger Wintersturm wirbelt bittere Flocken in mir auf».

Wiederkehr
«Strebe . . . streb . . . streb»; «Fragen / über Fragen über Fragen»; «kreative Antworten . . . kreative Probleme»; «wie es dir geht, /

... wie es dir nicht geht»; «Ich werde nie erreichen ... finden ... vertrauen»; «unsere Bücher, unsere Einsichten, / unser Leben».

Kreative Spannung
Mutters Meer von Gefühlen und der Vater am Ruder, eine intellektuelle Einstellung fordernd; die robuste Kraft der Schwester und «meine» emotionale Verletzlichkeit; Gruppe und Einsamkeit, Isolation; Tröstung und Schmerz beziehungsweise Angst.

Der Inhalt wird von diesen Gestaltungsmitteln tiefgreifend beeinflußt, denn wir werden durch die Nuancen und Feinheiten der Sprache unwiderstehlich in das kleine Drama hineingezogen: Die Bilder, Metaphern und Wiederaufnahmen sprechen unser ästhetisch sensibles bildliches Denken an. Für das begriffliche Denken ist dieses Szenario kaum erwähnenswert, denn schließlich wird niemand geschlagen, verstümmelt oder umgebracht. In seiner Sprache klänge das Ganze höchst trivial: die Schwester ein intel-

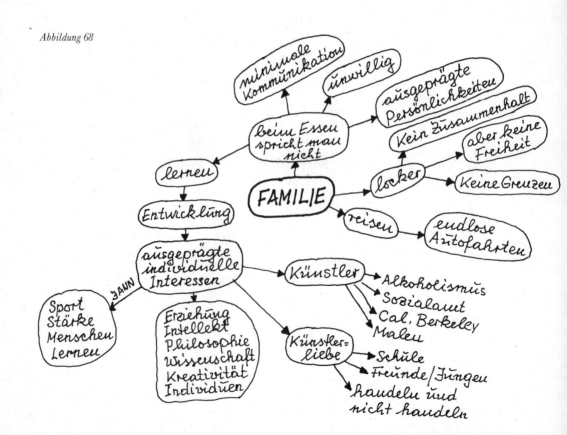

Abbildung 68

lektueller Snob, die Mutter ein salbadernder Humanitätsapostel, der Vater ein intellektueller Tyrann. Das «Ich» ihnen allen entfremdet. Was soll das Ganze also?

Aber durch die vom bildlichen Denken ausgehenden Gestaltungsformen des natürlichen Schreibens entfaltet dieses Familienporträt ein vielfältiges Muster menschlichen Daseins: traurig verschlissen und brüchig, traurig verrannt in das, was jeder für das Beste hält, traurig in Sackgassen führend. Es weckt Mitleid in uns, aber auch Wiedererkennen und Einsicht, weil dieses besondere Familiendrama zugleich ein universelles ist: Wir alle kennen aus der eigenen Familie die Geschichten vom kleinen Erfolg und großen Mißerfolg, und wir wissen, wieviel Mut dazu gehört, die Geschichte so zu erzählen, wie es die Autorin tut. Das natürliche Schreiben ermutigt zu solchen Risiken, weil es uns die Möglichkeit gibt, das Alltägliche und scheinbar Abgedroschene ästhetisch zu bewältigen und uns selbst in unserer universell menschlichen Situation besser zu begreifen.

Betrachten wir eines der Cluster, die am Anfang dieser Arbeit standen, ohne zu vergessen, daß ein Cluster Stenogramm des bildlichen Denkens ist – sehr subjektiv und den Kriterien der Verständlichkeit erst unterworfen, wenn die gemeinsame Anstrengung beider Hemisphären den privaten Entwurf öffentlich zugänglich macht.

Das Vorbereitungscluster (Abb. 68) zeigt Erinnerungen an die gesamte Familienstruktur. Schon erkennen wir den roten Faden – «beim Essen spricht man nicht» –, der die «Miniaturen» miteinander verbindet. Auch die spätere Form des Familienporträts zeichnet sich bereits ab, denn die «ausgeprägten individuellen Interessen» führen zu je einem Clusteransatz für die verschiedenen Familienmitglieder. Die daraus resultierenden (nicht abgebildeten) drei Cluster arbeiten die besondere Stellung von Vater, Mutter und Schwester innerhalb der Familienstruktur heraus. So kann die Autorin unbehelligt von der Zensur des begrifflichen Denkens entdecken, welche Charaktereigenschaften und Ereignisse für *sie* wichtig sind.

Im zweiten Familienporträt wird unter dem Titel «Abstammungslinien» ein ganz anderer Ansatz gewählt. Nicht einzelne Familienmitglieder werden geschildert, sondern nur eine «Frau», ein «Mann» und einige nicht näher bezeichnete Kinder. Das wiederkehrende Element «Es war einmal . . .» schafft einen täuschenden Eindruck von Distanz, als hätten wir es mit einem Märchen zu tun. Doch unter der Oberfläche brodelt ein Vulkan von Gefühlen.

Die Gesamtstruktur besteht aus sechs «Miniaturen». Die fünf ersten haben den erwähnten Märchenanfang «Es war einmal . . .» Die letzte hebt an mit den Worten «Jetzt ist da diese Frau, die dreiundzwanzig ist» – und das ist alles, als warte die Geschichte dieser Frau, der Autorin, noch auf erzählbare Erfahrung. Der Wechsel vom «Es war einmal . . .» zum «Jetzt ist da . . .» bezeichnet auch den Wandel vom Kind, das «lernte, die andere Wange hinzuhalten» und Mauern aufzubauen, «wie manche Kinder es müssen», zur Frau, «die es leid war, die andere Wange hinzuhalten», und der es schließlich gelingt, sich selbst zu verwirklichen. Jeder der mit «Es war einmal . . .» beginnenden Texte bedeutet einen Fortschritt der Ereignisse, macht uns begreiflicher, wie und warum «diese Frau, die dreiundzwanzig ist» dorthin gelangt ist, wo sie sich jetzt befindet.

Abstammungslinien
Es war einmal diese Frau, die schwanger war,
   die nicht schwanger sein wollte,
   die kein Kind haben wollte.
Sie hatte schon eines.
Eines war genug. Mehr als genug.
Sie dachte an Abtreibung.
Jemand redete es ihr aus.
Jemand wollte das Kind.
Deshalb gebar sie dieses Kind,
   das im Frühling geboren wurde,
   das als Mädchen geboren wurde,
   das sein Leben klein begann und größer und älter wurde wie
      alle Kinder.

Es war einmal diese Frau mit einem Jungen und einem
      Mädchen und einem Mann,
   einem Mann, der hart arbeitete und viel trank,
   einem Mann mit einem versehrten Bein und vielen Kriegs-
      erinnerungen,
   der ein Fahrrad hatte und viele Radsportfreunde,
   der einen Jungen und ein Mädchen und eine Frau hatte, die
      schon wieder schwanger war.

Es war einmal diese Frau, die einundzwanzig war,
   die einen Jungen und ein Mädchen und einen Mann hatte,
   die Arbeit hatte und einen Hang zum Alkohol und eine
      Neigung zur Kunst,
   die ihr Leben haßte und ihre älteste Tochter und sich selbst.

Ein Kind wäre genug gewesen. Mehr als genug.
Einmal schlug sie ihre älteste Tochter,
aufgewiegelt von ihrer Lage und ihrem Zorn und dem Alkohol,
sie schlug sie viele Male.
Fast hätte sie ihre Tochter umgebracht, aber ihr Mann sah es
und fiel ihr in den Arm.
Deshalb wurde diese Tochter, die klein ihr Leben begonnen
hatte, größer und älter wie alle Kinder.
Und sie lernte zu kommen, wenn sie gerufen wurde,
und zu springen, wenn sie aufgefordert wurde,
und niemals, niemals ihre Hand oder ihre Stimme
oder ihre Augen gegen ihre Eltern zu erheben.
Sie lernte, die andere Wange hinzuhalten und selber aufzustehen, wenn sie hinfiel.
Sie lernte, das Geschirr zu waschen und das Frühstücksbrot zu
packen und die anderen Mädchen in die Schule zu schicken.
Und sie baute Luftschlösser und Wolkenburgen wie alle
Kinder.
Und Mauern, wie manche Kinder es müssen.

Es war einmal diese Frau und ihr Mann, die entschieden,
daß es genug sei, mehr als genug.
Sie entschieden, daß diese Trennung die letzte sein sollte.
Die siebzehn Jahre zusammengewesen waren und einen
Jungen und drei Mädchen hatten.
Und der Junge, der meist bei Verwandten gelebt hatte, ging zu
den Männern, die zur Armee gingen,
Und die Frau fand einen neuen Mann, der sie und die drei
Mädchen
mit sich nahm, einen Ehemann
zurücklassend, der eine Exfrau hatte und viele Erinnerungen,
der ein Fahrrad hatte und viele Radsportfreunde,
der hart arbeitete und viel trank.

Es war einmal diese Tochter, die entschied, daß es genug sei,
die es leid war, die andere Wange hinzuhalten und allein
aufzustehen, wenn sie hinfiel,
die die Wahl hatte und einen Vater, zu dem sie sich flüchten
konnte,
einen Vater, der ein Extrabett hatte und eine Freundin,
der offene Arme hatte und ein vielfach geflicktes Herz.

Jetzt ist da diese Frau, die dreiundzwanzig ist.

Donna Ducarme

Ihre Aussagekraft gewinnt diese Arbeit aus der Anonymität der Personen: Das Gedicht wird zur universellen Geschichte aller schlecht behandelten und ausgenutzten Kinder. Die Allgemeingültigkeit wird hergestellt durch wiederaufgenommene Elemente wie «der» oder «die», «und» und das anonyme «jemand». Der Berichtstil ist mitleidlos und unpersönlich. Gleichzeitig schlägt das «Es war einmal . . .» einen Märchenton an, implizit verstärkt durch den Zeitraffer, der die Ereignisse vieler Jahre zusammenfaßt, und durch die Beschreibung der «ältesten Tochter», die «lernte zu kommen, wenn sie gerufen wurde, / und zu springen, wenn sie aufgefordert wurde, / und niemals, niemals ihre Hand oder ihre Stimme / oder ihre Augen gegen ihre Eltern zu erheben». Außerdem lernte sie, «das Geschirr zu waschen und das Frühstücksbrot zu packen und die anderen Mädchen in die Schule zu schicken».

Unwillkürlich müssen wir beim Lesen an Aschenputtel denken. Wie diese baut das Mädchen in unserem Gedicht «Luftschlösser und Wolkenburgen». Wie Aschenputtel lernt sie, «die andere Wange hinzuhalten», wenn sie schlecht behandelt wird. Die verschleierte Anspielung verstärkt die Hilf- und Hoffnungslosigkeit dieses Kindes, das gehaßt wird und nicht weiß warum. Allerdings kommt kein Prinz, das moderne Aschenputtel zu erlösen, sondern sie selbst entscheidet, «daß es genug sei», ist es leid, «die andere Wange hinzuhalten». Sie hat «die Wahl», trifft sie und wird unabhängig, so daß an Stelle des ohnmächtigen *Kindes* jetzt die *Frau* steht, «die dreiundzwanzig ist».

Bei diesem «Märchen, das das Leben schrieb», kommen etliche Gestaltungsmittel zur Geltung, die auf die Aktivierung des bildlichen Denkens zurückzuführen sind:

Ganzheit
Ganzheit wird, wie erwähnt, durch wiederkehrende Elemente hergestellt, an denen abzulesen ist, wie sich die Hoffnungslosigkeit der Heldin allmählich in Entschlossenheit verwandelt.

Bilder
Es gibt nur wenige Bilder, die zudem knapp und konventionell gehalten sind, um den angestrebten Märchenton nicht zu stören: «Ihre Hand oder ihre Stimme oder ihre Augen . . . zu *erheben*», «die andere Wange».

Metaphern
Auch sie werden sparsam gehandhabt: «Mauern» (gemeint sind

die seelischen Mauern, mit denen wir uns vor einer feindlichen Umwelt schützen), «vielfach geflicktes Herz».

Sprachrhythmen
Der hämmernde Rhythmus des ständig wiederholten Relativpronomens «der» beziehungsweise «die» schafft den Eindruck von fataler Unausweichlichkeit und Verzweiflung: «der hart arbeitete», «die nicht schwanger sein wollte», «die kein Kind haben wollte», «die ihr Leben haßte und ihre älteste Tochter und sich selbst».

Schließen des Kreises
«Es war einmal diese Frau, die schwanger war» (mit dem Kind, von dem die Rede ist) – «jetzt ist da diese Frau, die dreiundzwanzig ist» (und die Geschichte erzählt).

Kreative Spannung
Die Spannung entfaltet sich zwischen Schicksalsergebenheit und Entschlossenheit: «Es war einmal . . . jetzt ist da . . .»; zwischen Gleichmaß und Veränderung; zwischen Bleiben und Fortgehen; zwischen Fallen und Stehen; zwischen allen Kindern, die Luftschlösser bauen, und einigen Kindern, die Mauern bauen *müssen*.

Wie im vorangehenden Beispiel ist der Inhalt, nüchtern betrachtet, recht einfach: Das begriffliche Denken entdeckt nicht mehr als die Geschichte eines Kindes, das von der Mutter abgelehnt und deshalb schlecht behandelt wird, das seelische Probleme hat, die es als Erwachsener löst. Doch das *Wie* der Darstellung – die poetische Qualität des Stils und die Differenziertheit psychologischer Einsicht – macht die Arbeit zu einer ästhetischen Ganzheit. Die nuancenreiche, subtile Sprache löst im Leser höchst komplexe Gefühle aus. Die Autorin bedient sich der Stilmittel des natürlichen Schreibens nicht, um die Mutter zu verurteilen – die schließlich «nicht schwanger sein wollte» und «aufgewiegelt [war] von ihrer Lage» –, sondern um höchst differenziert zu erzählen, wie ein Mensch emotional verkümmert und dann doch noch die widrigen Umstände seines Lebens meistert. Es ist eine bittersüße Geschichte, ein Akt der Selbstoffenbarung, in dem viel mehr zum Ausdruck kommt, als alle Konventionen oder Stereotypen uns mitteilen könnten.
Bei der Betrachtung des Vorbereitungsclusters (Abb. 69) zu «Abstammungslinien» erkennen wir wieder den exploratorischen Charakter dieses Stadiums. Es kristallisieren sich einige der nega-

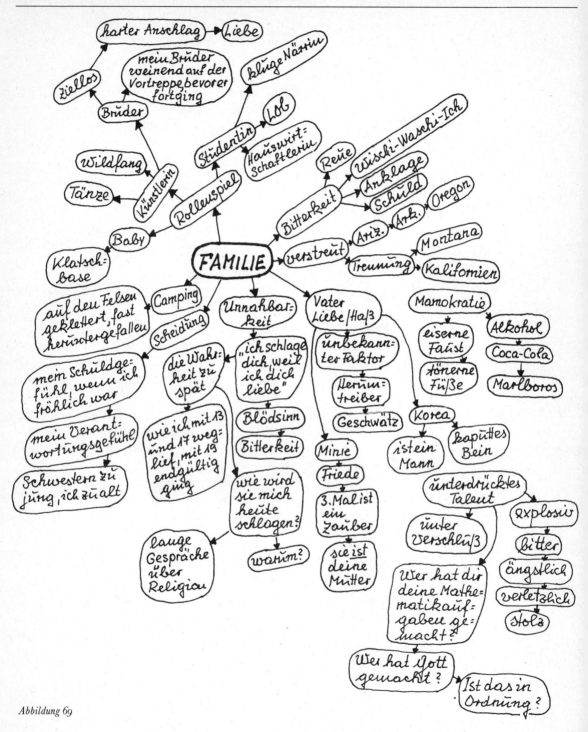

Abbildung 69

tiven seelischen Aspekte heraus, die später den Einzeltexten zugrunde gelegt werden. Die anschließend entstandenen (nicht abgebildeten) drei Cluster beschäftigen sich eingehender mit den Eigenschaften und Gefühlen, die diese Familie kennzeichnen:

(TRENNUNG) (BERÜHRUNG) (WEINEN)

Es ist viel Bewegung in dieser Clusterfolge. Nicht alle Gedanken und Bilder werden in das Porträt aufgenommen, aber die Autorin kann sich aus der Fülle der Assoziationen, die sie diesem Verfahren verdankt, die Einfälle heraussuchen, die ihr am bedeutsamsten erscheinen.

Übung

Unternehmen Sie eine Entdeckungsreise in Ihre eigene Familiengeschichte. Schreiben Sie ein Porträt, das Ihre Beziehung zu anderen Familienmitgliedern behandelt. Wie die beiden vorgestellten Familienporträts gezeigt haben, sind wir alle unser Leben lang in ein Beziehungsdrama verstrickt, das oft die überraschendsten Konstellationen offenbart, wenn wir es durch die Optik des bildlichen Denkens betrachten. Arbeiten Sie mit Hilfe aller Verfahren des natürlichen Schreibens, die Sie kennengelernt haben, zunächst die «Miniaturen» aus, bis Sie den Eindruck gewinnen, es entstehe eine geschlossene Einheit.

Wählen Sie einen geeigneten Ausgangspunkt (Blickwinkel). Er legt die Perspektive fest, unter der Sie Ihre Familie betrachten. Sie können als sechsjähriges Kind schreiben, aus der Perspektive des Erwachsenen, der sehnsüchtig in eine verlorene Zeit zurückblickt, oder aus dem Blickwinkel des Halbwüchsigen, der sich der Zerreißprobe der Familienkonflikte ausgesetzt sieht. Sie müssen sich für das «Ich», das «Er» beziehungsweise «Sie» oder für irgendeinen anderen Blickwinkel entscheiden, aus dem Sie Ihre Familie betrachten oder spiegeln können.

1. Entwickeln Sie in Ihrem Skizzenbuch ein Cluster zum Kernwort (FAMILIE). So werden sich Ihnen die vielfältigen Strukturen des bildlichen Denkens erschließen. Sehen Sie zu, daß Sie eine ganze Seite füllen, damit genügend Erinnerungen, Assoziationen, Gefühle und Bilder zur Verfügung stehen.

2. Prüfen Sie jetzt, was in Ihrem Cluster in Erscheinung getreten ist – einzelne Familienmitglieder, ihre besonderen Eigenschaften, Ereignisse, Gefühle und so fort. Konzentrieren Sie sich auf die Eigenschaften, die Ihnen typisch für die Familienstruktur erscheinen. Mit «Eigenschaft» ist das unterscheidende Merkmal eines Phänomens gemeint – in diesem Falle Ihrer Familie

oder deren Mitglieder. Das können Gefühle sein, Personen oder ein Wort, das das Ganze beschreibt – etwa Treue, Zerstrittenheit oder Unabhängigkeit.

Fertigen Sie mindestens vier Cluster zu den zentralen Eigenschaften oder zu den einzelnen Familienmitgliedern an. Nehmen Sie für jedes Cluster eine neue Seite. Wenn Sie Eigenschaften zum Gegenstand Ihrer Cluster machen, werden Sie feststellen, daß bestimmte Eigenschaften für bestimmte Familienmitglieder stehen. Wenn es in Ihren Clustern primär um Familienmitglieder geht, werden Sie bemerken, daß sich jeweils charakteristische Eigenschaften herauskristallisieren. Der Ausgangspunkt wird sich entweder nach Ihrer persönlichen Vorliebe oder der Tendenz Ihres Vorbereitungsclusters richten.

3. Schreiben Sie zu jedem Cluster einen oder mehrere Rohentwürfe, die eine der im Cluster deutlich gewordenen Tendenzen herausarbeiten. Diese Entwürfe sind vorläufig, weil Sie bei der Niederschrift der folgenden Texte möglicherweise feststellen werden, daß sich die Tendenz verändert, je klarer sich die Konturen Ihres Familienporträts abzeichnen. Danach legen Sie in einem zusammenfassenden Entwurf die Tendenz des Gesamttextes fest. Bei dieser Gelegenheit fällt vielen übrigens der Titel ihrer Arbeit ein.

4. Probieren Sie verschiedene literarische Formen aus. Sie können in Prosa schreiben oder in freien Versen. Vielleicht sagt Ihnen die Dialogform zu, oder Sie arbeiten Ihre «Miniaturen» zu Briefen aus. Unabhängig von der gewählten Form müssen Sie jetzt vier oder mehr «Miniaturen» schreiben und sich ganz auf diese kleinen, geschlossenen Einheiten konzentrieren. Jeder Text muß in sich abgeschlossen sein und wird erst in einem letzten Arbeitsgang durch den roten Faden zu einem größeren Ganzen zusammengeschlossen. Die Einheiten müssen sich natürlich an den vier oder mehr Clustern orientieren, die Ihnen vorliegen.

5. Schreiben Sie nacheinander zu jedem Cluster einen Text in einer Rohfassung. Lassen Sie sich beim Schreiben nur von den Clustern leiten. Üben Sie keinerlei Zensur aus. Korrigieren können Sie später. Am besten legen Sie diese ersten Textentwürfe ein paar Tage beiseite. Das bildliche Denken hat dann Gelegenheit, sich weiter mit ihnen zu beschäftigen, und entdeckt dabei gewöhnlich früher oder später eine Möglichkeit, sie zu einer größeren Ganzheit zusammenzufügen.

6. Lesen Sie sich jeden fertigen Einzeltext laut vor. Suchen Sie nach dem roten Faden. Das kann eine Redewendung sein, eine

Handlung, ein Gegenstand, ein Ereignis, ein Symbol, ein Gefühl, ein Verhaltensmuster, eine immer wieder auftretende Person. Denken Sie an den Eßtisch, der als Mikrokosmos familiärer Beziehungen die «Miniaturen» des ersten Familienporträts zusammenfaßt, oder an den kontinuierlich durchgehaltenen Märchenton des zweiten Beispiels. Wenn sich (was wenig wahrscheinlich ist) auf Anhieb kein roter Faden ergibt, bilden Sie noch ein Cluster zu dem Kern (DOMINANTES BILD), und mustern Sie dabei die anderen Cluster noch einmal durch. Auf diese Weise werden Sie bestimmt fündig.

7. Beginnen Sie die Bearbeitung der Texte damit, daß Sie den roten Faden in die Einzeltexte einweben. Wenn Sie feststellen, daß Sie eine rein chronologische Geschichte aufschreiben (obwohl das höchst unwahrscheinlich ist), müssen Sie den Entwurf ändern. Die Tatsache, daß der Text nach der zeitlichen Abfolge der Ereignisse angeordnet ist, läßt auf eine zu starke Beteiligung des begrifflichen Denkens schließen, da das bildliche Denken seine Inhalte nicht sequentiell organisiert. Konzentrieren Sie sich bei der Überarbeitung der Einzeltexte auf das Ganze, und berücksichtigen Sie die wichtigen Aspekte des natürlichen Schreibens:

○ Der rote Faden muß an verschiedenen Stellen des Gesamttextes in Erscheinung treten. Er sollte sich in irgendeiner Weise auf den Titel beziehen.

○ Den Kreis schließen: Versuchen Sie, das Ende in eine Beziehung zum Anfang zu setzen, so daß die Einheit und Geschlossenheit des Textes den ursprünglichen bildhaften Entwurf widerspiegeln.

○ Wiederkehr: Das Wiederaufnehmen dient der Geschlossenheit, Akzentuierung und Strukturierung des Textes.

○ Sprachrhythmen: Dazu gehören Sprachfluß, Parallelformen, Satzbau, Rhythmen, die Inhalt und Bedeutung widerspiegeln. Die Sprache kann geschmeidig oder abgehackt, langsam oder lebhaft sein, je nachdem, was Sie ausdrücken wollen. Mit Sprachrhythmus ist immer auch der Klang der laut gelesenen Wörter gemeint – die in jedem Text eingefangene menschliche Stimme, die eine Geschichte erzählt. Lesen Sie sich Ihre Arbeit laut vor, damit Sie hören, wie sie klingt, bevor Sie sie für abgeschlossen erklären.

○ Kreative Spannung: Sie werden Gefühle und Gedanken haben, die sich widersprechen und sich aufheben. Eltern können zum Beispiel gleichzeitig fürsorglich und grausam sein, schwach und stark, interessiert und gleichgültig.

- Bilder: Bilder, die an unsere Sinneserfahrung appellieren, machen einen Text erst lebendig. Ihre Wörter sollten im Kopf des Lesers Bilder evozieren.
- Metaphern: Sie drücken das logisch nicht mehr Faßbare aus, geben Bedeutungsschattierungen wieder, halten die Aufmerksamkeit fest, verblüffen.
- Titel: Ziehen Sie für Ihr Porträt jeden suggestiven Titel in Erwägung, der Ihnen einfällt. Er sollte irgendeinen Aspekt des von Ihnen geschaffenen Ganzen kennzeichnen. Ein Titel hat organisierende Funktion. Er dient dem Leser als Richtschnur, gibt Aufschluß über Tonart, Einstellung, Standpunkt. Ein Titel ist eine Metapher, ein Bild des Ganzen.

8. Schreiben Sie den Gesamttext so lange um, bis Sie mit ihm zufrieden sind. Dann sehen Sie ihn auf sprachliche und orthographische Fehler durch. Lesen Sie sorgfältig Korrektur. Tippen Sie ihn sauber ab, und sehen Sie ihn noch einmal durch.

Nach dem Schreiben

Wenn wir als Erwachsene zu jener Unschuld des Sehens und Hörens zurückfinden, die wir als Kinder besessen haben, wird uns eine Unmittelbarkeit der Wahrnehmung und des Ausdrucks möglich, die tiefste Gefühlsschichten bei uns und anderen anspricht. Das natürliche Schreiben ist in einem Maße befriedigend, das wahrscheinlich jeden überraschen wird, der bisher nur Erfahrungen mit konventionellen Schreibversuchen gemacht hat. Wenn Sie nach Abschluß dieses Buches auch weiterhin Ihre natürlichen literarischen Fähigkeiten pflegen, wird Ihnen das auf diese Weise kultivierte Sehen, Hören und Gestalten eine Fülle neuer Ausdrucksmöglichkeiten erschließen.

Seit frühester Kindheit verfügen Sie über die Sprache. Entdecken Sie die naive Freude am Wortklang wieder, Ihre natürliche Kreativität, dieses Produkt der Kooperation von bildlichem und begrifflichem Denken. Der Töpfer, Lyriker und Erzieher M. C. Richards hat eine sehr schöne Formulierung für das natürliche Schreiben gefunden. Nach dem Vorbild dieses Satzes von Richards drückte Nancy Wambach, eine meiner Schülerinnen, ihre Empfindungen über das Schreiben in den folgenden Worten aus:

«Was ist Schreiben denn anderes als die Entdeckung der Aspekte unseres Selbst – der traurigen, kostbaren, hartnäckigen, dessen, was wir brauchen und begehren, was wir fürchten, was in uns geboren wird, größer oder kleiner als wir, an die Grenzen unseres Verstandes stößt und schließlich durch unser Gehirn in unsere Fingerspitzen, in unsere Feder fließt.»

Was ist Schreiben denn anderes als die Essenz unserer täglichen Erfahrung: sinnliche, nachdenkliche, phantasievolle Vorstellungen dessen, was wir sehen und hören, wovon wir träumen, was uns betroffen macht, was uns innerlich berührt, was uns durch den Kopf geht, Vorstellungen, die schließlich sprachliche Gestalt annehmen, um vielleicht anderen zu nützen.

M. C. Richards
‹Poetry, Pottery, and the Person›

Nachdem Sie die Übungen dieses Buches durchgearbeitet haben, möchte ich Sie – wie alle, die an meinen Kursen teilnehmen –, auffordern, ein Cluster zum Wort SCHREIBEN zu bilden und einen Text daraus zu machen, damit Sie wirklich sehen, wie sich Ihre Erfahrungen und Gefühle hinsichtlich des Schreibens verändert haben. Vergleichen Sie den fertigen Text mit dem ersten in Ihrem Skizzenbuch, der ja das gleiche Thema behandelt hat. Der Unterschied wird unübersehbar sein.

Ich möchte mit einem Text schließen, der von einem solchen Cluster zum Kernwort SCHREIBEN (Abb. 70) angeregt wurde. Die Arbeit ist ernst und witzig zugleich, vor allem aber zeigt sie, wieviel das Schreiben der Autorin jetzt bedeutet. Lassen Sie sich von ihrer Begeisterung anstecken.

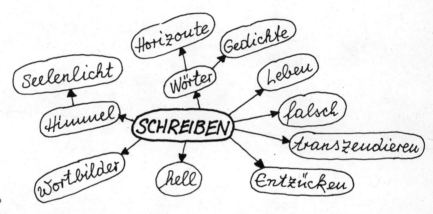

Abbildung 70

Schreiben transzendiert die Grenzen des Irdischen, füllt meinen Himmel mit Licht, mit Seelenlicht, mit Poesie und Musik – ein Mosaik von Gedanken, ausgebreitet auf einer Seite, alles, was ich zu geben habe.

Wer vom Unbeschreiblichen falsch schreibt, ist ein Journalist, wer von Gefühlen schreibt, ein Dichter, wer von Liedern und Sonnen und Monden schreibt, ein lebendiges Wesen. Denn wo die Seele eines Menschen die Seele eines anderen mit Worten berührt, ist Seligkeit – gottgeschenkte Seligkeit, und ich preise sie. Ich singe mich selbst, ich preise dich, wir kommunizieren. Kommunikation und Reaktion; Lehren und Lernen; Geben, Geben, Schreiben ist Geben. Schreiben ist Freude. Schreiben heißt ungeahnte Dinge in sich entdecken. Schreiben ist Seelenlicht, in dem andere zu sehen beginnen.

Linda Pierce

Die Kreativität verleiht der Menschheit nicht nur ihre Sonderstellung in der Natur, sondern sie gibt – was für den einzelnen viel wichtiger ist – dem menschlichen Dasein Sinn und Wert. Zur Kreativität gehören mehr als technische Fertigkeiten und logisches Denken, sie verlangt auch die Ausbildung und Mitwirkung des appositionellen [bildlichen] Denkens.

Joseph E. und Glenda M. Bogen
‹The Other Side of the Brain, III:
The Corpus Callosum and Creativity›

Den Kreis schließen

Mit jedem neuen Verfahren des natürlichen Schreibens, das dieses Buch vermittelt, hat sich das in Ihnen schlummernde Schreibtalent ein Stück mehr entfaltet. Die Ausbildung Ihrer kreativen Anlage ist – wie der Neurochirurg Joseph E. Bogen meint – ein sorgfältig abgestimmter, arbeitsteiliger Prozeß beider Hemisphären.

Wenn Sie auch in Zukunft Ihre natürliche literarische Begabung pflegen, werden sich Ihnen eine Fülle neuer Erfahrungs- und Ausdrucksmöglichkeiten erschließen. Erhalten Sie sich Ihr Vertrauen in das bildliche Denken.

Anhang

Photographie

Dein Lächeln lockt wie eine Blume locken mich könnte
Photographie du bist der braune Pilz im Wald ihrer Schönheit
Deine Lichter wie Mondlicht im friedlichen Garten
Voll frischen Wassers und geschäftiger Gärtner
Photographie du bist der Rauch aus ihrer Schönheit Flamme
Aus dir Photographie kommen gedämpfte Töne
Es klingt dort wie ein Sprechgesang
Photographie du Sommerschatten ihrer Schönheit

Guillaume Apollinaire
(Übersetzung: Joe Cavelt)

Photographie

Die Matratze des Stadtherrn kam zurück in die Stadt.
Die arme Matratze fiel auf den Boden.
Sie photographierte den Championbesen.
Sie fand sich im Wald wieder
auf der Suche nach ihrer Schönheit.
Die Decken leuchteten.
Ihr Stuhl wurde von Ballons gehalten.
Sie fand Menschen, die in Krügen tanzten.
Während sie tanzten, machten sie
einen Teig platt wie eine Ebene.
Sie photographierte Dämpfe aus dem
Staub, der stob auf der Suche nach ihrer Schönheit.
Sie photographierte Tonnen von Sprachen.
Sie ging in eine Melodie ein.
Sie photographierte zwei Klümpchen Erde
auf der Suche nach ihrer Schönheit.

Wörtliche Übersetzung von Tommys
Nachbildung des Apollinaire-Gedichts

Dank

In dieses Buch ist vieles eingegangen, was ich im Laufe der Zeit von anderen gelernt habe. Vieles verdanke ich Tobias Grether, dessen philosophisches Konzept des Homochronos, des über ein Zeitbewußtsein verfügenden Menschen, mein Denken in den vergangenen zwanzig Jahren stark beeinflußt hat; Dr. Joseph E. Bogen, der nicht nur als «Split-brain»-Experte meinem Dissertationsausschuß angehörte, sondern seither auch zu einem hochgeschätzten Freund und einer unerschöpflichen Quelle zuverlässiger Informationen über die Gehirnfunktionen für mich geworden ist; Professor Elliot Eisner an der Stanford University, der mir vor fast einem Jahrzehnt die Freiheit ließ, mich auf neue Sehweisen einzulassen; und Professor Hans P. Guth von der San José State University, der mich vor vielen Jahren in die Welt der Publizistik einführte.

Ich danke ebenfalls meinen beiden Lektorinnen Janice Gallagher und Victoria Pasternack, die mir mit ihrem beinahe übernatürlichen Gespür für das, was gut (und das, was nicht so gut) ist, unfehlbar die produktivste Richtung wiesen; meinem Kollegen Scott Rice, der stets bereit war, die Quellen von Zitaten herauszusuchen; und Val Williams, die ein ausgezeichnetes Manuskript tippte.

Schließlich sind noch meine drei Töchter, Stephanie, Suzanne und Simone, zu nennen, die mich nach Kräften unterstützt haben und deren Aufzeichnungen aus der Kinderzeit mir aufschlußreiche Untersuchungen ermöglichten; die zahlreichen Lehrer, die an meinen Workshops und Seminaren teilnahmen und mir wertvolles Feedback lieferten; und die Tausende von Studenten, die es mir durch ihre Bereitschaft, immer wieder neue natürliche Schreibtechniken auszuprobieren, ermöglicht haben, die Wirkung jedes einzelnen Verfahrens einzuschätzen. Die Ergebnisse ihrer Bemühungen, natürlich zu schreiben, bilden das Herzstück dieses Buches.

Bibliographie

ALAJOUANINE, TH.: Aphasia and Artistic Realization. *Brain* 71, 1978.

APOLLINAIRE, GUILLAUME: Zart wie dein Bild. Josef Keller, Starnberg 1961.

BARZUN, JACQUES: Simple and Direct. Harper & Row, New York 1976.

BERTELSON, P.: The Nature of Hemispheric Specialization: Why Should There Be a Single Principle? *The Behavioral and Brain Sciences* 4, 1981.

BLACK, MAX: Models and Metaphors. Studies in Language and Philosophy. Cornell University Press, Ithaca 1962.

BLOOMFIELD, HAROLD H.; KORY, ROBERT B.: Inner Joy. Playboy Paperbacks, New York 1980.

BOGEN, JOSEPH E.: Some Educational Aspects of Hemispheric Specialization. *UCLA Educator*, Frühjahr 1975. Auch in: *Dromenon*, Februar 1978.

DERS.: The Callosal Syndrome. In: HEILMAN, K.; VALENSTEIN, J. (HG.): Clinical Neuropsychology. Oxford University Press 1978.

DERS.: Cerebral Duality and Hemispheric Specialization. *Behavioral and Brain Sciences*, im Druck.

BOGEN, JOSEPH E. UND GLENDA: The Other Side of the Brain III: The Corpus Callosum and Creativity. In: ORNSTEIN, ROBERT (HG.): The Nature of Human Consciousness. W. H. Freeman & Co., San Francisco 1973.

Brain/Mind Bulletin. Interface Press. P.O. Box 4211, Los Angeles, CA 90042.

BRANDE, DOROTHEA: On Becoming a Writer. Tarcher, Los Angeles 1981.

BRINKMANN, ROLF DIETER: Keiner weiß mehr. Rowohlt Taschenbuch 1254, Reinbek 1970.

DERS.: Standphotos. Gedichte 1962–1970. Rowohlt, Reinbek 1980.

BRITTON, JAMES: Die sprachliche Entwicklung in Kindheit und Jugend. Schwann, Düsseldorf 1973.

BROUDY, HARRY: Impression and Expression in Artistic Development. In: EISNER, ELLIOT (HG.): The Arts, Human Development and Education. McCutcheon, Berkeley 1976.

BROWN, JASON; JAFFE, JOSEPH: Hypothesis on Cerebral Dominance. *Neuropsychologia* 13, 1975.

BRUNER, JEROME S.: On Knowing: Essays for the Left Hand. Harvard University Press, Cambridge 1962.

BUZAN, TONY: Use Both Sides of Your Brain. Dutton, New York 1976.

CARLYLE, THOMAS: Sartor Resartus. Oder Leben und Meinungen des Herrn Teufelsdröckh. Otto Hendel, Halle a. d. Saale 1900.

CHANDLER, RAYMOND: Die kleine Schwester. Diogenes, Zürich 1975.

CHOMSKY, NOAM: Reflexionen über Sprache. Suhrkamp, Frankfurt am Main 1977.

CHUKOVSKY, KORNEI: From Two to Five. University of California Press, Berkeley 1963.

CORBALLIS, M. C.: Toward an Evolutionary Perspective on Hemispheric Specialization. *The Behavioral and Brain Sciences* 4, 1981.

CUMMINGS, E. E.: Tulips & Chimneys. Liveright Publ. 1953.

DEWEY, JOHN: Art as Experience. Capricorn Books, New York 1934.

DIDION, JOAN: On Keeping a Notebook. In: dies.: Slouching towards Bethlehem. Dell, New York 1968.

Dromenon. A Journal of New Wave of Being. G.P.O. Box 2244, New York, NY 10001.

EDWARDS, BETTY: Garantiert zeichnen lernen. Das Geheimnis der rechten Hirn-Hemisphäre und die Befreiung unserer schöpferischen Gestaltungskräfte. Rowohlt, Reinbek 1982.

EHRENZWEIG, ANTON: The Hidden Order of Art. University of California Press, Berkeley 1971.

EISNER, ELLIOT: Educating Artistic Vision. Macmillan, New York 1972.

ELBOW, PETER: Writing without Teachers. Oxford University Press, London 1973.

DERS.: Writing with Power. Oxford University Press, London 1981.

ELIOT, T. S.: Collected Poems (1909–1935). Harcourt Brace & Co., 1936.

EMIG, JANET: Children and Metaphor. *Research in the Teaching of English* 6, 1972.

FAULKNER, WILLIAM: Das Dorf. Zürich 1957.

FERGUSON, MARILYN: Die sanfte Verschwörung. Persönliche und gesellschaftliche Transformation im Zeitalter des Wassermanns. Sphinx, Basel 1982.

FINKEL, DONALD: The Clothing's New Emperor and Other Poems. Scribner's, 1959.

FITZGERALD, FRANCIS SCOTT: Der große Gatsby. Diogenes, Zürich 1974.

FOSS, MARTIN: Symbol and Metaphor in Human Experience. University of Nebraska Press, Lincoln 1949.

FRYE, NORTHROP: The Educated Imagination. Indiana University Press, Bloomington 1964.

FULLER, RENÉE: In Search of the IQ Correlation. Ball-Stick-Bird Publ., Story Brook 1977.

GARDNER, HOWARD: Artful Scribbles. Basic Books, New York 1980.

DERS.: The Shattered Mind. Knopf, New York 1975.

GARDNER, HOWARD; WINNER, ELLEN: The Child Is Father to the Metaphor. *Psychology Today*, Mai 1979.

GARDNER, JOHN: Vorwort zu BRANDE, DOROTHEA, a.a.O.

GAZZANIGA, MICHAEL; LEDAWE, G. E.: The Integrated Mind. Plenum Press, New York 1978.

GENDLIN, EUGENE T.: Focusing. Technik der Selbsthilfe bei der Lösung persönlicher Probleme. Otto Müller, Salzburg 1981.

GHISELIN, BREWSTER (Hg.): The Creative Process. University of California Press, Berkeley 1952.

GOLDBERG, ELKHONON; COSTA, LOUIS D.: Hemispheric Differences in the Acquisition and Use of Descriptive Systems. *Brain and Language* 14, 1981.

GOLDING, WILLIAM: Herr der Fliegen. Fischer Taschenbuch 1462, Frankfurt am Main 1974.

GORDON, W. J. J.: The Metaphorical Way of Knowing and Learning. Synectics Education Press, Mass. 1960.

GRAY, JAMES: Understanding Creative Thought Processes. An Early Formulation of Emotional-Cognitive Structure Theory. *Man-Environment Systems* 9, 1980.

GRETHER, TOBIAS: Homochronos. Evolution and Development of Consciousness. Unveröffentlichtes Manuskript.

HADAMARD, JACQUES: An Essay on the Psychology of Invention in the Mathematical Field. Princeton University Press 1945.

HANDKE, PETER: Das Gewicht der Welt. Ein Journal (November 1975–März 1977). Residenz, Salzburg 1977.

HARNAD, STEVAN R.: Creativity, Lateral Saccades, and the Non-Dominant Hemisphere. *Perceptual and Motor Skills* 34, 1972.

HAWKES, JOHN: Second Skin. New Directions, 1964.

HEMINGWAY, ERNEST: Wem die Stunde schlägt. Gesammelte Werke, Bd. 2. Rowohlt, Reinbek 1977.

HERHAUS, ERNST: Kapitulation. Aufgang einer Krankheit. Hanser, München/Wien 1977.

HOPKINS, GERALD MANLEY: Gedichte Schriften Briefe. Kösel, München 1954.

IRMSCHER, WILLIAM: Teaching Expository Writing. Holt, Rinehart & Winston, New York 1979.

JONES, RICHARD M.: Fantasy and Feeling in Education. Harper & Row, New York 1968.

JOYCE, JAMES: Ulysses. Suhrkamp, Frankfurt am Main 1979.

KEEN, SAM: Apology for Wonder. Harper & Row, New York 1969.

KEPES, GYORGY (Hg.): Sign, Image, Symbol. Braziller, New York 1966.

KINSBOURNE, M.: The Neuropsychological Analysis of Cognitive Deficit. In: GRENELL, R. G.; GABAY, S. (Hg.): Biological Foundations of Psychiatry. Raven Press, New York 1976.

KOCH, KENNETH: Wishes, Lies, and Dreams. Vintage Books, New York 1970.

KOESTENBAUM, PETER: The New Image of the Person. Greenwood Press, Westport 1978.

KOESTLER, ARTHUR: Der göttliche Funke. Der schöpferische Akt in Kunst und Wissenschaft. Scherz, Bern/München 1966.

LANGER, SUSANNE: Problems of Art. Scribner's, New York 1957.

LA VIOLETTE, PAUL: Thoughts about Thoughts about Thoughts. The Emotional-Perspective Cycle Theory. *Man-Environment Systems* 9, 1980.

DERS.: The Thermodynamics of the «Aha» Experience. Vortrag, 1980.

LAWRENCE, D. H.: The Complete Poems of D. H. Lawrence. Viking Press, 1964.

DERS.: Söhne und Liebhaber. Rowohlt, Reinbek 1982.

LEONDAR, BARBARA: Metaphor and Infant Cognition. *Poetics* 4, 1975.

LESSING, DORIS: Das goldene Notizbuch. Fischer Taschenbuch 5241, Frankfurt am Main 1982.

LEVY, JERRY; NEBES, ROBERT D.; SPERRY, R. W.: Expressive Language in the Surgically Separated Minor Hemisphere. *Cortex* 1, 1971.

LEWIS, C. DAY: The Poetic Image. Oxford University Press, London 1948.

LHERMITTE, FRANÇOIS: Mystères de l'intelligence. *Réalités*, Mai 1976.

LOPATE, PHILIP: Being wiht Children. Doubleday, New York 1975.

LUCAS, F. L.: Style. Collier Books, New York 1955.

MACLEAN, PAUL D.: On the Evolution of Three Mentalities. In: ARIETI, SILVANO; CHRZANOWSKI, GERARD (HG.): New Dimensions in Psychiatry. A World View. Bd. 2. Wiley, New York 1977.

MACLEISH, ARCHIBALD: New and Collected Poems 1917–1976. Houghton Mifflin, 1976.

MACNEICE, LOUIS: The Collected Poems. Oxford University Press, 1966.

MACRORIE, KENNETH: Telling Writing. Hayden, Rochelle Park 1966.

MARITAIN, JACQUES: Creative Intuition in Art and Poetry. New American Library, New York 1953.

McCLUGGAGE, DENISE: The Centered Skier. Crossroads Press, Waltham 1978.

MEARNS, HUGHES: Creative Power. Dover, New York 1929.

MEINKE, PETER: The Night Train and the Golden Bird. University of Pittsburgh Press, 1977.

MIDDLEBROOK, DIANE WOOD: Worlds into Words. W. W. Norton & Co., New York 1980.

MOSS, RICHARD: The I That Is We. Celestial Arts, Millbrae 1981.

NEBES, R. D.: Direct Examination of Cognitive Function in the Right and Left Hemisheres. In: KINSBOURNE, M. (HG.): Asymmetrical Functions of the Brain. Cambridge University Press 1978.

DERS.: Man's So-Called «Minor» Hemisphere. In: WITTROCK, MERLE (HG.): The Human Brain. Prentice-Hall, Englewood Cliffs 1977.

NIN, ANAÏS: Die Tagebücher der Anaïs Nin (1947–1955). Fischer Taschenbuch 2253, Frankfurt am Main 1980.

DIES.: Unter einer Glasglocke. Fischer Taschenbuch 5145, Frankfurt am Main 1981.

ORTONY, ANDREW (HG.): Metaphor and Thought. Cambridge University Press, London 1979.

PAIVIO, ALAN: Imagery and Verbal Processes. Holt, Rinehart & Winston, New York 1971.

PEARCE, JOSEPH C.: Die heilende Kraft. Östliche Meditation in westlicher Deutung. R. Wunderlich, Tübingen 1983.

PECK, ROBERT: A Day No Pigs Would Die. Knopf, New York 1972.

PIAGET, JEAN: Der Aufbau der Wirklichkeit beim Kinde. Klett-Cotta, Stuttgart 1974.

DERS.: Sprechen und Denken des Kindes. Schwann, Düsseldorf 1975.

PICH, DAVID R.: Beowulf to Beatles and Beyond. Macmillan, New York 1981.

POLANYI, MICHAEL: The Tacit Dimension. Doubleday, New York 1966.

RANSOM, JOHN CROWE: Poems and Essays. Vintage Books, New York 1955.

RICHARDS, M. C.: Centering. Poetry, Pottery, and the Person. Columbia University Press, New York 1962.

DERS.: The Crossing-Point. Wesleyan University Press, Middletown 1973.

RICO, GABRIELE LUSSER: Metaphor and Knowing. Unveröffentlichte Dissertation. Stanford University, 1976.

DIES.: Reading for Non-Literal Meaning. In: EISNER, ELLIOT (HG.): Reading, the Arts, and the Creation of Meaning. National Art Education Association NAEA, Reston 1978.

RICO, GABRIELE LUSSER; CLAGGETT, M. F.: Balancing the Hemispheres. An Exploration of the Implications of Brain Research for the Teaching of Writing. University of California Bay Area Writer's Project Monograph, Berkeley 1980.

ROETHKE, THEODORE: Words for the Wind. Indiana University Press, 1969.

DERS.: The Far Field. Doubleday, New York 1964.

ROSS, ELLIOT: Aprodosia. The Sciences 22, 1982.

ROTHENBERG, ALBERT: The Emerging Goddess. The Creative Process in Art, Science, and Other Fields. University of Chicago Press, Chicago 1979.

SARTRE, JEAN-PAUL: Die Wörter. Autobiographische Schriften, Bd. 1. Rowohlt, Reinbek 1983.

SAMUELS, MIKE und NANCY: Seeing with the Mind's Eye. Random House, New York 1975.

SEWELL, ELIZABETH: The Human Metaphor. University of Notre Dame Press, Notre Dame 1964.

SEXTON, ANNE: To Bedlam and Part Way Back. Houghton Mifflin, 1960.

SHAKESPEARE, WILLIAM: Romeo und Julia. Sämtliche Werke, Bd. 3. Lambert Schneider, Heidelberg o. J.

SOMMER, ROBERT: The Mind's Eye. Dell, New York 1978.

SPENDER, STEPHEN: The Making of a Poem. In: GHISELIN, BREWSTER, a.a.O.

SPERRY, ROGER W.: Hemisphere Disconnection and Unity in Conscious Awareness. American Psychologist 23, 1968.

STAFFORD, WILLIAM: A Way of Writing. In: Ders.: Writing the Australian Crawl. University of Michigan Press, Michigan 1977.

STALLWORTHY, JON: Astronomy of Love. Oxford University Press, o. J.

STEIN, GERTRUDE: The World Is Round. Addison-Wesley, 1967.

STRAND, MARK: The Story of Our Lives. Atheneum Publ., 1973.

STRUNK, WILLIAM; WHITE, E. B.: Elements of Style. Macmillan, New York 1979.

SWENSON, MAY: New and Selected Things Taking Place. Little, Brown & Co., New York 1954.

THOMAS, D. M.: Das weiße Hotel. Hanser, München/Wien 1983.

THOMAS, DYLAN: Notes on the Art of Poetry. In: HALL, JAMES B.; ULANOV, BARRY (HG.): Modern Culture and the Arts. McGraw-Hill, New York 1967.

UPDIKE, JOHN: Werben um die eigene Frau. Gesammelte Erzählungen. Rowohlt, Reinbek 1971.

WATTS, ALAN: The Two Hands of God. Macmillan, New York 1963.

WEIZENBAUM, JOSEPH: Die Macht der Computer und die Ohnmacht der Vernunft. Suhrkamp, Frankfurt am Main 1977.

WHITELY, OPAL: Opal. Macmillan, New York 1976.

WOOLF, VIRGINIA: Die Fahrt zum Leuchtturm. Fischer Taschenbuch 2119, Frankfurt am Main 1982.

WYKE, M. A.: The Nature of Cerebral Hemispheric Specialization in Man. Quantitative versus Qualitative Differences. *The Behavioral and Brain Sciences* 4, 1981.

YEATS, WILLIAM BUTLER: Collected Poems. Macmillan, New York 1919.

YOUNG, AL: The Song Turning Back into Itself. Holt, Rinehart & Winston, New York 1971.

ZAIDEL, ERAN: The Elusive Right Hemisphere of the Brain. *Engineering Science*, September/Oktober 1978.

ZANGWILL, O. L.: Aphasia and the Concept of Brain Centers. In: MILLER, GEORGE A.; LENNEBERG, ELIZABETH (HG.): Psychology and Biology of Language and Thought. Essays in Honor of Eric Lenneberg. Academic Press, New York 1978.

Bildquellenverzeichnis

The Art Institute of Chicago: 18. – Glenda Bogen: 47. – Martin Bressler, V.A.G.A.: 46. – Heibonsha, Ltd., Tokio: 64. – Greg Hill: 42, 43. – Ole Langerhorst: 23, 31, 66. – The Metropolitan Museum of Art, The Howard Mansfield Collection, Rogers Fund, 1936: 40. – Gabriele Lusser Rico, Writing the Natural Way, J. P. Tarcher, Inc., Los Angeles 1983: 12, 13, 14 sowie sämtliche Strichzeichnungen. – Wellington Museum, London: 58.

Die Autorin

Gabriele L. Rico arbeitet als Dozentin für Anglistik und Kunstpädagogik an der San Jose State University. Ihr Hauptinteresse gilt jedoch ihren Kursen und Workshops, in denen sie vor allem Studenten und Lehrer in der «Kunst, natürlich zu schreiben» unterrichtet. Sie arbeitet seit etwa zehn Jahren mit dem von ihr entwickelten Verfahren. Gabriele L. Rico wurde in Deutschland geboren und lebt erst seit ihrem elften Lebensjahr in den Vereinigten Staaten.

Auf gut deutsch

Herta Beusche-Menze / Frohmut Menze
Die neue Rechtschreibung
Wörter und Regeln leicht gelernt
(rororo sachbuch 60171)
So schreibt man das jetzt! *Die neue Rechtschreibung*
(rororo sachbuch 60172)
Ab dem Jahr 2002 gelten in Deutschland, Österreich und der Schweiz vereinfachte Normen für Rechtschreibung und Interpunktion. Zwei erfahrene Deutschlehrer haben die neuen Regeln ins Jedermanndeutsch übertragen und sich auf die bedeutsamen Änderungen konzentriert.

Horst Fröhler
Das ändert sich: alle Wörter mit neuer Rechtschreibung
Alphabetisch aufgeführt und nach Gruppen geordnet
(rororo sachbuch 60384)

A. M. Textor
Sag es treffender *Ein Handbuch mit 25000 sinnverwandten Wörtern und Ausdrücken für den täglichen Gebrauch*
(rororo handbuch 6520)
Auf deutsch *Das Fremdwörterlexikon*
Über 20000 Fremdwörter aus allen Lebensgebieten
(rororo handbuch 6521)
Zwei Standardwerke (Gesamtauflage: 1,5 Mio.) in vollständig überarbeiteter und erweiterter Neuauflage.

Manfred Kienpointner
Vernünftig argumentieren
Regeln und Techniken der Diskussion
(rororo sachbuch 60109)

rororo sachbuch

Wolf Schneider
Deutsch fürs Leben *Was die Schule zu lehren vergaß*
(rororo sachbuch 9695)
Ein Deutschkurs, insbesondere für Schreiber, aber auch für Leser und alle, für die das Lernen nach der Schule nicht aufhört. Wolf Schneider erhielt 1994 den Medienpreis für Sprachkultur.

Wolf Schneider / Paul-Josef Raue
Handbuch des Journalismus
288 Seiten. Gebunden
Wie werde ich Journalist? Die Autoren helfen mit diesem Handbuch bei allen Fragen zur Aus- und Fortbildung von Journalisten.

3605/2

Fit im Kopf

Intelligenter, einfallsreicher, kreativer werden, der Vergeßlichkeit in zunehmendem Alter vorbeugen und entgegenwirken: praktische Ratgeber für ein gezieltes Training des Gedächtnisses.

Hans-Jürgen Eysenck
Intelligenz-Test
(rororo sachbuch 16878)

Shakti Gawain
Stell dir vor *Kreativ visualisieren*
(rororo sachbuch 18093)

Raymond Hull
Alles ist erreichbar *Erfolg kann man lernen*
(rororo sachbuch 16806)

Walter F. Kugemann / Bernd Gasch
Lerntechniken für Erwachsene
(rororo sachbuch 17123)

Danielle C. Lapp
Nichts mehr vergessen!
Neuer Schwung für graue Zellen. Mit einem Vorwort von Paul Watzlawick
(rororo sachbuch 60398)
Neuer Schwung für graue Zellen: Das berühmte Memory-Training der Stanford University ist verblüffend einfach und außerordentlich erfolgreich. Das vorliegende Buch stellt diese erprobte Technik anhand von über hundert unterhaltsamen Beispielen vor.

Ernst Ott
Das Konzentrationsprogramm
Konzentrationsschwäche überwinden – Denkvermögen steigern
(rororo sachbuch 17099)
Optimales Denken
Trainingsprogramm
(rororo sachbuch 16836)
Optimales Lesen *Schneller lesen – mehr behalten. Ein 25-Tage-Programm*
(rororo sachbuch 16783)

Marilyn vos Savant / Leonore Fleischer
Brain Building – Das Supertraining für Gedächtnis, Logik, Kreativität
(rororo sachbuch 19696)

Ein Gesamtverzeichnis aller lieferbaren Bücher und Taschenbücher der *Rowohlt Verlage*, *Wunderlich*, *Wunderlich Taschenbuch* und *Rowohlt Berlin* finden Sie in der *Rowohlt Revue*. Vierteljährlich neu. Kostenlos in Ihrer Buchhandlung.

Rowohlt im Internet:
hhttp://www.rowohlt.de

rororo sachbuch

Die 100 des Jahrhunderts

Menschen, die die Welt bewegten
Wer waren die wichtigsten Persönlichkeiten, die das 20. Jahrhundert bestimmt haben? Eine neue Reihe bei *rororo handbuch* stellt die «100 des Jahrhunderts» mit Bild und biographischen Porträts in kompakter, präziser Form vor. Die Bücher bieten mehr Information als gewöhnliche Lexikon-Artikel und sind hilfreich für alle, die privat oder beruflich schnelle Informationen benötigen.

Die 100 des Jahrhunderts: Politiker
(rororo handbuch 16450)
Sie haben den Lauf der Welt bestimmt, ihre Namen sind mit Krieg und Frieden, mit politischen Systemen und sozialen Konflikten, mit internationalen Bündnissen und wirtschaftlichem Aufstieg verknüpft.

Die 100 des Jahrhunderts: Naturwissenschaftler
(rororo handbuch 16451)

Die 100 des Jahrhunderts: Fußballer
(rororo handbuch 16458)
Ihre Tore und Paraden begeisterten Millionen, ihre Niederlagen und Schicksale bewegten ganze Völker.

Die 100 des Jahrhunderts: Sportler
(rororo handbuch 16453)
Sie ziehen Millionen Menschen in aller Welt in ihren Bann – mit Höchstleistungen und Rekorden auf Bahnen und Pisten, in Hallen und Stadien.

Die 100 des Jahrhunderts: Filmregisseure
(rororo handbuch 16452)
Ihre Filme entführen in Bildwelten, deren Faszination sich niemand entziehen kann.

Die 100 des Jahrhunderts: Komponisten
(rororo handbuch 16457)

Die 100 des Jahrhunderts: Schriftsteller
(rororo handbuch 16455)

Die 100 des Jahrhunderts: Unternehmer und Ökonomen
(rororo handbuch 16454)

Die 100 des Jahrhunderts: Filmstars
(rororo handbuch 16459)
Hier treten sie auf, die eleganten Divas und die unwiderstehlichen Herzensbrecher, die großen Schauspieler und die einsamen Heroinnen.

Die 100 des Jahrhunderts: Pop-Stars
(rororo handbuch 16460)